화엄경소론찬요
華嚴經疏論纂要

화엄경소론찬요 ⑥
華嚴經疏論纂要

### ◉ 일러두기 ◉

1. 이 책의 원서는 명말청초 때의 승려인 도패 스님※이 약술 편저한 《화엄경소론찬요》이다. 《대방광불화엄경》 80권본을 기초로 하여, 경문에 청량 스님의 소초(疏鈔)와 이통현 장자의 논(論)을 붙여 상세하게 풀이하였다.

2. 경(經), 소(疏), 논(論)은 원문에 토를 붙여서 그 뜻을 이해하기 편하도록 했으며, 원문 바로 아래 번역문을 넣었다.

3. 원문을 살려 그대로 옮겨 놓음을 원칙으로 하다 보니 본문의 제목 번호에 있어서 다소 혼동이 올 수 있다. 그럴 경우 목차를 참고하기 바란다.

4. 산스크리트어 표기는 〈표준국어대사전〉과 〈불광 사전〉 등에 등재된 음역어를 사용하였으며, 불교 용어에 대한 설명은 주로 〈불광 사전〉을 참고하였다.

5. 내용을 좀 더 쉽게 풀기 위하여 중간에 체계가 약간 바뀌었음을 밝힌다.

※ 위림도패(爲霖道霈, 1615~1702) 스님은 명말청초 때의 조동종 승려이다. 14세 때 백운사(白雲寺)에서 출가하여 경교(經敎)를 공부했다. 영각원현을 모시며 법을 이었고, 천동산(天童山) 밀운원오(密雲圓悟)에게 배워 크게 깨달았다. 그 후 백장산(百丈山)에 암자를 짓고 5년 동안 정업(淨業)을 닦았다. 나중에 고산(鼓山)으로 옮겨 20여 년 동안 살았는데 귀의하는 사람이 매우 많았다. 저술로는 《인왕반야경합소(仁王般若經合疏)》 3권을 비롯하여 《화엄경소론찬요(華嚴經疏論纂要)》 120권, 《법화경문구찬요(法華經文句纂要)》 7권, 《불조삼경지남(佛祖三經指南)》 3권, 《위림도패선사병불어록(爲霖道霈禪師秉拂語錄)》 2권, 《여박암고(旅泊菴稿)》 4권, 《선해십진(禪每十珍)》 1권, 《사십이장경지남(四十二章經指南)》, 《불유교경지남(佛遺敎經指南)》, 《고산록(鼓山錄)》 6권, 《반야심경청익설(般若心經請益說)》, 《팔십팔불참(八十八佛懺)》, 《준제참(準提懺)》, 《발원문주(發願文註)》 등이 있다.

• 간 행 사 •

《화엄경소론찬요》 번역서를 간행하면서

　《화엄경》은 비로자나 세존께서 보리도량에서 처음 정각을 성취하신 후, 일곱 도량 아홉 차례의 법문에서 일진(一眞)의 법계(法界)와 제불의 과원(果願)을 보여주시어 미묘한 현지(玄旨)와 그지없는 종취(宗趣)를 밝혀주신 최상의 경전이다. 이처럼 《화엄경》은 법계와 우주가 둘이 아닌 하나로 그 광대함을 말하면 포괄하지 않음이 없고, 그 심오함을 말하면 갖춰 있지 않음이 없어 공간으로는 법계에 다하고 시간으로는 삼세에 통하고 있다.
　이러한 이유에서 《화엄경》은 근본 법륜으로 중국은 물론 동양 각국에서 높이 받들며 수많은 주석서가 간행되어 왔다. 그러나 세상에 널리 알려진 것은 청량 국사의 《대방광불화엄경소초(大方廣佛華嚴經疏鈔)》와 통현 장자의 《대방광불화엄경론(大方廣佛華嚴經論)》이다. 소초(疏鈔)는 철저한 장 구(章句)의 분석으로 본말을 지극히 밝혀수었고, 논(論)은 부처님의 논지를 널리 논변하여 자심(自心)으로 회귀하고 있는 것이 특징이다. 이처럼 청량소초와 통현론은 양대 명저(名著)로 모두 수증(修證)하는 데에 지극한 궤범(軌範)이었다.

탄허 대종사께서는 이러한 점을 토대로 통현론을 주(主)로 하고 청량소초를 보(補)로 하여 번역하심으로써《화엄경》이 동양에 전해진 이후 동양 최초의《화엄경》번역이라는 쾌거를 이룩하셨다. 일찍이 한국불교에 침체된 화엄사상은 대종사의 번역에 힘입어 다시 온 누리에 화엄의 꽃비가 내려 화엄의 향기로 불국정토를 성취하여 더할 수 없는, 지극한 법륜을 설하셨다.

그러나 대종사께서 열반하신 이후, 불법은 날로 쇠퇴하고 중생의 근기는 날로 용렬하여 방대한 소초와 논을 열람하기에는 역부족이었다. 이에 대종사의《화엄경》을 다시 한 번 밝히기 위해서는 또 다른 모색을 필요로 할 시점에 이르렀다. 보다 쉽게 볼 수 있고 간명한 데에서 심오한 데로, 물줄기에서 본원을 찾아갈 수 있는 진량(津梁)을 찾지 않는다면 대종사의 평생 정력을 저버리게 된다는 절박한 마음이 없지 않았다.

청대(淸代) 도패(道霈) 대사는 청량의 소초와 통현의 논 가운데 그 정요(精要)만을 뽑아《화엄경소론찬요(華嚴經疏論纂要)》를 편집하였다. 이는 매우 방대한 소초와 논을 축약하여, 가까이는 청량 국사와 통현 장자의 심법을 전수하였고 멀리는 비로자나불의 묘체(妙諦)를 밝혀주는 오늘날 최고의《화엄경》주석서이다.

이에《화엄경소론찬요》를 대본으로 하여, 다시 대종사의 번역서를 참고하면서 현대인이 보다 쉽게 이해할 수 있는 번역서를 간행하기에 이르렀다.

이제 돌이켜 생각하면 무상한 세월 속에 감회가 적지 않다. 내 지난날 출가 입산하여 겨우 이레가 되던 날, 처음 접한 경전이《화엄경》이었다. 행자 생활을 시작한 영은사는 대종사께서 오대산 수도원이 해산된 후, 이의 연장선상에서 3년 결사(結社)를 선포하시고《화엄경》번역이라는 대작불사를 시작하여 강의하셨던, 한국불교사에 한 획을 그려준 역사의 도량이었다.

그 당시 대종사께서는 행자인 나에게《화엄경》을 청강하라 하시면서 "설령 알아듣지 못할지라도 들어두면 글눈이 생겨 안 들은 것보다 낫다."고 권면하셨다. 이제 생각해보면 행자 출가 즉시《화엄경》공부 자리에 참여했다는 것은 전생의 숙연(宿緣)이 아니었으면 어떻게 그 당시 그 법회에 참석이나 할 수 있었겠는가. 이는 행운 중 행운으로 다겁의 선근공덕이 아닐까 생각되며, 아울러 늦게나마 대종사의 영전에 하나의 향을 올리는 바이다.

처음《화엄경》설법을 듣는 순간, 끝없는 우주법계의 장엄세계가 황홀하고 법계를 밝혀주고 무진 보배를 담고 있는 바다의 불가사의한 공덕이라는 대종사의 사자후가 머릿속에 쟁쟁하게 울려왔을 뿐, 그 도리를 이해한다는 것은 나의 근기로써는 도저히 불가능한 일이었다. "쑥성이난노 못하나."고 꾸지람을 하시던 대종사의 방할(棒喝)을 맞으며 영은사에서의 결사가 끝난 후, 나는 단 한 번도《화엄경》을 펼쳐 볼 엄두를 내지 못했다.

그러던 몇 해 전, 무비 스님께서 범어사에서《화엄경》을 강좌하시면서 서울에서도 《화엄경》 강좌를 열어보라고 권할 적만 하더라도 언감생심 《화엄경》을 강의하겠다는 생각을 하지 못하였다. 그러나 씨앗을 뿌려놓으면 새싹이 돋아나듯, 반드시 인연법은 사라지지 않는 모양이다. 영은사에서의 《화엄경》 인연이 자곡동 탄허기념박물관에 화엄각건립불사를 발원하게 되었고, 화엄각건립불사를 위하여 《화엄경》 강좌를 열기에 이를 줄은 꿈에도 생각지 못하였다.

미력한 소견으로 강좌를 열면서 정리된 강의 자료를 여러 뜻있는 이들과 다시 한 번 토론하고 강마하면서 우선 〈세주묘엄품〉 출간을 시작으로 계속 연차적으로 간행하고 있다.

이 책이 나오도록 기꺼이 설판제자가 되어주신 불자 여러분의 신심에 깊은 감사의 말씀을 드린다. 끊임없이 무주상으로 동참해주신 여러분, 자곡동 화엄각 불사에 앞장서주신 모든 불자들의 향연공덕이 무량하여 이 책이 간행될 수 있었다. 이 귀한 인연으로 다시 한 번 화엄사상이 꽃피어 온 누리에 탄허 대종사의 공덕이 빛나고, 아울러 화엄정토가 구현되어 남북의 통일과 세계의 평화 속에서 부처님 세계 화엄정토가 이루어지길 진심으로 축원하는 바이다.

2018년 5월

五臺 山 後學 慧炬 合掌 再拜

● 목 차 ●

간행사 《화엄경소론찬요》 번역서를 간행하면서 5

# 화엄경소론찬요 제26권 ● 정행품 제11

1. 유래한 뜻 17
2. 품명을 해석하다 17
3. 종취 19
4. 논란을 풀다 19
5. 경문을 해석하다 28

제1. 지수보살의 물음 28
   1. 그 결과를 총체로 물음 33
      • 신·구·의 3업의 잘못을 버리고 덕을 성취함을 밝히다 35

   2. 개별로 밝힘 38
    1) 이숙과異熟果: 39
    제1단락 도를 닦을 수 있는 법기法器를 얻다 39

    2) 사용과士用果: 45
    제2단락 수많은 지혜를 성취하다 46
    제3단락 도의 인연을 갖추다 47
    제4단락 법에 대해 훌륭하다 53
    제5단락 열반의 인연을 닦다 55

3) 이계과離繫果: 55
제6단락 보살행을 이뤄 충만하다 56
제7단락 열 가지 힘의 시혜를 얻다 57

4) 증상과增上果: 57
제8단락 십왕十王이 존경하고 비호하다 58

5) 등류과等流果: 58
제9단락 중생에게 큰 이익을 주다 59
제10단락 뛰어나게 존귀한 의업意業이다 60

## 제2. 문수보살의 대답 60

1. 원인의 성덕成德을 나타내다 62

2. 현상의 일을 가리켜 원인을 밝히다 67
1) 총체로 물음 67
2) 개별로 밝힘 68
(1) 총체로 큰 뜻을 밝히다 68
(2) 경문의 뜻을 전체로 밝히다 69
(3) 의의의 유類에 따라 개별로 구분하다 72
(4) 상대로 논변하여 예를 이루다 75
(5) 바로 경문을 해석하다 77
제1단락 출가 이전, 재가 시의 11가지 발원 77
제2단락 출가하여 수계할 때의 15가지 발원 82
제3단락 좌선하면서 관觀할 때의 7가지 발원 89
제4단락 행각하고자 법복을 걸칠 때의 6가지 발원 91
제5단락 몸을 씻고 세수할 때의 7가지 발원 92
제6단락 걸식 행각할 때의 55가지 발원 94
제7단락 왕의 성에 이르러 걸식할 때의 22가지 발원 123

제8단락 도량에 돌아와 몸을 씻을 때의 5가지 발원 129
제9단락 학습하고 경을 읽고 예배를 올릴 때의 10가지 발원 131
제10단락 잠자고 휴식할 때의 3가지 발원 132

3) 이익의 성취를 총체로 끝맺음 133

## 화엄경소론찬요 제27권 ◉ 현수품 제12-1

1. 유래한 뜻 137
2. 품명을 해석하다 138
3. 종취 138
4. 경문을 해석하다 155

제1. 문수보살의 물음 156

제2. 현수보살의 자세한 설명 159

    1. 4수 게송: 겸허한 마음으로 찬탄하고 설법을 허락하다 160

    2. 346수 반 게송: 바로 발심하여 수행한 공덕이 훌륭함을 밝히다 174
    제1단락 5수 게송: 발심의 행상行相 175
    제2단락 7수 게송: 발심의 수승한 능력 204
    제3단락 50수 반 게송: 믿음 속에 갖춰야 할 바의 행위行位 212
    제4단락 203수 게송: 한 곳이 아닌 모든 곳에 통하는 대용大用 246
      • 제1 원명한 해인 삼매 법문[圓明海印三昧門] 249
      • 제2 화엄의 미묘한 행의 삼매 법문[華嚴妙行三昧門] 260

- 제3 제석천왕 인다라망의 삼매 법문[因陀羅網三昧門] 264
- 제4 손으로 수많은 공양을 만들어내는 삼매 법문[手出廣供三昧門] 268
- 제5 모든 법문을 나타내는 삼매 법문[現諸法門三昧門] 275
- 제6 사섭으로 중생을 이끌어 들이는 삼매 법문[四攝攝生三昧門] 279
- 제7 아래로 세간과 함께하는 삼매 법문[俯同世間三昧門] 295

## 화엄경소론찬요 제28권 ◉ 현수품 제12-2

- 제8 모광에서 이익을 비춰주는 삼매 법문[毛光照益三昧門] 307
- 제9 주인과 도반이 장엄하고 화려한 삼매 법문[主伴嚴麗三昧門] 352
- 제10 적용이 끝이 없는 삼매 법문[寂用無涯三昧門] 356

제5단락 79수 게송: 현지玄旨를 비유하다 394

3. 9수 게송: 헤아려서 이를 지니도록 권면하다 436

제3. 실상을 밝혀 성취를 증명하다 445

## 화엄경소론찬요 제29권 ◉ 승수미산정품 제13

1. 유래한 뜻 449
2. 품명을 해석하다 450
3. 종취 456
4. 경문을 해석하다 464

제1. 본회에 똑같이 나타내다 465

제2. 떠나지 않고서도 각각 제석천에 오름을 밝히다 467

제3. 각각 부처님이 오심을 본 것에 대하여 밝히다 476

제4. 각각 궁전의 사자법좌를 장엄하다 477

제5. 부처님을 초청하여 궁전에 머물도록 하다 479

제6. 동시에 묘승전에 들어가다 481

제7. 음악 소리가 멈추다 481

제8. 각각 옛 인연으로 지혜를 얻게 된 이익을 생각하다 482

제9. 다 함께 여래를 찬탄하다 483

제10. 궁전이 모두 드넓다 493

## 화엄경소론찬요 제30권 ◉ 수미정상게찬품 제14

1. 유래한 뜻 503
2. 품명을 해석하다 503
3. 종취 504
4. 경문을 해석하다 507

제1. 대중이 모여드는 부분 507

제2. 여래께서 방광하는 부분 514

제3. 게송으로 찬탄하는 부분 516
- 제1 동방 법혜보살 517
- 제2 남방 일체혜보살 523
- 제3 서방 승혜보살 537
- 제4 북방 공덕혜보살 560
- 제5 동북방 정진혜보살 569
- 제6 동남방 선혜보살 584
- 제7 서남방 지혜보살 595
- 제8 서북방 진실혜보살 606
- 제9 하방 무상혜보살 624
- 제10 상방 견고혜보살 634

# 화엄경소론찬요 제26권
華嚴經疏論纂要 卷第二十六

●

## 정행품 제11
淨行品 第十一

釋此一品에 五門分別이니 初는 來意라

이 품의 해석은 5부분(來意·釋名·宗趣·解妨·釋文)으로 구분하였다.

1. 유래한 뜻

◉ 疏 ◉

來意者는 夫欲階妙位인댄 必資勝行이라 有解無行이면 虛費多聞일세 故前品에 明解하고 此品에 辨行이라 又前은 明入理觀行이오 今은 辨隨事所行이며 又前은 行此願과 並義次第라 故次來也니라

유래한 뜻이라고 한 것은 미묘한 지위에 올라서고자 한다면 반드시 훌륭한 행을 힘입어야 하기 때문이다. 견해는 있으나 수행이 없으면 많은 견문을 부질없이 쓰게 되는 까닭에 앞의 제10 보살문명품에서는 견해를 밝혔고, 이 품에서는 수행을 논변한 것이다.

또한 앞의 품에서는 이치로 들어가 행을 살펴보는 것을 밝혀주었고, 이 품에서는 일을 따라 행해야 할 대상을 논변하였으며, 앞의 품에서는 誓願을 행하는 것과 아울러 그 의의를 차례로 서술하고 있다. 이 때문에 그다음으로 이 품을 쓰게 된 것이다.

次 釋名

2. 품명을 해석하다

◉ 疏 ◉

釋名者는 梵云具折囉이니 此云所行이오 波利는 此云皆也며 徧也오 戍(輪¹)提는 云淸淨也라 謂三業 隨事緣歷을 名爲所行이오 巧願防非하고 離過成德을 名爲淸淨이라하고 又悲智雙運을 名爲所行이오 行越凡小일세 故稱淸淨이니 以二乘無漏로 不能兼利는 非眞淨故니라 得斯意者는 擧足·下足이 盡文殊心이오 見聞覺知 皆普賢行이라 文殊心故로 心無濁亂하니 是曰淸淨이오 普賢行故로 是佛往 修니 諸佛菩薩同所行也라 所行卽淨은 持業釋也니라

　품명을 해석한다는 것은 범어로 말하면 具折囉라 하고, 중국에서는 '행해야 할 대상[所行]'을 말한다. 波利는 중국에서는 '모두' 또는 '두루'라는 말이며, 輪聿提는 중국에서는 '청정'을 말한다. 이는 三業이 일을 따라 반연하여 지내온 것을 '행해야 할 대상'이라 말하고, 願을 잘 세워 잘못을 막고 허물을 여의어 덕을 성취하는 것을 '청정'이라 말한다. 또한 大悲와 大智를 모두 운용하는 것을 '행해야 할 대상'이라 말하고, 범인과 소인보다 뛰어난 수행을 지닌 까닭에 이를 '청정'이라고 말한다. 二乘의 無漏로써 自利利他를 모두 겸하지 못한 것은 참다운 청정이 아니기 때문이다.

　이러한 마음을 얻은 자는 발을 드나 발을 디디나 모두 문수보살의 마음이요, 보고 듣고 느끼고 아는 것이 모두 보현보살의 행이다. 문수보살의 마음이기에 혼탁함과 산란함이 없다. 이를 청정이

----------

1 輪聿: 輪聿의 '輪'은 南藏과 刊正記를 따라 마땅히 '輪' 자로 써야 한다고 한다.

라고 말한다. 보현보살의 행은 부처님이 지난 생에 닦았고, 제불보살이 똑같이 수행했던 바이다. 수행한 바가 청정함은 업을 가지고 해석한 것이다.

## 三宗趣

3. 종취

◉ 疏 ◉

宗趣者는 以隨事巧願으로 防心不散하야 增長菩薩悲智大行으로 爲宗하고 成就普賢實德으로 爲趣니라

종취란 일에 따라 훌륭한 서원으로 마음을 막아 산란하지 않도록 하여 보살의 대비대지의 위대한 행을 더욱 키워나가는 것으로 종을 삼고, 보현보살의 진실한 덕을 성취함으로 趣를 삼는다.

## 四解妨

4. 논란을 풀다

◉ 疏 ◉

解妨者는 問이라 文中에 但辨一百餘願이어늘 何有行耶아 答이라 文中辨行은 略有數重이니 謂就所歷事中에 始自出家로 終於臥覺히 皆是

行也니라 觸境不迷하고 善達事理는 智行也오 以願導智하야 不滯自利
는 大悲行也니 上二不二는 悲智無礙行也니라 遇違順境하야 心不馳
散은 止行也오 智不沈沒은 觀行也오 卽止觀雙은 運行也니라

又對於事境에 善了邪正하야 當願衆生은 皆假觀也오 知身空寂하야
心無染著은 空觀也오 見如實理는 中觀也니라 或先空後中하고 或先假
後空하야 或一或二하고 或一念頓具는 斯爲妙達三諦觀之行也니라 又
所造成行이 皆施衆生호되 不起二乘之心하고 安忍强軟兩境하야 或增
善品하고 心不異緣하고 妙達性空하고 善巧迴轉하고 皆願利物하고 同
趣菩提하고 二乘天魔 所不能動하고 善知藥病하고 決斷無差는 卽十
度齊修之行也오 又皆願利生하고 皆成佛德하고 見惡必令其斷하고 見
善必令其具는 卽四弘誓願之行也니라 故智首는 總標諸德하야 以求
其因하고 文殊는 令善用心하야 頓獲衆果로되 但言惟願이 豈不惑哉아
復有問言호되 '夫妙行者는 統唯無念이어늘 今見善見惡에 願離願成하
야 疲役身心이어니 豈當爲道리오' 答이라 若斯見者는 離念 求於無念이라
尙未得於眞無念也오 況念無念之無礙耶아 又無念은 但是行之一
也어니 豈成一念頓圓을 如上所明也리오 行學之者는 願善留心이어다

解妨이라 하는 것은 다음과 같이 물었다.

"경문에는 단 1백여 가지의 誓願을 논변하였을 뿐 그 어디에
행이 있는가?"

이에 대해 답하였다.

"경문에서 행을 논변하는 것은 대략 몇 겹이 있다. 지나온 일
로 말하면 처음 출가로부터 누워 열반에 드시는 데까지 모두가 행

이다. 모든 경계를 맞이하여 혼미하지 않고 사리를 잘 통달한 것은 大智行이며, 서원으로 지혜를 인도하여 自利에 막힘이 없는 것은 大悲行이다. 위에서 말한 대지행과 대비행은 2가지이지만 둘의 차이가 없는 것은 대비와 대지에 모두 걸림이 없는 행이기 때문이다. 逆境이든 順境이든 그 어떤 일을 만날지라도 마음이 치달리거나 산란하지 않음은 止行이며, 지혜가 침몰하지 않음은 觀行이며, 止觀을 모두 갖춤은 運行이다.

또한 일의 경계에 대하여 삿됨과 바른 도를 잘 알아서 중생이 원하는 바에 알맞도록 함은 모두 假觀이며, 몸의 空寂을 알고서 마음에 오염과 집착이 없음은 空觀이며, 여실한 이치를 보는 것은 中觀이다. 공관을 먼저 하고 중관을 뒤에 말하기도 하고, 가관을 먼저 말하고 공관을 뒤로 말하되 하나만을 말하거나 둘을 말하거나 한 생각의 찰나에 모두 갖춤은 三諦觀을 미묘하게 통달한 행이다.

또한 (1) 나아갈 바의 행을 이루는 것이 모두 중생에게 보시한 것이지만 이승의 마음을 일으키지 않으며,

(2) 강한 경계와 유연한 경계를 모두 편히 받아들이고 참고서 혹 善品을 더하며,

(3) 마음이 다른 것을 인연하지 아니하며,

(4) 性空을 미묘하게 통달하며,

(5) 잘 회전하며,

(6) 모두 중생에게 이로움을 원하며,

(7) 모두 함께 보리로 나아가며,

⑻ 二乘과 天魔에 동요되지 아니하며,

⑼ 약과 병을 잘 알며,

⑽ 결단함에 잘못이 없는 것은 곧 십바라밀을 모두 닦은 행이다.

또한 ⑴ 모든 중생에게 이로움을 원하고, ⑵ 모든 부처님의 덕을 성취하고, ⑶ 악을 보면 반드시 끊도록 하고, ⑷ 선을 보면 반드시 갖추도록 하는 것은 곧 四弘誓願의 행이다.

그러므로 智首는 모든 덕을 총괄하여 나타내어 그 원인을 추구하였고, 문수보살은 用心을 잘하여 많은 결과를 한꺼번에 얻었지만, 단 '惟願'이라 말한 것은 어찌 미혹함이 아니겠는가?"

다시 물었다.

"妙行이라 하는 것은 오직 無念을 총체로 말한 것인데, 여기에서 선을 보고 악을 봄에 있어서 악은 여의기를 원하고 선은 성취하기를 원하여 몸과 마음을 피곤하게 부렸는바, 어떻게 도라 말할 수 있겠는가?"

"이 같은 견해에서 여의려는 생각은 무념에서 추구한 것이다. 그것은 아직 참다운 무념을 얻지 못한 상태인데, 하물며 생각 자체가 무념으로 걸림이 없는 경지를 어떻게 얻을 수 있겠는가? 또한 무념이라 하는 것은 행 가운데 하나일 뿐이다. 어찌 한 생각의 찰나에 한꺼번에 원융함을 위에서 밝히는 바와 같이 성취할 수 있겠는가? 이를 행하고 배우려는 사람은 원컨대 마음을 잘 가져야 할 것이다."

◉論◉

將釋此品에 約作四門分別호리니 一은 釋品名目이오 二는 釋品來意오 三은 釋品宗趣오 四는 隨文釋義라

장차 본 품을 해석함에 있어 간단하게 4부분으로 나누고자 한다.

⑴ 본 품의 명목에 대한 해석,

⑵ 본 품의 유래한 뜻에 대한 해석,

⑶ 본 품의 종취에 대한 해석,

⑷ 경문을 따라 그 뜻을 해석함이다.

一은 釋品名目者는 何故로 名爲淨行品고 以無始諸見無明의 貪瞋癡愛로 今已發菩提心하야 信樂正法일세 頓翻諸見하야 成其大願하야 長大悲門이니 若但以三空無相으로 對治하고 不生大慈大悲면 不能成就普賢行故라 欲行長路인댄 非足不行이오 欲行大悲하야 入普賢門充法界行者인댄 於一切見聞覺知에 而無過失하야사 便成萬行莊嚴이니 皆勤修習此一百四十大願門일세 便於生死海中에 見聞覺知一切諸行이 悉皆淸淨하야 入普賢行故라 故名淨行이니 若無此願이면 設斷煩惱라도 二乘行故며 設是菩薩이라도 卽生淨土니 以此一百四十大願門으로 頓能淨其一切塵勞하야 便成普賢法界行故라 故名淨行이오 以此大願으로 莊嚴一切世間諸行하야 總爲法界一切道場일세 故名淨行이오 以此諸見으로 成大善根일세 故名淨行이라

⑴ 본 품의 명목에 대해 해석한다는 부분에서 무슨 까닭으로 淨行品이라는 이름을 붙였는가. 거슬러 올라가도 처음 비롯한 곳이 없는 시간으로부터 모든 견해와 無明의 탐욕·성냄·어리석

음·애욕에 묻혀왔었는데, 이제는 이미 보리심을 일으켜 바른 법을 믿고 좋아함으로써 단번에 모든 무명의 견해를 뒤집어서 大願을 성취하여 大悲 법문을 키우고 길러왔다.

만약 형상이 없는 三空으로 다스리고 대자대비의 마음을 내지 않으면 보현보살의 행을 성취할 수 없는 터라, 이는 마치 머나먼 길을 가려고 한다면 힘찬 발을 가지지 못하면 행할 수 없으며, 大悲를 행하여 법계에 충만한 보현보살의 법문으로 들어가고자 한다면 보고 듣고 느끼고 아는 모든 데에 잘못이 없어야 곧 장엄한 만행을 성취할 수 있는 것이다.

모두 이처럼 부지런히 이런 140가지의 大願법문을 닦고 익히면 곧 생사의 바다 속에서 보고 듣고 느끼고 아는 일체 모든 행동이 모두 청정하여 普賢行에 들어갈 수 있기 때문에 이를 '정행품'이라 명명하게 된 것이다.

만일 이러한 서원이 없으면 설령 번뇌를 끊었을지라도 곧 二乘의 수행이기 때문이며, 설령 보살이라 할지라도 곧 淨土에 태어난 것이다. 이처럼 140가지의 대원법문으로써 단번에 그 모든 번뇌를 청정하게 하여 곧바로 보현보살의 법계에 충만한 행을 성취할 수 있기 때문에 '정행품'이라 이름 붙이게 된 것이다.

이와 같은 큰 서원으로 일체 세간의 모든 수행을 장엄하여 전체 법계의 일체 도량을 삼은 까닭에 그 이름을 '정행품'이라 하며, 이러한 모든 견해로 큰 선근을 성취한 까닭에 그 이름을 '정행품'이라고 말한다.

二는 釋品來意者는 爲明前問明品은 是成其十信中解故오 此品은 成其十信之行故로 此品이 須來니 乃至果行圓滿已來히 不離此大願故니라

(2) 본 품의 유래한 뜻을 해석함에 있어 앞의 보살문명품은 十信 가운데에서 견해를 성취한 것이라면, 본 품은 견해를 기조로 하여 십신의 행을 성취한 까닭에 정행품이 반드시 보살문명품을 뒤이어 쓰이게 된 점을 밝힌 것이다. 이에 果行이 원만한 이후에 이르기까지 이 大願에서 떠날 수 없기 때문이다.

三은 釋品宗趣者는 以智首는 是下方玻瓈色世界니 佛號 梵智는 明是一切諸佛法의 本自體白淨無染之智일새 以爲能問之人이오 文殊師利菩薩은 卽是一切諸佛의 善擇妙慧일새 爲說法之主니 以一切諸佛根本智慧之門으로 善自爲問答之主伴하사 說一百四十大願之門하야 以成十信十住十行十迴向十地十一地等의 普賢法界無盡行海하시고 又隨位修道上煩惱하야 六位中 一位에 有二十으로 六位에 共有一百二十이어든 根本十無明이 皆因身見邊見하야 二見이 有二十일새 共隨位進修染淨煩惱 總有一百四十이니 爲防此障하야 起一百四十願하사 令此進修者로 從初信心으로 理事圓融하야 達其願體無虧하고 自心根本淨智妙擇之慧로 動寂俱眞하야 不偏修故라 是故로 華藏世界에 有如須彌山微塵數風輪의 所持其上一切莊嚴이 因大願風輪의 能持萬行하야 以行招果故니 因以願力堅持일새 報得風輪이 持刹故라 又云如是華藏莊嚴이 皆從普賢願力起라하시니 爲無願故로 行乃不成일새 卽莊嚴이 不現하야 不感無盡依果報故라

(3) 본 품의 종취에 대해 해석한다면, 智首보살은 아래의 파려색세계에 머물고 있으며 그의 불호를 梵智라 함은, 일체 제불의 법이란 본래 그 자체가 순백 청정하여 오염이 없는 지혜임을 밝히고자 한 까닭에 지수보살로 물음의 주체 인물을 삼았고, 문수사리보살은 곧 일체 제불 가운데 가장 잘 가려서 아는 미묘한 지혜를 지녔기에 그를 설법의 주체로 삼은 것이다.

일체 제불의 근본지혜 법문으로 스스로 문답의 주체와 도반이 되자, 140가지 大願의 법문을 말하여 十信·十住·十行·十迴向·十地·十一地 등 보현보살의 법계에 그지없는 수행 바다를 이루시고, 지위에 따라 도를 닦아가는 데에 번뇌를 통하여 六位 가운데 하나의 지위마다에 20가지씩 가지고 있기 때문에 六位는 모두 120위가 있다. 그런데 근본 10가지의 無明이 모두 身見과 邊見으로 인하여 신견 및 변견 20가지가 있다. 이 역시 똑같이 지위에 따라 도를 닦아가는 데에 染淨煩惱가 모두 140가지가 있다.

이러한 장애를 막기 위하여 140가지의 서원을 일으켜 이를 닦아나가는 이들로 하여금 처음 신심으로부터 이법계·사법계가 원융하게 하여 그 서원의 본체를 달성하여 훼손함이 없도록 하고, 자기 마음의 근본청정지와 미묘한 선택의 지혜로 動用과 寂寂이 모두 진실하여 그 어느 한쪽만을 닦아서는 안 되기 때문이다.

이 때문에 화장세계에 수미산 미진수와 같은 輪이 부지하고 있는데, 그 위에 일체 장엄이 만행을 지닌 大願 風輪에 의해 그와 같은 行으로 결과를 불러들인 까닭이다. 願力으로 견고히 지닌 까닭에 풍륜이 세계를 부지하게 되는 과보를 얻었기 때문이다. 이와 같은 화장장엄이 모두 보현보살의 원력으로부터 일어났다고 하니, 원력이 없기 때문에 行이 이뤄지지 못한 것이다. 따라서 곧 장엄이 나타나지 아니하여 그지없는 依報依果를 받지 못하게 되는 이유이다.

由是義故로 信心之上에 法性悲智와 妙慧萬行이 總依佛有하야 而爲進修오 不得別有니 若離佛코 別有自法者인댄 不成信心이며 不成十種勝解며 不成修行이니 設苦行精勤이라도 是邪精進이오 勤苦累劫이라도 生人天中하야 一念貪瞋에 一時焚盡이라 是故로 此品下文에 云住去來今諸佛之道하며 隨衆生住하야 恒不捨離하며 如諸法相을 悉能通達하며 斷一切惡하고 具足衆善하며 當如普賢의 色像第一하며 一切行願이 皆得具足이라하시니라 已上은 明宗趣竟이니 意明迴凡小所執心境差別業하야 皆成願海하야 具普賢門이라

이러한 의의를 따른 까닭에 신심의 바탕 위에 법성의 대비·대지와 미묘한 지혜 그리고 만행이 모두 부처님에 의해 닦아나갈 뿐 이 밖에 별도의 법이 있지 않다. 만일 부처님의 법을 떠나서 별개로 자신의 법이 있다면, 이는 신심을 이루지 못하고 10가지의 훌륭한 견해를 이루지 못하며 수행을 이루지 못하게 된다.

설령 아무리 고행정근을 할지라도 이는 삿된 정진이요, 수많은 겁 동안 고행을 할지라도 人天의 가운데 태어나 한 생각의 찰나에 탐욕을 부리고 성을 냄에 일시에 모두 불타 사라지는 것이다. 이 때문에 본 품의 아래 경문에서 이르기를 "과거 미래 현재의 여러 부처님의 도에 머물며, 중생을 따라 머물러 언제나 버리지 않으

며, 저 모든 법의 양상을 모두 통달하며, 모든 악행을 끊음이 구족하며, 마땅히 보현보살의 으뜸가는 형색과 모습을 닮으며, 일체 行願이 모두 구족함을 얻는다."고 하였다.

이상은 모두 종취를 밝힘이다. 그 뜻이 범부의 집착한 바 마음과 경계의 차별 업장을 돌이켜서 모두 서원의 바다를 성취하여 보현보살의 법문을 구족케 함을 밝힌 것이다.

四는 隨文釋義니 如文自具니라

(4) 경문을 따라 그 뜻을 해석하였다. 경문에서 보는 바와 같이 그 뜻이 잘 갖추어져 있다.

第五 釋文中二니 先은 智首問이니 擧德徵因이오 後는 文殊答이니 標德顯因이라

今初는 亦先標問答之人이오 後陳所疑之問이니 今은 初라

## 5. 경문을 해석하다

이는 2부분으로 나뉜다. 앞부분은 지수보살의 물음인바 덕을 들어 因을 묻고, 뒷부분은 문수보살의 답인바 덕을 밝혀 因을 나타낸다.

### 제1. 지수보살의 물음

또한 먼저 묻고 답하는 보살을 밝혔고, 뒤에서는 의심의 대상이 되는 물음을 말한 것이다.

이는 먼저 묻고 답하는 보살을 밝혔다.

**經**
爾時에 智首菩薩이 問文殊師利菩薩言하사대
그때 지수보살이 문수사리보살에게 물었다.

● 疏 ●
此二菩薩은 爲顯圓修니 歷事巧願에 必智爲導故며 事近旨遠에 唯圓行故니라 文殊則般若觀空이오 智首則漚和涉事니 涉事 不迷於理일세 故雖願而無取오 觀空不遺於事일세 故雖空而不證이니 是爲權實雙游하야 假茲問答이니라【鈔_ '漚和涉事'者는 梵語 其舍羅니 此云 方便善巧니 卽肇公宗本論文이라 論에 云漚和般若者는 大慧之稱也라 諸法實相을 謂之般若오 能不形證은 漚和 功也라 適化衆生을 謂之漚和오 不染塵累는 般若力也라 然則般若之門은 觀空이오 漚和之門은 涉有니 涉有호되 未始迷虛라 故常處有而不染이오 不厭有而觀空이라 故觀空而不證이니 是爲一念之力에 權慧具矣니라 '一念之爲力 權慧具矣'는 好思면 歷然可解니라】

지수보살, 문수보살은 원만한 수행을 밝히기 위해 묻고 답한 것이다. 일이 거쳐 오는 데에 훌륭한 서원에는 반드시 지수보살의 지혜가 선도하기 때문이며, 일이 가깝고 그 뜻이 원대함은 오직 문수보살의 미묘한 덕이 있어야 하기 때문이다. 문수보살은 곧 반야 지혜로 空을 관하였고, 지수보살은 곧 방편[漚和]으로 일을 함께하되 이치에 대해 혼미하지 않은 까닭에 비록 서원이 있으나 취함이 없고, 공을 관하되 현상의 일을 버리지 않는 까닭에 비록 공이면서도 더 이상 증득할 게 없다. 이는 방편의 權道와 진실의 실상에 모두 유유자석함을 밝히기 위해 이들의 문답을 빌린 것이다.【초_ '漚和涉事'의 漚和는 범어로는 俱舍羅(Upāyauśalya)이다. 중국에서는 方便善巧라 말한다. 이는 승조 법사 宗本論의 문장이다. 조론에 이르기를 "漚和般若란 큰 지혜를 일컫는다. 모든 법의 실상을 반야라 말하고 형체로 증명할 수 없는 것은 漚和의 功이다. 중생에게 알맞게 교화하는 것을 漚和라 하고 세속의 번뇌에 물들지 않은 것은 반야의 힘이다. 그렇다면 반야의 문은 공을 관한 것이요, 漚和의 법문은 유에 관련된 것이니, 유에 관련되면서도 애당초 혼미하거나 허망하지 않다. 이 때문에 항상 유에 처하여도 물들지 않고 유를 싫어하지 않으면서도 공을 보게 되는 것이다. 이 때문에 공을 보면서도 증득하지 않으니 한 생각 일어나는 찰나의 힘에 權慧를 갖춘 것이다."고 하였다.

"한 생각 일어나는 찰나의 힘에 權慧를 갖춘다."는 것은 잘 생각하여 보면 뚜렷이 알 수 있다.】

二 陳所問中에 有二十云何니 總十一段에 段各十句라 成一百一十種德이니라 第一段은 明三業離過成德이오 二는 得堪傳法器오 三은 成就衆慧오 四는 具道因緣이오 五는 於法善巧오 六은 修涅槃因이오 七은

滿菩薩行이오 八은 得十力智오 九는 十王敬護이오 十은 能爲饒益이오 十一은 超勝尊貴라 此十一中에 若就相顯인댄 二四與六은 此三 唯因이오 八及十一은 此二 唯果며 餘通因果라

뒷부분에 앞서 언급한 지수보살의 물음 가운데 20가지의 '어떻게 하면[云何]'이라는 물음이 있다. 모두 11단락이고 단락마다 각각 10구씩이기에 110가지의 덕을 형성한 것이다.

제1단락 신·구·의 3업의 잘못을 버리고 덕을 성취함을 밝히며,

제2단락 불법을 전수할 만한 法器를 얻으며,

제3단락 수많은 지혜를 성취하며,

제4단락 도의 인연을 갖추며,

제5단락 법에 대해 훌륭하며,

제6단락 열반의 인연을 닦으며,

제7단락 보살행을 이뤄 충만하며,

제8단락 열 가지 힘의 지혜를 얻으며,

제9단락 십왕이 존경하고 비호하며,

제10단락 중생에게 큰 이익을 주며,

제11단락 뛰어나게 존귀한 意業이다.

이와 같은 11단락 가운데 현상의 입장에서 밝힌다면, 제2, 제4와 제6의 3단락은 오직 원인의 한 부분이며, 제8 및 제11의 2단락은 오직 결과의 한 부분이지만, 나머지는 모두 인·과와 통한다.

或攝爲四對因果니

初 二十句는 問福因·福果니 先因後果오

次二十句는 問慧因·慧果니 先果後因이오

三二十句는 問巧解因·觀行果오

四有五段은 問修行因成德果니

初一爲因이오 餘四爲果니라

或分爲二니

初十云何는 問淨行體니 是問因義오

後十云何는 問行所成이니 是問果義니 以善修七覺等이 亦是淨行之能故니라

皆言云何得者는 爲修何行而得之耶아 初十은 望後라 故說爲因이어니와 望歷緣巧願으로 成淨行體이면 卽是於果니 未是圓果오 而是分果니라 故上總云 '擧果徵因'이라하니라 今分爲二니 初之一段은 總問其果오 後十은 別明이라 今은 初十句라

    혹은 이를 포괄하여 4對의 인·과를 삼는다.

    첫 20구는 복의 원인과 복의 결과를 물음인데, 앞에서는 원인을, 뒤에서는 결과를 말하며,

    다음 20구는 지혜의 원인과 지혜의 결과를 물음인데, 앞에서는 결과를, 뒤에서는 원인을 말하며,

    제3의 20구는 잘 이해할 수 있는 원인과 觀行의 결과를 물음이며,

    제4의 50구에는 5단락이 있는데 수행의 원인과 成德의 결과에 대한 물음이다. 이 가운데 제1단락의 10구는 원인이며, 나머지 제2~5단락의 40구는 결과이다.

    혹은 이를 2부분으로 나눈다.

앞의 10가지에서 '어떻게 하면[云何]'은 청정행의 본체를 물음인데, 이는 원인의 의의를 묻는 것이며,

뒤의 10가지에서 '어떻게 하면[云何]'은 청정행의 성취 대상을 물음인데, 이는 결과의 의의를 묻는 것이다. 7覺**(擇法覺分, 精進覺分, 喜覺分, 除覺分, 捨覺分, 定覺分, 念覺分)** 등을 잘 닦는 것 또한 청정한 행만이 가능한 일이기 때문이다.

모두 '어떻게 하면 …을 얻을 수 있을까[云何得]'라고 한 것은 어떤 행실을 닦아야 얻을 수 있는가를 말한다. 첫 10구는 뒤의 부분을 상대로 말한 것이기에 이는 원인이 된다고 말할 수 있지만, 그리고 지나온 인연의 훌륭한 서원으로 청정행의 본체를 성취한다는 부분을 상대로 말하면 그것은 곧 결과이기는 해도 아직은 원만한 결과[圓果]는 아니다. 이는 부분적인 결과[分果]인 까닭에 위에서 이를 총괄하여 "결과를 들어 그 원인을 물었다[擧果徵因]."고 말한 것이다.

이의 경문은 2단락으로 나뉜다. 앞 단락에서는 그 결과를 총체로 물었고, 뒤의 10가지는 개별로 밝혔다.

1. 그 결과를 총체로 물음

이의 첫 단락은 10구이다.

### 經

佛子여 菩薩이 云何得無過失身語意業이며 云何得不害身語意業이며 云何得不可毁身語意業이며 云何得不可壞身語意業이며 云何得不退轉身語意業이며 云何得不可動身

語意業이며 云何得殊勝身語意業이며 云何得淸淨身語意業이며 云何得無染身語意業이며 云何得智爲先導身語意業이니잇고

불자여, 보살이

어떻게 하면 허물이 없는 몸과 말과 뜻의 업을 얻으며,

어떻게 하면 해코지하지 않는 몸과 말과 뜻의 업을 얻으며,

어떻게 하면 훼손할 수 없는 몸과 말과 뜻의 업을 얻으며,

어떻게 하면 깨뜨릴 수 없는 몸과 말과 뜻의 업을 얻으며,

어떻게 하면 물러서지 않는 몸과 말과 뜻의 업을 얻으며,

어떻게 하면 흔들리지 않는 몸과 말과 뜻의 업을 얻으며,

어떻게 하면 훌륭한 몸과 말과 뜻의 업을 얻으며,

어떻게 하면 청정한 몸과 말과 뜻의 업을 얻으며,

어떻게 하면 물들지 않는 몸과 말과 뜻의 업을 얻으며,

어떻게 하면 지혜가 선도하는 몸과 말과 뜻의 업을 얻을 수 있습니까?

● 疏 ●

得此十種三業하야 成下十果니 由無過三業이라 故超勝尊貴오 由不患害라 故常爲饒益이오 由無餘惑하야 不可譏毀라 故十王敬護오 由惡緣不可壞라 得佛十力이오 由修行不退轉이라 滿菩薩行이오 由遠離諸相하야 如如不動이라 成涅槃因이오 由德行殊勝이라 故於法善巧오 由體淸淨如虛空이라 故成具道緣이오 由涉境無染이라 故得堪傳

法器오 由智先導라 故成就衆慧니라

이와 같은 10가지 신·구·의 3업을 얻어 아래의 10가지 과보를 성취한다.

⑴ 허물이 없는 3업을 지닌 까닭에 뛰어나게 존귀하며,

⑵ 성내어 해코지하지 않는 까닭에 언제나 많은 이익을 주며,

⑶ 조금이라도 남은 의혹이 없어 비방하거나 毁談하지 못한 까닭에 十王이 존경하고 비호하며,

⑷ 악연이 그를 무너뜨리지 못한 까닭에 부처님의 十力을 얻으며,

⑸ 뒤로 물러서지 않는 수행을 지닌 까닭에 보살행을 원만하게 성취하며,

⑹ 모든 상을 멀리 여의어 如如不動한 까닭에 열반의 원인을 성취하며,

⑺ 훌륭한 덕행을 지닌 까닭에 법에 대해 훌륭하며,

⑻ 몸이 청정하여 허공과 같은 까닭에 구족한 도의 반연을 이루며,

⑼ 경계에 있어서도 물들어 더럽힘이 없는 까닭에 전수받을 法器를 얻으며,

⑽ 지혜가 선도하는 까닭에 수많은 지혜를 성취하게 된다.

又由後十하야 能成就此十이니 以十三業 永無失等은 唯佛不共이오 分分無失은 亦通於因이라 又此十句 初一은 總顯無過오 次八은 別顯無過오 後一은 總出其因이니 若以智慧爲先導면 身語意業 常無

失故니라 又於中八에 前二는 離過요 後六은 成德이라【鈔_ '又由後十'下는 二에 先果後因釋이니 以初十句爲果하고 後之十段 百句爲因이라 故云 '永無失等'이 唯佛不共이라하니 '永無失等'者는 等下九句 不害業等이라 言'不共'者는 卽十八不共法이니 今約分分이라 故爲後因이니라 】

또한 뒤의 10가지에 기인하여 이의 10가지를 성취한다. 그 10가지 신·구·의 3업이 영원히 잘못이 없다는 등은 오직 부처님만이 지닌 것으로 여느 사람이 함께할 수 없고, 부분과 부분에 있어서도 잘못이 없는 것은 또한 원인과 통한다.

또 이 10구에 있어 제1구[無過失身語意業]는 잘못이 없음을 총체로 밝히고, 다음 8구(제2~9)는 잘못이 없음을 밝히며, 맨 끝의 제10구는 그 원인을 총체로 말한 것이다. 만일 지혜로 선도를 삼으면 신업·구업·의업이 언제나 잘못이 없기 때문이다. 또한 다음 8구(제2~9) 가운데 제2~3구는 잘못을 여읨이며, 뒤의 제4~9의 6구는 덕을 성취함이다.【초_ "또한 뒤의 10가지에 기인하여" 이하는 "다음 20구는 지혜의 원인과 지혜의 결과를 물음인데, 앞에서는 결과를, 뒤에서는 원인을 말한다."에 대한 해석이다. 제1단락의 10구로 결과를 삼고 뒤의 10단락 100구로 원인을 삼은 까닭에 "그 10가지 신·구·의 3업이 영원히 잘못이 없다는 등은 오직 부처님만이 지닌 것으로 여느 사람이 함께할 수 없다."고 말한 것이다. 이처럼 "영원히 잘못이 없다."는 것 등은 아래 9구의 '云何得不害身語意業' 등과 똑같다. "오직 부처님만이 지닌 것으로 여느 사람이 함께할 수 없다."고 말한 것은 곧 十八不共法[2]이다. 여기에서는 부분과 부분을 가지고 말하기에 後因을 삼은 것이다.】

---

後十段別明中에 初一은 異熟果요 次四는 士用果요 次二는 離繫果요 次一은 增上果요 後二는 等流果라

今初는 卽修道之器니 以菩薩起修行時에 要具此十이라야 方成二利之行이니라 【鈔_ 初一異熟果'者는 俱舍顯相頌에 云'異熟은 無記法으로 有情有記生이라 等流는 似自因이오 離繫는 由慧盡이라 若因彼力生이면 是果名士用이오 除前有爲法을 有爲增上果라하니라 釋曰 初二句는 異熟果相이로되 但是無覆無記는 不通非情이오 從善惡感을 名有記生이라 次句等流果 相似於同類는 徧行自因이오 次句離繫果相 由

. . . . . . . . . . .

**2** 十八不共法: 범어로는 aṣṭādaśa-āveṇika-buddha-dharma, 팔리어로는 aṭṭhārasa-āveṇika-buddha-dhamma라 하며, 十八不共法, 十八不共佛法, 十八佛不共法이라 한역한다. 초기불교에서 대승에 이르기까지 불타를 신체적 특징과 함께 정신적 공덕으로 구분하여 설명하는데, 십팔불공법은 정신적 특징을 설명하는 열여덟 가지이다. 대승에서는, ① 身無失: 몸으로 짓는 행위에 잘못이 없음, ② 口無失: 말에 잘못이 없음, ③ 念無失: 생각에 잘못이 없음, ④ 無異想: 일체중생을 차별하지 않음, ⑤ 無不定心: 항상 선정에 들어 있어 산란하지 않음, ⑥ 無不知已捨心: 중생을 모른 체 내버려둠이 없음, ⑦ 欲無減: 중생을 제도하려는 마음이 줄어들지 않음, ⑧ 精進無減: 정진의 마음이 줄어들지 않음, ⑨ 念無減: 기억하는 힘이 줄어들지 않음, ⑩ 慧無減: 지혜가 줄어들지 않음, ⑪ 解脫無減: 해탈이 줄어들지 않음, ⑫ 解脫知見無感: 일체 번뇌의 속박에서 해탈했다는 지견이 줄어들지 않음, ⑬ 一切身業隨智慧行: 모든 身業은 지혜가 수반함, ⑭ 一切口業隨智慧行: 모든 구업은 지혜가 수반함, ⑮ 一切意業隨智慧行: 모든 의업은 지혜가 수반함, ⑯ 智慧知過去世無碍無障: 지혜로써 과거의 일을 모두 통달하여 하등의 장애도 없음, ⑰ 智慧知未來世無碍無障: 지혜로써 미래의 일을 모두 통달하여 하등의 장애도 없음, ⑱ 智慧知現在世無碍無障: 지혜로써 현재의 일을 모두 통달하여 하등의 장애도 없음을 말한다.

慧盡者는 慧卽擇也오 盡卽滅也니 謂此擇滅이 離繫所顯이라 故將擇滅하야 釋離繫果오 次二句는 士用果相이니 若法 因彼勢力所生인댄 如因下地의 加行心力과 上地의 有漏無漏定生이오 及因淸淨靜慮心力하야 生得變化無記心等 離繫를 名爲不生士用이니 爲因道力證得하야 亦得士用果名이니라 後二句 增上果相은 有爲法 生이니 餘法不障을 是增上果라 故唯有爲는 除前已生有爲之法코 謂果望因이니 或俱或後에 必無前果後因이라 故云除也니라 除此前外 餘諸有爲를 謂之增上果라하니 論云 增上之果問과 士用增上二果 何殊오 答이라 士用果는 名唯對作者오 增上果는 稱通對所餘니 如匠所成이 對能成匠하야 俱得士用이오 增上果名은 對餘非匠이니 唯增上果는 非匠이면 不造라 故非士用이니라

瑜伽三十八에 云 習不善故로 樂住不善等이 爲等流果며 或似先業하야 後果隨轉이라하니 釋曰 此有二義하야 釋於等流라 後義는 果似於因이니 卽俱舍意니 如殺生因等으로 得短壽果오 前義는 卽於後果之上에 行因似因이니 如前世殺生하야 今亦好殺等이라

瑜伽又云 以道滅惑을 名離繫果오 四人工等事는 由此成辦稼穡財利等果 爲士用果오 若眼識等은 是眼根等增上果며 身分不壞는 是命根增上果라 二十二根이 各起自增上果하니 當知하라 一切 名增上果라하니 餘例可知니라 然上所引俱舍는 卽是根品이오 彼論 以六種因으로 成斯五果는 非今所要니라 】

## 2. 개별로 밝힌 10단락

첫 단락은 異熟果이며, 다음 제2~5의 4단락은 士用果이며, 다

음 제6~7의 2단락은 離繫果이며, 다음 제8단락은 增上果이며, 맨 끝의 제9~10의 2단락은 等流果이다.

1) 제1단락의 異熟果

이는 곧 도를 닦을 수 있는 法器이다.

보살이 처음 수행을 시작할 때에 반드시 이 10가지를 갖춰야만 비로소 自利行과 利他行을 성취할 수 있다. 【초_ "첫 단락은 異熟果"에 관하여 구사론 顯相頌에 이르기를 "이숙과는 無記의 법으로 유정중생의 有記에 의해 생겨난다. 等流果는 자신의 원인[自因]과 유사하며, 離繫果는 지혜에 의해 모든 번뇌를 없앤 것이다. 만약 그것의 힘에 의해 생겨난 것이라면, 이를 士用果라 하며, 이전에 생겨난 것을 제외한 유위법을 유위의 增上果라고 한다."고 하였다.

이에 대해 다음과 같이 해석하였다.

제1, 2구는 異熟果의 모습이지만, 단 덮임이 없고 기억이 없는 것은 非情에 통하지 않고, 선악의 감각을 따르는 것을 有記生이라고 말한다.

다음 구절의 等流果에서 '같은 유와 서로 같다.'는 것은 두루 행한 스스로의 원인이며,

'離繫果의 모습이 지혜로 말미암아 다한다.'는 것은 다음 구절에서 곧 선택이요, 다한다는 것은 곧 사라짐을 말한다. 이러한 선택과 사라짐[擇滅]이 얽매임을 여읜 데에서 나타나게 되는 대상이다. 따라서 선택과 사라짐[擇滅]을 가지고 이계과를 해석한 것이며,

다음 2구절은 士用果의 모습이다. 법이 그 세력의 발생한 바로

부터 인한 것이라면, 因下地의 加行心力과 그 위 지위에서의 有漏, 無漏의 定이 발생하게 되고, 淸淨·靜慮·心力으로 인하여 變化心, 無記心 등이 생겨나 얽매임에서 떠난 것을 사용과를 일으키지 않은 것이라고 말한다. 道力으로 인하여 증득해야만 또한 사용과라는 이름을 얻을 수 있다.

뒤의 2구절에서 말한 增上果의 모습은 有爲法에서 생겨난 것이다. 나머지 법에 장애가 없는 것을 增上果라 한다. 따라서 오직 有爲는 앞에서 이미 발생한 유위법을 제외하고 果望因이라고 말한다. 모두 다 함께 말하거나 뒤에 말함으로써 반드시 前果와 後因이 없다. 이 때문에 '除'라고 말한다. 이전의 것을 제외하고 나머지 모든 유위를 증상과라 말한다.

논에 이르기를 "增上果의 물음과 士用果, 增上果는 어떻게 다른 것일까?"라고 하였다.

이에 대해 다음과 같이 답하였다.

"士用果는 오직 작자를 상대로 말한 것이며, 增上果는 나머지 모두를 상대로 하여 말한 것이다. 마치 匠人이 성취한 대상이 장인을 성취할 수 있는 주체를 상대로 하여 모두 사용과라는 이름을 얻게 되고, 增上果라는 이름은 나머지 장인이 아닌 이들을 상대로 말한 것과 같다. 오직 증상과는 장인이 아니면 이를 만들어낼 수 없기 때문이다. 따라서 이는 사용과가 아니다."

유가경 38에 이르기를 "불선을 익혀온 까닭에 불선에 머무는 것을 좋아한다 등은 等流果이며, 혹은 앞서 지은 업과 같이 뒤의 과보가 따라서 변하는 것이다."고 하였다.

이에 대해 다음과 같이 해석하였다.

이는 2가지 의의로 등류과를 해석한 것이다. 뒤에서 말한 의의는 결과가 원인과 같기 때문이다. 이는 곧 구사론에서 말한 뜻이다. 구사론에서 "살생의 원인 등으로 단명의 과보를 얻는다."라고 말한다. 앞에서 말한 의의는, 곧 뒤에 얻은 과보에는 현재 행의 원인[行因]이 전생의 因과 같다는 점에 있다. 전생에 살생했던 것처럼 금생에서도 살생을 좋아한다 등이다.

유가경에서 또 이르기를 "도로써 미혹을 없애는 것을 離繫果라 한다. 이른바 '농사짓고 장사하고 왕의 글을 쓰고 계산하고 점치는 [農作·商賈·事王書·畫算數占卜等]' 일을 하는 4부류의 사람들이 저마다 자신들이 하는 일을 통하여 곡식과 財利 등을 얻는 과보를 성취하는 것이 士用果이다. 저 眼識 등은 眼根 등의 增上果이며, 신분이 무너지지 않는 것은 命根의 增上果이다. 22根이 각각 增上果로부터 일어난 것이다. 마땅히 알아야 한다. 일체가 增上果이다."고 하였다. 나머지는 이의 예를 따르면 말하지 않아도 알 수 있다. 위에서 인용한 구사론은 곧 根品이다. 구사론에서는 6가지의 원인으로 이 5가지의 결과를 성취한다고 말했지만 여기에서는 중요한 바가 아니다.】

云何得生處具足과 種族具足과 家具足과 色具足과 相具

足과 念具足과 慧具足과 行具足과 無畏具足과 覺悟具足이니잇고

어떻게 하면 태어나는 곳의 구족, 종족의 구족, 가문의 구족, 색상의 구족, 모양의 구족, 생각의 구족, 지혜의 구족, 행의 구족, 두려움 없음의 구족, 깨달음의 구족을 얻을 수 있습니까?

● 疏 ●

十事는 瑜伽具釋이라 一은 常生中國 有佛法處오 二는 種族尊貴하야 非下賤等이오 三은 生信向三寶修善之家하고 非外道等家오 四는 形色端嚴하야 非醜陋等이오 五는 具丈夫相하야 諸根不缺이오 六은 正念不忘하야 亦宿念現前이오 七은 慧悟高明하야 善解世法이오 八은 柔和調善하야 離過修行이오 九는 志力堅強이라 故無怯弱이오 十은 性自開覺하야 不染世法이니라

10가지의 일에 대해서는 유가론에 구체적으로 해석되어 있다.

(1) 세세생생 언제나 불법이 있는 중국에 태어나며,

(2) 종족이 존귀하여 천민 등이 아니며,

(3) 삼보를 믿음으로 인하여 선행을 닦는 집안에 태어난다. 이는 외도 등의 집이 아니며,

(4) 형체와 색상이 단정하고 장엄하여 추한 모습 등이 아니며,

(5) 대장부의 모습을 갖춰 모든 根이 원만하여 빠진 데가 없으며,

(6) 바른 생각을 잊지 않고 또한 전생의 염원이 금생에 나타남이며,

⑺ 지혜가 총명하여 세간의 법을 잘 알며,

⑻ 유순하고 화기로우며 선업을 調習하여 허물을 여의고 수행하며,

⑼ 의지와 힘이 견고하고 강하기에 겁과 나약함이 없으며,

⑽ 자성이 스스로 깨달음을 얻어 세간의 법에 물들지 않는다.

又'無畏'者는 依智度論컨대 菩薩有四種無畏하니 一은 總持無畏니 於法記持하야 不懼忘失이오 二는 知根無畏니 知根授法하야 不懼差失이오 三은 決疑無畏니 隨問能答하야 不懼不堪이오 四는 答難無畏니 有難皆通하야 不懼疑滯니라 今竝皆得일새 故云具足이라하니라

又此十事를 若約法者인댄 生在佛家 是生處具足等이니 思之어다 又 具足者는 唯佛一人云云이니라【鈔_ '又此十事'下는 約法生在佛家者는 菩提心家故니 等於餘句니 謂二는 種族이니 卽具佛種性이니 謂自性住性이 習所成等이오 三明家 卽眞如爲家 亦四家故오 四家는 如七地라 四는 明見佛性을 如見色故니 涅槃云'佛性 有二하니 一色이오 二非色이라하니 如來所見으로 爲色故니라 五는 相이니 謂有悲智等으로 爲菩薩相故니라 餘之五句는 經自約法이니 可知니라

'又具足'下는 重釋具足之言이니 上約橫具하야 爲具足이오 今約豎說之니라】

또한 "두려움이 없다."는 것에 관해서는 지도론을 따르면 보살에게 4가지의 두려움이 없다는 뜻이다.

⑴ 總持無畏. 법을 모두 기억하고 지녀서 잊거나 잃을까를 두려워하지 않는다.

⑵ 知根無畏. 중생의 각기 다른 근기를 알고서 그들에게 알맞은 법을 주기에 잘못이 있을까를 두려워하지 않는다.

⑶ 決疑無畏. 물음에 잘 대답하기에 이를 감당하지 못할까를 두려워하지 않는다.

⑷ 答難無畏. 물음과 논란이 있을 때마다 모두 통달하여 의심과 막힘을 두려워하지 않는다.

여기에서는 이를 모두 다 얻은 까닭에 '具足'이라 말한 것이다.

또한 여기에서 말한 10가지의 일을 만일 법으로 말하면 佛家에 태어남이 '生處具足' 등이다. 여기에서 생각할 것이 있다. 또한 '구족'이란 오직 부처님 한 분에게만 적용된다는 사실이다. 【초_ "또한 여기에서 말한 10가지의 일을" 이하에 "법으로 말하면 佛家에 태어난다."고 한 것은 보리심을 지닌 집안이기 때문이다. '是生處具足等'의 等은 나머지 구절 또한 이와 똑같음을 말한다.

'⑵ 종족'은 곧 부처님의 種性을 갖춤이다. '자성의 住性이 학습으로 성취한 바'라는 등이다.

'⑶ 삼보'는 집안을 밝힘이다. 이는 곧 진여로 집안을 삼고, 또한 四家[3]이기 때문이다. 四家는 七地와 같다.

'⑷ 형체와 색상'은 내면의 佛性을 밝게 보는 것이 마치 외모의 색상을 보는 것과 같기 때문이다. 열반경에 이르기를 "불성에는 2가지가 있다. 하나는 색상이며, 또 다른 하나는 색상이 아니다."고

..........

3 四家: 4가지의 聖者 의지처. ① 般若家, ② 諦家, ③ 捨煩惱家, ④ 苦淸淨家.

하였다. 여래는 내적으로나 외적으로나 보는 대상을 모두 색상으로 삼기 때문이다.

'⑸ 대장부의 모습'은 형상이다. 대비대지 등이 있는 것으로 보살상을 삼기 때문이다.

나머지 5구는 경문에서 법으로 말했으니 더 이상 말하지 않아도 알 수 있다.

"또한 '구족'이란" 이하는 '구족'을 거듭 해석한 것이다. 위에서는 공간적 구족을 들어 '구족'으로 삼았고, 여기에서는 시간적 수직으로 구족을 말하였다.】


第二에 有四段하니 明士用果라
2) 제2~5의 4단락은 士用果를 밝히다

經
云何得勝慧와 第一慧와 最上慧와 最勝慧와 無量慧와 無數慧와 不思議慧와 無與等慧와 不可量慧와 不可說慧이니잇고

어떻게 하면 수승한 지혜, 제일 으뜸 지혜, 가장 높은 지혜, 가장 수승한 지혜, 한량없는 지혜, 수없는 지혜, 생각할 수 없는 지혜, 같을 이 없는 지혜, 헤아릴 수 없는 지혜, 말할 수 없는 지혜를 얻을 수 있습니까?

● 疏 ●

四段者는 一은 慧니 爲揀擇이오 二는 力이니 謂修習이오 三은 善巧니 謂智오 四는 道品助修니 悉以三業而得成就니라
今初言慧者는 卽道之體라 十中에 一은 勝世間故오 二는 過二乘故오 三은 揀權敎故오 四는 佛果超因故니 上四는 揀劣이오 餘六은 當體니라 一은 無分量이오 二는 無若干이오 三은 超言念이오 四는 無等匹이오 五는 難比校오 六은 唯證相應이니 欲言其有나 無相無形이오 欲言其無나 聖以之靈이오 欲言俱者나 慧無二體오 欲言雙非나 非無詮顯일세 故不可說이니라

4단락은 사용과를 밝히고 있는데 4부분으로 나뉜다.

(1) 慧. 시비와 正邪를 취사선택하며,

(2) 力. 수행과 학습을 말하며,

(3) 善巧. 지혜를 말하며,

(4) 道品의 助修를 말한다.

이는 모두 신·구·의 3업을 성취한 것이다.

4단락 가운데 첫 제2단락에서 慧를 말한 것은 곧 도의 본체이기 때문이다. 10가지의 지혜 가운데, 첫째 勝慧는 세간 중생의 지혜보다 훌륭하기 때문이며, 둘째 第一慧는 二乘보다 뛰어나기 때문이며, 셋째 最上慧는 權敎를 가려서 구별하기 때문이며, 넷째 最勝慧는 佛果가 因을 초월하기 때문이다. 위의 4가지 지혜는 용렬함과는 다르며, 나머지 6가지 지혜는 부처님의 몸에 해당된다.

(1) 분량이 없으며,

⑵ 약간이 없으며,

⑶ 말과 생각에서 초월하며,

⑷ 대등한 짝이 없으며,

⑸ 비교하기 어려우며,

⑹ 오직 증득해야만 이에 상응한다.

지혜를 있다고 말하자니 모습이 없고 형체가 없으며, 없다고 말하자니 성인이 지혜에 의하여 신령스러우며, 모두 갖췄다고 말하자니 지혜에는 2가지의 체성이 없으며, 모두 잘못되었다고 말하자니 진리를 말하여 밝히지 않음이 없기에 '말할 수 없는 지혜[不可說慧]'라 말한 것이다.

## 經

**云何得因力과 欲力과 方便力과 緣力과 所緣力과 根力과 觀察力과 奢摩他力과 毘鉢舍那力과 思惟力이니잇고**

어떻게 하면 원인의 힘, 욕망의 힘, 방편의 힘, 인연의 힘, 반연하는 바의 힘, 근의 힘, 관찰의 힘, 사마타(samatha)의 힘, 위빠사나(Vipassana)의 힘, 생각의 힘을 얻을 수 있습니까?

## ◉ 疏 ◉

第三 力者는 卽具道因緣이라 皆言力者는 此十이 各有資道之能故라

제3단락에서 힘[力]을 말한 것은 곧 도의 인연을 갖추고 있기 때문이다. 모두 '힘'이라 말한 것은 이 10가지의 힘이 각기 모두가

도에 도움이 되는 능력이 있기 때문이다.

一因力者는 卽是種性이니 謂已有習種 無倒聞熏이 與性種合이라 故名爲因이라 梁攝論에 云多聞熏習이 與阿賴耶識中 解性和合이라 一切聖人이 以此爲因이라'하고 無性攝論에 云'此聞熏習이 雖是有漏나 而是出世心種子性이라'하니라【鈔_ 卽是種性者는 謂種性位에 由於習種하야 合於性種이라야 方名種性也니 性種은 卽自性住性이니 爲正因性이니 卽是涅槃第一義空性也라 習은 卽新熏修成之性이니 決爲佛因일새 稱爲種性이라 引證可知니라】

(1) 因力이란 곧 種性이다. 이미 習種性이 전도 없는 훈습으로 性種性(自性住性)과 하나로 합해진 까닭에 이를 因이라 한다.

양섭론에 이르기를 "견문이 많은 훈습이 아뢰야식 가운데 解性과 화합하기에 모든 성인이 이로써 因을 삼는다."고 하며, 무성섭론에 이르기를 "이 견문의 훈습이 비록 有漏이지만 이는 출세간 마음의 種子性이다."고 하였다.【초_ "곧 種性이다."고 할 경우에는 종성의 지위에 習種을 연유하여 性種에 화합해야 비로소 이를 종성이라 한다. 性種은 곧 自性이 머문 性이다. 正因性이니 곧 열반에 드는 第一義 空性이다. 習은 곧 新熏으로 닦아 성취한 자성이다. 이는 반드시 성불의 인연[佛因]이 되기에 種性이라고 말한다. 양섭론 등의 인증은 설명하지 않아도 알 수 있다.】

二欲力者는 有勝欲樂하야 希大菩提하며 及起行故오

(2) 欲力이란 훌륭한 욕구와 좋아하는 마음[勝欲樂]이 있어 큰 보리지혜를 추구하고 그에 따른 행동을 일으키기 때문이다.

三方便者는 謂造修力으로 依六方便하야 成悲智故니 一 慈悲顧戀이오 二 了知諸行이오 三 欣佛妙智오 四 不捨生死오 五 輪迴不染이오 六 熾然精進이니 攝論廣說이라

(3) 方便이란 만들어 닦아가는 힘으로, 6가지의 방편에 의하여 대비대지를 성취하기 때문이다.

① 자비의 마음으로 애틋하게 그리워하며,

② 모든 行을 깨달아 알며,

③ 부처님의 미묘한 지혜를 기쁘게 갖추며,

④ 생사를 버리지 않으며,

⑤ 윤회에 물들지 않으며,

⑥ 불길처럼 거세게 정진한다.

위와 같은 6가지 방편은 攝論에서 자세히 설명하고 있다.

四緣力은 謂善友勸發이오

(4) 緣力은 착한 벗의 권면과 분발을 말한다.

五所緣力은 卽所觀察悲智之境이며

(5) 所緣力은 곧 관찰의 대상이 되는 대비대지의 경계이다.

六根은 謂信等이라

(6) 根은 신심 등을 말한다.

七觀察者는 謂於自他·事理·藥病에 善揀擇故오

(7) 觀察이란 自·他, 事·理, 藥·病을 잘 가려내기 때문이다.

八은 奢摩他니 此云止오

(8) 奢摩他는 중국 말로 하면 '止(禪定)'이다.

九는 毘鉢舍那니 此云觀也니 瑜伽·起信等論과 深密·涅槃等經에 廣辨其相이니 具如別章이어니와 今略顯其相하야 以爲十門호리라 一은 心行稱理하야 攝散名止오 二는 止不滯寂하야 不礙觀事오 三은 由理事交徹而必俱遂하야 使止觀無礙而雙運이오 四는 理事形奪而俱盡이라 故止觀兩亡而絶寄오 五는 絶理事無礙之境이 與泯止觀無礙之心으로 二而不二라 故不礙心境而一味오 不二而二라 故不壞一味而心境兩殊오 六은 由卽理之事 收一切法라 故卽止之觀도 亦見一切오 七은 由此事卽是彼事라 故令止觀으로 見此心卽是彼心이오 八은 由前中에 六則一多相入而非一이며 七則一多相是而非異라 此二不二 同一法界라 止觀無二之智로 頓見卽入二門同一法界而無散動이오 九는 由事則重重無盡이라 止觀亦普眼齊照오 十은 卽此普門之智 爲主라 故頓照普門法界時에 必攝一切爲伴하야 無盡無盡이니 是此華嚴所求止觀이라

(9) 毘鉢舍那[4]는 중국 말로 하면 觀이다. 유가론·기신론 등과 해심밀경·열반경 등에서 위빠사나의 양상에 대해 자세히 논변하고 있다. 구체적으로 別章에서 말한 바와 같아 여기에서는 간단하게 그 양상을 밝혀 10가지 부분을 아래에서 말하고자 한다.

----------

4 毘鉢舍那: 위빠사나. 부처님이 깨달음을 얻은 수행 방법으로, 수행이 높아져 최고의 경지에 도달하면 스스로 깨달음을 얻게 되는 방법이다. 위빠사나는 산스크리트어로 '위(Vi)'라는 단어와 '빠사나(Passana)'란 2개 단어의 합성어이다. 위(Vi)는 '모든 것', '다양한', '전부'의 뜻이고, 빠사나(Passana)는 '꿰뚫어 보다', '똑바로 알다'라는 뜻으로 '위빠사나'란 '모든 것을 이해하고 꿰뚫어 본다'는 말이라고 할 수 있다.

① 心行이 진리에 하나가 되어 산란한 마음을 조섭하는 것을 止라 말하며,

② 止(禪定)가 寂靜에 막히지 아니하여 꿰뚫어 보는 일에 걸리지 않으며,

③ 이법계·사법계가 서로 통하여 반드시 함께함을 따라서 마침내 止觀으로 하여금 걸림 없이 모두 운용함을 말하며,

④ 이법계·사법계가 서로 形奪하여 모두 다한 까닭에 止觀이 모두 사라져 붙이고 있는 자리가 끊어지며,

⑤ 이법계·사법계가 끊어진 자리, 걸림 없는 경계가 止觀이 사라진 걸림 없는 마음과 둘이면서도 둘이 아닌 까닭에 마음과 경계에 걸림이 없어 하나의 자리이며, 둘이 아니면서도 둘인 까닭에 하나의 자리를 무너뜨리지 않고 마음과 경계가 둘로 다르며,

⑥ 이법계와 하나가 된 사법계가 모든 법을 거둬들인 까닭에 止와 하나가 된 觀 또한 일체를 보는 것이며,

⑦ 이런 일이 곧 저런 일과 하나임을 따른 까닭에 止觀으로 하여금 이런 마음이 곧 저런 마음과 하나임을 보도록 하며,

⑧ 위에서 열거한 6가지는 곧 하나와 많음이 서로 하나가 되면서도 하나가 아니며, ⑦은 곧 하나와 많음이 서로 모두 옳지만 차이가 있는 게 아니다. 이는 둘과 둘이 없는 것이 똑같은 하나의 법계임을 따른 까닭에 止觀이 둘의 차이가 없는 지혜와 하나가 되어 들어가는 2가지의 법문이 법계와 하나가 되어 산란하거나 동요가 없는 자리가 단번에 나타나며,

⑨ 사법계가 거듭거듭 그지없음을 따른 까닭에 止觀 또한 널리 보는 눈으로 모두 비춰 보는 것이고,

　⑩ 곧 普門의 지혜가 주가 된 까닭에 普門法界를 한꺼번에 비춰 볼 적에 반드시 일체를 받아들여 도반을 삼아 그지없고 그지없다. 이는 화엄에서 추구해야 할 바의 止觀이다.

**十 思惟者**는 籌量應作不應作故일세니라

　⑩ 思惟란 해야 할 일인지, 해서는 안 될 일인지를 헤아리는 것을 말한다.

### 經

**云何得蘊善巧**와 **界善巧**와 **處善巧**와 **緣起善巧**와 **欲界善巧**와 **色界善巧**와 **無色界善巧**와 **過去善巧**와 **未來善巧**와 **現在善巧**이니잇고

　어떻게 하면 5온의 선교, 18계의 선교, 12처의 선교, 연기의 선교, 욕계의 선교, 색계의 선교, 무색계의 선교, 과거의 선교, 미래의 선교, 현재의 선교를 얻을 수 있습니까?

● 疏 ●

第四는 於法善巧니 皆約流轉以明이라 前四는 流轉之體요 三界는 流轉之處요 三世는 流轉之時니 三科之義 略如前釋이오 廣如別章이라 緣起는 六地廣明이오 三界·三世는 如前後釋이라 皆言善巧者는 一은 善知彼法空無所有요 二는 善知不壞假名하고 分別法相이오 三은 加

能攝無盡이니 彌善巧也니라【鈔_ '皆約流轉者는 由善巧義 通還滅故라 總釋善巧 乃有三義하니 一 知理오 二 知事오 三 加能攝無盡이니 正是事事無礙며 兼於事理無礙니라 故大品에 云 '一切法에 趣色이니 色尙不可得이온 云何當得有趣非趣리오 一切同歸於空이라 諸法之空이 不異色空故라하니 卽事理無礙意어니와 今取一攝一切일새 卽事事無礙善巧니라 開此爲二일새 便有四義니 瑜伽五十六七에 廣說이라 三科善巧는 多約相說이니 卽第二義라】

제4단락은 법에 대한 善巧이다. 이는 모두 생사의 流轉을 들어 밝힌 것이다. 앞의 4가지(제1~4 蘊·界·處·緣起)는 流轉의 본체이며, 三界(제5~7 欲界·色界·無色界)는 유전의 공간이며, 三世(제8~10 과거·미래·현재)는 유전의 시간이다. 본체·공간·시간의 의의는 대략 앞에서 해석한 바와 같고, 別章에서 자세히 말한 바와 같다.

緣起는 六地에서 자세히 밝혔고, 三界와 三世는 전후의 해석과 같다. 이를 모두 善巧라 말한 것은 (1) 그 법이 공허하여 존재하는 바가 없음을 잘 아는 것이며, (2) 언어를 빌려서 사물에 이름을 짓는 假名을 무너뜨리지 않고 法相의 분별을 잘 아는 것이며, (3) 모든 것을 받아들이는 주체가 그지없음을 더함이니 더욱 잘한 것이다. 【초_ "모두 생사의 유전을 들어 밝혔다."는 것은 '최선의 방법[善巧]'의 의의가 도리어 모두 사라진 때문이다. 善巧를 총체로 해석하면 여기에는 3가지의 의의가 있다.

① 이법계를 아는 것이고,

② 사법계를 아는 것이며,

③ 모든 것을 받아들이는 주체가 그지없음을 더함이다.

이는 바로 '모든 현상의 사법계는 걸림 없이 서로 받아들이고 서로 비추면서 융합하는 법계[事事無礙法界]'와 '본체와 현상은 둘이 아니라 하나이며, 걸림 없는 관계 속에서 의존하는 법계[事理無礙法界]'를 겸하였다.

이 때문에 대품경에 이르기를 "모든 법이 현상의 색에 대해 나아가고 숭상함이다. 색에 대해서도 오히려 얻지 못하였는데, 어떻게 나아갈 길인지 아닌지를 얻을 수 있겠는가. 일체가 모두 공으로 귀결된다. 모든 법의 공이 色空과 다르지 않다."고 하였다. 이 때문에 곧 '본체와 현상은 둘이 아니라 하나이며, 걸림 없는 관계 속에서 의존하는 법계'의 뜻으로 말했지만, 여기에서는 하나가 모든 것을 받아들인다는 뜻을 취하였기에 '모든 현상의 사법계는 걸림 없이 서로 받아들이는 법계'에 대한 최선의 방법이다. 이를 事事無礙法界와 事理無礙法界 2부분으로 나누어 말한 과정에 문득 4가지의 의의가 있다. 이에 대해서는 유가경 56, 57에 자세히 말하고 있다. 3가지 의의의 최선의 방법은 대부분 현상의 사법계로 말하고 있다. 이는 곧 제2의 의의이다.】

#### 經

云何善修習念覺分과 擇法覺分과 精進覺分과 喜覺分과 猗覺分과 定覺分과 捨覺分과 空無相無願이니잇고

어떻게 하면 기억하는 깨달음의 분, 법을 가리는 깨달음의 분,

정진하는 깨달음의 분, 기뻐하는 깨달음의 분, 홀가분한 깨달음의 분, 선정하는 깨달음의 분, 버리는 깨달음의 분, 공하고 모양이 없고 원이 없음을 잘 닦아 익힐 수 있습니까?

◉ 疏 ◉

第五는 修涅槃因이니 七覺·三空은 十地品에 廣說이라

제5단락은 열반의 인연을 닦음이다. 七覺(七菩提分)과 三空(空·無相·無願)은 십지품에서 자세히 말하고 있다.

第六七二段은 明離繫果라

3) 제6, 제7의 2단락은 이계과를 밝히다

經

云何得圓滿檀波羅蜜과 尸波羅蜜과 羼提波羅蜜과 毘黎耶波羅蜜과 禪那波羅蜜과 般若波羅蜜과 及以圓滿慈悲喜捨이니잇고

어떻게 하면 원만한

단바라밀(보시: dānapāramitā),

시바라밀(지계: Sila Paramita),

찬제바라밀(인욕: kāntipāramitā),

비리야바라밀(정진: vīrya-pāramitā),

선나바라밀(선정: dhyāna-pāramitā),

반야바라밀(지혜: prajñāpāramitā),

그리고 원만한 자·비·희·사(慈悲喜捨)를 얻을 수 있습니까?

● 疏 ●

第六은 滿菩薩行이라 初는 六度四等이 修卽士用이오 滿卽離繫니 治諸蔽故일세니라

제6단락은 보살행을 이뤄 충만함이다. 離繫果의 첫 단락에서 6바라밀과 四等心(四無量心)을 닦는 과정은 곧 士用果이며, 이를 만족하면 곧 離繫果이다. 이는 모든 폐해를 다스렸기 때문이다.

經

云何得處非處智力과 過未現在業報智力과 根勝劣智力과 種種界智力과 種種解智力과 一切至處道智力과 禪解脫三昧染淨智力과 宿住念智力과 無障礙天眼智力과 斷諸習智力이니잇고

어떻게 하면

곳과 곳 아님을 아는 지혜의 힘,

과거 미래 현재의 업, 과보를 아는 지혜의 힘,

근기의 수승하고 하열함을 아는 지혜의 힘,

가지가지 경계를 아는 지혜의 힘,

가지가지 알음알이를 아는 지혜의 힘,

일체의 곳에 이르는 길을 아는 지혜의 힘,

선정·해탈·삼매로 물들고 깨끗함을 아는 지혜의 힘,

지난 세상에 머무름을 기억하는 지혜의 힘,

걸림 없는 천안을 아는 지혜의 힘,

모든 습기를 끊는 지혜의 힘을 얻을 수 있습니까?

◉ 疏 ◉

第七은 具足十力이니 竝見上文이라

제7단락은 열 가지의 힘을 구족하게 함이다.
이는 아울러 위의 경문에 보인다.

第八段은 明增上果라

4) 제8단락은 증상과를 밝히다

經

云何常得天王과 龍王과 夜叉王과 乾闥婆王과 阿修羅王과 迦樓羅王과 緊那羅王과 摩睺羅伽王과 人王梵王之所守護恭敬供養이니잇고

어떻게 하면 항상 천왕, 용왕, 야차왕, 건달바왕, 아수라왕, 가루라왕, 긴나라왕, 마후라가왕, 인왕, 범왕의 수호하고 공경하고 공양함을 얻을 수 있습니까?

57

● 疏 ●

第八은 十王敬護 是增上果者는 卽有力增上이니 由已具德하야 令彼護故니라

제8단락, 십왕의 존경과 비호가 증상과라 하는 것은 곧 힘이 더 나아가는 바, 자기의 덕이 구족함을 지녀 그들이 존경하고 비호하도록 만들기 때문이다.

---

第九, 十의 二段은 明等流果라

5) 제9, 제10의 2단락은 等流果를 밝히다

經

云何得與一切衆生으로 爲依며 爲救며 爲歸며 爲趣며 爲炬며 爲明이며 爲照며 爲導며 爲勝導며 爲普導이니잇고

어떻게 하면 일체중생의 의지가 되며, 구호가 되며, 돌아갈 데가 되며, 나아갈 데가 되며, 횃불이 되며, 밝음이 되며, 비춤이 되며, 인도자가 되며, 훌륭한 인도자가 되며, 두루 인도하는 자가 될 수 있습니까?

● 疏 ●

'二段明等流果'者는 由本願力하야 爲依救等하고 由本行力하야 爲第一等이라 今初는 能爲饒益이니 依等十句는 如迴向初니라

제9, 제10의 2단락은 等流果를 밝힌다는 것은 본원력을 통하여 의지와 구호 등이 되었고, 본행력을 통하여 제1등이 되었다[爲第一]는 것이다.

이의 제9단락 본원력은 중생에게 큰 이익을 줌이다. "의지가 되며" 등 10구는 회향의 처음과 같다.

### 經

**云何於一切衆生中**에 **爲第一**이며 **爲大**이며 **爲勝**이며 **爲最勝**이며 **爲妙**며 **爲極妙**며 **爲上**이며 **爲無上**이며 **爲無等**이며 **爲無等等**이니잇고

어떻게 하면 일체중생 가운데 제일이 되며, 큼이 되며, 수승함이 되며, 가장 수승함이 되며, 묘함이 되며, 극히 묘함이 되며, 위가 되며, 위없음이 되며, 같을 이 없음이 되며, 같을 이 없으면서 같음이 될 수 있습니까?

### ◉ 疏 ◉

第十은 超勝尊貴니 十地論에 釋이어니와 今就佛果하야 略釋其相호리라 謂如來功德海滿하야 更無所少일세 故稱第一이니 此亦總句니라 大者는 體包法界故오 勝者는 自利圓滿故오 最勝者는 利他究竟故오 妙者는 煩惱障盡故오 極妙者는 所知障盡故오 上者는 望下無及故오 無上者는 望上更無故오 無等者는 望下無儔故오 無等等者는 望儔皆是無等者故니 所以廣擧諸德者는 欲顯行之勝故니라 上來問 竟하다

제10단락은 뛰어나게 존귀함이다. 이는 십지론에서 해석했지만 여기에서는 佛果의 자리에서 간단하게 그 현상을 해석하고자 한다.

(1) 여래 공덕의 바다가 원만하여 다시는 부족한 바가 없기 때문에 '第一'이라고 말한다. 이는 또한 총체의 구절이다.

(2) 大란 본체가 법계를 포괄한 때문이며,

(3) 勝이란 자리행이 원만한 때문이며,

(4) 最勝이란 이타행이 끝까지 다한 때문이며,

(5) 妙란 번뇌장이 다한 때문이며,

(6) 極妙란 소지장이 다한 때문이며,

(7) 上이란 아래를 바라보면 미칠 수 없기 때문이며,

(8) 無上이란 위를 바라보면 더 이상 없기 때문이며,

(9) 無等이란 아래를 바라보면 짝이 없기 때문이며,

(10) 無等等이란 상대의 짝을 바라보면 모두가 그와 비교할 자가 없기 때문이다.

이처럼 모든 덕을 자세히 열거한 것은 行의 훌륭함을 밝히고자 한 때문이다.

위의 110가지의 물음을 끝마치다.

---

第二. 文殊答은 文分爲二니 第一은 歎問成益이라

제2. 문수보살의 대답

이에 관한 경문은 2부분으로 나뉜다.

첫 부분은 이익이 되는 물음에 대해 찬탄하였다.

### 經

**爾時**에 **文殊師利菩薩**이 **告智首菩薩言**하사대 **善哉**라 **佛子**여 **汝今爲欲多所饒益**이며 **多所安穩**으로 **哀愍世間**하야 **利樂天人**일새 **問如是義**로다

그때 문수사리보살이 지수보살에게 말하였다.

"착하십니다, 불자여, 그대가 지금 많은 이익이 되는 바와 많은 평온이 되는 바로써 세간의 중생을 가엾이 여겨 천상의 사람을 이롭게 하고 즐겁게 하고자, 이와 같은 뜻을 물은 것입니다."

### ⊙ 疏 ⊙

**言饒益者**는 **利益也**오 **言安穩者**는 **安樂也**오 **言利樂者**는 **卽上二也**니라

饒益이라 말한 것은 이익이며, 安穩이라 말한 것은 안락이며, 利樂이라 말한 것은 곧 위에서 말한 이익과 안온 2가지를 겸하고 있다.

**第二**는 **正酬其問**이니 **於中二**니 **先**은 **標因成德**하야 **酬其擧德**이오 **後**는 **指事顯因**하야 **酬其徵因**이라

今은 初라

다음은 바로 지수보살의 물음에 답한 것이다. 이는 2부분으로 나뉜다.

앞에서는 원인[因]의 成德을 나타내어 그가 열거한 덕에 대해 답함이며, 뒤에서는 현상의 일을 가리켜 원인을 밝혀 그 원인을 물은 데 대해 답함이다.

1. 원인의 成德을 나타내다

經

佛子여 若諸菩薩이 善用其心하면 則獲一切勝妙功德하야 於諸佛法에 心無所礙하며 住去來今諸佛之道하며 隨衆生住하야 恒不捨離하며 如諸法相을 悉能通達하며 斷一切惡하고 具足衆善하며 當如普賢의 色像第一하며 一切行願이 皆得具足하며 於一切法에 無不自在하며 而爲衆生의 第二導師하리라

불자여, 만약 모든 보살이 그 마음을 잘 쓰면 곧 모든 훌륭하고 미묘한 공덕을 얻어

모든 부처님의 법에 마음이 걸림이 없으며,

과거 미래 현재의 모든 부처님의 도에 머물며,

중생을 따라 머물면서 항상 버리거나 여의지 아니하며,

그 모든 법의 모양을 모두 통달하며,

모든 악을 끊고

많은 선을 구족케 하며,

마땅히 보현보살의 제일가는 색상과 같으며,

일체 행과 원이 모두 구족하며,

모든 법에 자재하지 않음이 없어, 중생의 제2 도사가 될 것입니다.

◉ 疏 ◉

初는 先標其因이니 謂善用其心이라 心者는 神明之奧니 心正則萬德攸歸니라 言善用者는 卽後歷緣巧願이 觸境入玄이니 如上所辨이라

(1) 그 원인을 먼저 밝힘이니 "그 마음을 잘 씀"을 말한다. 마음이란 신명의 심오한 부분이다. 마음이 바르면 모든 덕이 귀의하게 된다.

'잘 쓰다[善用]'라고 말한 것은 곧 뒤에서 말한 모든 일에 관한 훌륭한 원력이 모든 경계마다 현묘의 경지에 들어갈 수 있다. 이는 위에서 말한 바와 같다.

二 則獲下는 顯所成德이니 初總後別이라 總은 謂一切勝妙功德이 皆因用心이니 一百一十門德을 何足難就아 可謂一言蔽諸니라 勝은 謂獨尊이오 妙는 謂離相이며 又德無不備 云勝이오 障無不盡 名妙니 此之總句는 亦卽酬上十種三業之總句也라 於諸佛下 九句는 別顯이니 句雖有九나 義亦有十이니 如次酬上十段之德이라

(2) '則獲' 이하는 성취 대상의 덕을 밝힘이다.

앞의 첫 구절[則獲一切勝妙功德]은 총체이며, 뒤의 전체(於諸佛法…

第二導師)는 개별이다.

앞의 총체는 "모든 훌륭하고 미묘한 공덕"들이 모두 그 마음 씀씀이에 달려 있는바, 110가지의 물음에 관한 덕을 어찌 성취하기 어렵다 하겠는가. "한마디의 말로써 그 전체를 덮을 수 있다."고 말할 만하다. 勝妙功德의 勝이란 獨尊을 말하고, 妙란 현상의 일을 여읨을 말한다. 또한 덕이 갖추지 않음이 없음을 勝이라 말하고, 장애가 다하지 않음이 없음을 妙라고 말한다.

'則獲一切勝妙功德'이라는 총체의 구절 또한 곧 위에서 물어왔던 '10가지의 3업'에 대한 총체의 구절에 대해 답한 것이다.

'於諸佛' 이하 9구는 개별로 밝힘이다. 구절로 보면 비록 9구이지만 그 의의는 또한 10가지이다. 차례에 따라 위에서 물어왔던 10단락의 덕에 대해 답한 것이다.

㈠ '於諸佛法 心無所礙'者는 即初第一 堪傳法器德이니 念慧覺悟 皆具足故오.

㈡ '住去來今諸佛之道'는 即上成就衆慧니 三世諸佛이 唯以佛慧로 爲所乘故오.

㈢ '隨衆生住 恒不捨離'는 即上具道因緣이니 成就種性欲樂方便하야 常以衆生으로 爲所緣故오.

㈣ '如諸法相 悉能通達'은 即十善巧義에 無惑也오.

㈤ '斷一切惡'은 即七覺·二空이니 揀擇·棄惡이 無越此故오.

㈥ '具足衆善'은 即六度·四等이오.

㈦ '當如普賢色像第一'은 由此故로 得十王敬護오.

㈧ '一切行願 皆得具足'은 卽是前文 成就十力이니 得佛果位라야 方具足故니라 故晉經에 無此一句이오 而有成就如來一切種智라하니 斯爲十種智力이 定無惑也니라 唯此一段이 望前不次니 以內具種智와 外具色相이 此二同在果圓일세 前後無在하며 或譯者不迴오
㈨ 於一切法 無不自在라 故能與物로 爲依爲救 爲炬爲明이오
㈩ 而爲衆生 第二導師는 卽是上文에 於衆超勝이라 上求第一이 唯佛一人이어늘 今纔發心하니 則道亞至尊이라 故云'第二'라하니라 然舊經中에 亦云而爲衆生第一尊導라하니 故知第二는 譯者 意也니라

⑴ "모든 부처님의 법에 마음이 걸림이 없다."는 것은 곧 위 제1단락의 '불법을 전수할 만한 法器'의 덕에 관한 답이다. 생각과 지혜와 깨달음이 모두 구족하기 때문이다.

⑵ "과거 미래 현재의 모든 부처님의 도에 머문다."는 것은 곧 위 제2단락의 '수많은 지혜를 성취'의 덕에 관한 답이다. 삼세제불이 오직 부처님의 지혜로 실을 수 있는 대상을 삼기 때문이다.

⑶ "중생을 따라 머물면서 항상 버리거나 여의지 않는다."는 것은 곧 위 제3단락의 '도의 인연을 갖춤'에 관한 답이다. 種性과 欲樂의 방편을 성취하여 언제나 중생으로써 반연의 대상을 삼기 때문이다.

⑷ "그 모든 법의 모양을 모두 통달한다."는 것은 곧 위 제4단락의 '10가지의 善巧'에 관한 의의에 미혹함이 없다.

⑸ "모든 악을 끊는다."는 것은 곧 위 제5단락의 '七覺·二空'이다. 시비선악을 가리는 것과 악을 버리는 것이 이를 넘어설 수 없

기 때문이다.

⑹ "많은 선을 구족케 한다."는 것은 곧 위 제6단락의 '六度·四等'이다.

⑺ "마땅히 보현보살의 제일가는 색상과 같다."는 것은 이런 연유 때문에 위 제8단락의 '十王의 존경과 비호'를 얻음이다.

⑻ "일체 행과 원이 모두 구족하다."는 것은 곧 위 제7단락의 '十力을 성취'에 관한 답이다. 佛果의 지위를 얻어야만 바야흐로 구족하기 때문이다. 그러므로 晉經에서는 이에 관한 구절은 없고, 오히려 "여래의 모든 가지가지의 지혜를 성취하다[成就如來一切種智]."라는 구절이 실려 있다. 이는 '10가지 지혜의 힘'이라는 것은 결코 의혹이 없음이다.

오직 이 한 단락만큼은 앞의 물음에 관한 차례와 맞지 않다. 안으로는 種智를 갖추고 밖으로는 색상을 갖춤, 이 2가지는 하나의 똑같은 원만한 佛果이기에 전후의 차례를 따질 수 없다는 것이며, 혹자는 이를 번역한 자가 문장을 거꾸로 쓴 게 아니라고 한다.

⑼ "모든 법에 자재하지 않음이 없다." 이 때문에 중생과 더불어 의지가 되고 구제가 되며 횃불이 되고 밝음이 된다.

⑽ "중생의 제2 도사가 된다."는 것은 곧 위 제10단락의 '여느 대중보다 훨씬 뛰어남'에 관한 답이다. 위의 물음에서 추구했던 '第一'이란 오직 부처님 한 분만이 계신다. 여기에서 말한 대상은 겨우 발심한 대상이다. 따라서 그의 도는 지존의 부처님에 견주어 버금이 되는 까닭에 이를 '第二'라 말하게 된 것이다. 그러나 舊經에

서는 또한 "중생의 제1 존자요 인도자"라고 말하였다. 이 때문에 '第二'라 말한 것은 번역자의 뜻임을 알 수 있다.

第二는 指事顯因이니 於中三이니 初는 總徵이오 次는 別顯이오 後는 總結成益이라

今은 初라

2. 현상의 일을 가리켜 원인을 밝히다

이는 3부분으로 나뉜다.

1) 총체로 물음이며,

2) 개별로 밝힘이며,

3) 이익의 성취를 총체로 끝맺음이다.

이는 1) 총체로 물음이다.

**經**

佛子여 云何用心하야사 能獲一切勝妙功德고

불자여, 어떻게 마음을 써야만 온갖 수승하고 미묘한 공덕을 얻을 수 있습니까?

二別顯中에 五門分別이니 一은 總明大意니 文中에 總有一百四十一願하니 菩薩大願이 深廣如海하야 應如迴向이니 非止爾也니라 此蓋示

67

於體式이니 餘皆倣此니라 又非無表一百者는 十信이 圓融하야 一一具十也오 四十一者는 卽四十一位也라 明此諸位 所有惑障이 由此能淨이오 所有勝行이 由此能行故니라【鈔_ 卽四十一位者는 此約行修有障等이오 四十二는 卽妙覺位니 是所求故며 無障非行故니라】

2) 개별로 밝힘 가운데 5부분으로 나뉜다.

(1) 총체로 큰 뜻을 밝혔다. 이의 경문에는 모두 141가지의 서원이 있다. 보살의 큰 서원이 바다처럼 깊고 드넓어 마땅히 회향과 같은바 여기에 그치지 않는다. 이는 체제와 방식을 보여준 것으로, 나머지는 모두 이와 같다. 또한 1백으로 표함이 없지 않은 것은 十信이 원융하여 하나하나가 10가지를 갖추었고, 41이라 하는 것은 곧 41위이다. 이 모든 위에 있는 惑障이 이에 의하여 청정하게 되고, 소유한 훌륭한 행들이 이에 의하여 행해지기 때문임을 밝힌 것이다.【초_ 곧 41位란 '행하고 닦아가는 데에 장애가 있다.' 등이며, 42위는 곧 妙覺의 지위이다. 이는 추구하는 대상이기 때문이다. 장애가 없으면 이는 수행의 단계가 아니기 때문이다.】

二는 通顯文旨라 然此諸願句는 雖有四로되 事但有三이오 義開爲六이라 言 三事 者는 謂初句는 願所依事오 次句는 願所爲境이오 後二句는 是願境成益이니라 開爲六者는 初事 有二하니 一者는 內니 謂菩薩自身根識等이니 經云菩薩等故오 二者는 外니 謂他身이니 或依正資具等이니 經云在家等故오 次事도 亦二種이니 一은 能發願者오 二는 所願

衆生이니 經云當願衆生故오 後事도 亦二니 一者는 自益이니 由此諸
願하야 成前諸德故오 二者는 益他니 由此發願하야 願衆生故니라

此後二句는 或前句是因이오 後句是果니 如云所行無逆하야 成一切
智等이며 或二俱是因이니 如云巧事師長하야 習行善法等이며 或二俱
佛果니 如云永離煩惱하야 究竟寂滅等이며 或俱通因果니 如云以法
自娛하야 了妓非實等이며 或三四二句 共成一句니 如云演說種種無
乖諍法等이라

亦可後二句中에 初句는 所入法이니 如云知家性空等이오 後句는 所
成益이니 免逼迫等이니 以不必具일세 故合爲一이니라

(2) 경문의 뜻을 전체로 밝힘이다. 그러나 그 모든 願에 관한 구절들은 비록 4구[孝事父母, 當願衆生, 善事於佛, 護養一切]로 구성되어 있지만 그에 관한 일에는 단 3가지뿐이고, 그에 관한 의의는 6가지로 구분된다.

'3가지의 일'이라고 말한 것은 제1구[孝事父母]는 願의 의지 대상인 일[所依事]이며, 다음 구절[當願衆生]은 願의 행위 대상이 되는 경계[所爲境]이며, 뒤의 2구절[善事於佛, 護養一切]은 願의 경계에서 성취한 이익이다.

'그에 관한 의의는 6가지로 구분된다.'는 것은 제1구[孝事父母]의 일에는 2가지가 있다.

첫째는 내면이다. 보살 자신의 根識 등을 말한다. 경문에서 '보살' 등이라 말한 때문이다.

둘째는 외면이다. 타인의 몸, 혹은 의보·정보·자재·도구 등을

말한다. 경문에서 '在家' 등이라 말한 때문이다.

다음 구절[當願衆生]의 일에도 또한 2가지가 있다.

첫째는 發願의 주체자이며,

둘째는 발원의 대상이 되는 중생이다. 경문에서 '當願衆生'이라 말한 때문이다.

뒤의 2구절[善事於佛, 護養一切]의 일에도 또한 2가지가 있다.

첫째는 자신의 이익이다. 그 모든 발원에 의하여 앞서 말한 모든 덕을 성취한 때문이다.

둘째는 남에게 이익을 줌이다. 그 발원을 따라 중생에게 원하기 때문이다.

뒤의 2구절[善事於佛, 護養一切]에 대해 혹은 앞 구절은 원인이며, 뒤 구절은 결과이기도 하다. 이른바 "행하는 바가 거슬림이 없어 모든 지혜를 성취한다."는 등이며,

혹은 2구절 모두 因이다. 이른바 "스승과 어른을 잘 섬기면서 착한 법을 익혀 행한다."는 등이며,

혹은 2구절 모두 佛果이다. 이른바 "번뇌를 길이 떠나서 구경에 적멸하다."는 등이며,

혹은 2구절 모두 인과와 통한다. 이른바 "법으로써 스스로 즐기고 기녀의 즐거움이 진실이 아님을 깨달아 통달한다."는 등이며,

혹은 제3, 4구의 2구절이 1구로 형성하고 있다. 이른바 "가지가지의 어긋남과 다툼이 없는 법을 연설한다."는 등이다.

또한 뒤의 제3, 4구의 2구절 가운데, 앞의 제3구는 들어가는

대상의 법이다. 이른바 "家性의 空을 안다."는 등이며, 뒤의 제4구는 성취 대상의 이익이다. 이른바 "핍박을 면한다."는 등이다. 굳이 이를 구체적으로 말할 게 없는 까닭에 이를 종합하여 하나의 뜻으로 본 것이다.

---

三은 別開義類라 然上三事中에 願所依事는 雖有多類나 不出善惡이니 依正內外는 隨義準之니라 二願所爲境은 其一一願이 盡該法界一切有情이니 不同權小의 談有藏無故며 又願卽行이니 成迴向故며 一一皆成所行이 淸淨善業行故니 如云知家性空이면 則菩薩之心이 必詣空矣라하니라 三은 願所爲境의 成利益中에 由願於他에 成種種德하야 自獲如前所說功德이라 然有二義하니 一通 二別이라

通은 則隨一一願하야 成上諸德이니 斯爲正意니라

二 別顯者는 如願於他에 得堅固身하고 心無所屈이면 則自必成十種三業 離過成德之德也오

二는 願於他에 具足成滿一切善法이면 則自成就堪傳法器오

三은 願於他에 深入經藏하야 智慧如海면 則自成衆慧오

四는 願於他에 具諸方便하야 得最勝法이면 則自成就具道因緣이오

五는 願於他에 語業滿足하야 巧能演說이면 則自成就十善巧德이오

六은 願於他에 得善意하야 欲洗除惑垢면 則自成七覺三空이오

七은 願於他에 所作皆辦하야 具諸佛法이면 則自成滿菩薩行德이오

八은 願於他에 捨衆聚法하고 成一切智면 則自成就如來十種智力이오

九는 願於他에 皆如普賢端正嚴好면 則自成就十王敬護오
十은 願於他에 統理大衆하야 一切無礙면 則自成饒益爲依救德이오
十一은 願他得第一位하야 入不動法이면 則自成就超勝第一德이니라
以斯十一로 配上答中 總別十一段이니 文並可知니라
通別交絡하야 應成四句니 謂一切願이 成一德하고 一切願이 成一切
德等이니 以因願一多相卽이라 故成德도 亦一多鎔融이니라 【鈔_ 不
同權小等者는 小乘謂唯佛一人이 有大覺性이라하고 權은 卽五性하야
談其有者하고 藏其無者하야 在有佛性中故라하고 又云 通別類異하니
通卽皆有오 別則有有佛性이오 存無佛性이라하니라 】

　(3) 의의의 유에 따라 개별로 구분함이다. 그러나 위의 3가지 일 가운데,

　제1구의 '발원의 의지 대상이 되는 일'에는 비록 많은 유가 있지만 그것은 선악에서 벗어나지 않는다. 의보·정보와 안팎은 그 의의를 따라 준하여 말하고자 한다.

　제2구의 '발원의 행위 대상이 되는 경계'는 그 하나하나의 발원이 모두 법계의 일체중생을 포괄하고 있다. 이는 權敎와 소승이 有를 말할 뿐 無를 숨기는 것과는 똑같지 않기 때문이며, 또 願이 곧 行인바 회향을 성취한 때문이며, 하나하나가 모두 행하는 대상이 청정한 선업의 행을 성취한 때문이다. 이른바 "家性의 空을 알면 곧 보살의 마음이 반드시 空에 나아갈 수 있다."는 것이다.

　제3, 4구의 '발원의 행위 대상이 되는 경계'에서 성취한 이익 가운데, 남들에게 가지가지의 덕을 성취하려는 발원 때문에 스스

로 앞에서 말했던 공덕을 얻음이다. 그러나 여기에는 2가지의 의의가 있다. 첫째는 총체로 말함이며, 둘째는 개별로 말함이다.

첫째, 총체로 말함이란 곧 하나하나 발원을 따라서 위에서 말한 모든 덕을 성취함이니 이는 바른 뜻[正意]이다.

둘째, 개별로 말함이란

① 남들에게 견고한 몸을 얻으며 마음이 굴하는 바가 없기를 원하면 곧 스스로 반드시 '10가지의 三業이 잘못을 여의고 덕을 성취'한 덕을 성취하게 되며,

② 남들에게 모든 선한 법을 구족하게 성취하여 원만하기를 원하면 곧 스스로 법을 전수받을 만한 법기를 성취하게 되며,

③ 남들에게 經藏에 깊이 들어가 지혜가 바다와 같기를 원하면 곧 스스로 많은 지혜를 성취하게 되며,

④ 남들에게 모든 방편을 갖춰 가장 훌륭한 법을 얻기를 원하면 곧 스스로 도를 구족하게 갖출 인연을 성취하게 되며,

⑤ 남들에게 語業이 만족하여 잘 연설하기를 원하면 곧 스스로 10가지의 훌륭한 덕을 성취하게 되며,

⑥ 남들에게 선한 意欲을 얻어 미혹의 때가 말끔히 씻어지기를 원하면 곧 스스로 七覺·三空을 성취하게 되며,

⑦ 남들에게 하는 일마다 모두 이루어 모든 불법이 갖춰지기를 원하면 곧 스스로 보살행의 덕을 원만하게 성취하게 되며,

⑧ 남들에게 모든 것을 모으려는 법[衆聚法]을 버리고 一切智가 성취되기를 원하면 곧 스스로 여래의 10가지 지혜의 힘을 성취하

게 되며,

⑨ 남들에게 모두 보현보살처럼 색상과 용모가 단정하고 장엄하기를 원하면 스스로 十王의 존경과 비호를 성취하게 되며,

⑩ 남들에게 대중을 다스려 모든 것에 걸림이 없기를 원하면 곧 스스로 넉넉한 이익으로 의지와 구제가 되는 덕을 성취하게 되며,

⑪ 남들이 제1의 지위를 얻어 흔들리지 않는 법[不動法]에 들어가기를 원하면 곧 스스로 뛰어나고 훌륭한 제1의 덕을 성취하게 된다.

이처럼 11가지로써 위에서 문수보살이 답한 총체와 개별로 밝힌 11단락에 짝할 수 있다. 경문은 설명하지 않아도 알 수 있다.

총체와 개별로 말한 뜻이 서로 연결되어 4구를 형성하고 있다. 일체의 발원이 하나의 덕을 성취하고, 일체의 발원이 일체의 덕을 성취하는 등이다. 발원의 한 가지와 많은 것이 서로 하나가 된 까닭에 성덕 또한 한 가지와 많은 것이 원융하게 된다. 【초_ "이는 權敎와 소승이 … 똑같지 않다." 등이란 소승은 "오직 부처님 한 분만이 大覺의 자성이 있다."고 말하며, 權敎에서는 五性에 나아가 그 有만을 말하고 無의 세계를 숨겨, "佛性의 가운데 있기 때문이다."고 말하며, 또 이르기를 "총체와 개별의 유가 다르다. 총체는 곧 모두 有이고, 개별은 곧 불성이 있기도 하고 불성이 없기도 하다."고 하였다.】

---

四는 對辨成例니 謂若以初後二事로 相對辨例인댄 略有十例니

一은 會事同理例니 如菩薩在家는 事也오 性空은 理也며
二는 處染翻染例니 如若得五欲은 染也오 拔除欲箭은 翻染也며
三은 相似類同例니 如若有施에 令一切能捨等이오
四는 世同出世例니 如上升樓閣에 願升正法樓等이오
五는 以因同果例니 如正出家時에 願同佛出家等이오
六은 捨僞歸眞例니 如著瓔珞에 願到眞實處等이오
七은 以人同法例니 如見病人에 願離乖諍等이오
八은 以境成行例니 如見湧泉에 願善根無盡等이오
九는 以妄歸眞例니 如見婆羅門에 願離惡等이오
十은 以近同遠例니 如受和尙敎에 願到無依處等이니라

(4) 상대로 논변하여 예를 이루고 있다. 예컨대 제1구의 '菩薩在家'와 뒤 제3, 4구의 '知家性空 免其逼迫'을 상대로 논변하면 간단하게 10가지의 예가 있다.

① 현실의 일을 모아서 본체의 진리와 똑같이 하는 예[會事同理例]. '보살이 출가 이전, 집에 있을 때[菩薩在家]'는 현실의 일이며, '집안의 자성이 공하다[知家性空].'는 것은 본체의 진리이다.

② 더러운 곳에 있으면서도 더러움을 번복하는 예[處染翻染例]. '만약 五欲을 얻었다면[若得五欲]'은 더러운 곳이며, '욕심의 화살을 뽑는다[拔除欲箭].'는 것은 더러움을 번복함이다.

③ 서로 유사한 것끼리 함께하는 예[相似類同例]. '만약 보시할 바가 있다면[若有所施] 모든 것을 놓아버린다[一切能捨].'는 등이다.

④ 세간의 법이 출세간의 법과 같은 예[世同出世例]. '누각을 오를

때에는[上升樓閣] 바른 법의 누각에 오르기를[升正法樓] 원한다.'는 등이다.

⑤ 원인이 결과와 같은 예[以因同果例]. '바로 출가할 때[正出家時]에 부처님의 출가와 같기를[同佛出家] 원한다.'는 등이다.

⑥ 거짓을 버리고 참으로 귀의하는 예[捨僞歸眞例]. '목걸이를 걸칠 때에는[著瓔珞] 진실한 곳에 이르기를[到眞實處] 원한다.'는 등이다.

⑦ 사람을 법과 동일시하는 예[以人同法例]. '병든 사람을 보면서[見疾病人] 다툼을 여의기를[離乖諍法] 원한다.'는 등이다.

⑧ 경계로써 행을 성취하는 예[以境成行例]. '솟구치는 물줄기를 보면[見湧泉] 선근이 그지없기를[善根無盡] 원한다.'는 등이다.

⑨ 거짓을 참으로 귀결 짓는 예[以妄歸眞例]. '바라문을 보면[見婆羅門] 모든 악을 여의기를[離一切惡] 원한다.'는 등이다.

⑩ 가까운 곳을 먼 곳과 동일시하는 예[以近同遠例]. '스님의 가르침을 받으면[受和尙敎] 無生의 지혜가 들어가 의지함이 없는 곳에 이르기를[到無依處] 원한다.'는 등이다.

五는 正釋經文이니 長分爲十이라 初 有十一願은 明在家時願이오 二 有十五願은 出家受戒時願이오 三 有七願은 就坐禪觀時願이오 四 有六願은 明將行披挂時願이오 五 有七願은 澡漱盥洗時願이오 六 有五十五願은 明乞食道行時願이오 七 有二十二願은 明到城乞食時願이오 八 有五願은 明還歸洗浴時願이오 九 有十願은 明習誦旋禮時

願이오 十有三願은 明寢寐安息時願이라

今初는 在家에 有十一願이라

(5) 바로 경문을 해석하였다. 전체로 구분하면 10가지이다.

제1단락의 11가지 願은 출가 이전, 在家時의 발원을 밝힘이며,

제2단락의 15가지 원은 출가하여 수계할 때의 발원을 밝힘이며,

제3단락의 7가지 원은 좌선하면서 觀할 때의 발원을 밝힘이며,

제4단락의 6가지 원은 행각하고자 법복을 걸칠 때의 발원을 밝힘이며,

제5단락의 7가지 원은 몸을 씻고 세수할 때의 발원을 밝힘이며,

제6단락의 55가지 원은 걸식 행각할 때의 발원을 밝힘이며,

제7단락의 22가지 원은 왕의 성에 이르러 걸식할 때의 발원을 밝힘이며,

제8단락의 5가지 원은 도량에 돌아와 몸을 씻을 때의 발원을 밝힘이며,

제9단락의 10가지 원은 학습하고 경을 읽고 예배를 올릴 때의 발원을 밝힘이며,

제10단락의 3가지 원은 잠자고 휴식할 때의 발원을 밝힘이다.

이의 첫 단락은 재가 시에 11가지의 발원이 있다.

佛子여

菩薩在家에 當願衆生이 知家性空하야 免其逼迫하며

孝事父母에 當願衆生이 善事於佛하야 護養一切하며
妻子集會에 當願衆生이 怨親平等하야 永離貪着하며
若得五欲인댄 當願衆生이 拔除欲箭하야 究竟安穩하며
妓樂聚會에 當願衆生이 以法自娛하야 了妓非實하며
若在宮室인댄 當願衆生이 入於聖地하야 永除穢欲하며
着瓔珞時에 當願衆生이 捨諸偽飾하야 到眞實處하며
上昇樓閣에 當願衆生이 昇正法樓하야 徹見一切하며
若有所施인댄 當願衆生이 一切能捨하야 心無愛着하며
衆會聚集에 當願衆生이 捨衆聚法하야 成一切智하며
若在厄難인댄 當願衆生이 隨意自在하야 所行無礙니라

불자여,

보살이 집에 있을 때에는 중생이 집안의 자성이 공한 줄을 알고서 그 핍박에서 면하기를 원해야 할 것이며,

부모를 효성으로 섬길 때에는 중생이 부처님을 잘 섬겨서 모든 것을 보호하고 공양하기를 원해야 할 것이며,

처자가 모일 때에는 중생이 원수이거나 친하거나 평등하게 대하여 길이 탐착을 여의기를 원해야 할 것이며,

만약 오욕을 얻었을 때에는 중생이 욕심의 화살을 뽑아버리고 결국 평온하기를 원해야 할 것이며,

즐거운 놀이로 모일 때에는 중생이 법으로써 스스로 즐기고 기녀의 즐거움이 진실이 아님을 알기를 원해야 할 것이며,

만약 궁실에 있을 때에는 중생이 성인의 지위에 들어가 길이

더러운 욕망을 없앨 것을 원해야 할 것이며,

　목걸이를 걸칠 때에는 중생이 모든 거짓 장식을 버리고 진실한 곳에 이르기를 원해야 할 것이며,

　누각에 오를 때에는 중생이 바른 법의 누각에 올라 모든 것을 철저히 보기를 원해야 할 것이며,

　만약 보시하는 일이 있을 때에는 중생이 모든 것을 희사하고 마음에 애착이 없기를 원해야 할 것이며,

　많은 대중이 모일 때에는 중생이 여러 가지를 모으는 법을 버리고 일체 지혜를 이루기를 원해야 할 것이며,

　만약 액난을 만날 때에는 중생이 뜻을 따라 자재하여 행하는 일마다 걸림이 없기를 원해야 할 것입니다.

● 疏 ●

初一은 總擧在家니 以家是貪愛繫縛所故로 若了性空이면 則雖處居家라도 家不能迫이오 次一은 在家行孝願이니 以是至德·行本이라 故首而明之니라 大集經에 云世若無佛이면 善事父母니라 事父母者는 卽是事佛이니 父母는 於我에 爲先覺故니라하야늘 今翻令事佛者는 生長法身故니라 護養一切者는 一切衆生이 皆我子라 故護之하고 一切男女는 皆我父母라 故養之니라 生生에 無不從之受身일세 故平等敬之니 法身佛故니라【鈔】以是至德等者는 卽外典意라 故孝經에 夫子語曾子曰先王이 有至德要道일세 民用和睦하고 上下無怨하나니 汝知之乎아하니 注云至德者는 孝悌也오 要道者는 禮樂也라 故上至天子하고

下至庶人히 皆當行孝니 無始終也라하니라 言‘行本’者는 俗典에 以孝爲百行之本이라 下引佛敎證이니 菩薩戒에 亦云‘孝養師僧父母니 孝名爲戒오 亦名制止라하니라 】

제1단락은 출가 이전, 재가 시의 발원을 총체로 열거하였다.

첫째, 집이란 탐착과 애욕, 그리고 얽매임이 있는 곳이다. 이 때문에 만일 집의 자체가 공허하다는 것을 깨달으면 아무리 집안에 있다 할지라도 집이 그를 핍박하지 못한다.

다음 둘째는 집에 있으면서 효도를 행하고자 하는 발원이다. 효도는 지극한 덕이고 모든 행실의 근본인 까닭에 첫 부분에서 이를 밝힌 것이다.

대집경에 이르기를 "만일 부처님이 없으면 부모를 잘 섬겨야 한다. 부모를 섬기는 자는 곧 부처님을 섬기는 것이다. 부모는 나에게 있어 선각자이기 때문이다."고 말했는데, 여기에서는 이를 뒤집어서 도리어 부처님을 섬기도록 말한 것은 법신을 낳아주고 키워주기 때문이다.

'護養一切'란 일체중생이 모두 나의 아들이기에 그들을 모두 보호하고, 일체 남녀가 모두 나의 부모이기에 키워주는 것이다. 태어나고 태어나면서 이로부터 몸을 받지 않음이 없는 까닭에 평등하게 공경하는 바 法身佛이기 때문이다. 【초_ "효도는 지극한 덕" 등이란 곧 유가의 경전에서 말한 뜻이다. 孝經에서 "공자가 증자에게 말씀하셨다. '선왕에게 지극한 덕과 중요한 도가 있기에 백성들이 이로써 화목하게 되고 상하가 모두 원망이 없다. 이를 네가 아느

냐?"라고 하였다. 그 주에 이르기를 "지극한 덕이란 효도와 공경이며, 중요한 도란 예악이다. 이 때문에 위로는 천자에 이르고 아래로는 서민에 이르기까지 모두가 효도를 행해야 한다. 처음도 끝도 없다."고 하였다. "모든 행실의 근본"이라 말한 것은 유가의 경전에서 "효도는 모든 행실의 근본이다."고 하였다. 아래에서 불교를 인용하여 증명하였는바, 보살계에서 또한 이르기를 "은사스님과 부모에게 효도로 받들어 모셔야 한다. 효도를 戒라 명명하며, 또한 制止라 명명한다."고 하였다.】

次四는 受家室等願이라 然五欲射心이 猶如箭中이라 王侯有宮이어니와 餘皆名室이라 次五는 在家所作事業等願이라 在頸曰瓔이오 在身曰珞이니 珞以持衣오 瓔以繫冠이니라 '一切悉捨'는 亦捨心也오 了聚無性이면 成佛智也니라

다음 4가지(제2~5)는 집안 등에서 받게 되는 발원이다. 그러나 色, 聲, 香, 味, 觸의 5가지 경계에 대한 욕구[五欲]가 마음에 꽂히는 것이 마치 화살을 맞는 것과 같다. 왕후는 宮이라 말하지만 그 나머지 사람들의 집은 모두 室이라고 말한다.

다음 5가지(제6~10)는 재가 시에 행하는 일 따위에 관한 발원이다. 목에 거는 걸이를 '목걸이[瓔]'라 말하고, 몸에 걸치는 치장을 '珞'이라 한다. 珞으로 옷을 부지하고, 목걸이로 갓을 묶는 것이다. '일체를 모두 놓아버리는 것' 또한 마음까지 버림이며, '모으는[聚]' 그 자체가 아무런 것이 없다는 점을 깨달으면 부처의 지혜를 성취하게 된다.

一

第二. 出家受戒時에 有十五願이라

제2단락, 출가하여 수계할 때에 15가지의 발원이 있다

**經**

捨居家時에 當願衆生이 出家無礙하야 心得解脫하며
入僧伽藍에 當願衆生이 演說種種의 無乖諍法하며
詣大小師에 當願衆生이 巧事師長하야 習行善法하며
求請出家에 當願衆生이 得不退法하야 心無障礙하며
脫去俗服에 當願衆生이 勤修善根하야 捨諸罪軛하며
剃除鬚髮에 當願衆生이 永離煩惱하야 究竟寂滅하며
着袈裟衣에 當願衆生이 心無所染하야 具大仙道하며
正出家時에 當願衆生이 同佛出家하야 救護一切하며
自歸於佛에 當願衆生이 紹隆佛種하야 發無上意하며
自歸於法에 當願衆生이 深入經藏하야 智慧如海하며
自歸於僧에 當願衆生이 統理大衆호대 一切無礙하며
受學戒時에 當願衆生이 善學於戒하야 不作衆惡하며
受闍梨敎에 當願衆生이 具足威儀하야 所行眞實하며
受和尙敎에 當願衆生이 入無生智하야 到無依處하며
受具足戒에 當願衆生이 具諸方便하야 得最勝法이니라

살던 집을 버릴 때에는 중생이 출가하여 걸림이 없고 마음에 해탈 얻기를 원해야 할 것이며,

스님이 절에 들어갈 때에는 중생이 가지가지의 어긋남이나 다툼이 없는 법을 연설하기를 원해야 할 것이며,

크고 작은 스승께 나아갈 때에는 중생이 스승을 잘 섬겨서 선한 법을 익혀 행하기를 원해야 할 것이며,

출가하기를 구하여 청할 때에는 중생이 물러서지 않는 법을 얻어 마음에 장애가 없기를 원해야 할 것이며,

세속의 옷을 벗을 때에는 중생이 선근을 부지런히 닦아서 모든 죄의 멍에 버리기를 원해야 할 것이며,

수염과 머리를 깎을 때에는 중생이 길이 번뇌를 여의고 구경에 적멸하기를 원해야 할 것이며,

가사를 입을 때에는 중생이 마음이 물들지 아니하고 큰 신선의 도를 갖추기를 원해야 할 것이며,

바르게 출가할 때에는 중생이 부처님같이 출가하여 모든 것을 구호하기를 원해야 할 것이며,

스스로 부처님께 귀의할 때에는 중생이 부처의 종자를 이어 융성하고 위없는 뜻을 펼치기를 원해야 할 것이며,

스스로 법에 귀의할 때에는 중생이 경장에 깊이 들어가 지혜가 바다와 같아지기를 원해야 할 것이며,

스스로 승보에 귀의할 때에는 중생이 대중을 통솔하고 다스리되 모든 것에 걸림이 없기를 원해야 할 것이며,

계율을 받아 배울 때에는 중생이 계율을 잘 배워서 온갖 악을 짓지 말기를 원해야 할 것이며,

아사리의 가르침을 받을 때에는 중생이 위의를 갖추어서 행하는 것이 진실하기를 원해야 할 것이며,

화상의 가르침을 받을 때에는 중생이 남이 없는 지혜에 들어가 의지할 데 없는 곳에 이르기를 원해야 할 것이며,

구족계를 받을 때에는 중생이 모든 방편을 갖추어서 가장 수승한 법 얻기를 원해야 할 것입니다.

◉ 疏 ◉

初一은 正捨俗家오 次三은 出家方便이라 僧伽藍者는 此云衆園이니 衆有六和法하야 則事理一味라 故無諍也니라 大師는 謂佛이니 衆所宗故오 小는 謂和尙이니 親所教故어니와 若約末世인댄 三師爲大오 七證爲小니라 靡不有初나 鮮克有終이라 故希不退니라

次四는 正落髮出家니 袈裟者는 不正色衣也며 亦云染色이니 表心染於法하야 要無所染이라야 方曰染也니라 然二乘之染은 亦非眞染이니 必心染大乘일세 故云 具大仙道라하니라 爲於正法하야 除其結使라야 方爲究竟寂滅이오 落髮披衣之後에 爲正出家니라【鈔_ 然二乘等者는 卽涅槃第二. 南經哀歎品에 佛訶三修比丘하사되 云汝諸比丘여 勿以下心而生知足하라 汝等今者에 雖得出家나 於此大乘에 不生貪慕니라 汝諸比丘여 身雖得服袈裟染衣나 心猶未染大乘淨法이니라 汝諸比丘여 雖行乞食하야 經歷多處로되 初未曾求大乘法食이니라 汝諸比丘여 雖除鬚髮이나 未爲正法하야 除諸結使니라 汝諸比丘여 今當眞實教敕汝等호리라 我今現在에 大衆和合할세 如來法性은 眞實不

倒이니라 是故로 汝等은 應當精進하고 攝心勇猛하야 摧諸結使이라하니 釋曰 此以小乘方大라도 尚未能除所知無明이어니와 染法·空法이 常住妙法이라 故云爾也니라 】

제1의 4구는 속가를 버림이며, 다음 제2~4의 4구는 출가의 방편이다. 僧伽藍이란 중국 말로 하면 衆園이다. 衆園의 衆이란 六和法[5]이 있어 곧 현실의 일과 본체의 이치가 하나이기 때문에 다툼이 없다.

大師는 부처님을 말한다. 중생이 높이 받들기 때문이다. 小는 스님을 말한다. 몸소 가르치기 때문이다. 하지만 만약 말세로 말하면 授戒和尚·羯磨師·敎授師의 三師는 큰 스승이라 하고, 덕이 높은 스님 일곱 분을 뽑아 증인으로 하여 계를 주는 七證은 작은 스승이라고 말한다.

처음 시작하지 않은 사람은 없으나 끝까지 마무리를 두는 이가 적은 까닭에 물러서지 않음을 바라는 것이다.

다음 제5~8의 4구는 삭발 출가이다. 袈裟란 正色이 아닌 옷이며, 또한 '물을 들인' 것이라 말하기도 한다. 마음이 바른 법에 물들어 요컨대 더 이상 다른 것에 물들 게 없어야만 비로소 '물든[染]' 것임을 밝혀주었다. 그러나 二乘에 물든 것 또한 참답게 물듦이 아니다. 반드시 마음이 대승에 물이 들어야 한다. 이 때문에 "大仙道를

----------

5 六和法: 六和敬, 또는 六合念法·六和合 등이라고도 한다. 수행자가 서로에게 행위·견해를 같이하여 화합하고, 서로 경애하는 여섯 가지의 방법. 대승에 있어서의 중생의 和敬法으로 설명하면, ① 身和敬, ② 口和敬, ③ 意和敬, ④ 戒和敬, ⑤ 見和敬, ⑥ 利和敬(行和敬)이다.

갖췄다."고 말하였다. 바른 법을 위하여 마음과 몸을 얽매는 번뇌를 없애야만 바야흐로 究竟寂滅이라 하고, 삭발하고 법복을 입어야만 바른 출가라 한다. 【초_ "그러나 二乘에 물든 것" 등이란 열반경 제2 南經哀歎品에서 부처님이 세 비구를 꾸짖어 말씀하셨다.

"너희 비구들이여, 반드시 마음을 낮추어 내가 이만하면 족하다는 생각을 가지지 마라. 너희들이 지금 비록 출가했다고 하지만 이 대승에 대해서 욕심내고 사모하는 마음을 내지 않고 있다.

너희 비구들이여, 몸에 비록 물감을 들인 가사를 걸쳤지만 그 마음은 아직 청정한 대승의 법에 물들지 않았다.

너희 비구들이여, 아무리 많은 곳을 행각하면서 걸식을 하지만 처음부터 지금까지 대승의 법을 얻지 못하였다.

너희 비구들이여, 비록 머리에 삭발을 했지만 바른 법을 행하지 못했고 모든 번뇌를 없애지는 못했다.

너희 비구들이여, 이제 진실한 가르침으로 너희들에게 말할 것이다.

내가 지금 현재의 대중이 화합함을 나타낼 때, 여래의 법성은 진실하여 전도되지 않는다. 이 때문에 너희들은 마땅히 정진하고 마음을 용맹스럽게 잡아 몸과 마음을 묶고 얽매는 모든 번뇌를 뽑아야 한다."

이에 대해 다음과 같이 해석하였다.

이는 소승을 대승에 견주어 보더라도 오히려 所知障과 無明을 없애지 못했는데, 染法·空法이 언제나 미묘한 법에 머물고 있기

때문에 이처럼 말한 것이다.】

餘七은 受學戒時에 初三自歸는 佛在之日인댄 則五受之一이어니와 佛滅之後인댄 受五八戒할새 必依三歸하나니 歸要三者는 翻彼外道邪師·邪教及邪衆故니 猶如良醫·良藥及看病人이라 煩惱病愈故로 爲與衆生爲緣念故니 三寶之義는 至下當釋호리라

受學戒者는 卽十戒也며 亦通五戒니 優婆塞戒經에 云欲受菩薩戒인댄 先應徧受五戒·十戒·二百五十戒니 若尼則六事及五百戒니라 受는 謂受戒오 學은 卽隨戒니 願中에 卽止作二持라 闍梨者는 此云正行이니 軌範教授일새 故云具足威儀라하니라 和尚은 此云親教며 亦云力生이니 道力이 自彼生故니라 故翻云入無生智라하고 依之得戒일새 故翻無依니라 具足戒言은 義含二種이니 一則大比丘戒오 二則菩薩戒며 亦制意地라야 方爲具足이니라【鈔_則五受之一者는 一 善來오 二 上法이오 三 三歸오 四 八敬이오 五 羯磨니 多釋不同이로되 多依此五니라 歸要三者는 前歸敬序中에 已廣說竟이라 言至下當釋者는 卽明法品이니 前是鈔廣일새 故此指下니라 和尚等者는 此是昔時梵語라 卽龜玆巳來梵言이니 正云鄔波陀耶어늘 此云親教니라 具足戒等者는 依比丘戒인댄 則五·八·十이 皆爲方便이니 五衆之最일새 爲最勝法이어니와 若菩薩戒로 爲具足인댄 則比丘戒 亦爲方便이니 超三乘上일새 爲最勝法이라 願所成者는 明是佛果니라 】

나머지 제9~15의 4구는 戒를 받아 배워야 할 때이다. 첫 부분의 自歸於佛·於法·於僧 3가지는 부처님이 계실 때라면 五受의 하나겠지만 부처님이 열반한 후라면 五戒·八戒를 받을 적에 반드시

삼보에 귀의해야 한다. 삼보에 귀의를 요한 것은 외도의 삿된 스승, 삿된 가르침 및 삿된 대중에 귀의를 번복하기 위함이다. 이는 마치 良醫와 良藥 및 간병인과 같다. 번뇌의 병이 치유된 까닭에 중생들에게 이를 빈연하고 생각하도록 하기 위한 때문이다. 삼보에 관한 의의는 아래의 해당 부분에서 해석하겠다.

'受學戒'란 10戒, 또는 5戒를 통틀어 말하고 있다. 우바새계경에 이르기를 "보살계를 받고자 한다면 먼저 5계, 10계, 250계를 두루 받아야 한다. 만일 비구니라면 六事 및 500계를 받아야 한다."고 하였다. 受는 受戒를 말하고 學은 곧 계율을 따르는 것으로, 발원의 가운데 곧 止·作의 二持이다.

'闍梨'란 중국 말로 하면 正行이다. 바른 궤범을 가르쳐주었기에 '구족한 위의'라 말하였다.

'和尙'은 중국 말로 하면 '몸소 가르치는 사람[親敎]', 또는 '힘이 생겨나는 것[力生]'이라 말한다. 도의 힘[道力]이 그에게서 나오기 때문이다. 따라서 이를 번역하여 "無生의 지혜에 들어간다."고 하였고, 이를 따라 얻을 수 있기 때문에 "그 어떤 것도 의지함이 없어야 한다[無依]."고 번역하였다.

'具足戒'란 말에는 2가지의 의의를 포괄하고 있다. 하나는 곧 대비구의 계이며, 또 다른 하나는 보살의 계이다. 또한 마음의 의식을 제어해야만 비로소 '구족'이라고 한다. 【초_ '五受의 하나'란 ① 善來, ② 上法, ③ 三歸, ④ 八敬, ⑤ 羯磨이다. 五受에 각기 다른 해석이 많으나 대부분 이 5가지를 따르고 있다.

"삼보에 귀의를 요한" 것은 앞의 '불·보살 등에게 귀의, 공경하는 뜻을 나타내는' 歸敬序 가운데 이미 자세히 말한 바 있다.

"삼보에 관한 의의는 아래의 해당 부분에서 해석하겠다."는 것은 곧 明法品을 말한다. 앞에서는 鈔에서 자세히 말한 까닭에 여기에서는 아래의 해당 부분을 가리켜 말하였다.

'和尙' 등이란 옛적에 사용하던 범어이다. 이는 곧 龜茲國 이후에 사용해왔던 범어이다. 바로 말하면 鄔波陀耶(Upadhyaya)인데, 중국 말로는 '몸소 가르치는 사람[親敎]'이다.

'具足戒' 등이란 비구계를 따르면 五戒·八戒·十戒가 모두 방편이다. 五衆(比丘·比丘尼·式叉摩那·沙彌·沙彌尼) 가운데 가장 으뜸이기에 가장 훌륭한 법이라 하겠지만, 만약 보살계로 구족을 삼으면 비구계 또한 방편이다. 삼승 위에 초월한 존재이기에 가장 훌륭한 법이다.

'발원에 의해 성취한 바'는 佛果임을 밝혔다.】


第三 七願은 明就坐禪觀時願이라
제3단락, 7가지의 발원은 좌선하면서 관할 때의 발원을 밝히다

經
若入堂宇인댄 當願衆生이 昇無上堂하야 安住不動하며
若敷牀座인댄 當願衆生이 開敷善法하야 見眞實相하며
正身端坐에 當願衆生이 坐菩提座하야 心無所着하며

結跏趺坐에 當願衆生이 善根堅固하야 得不動地하며
修行於定에 當願衆生이 以定伏心하야 究竟無餘하며
若修於觀인댄 當願衆生이 見如實理하야 永無乖諍하며
捨跏趺坐에 當願衆生이 觀諸行法이 悉歸散滅이니라

만약 당우에 들어갈 때에는 중생이 위없는 당에 올라가 편안히 머물러 움직이지 않기를 원해야 할 것이며,

만약 자리를 펼 때에는 중생이 선한 법을 펼쳐서 진실한 모습 보기를 원해야 할 것이며,

몸을 바로 하고 단정히 앉을 때에는 중생이 보리좌에 앉아 마음에 집착하는 바가 없기를 원해야 할 것이며,

가부좌하고 앉을 때에는 중생이 선근이 견고하여 흔들리지 않는 지위를 얻기를 원해야 할 것이며,

선정을 닦아 행할 때에는 중생이 선정으로 마음을 조복하여 구경에 남음이 없기를 원해야 할 것이며,

만약 관을 닦을 때에는 중생이 실상과 같은 이치를 보아 길이 어기거나 다툼이 없기를 원해야 할 것이며,

가부좌를 풀고 앉을 때에는 중생이 모든 행법이 모두 흩어져 사라지는 자리로 돌아가는 것을 보기를 원해야 할 것입니다.

◉ 疏 ◉

初四는 爲修方便이오 次二는 正修止觀이오 後一은 修行事訖이라

첫 제1~4의 4구는 방편을 닦음이고, 다음 제5~6의 4구는 바

로 止觀을 닦음이며, 맨 끝의 4구는 수행의 일을 끝마침이다.

### 第四는 明將行披挂時 六願이라
제4단락, 행각하고자 법복을 걸칠 때의 6가지 발원을 밝히다

**經**

下足住時에 當願衆生이 心得解脫하야 安住不動하며
若擧於足인댄 當願衆生이 出生死海하야 具衆善法하며
着下裙時에 當願衆生이 服諸善根하야 具足慚愧하며
整衣束帶에 當願衆生이 檢束善根하야 不令散失하며
若着上衣인댄 當願衆生이 獲勝善根하야 至法彼岸하며
着僧伽黎에 當願衆生이 入第一位하야 得不動法이니라

발을 딛고 멈출 때에는 중생이 마음에 해탈을 얻어 편안히 머물러 움직이지 않기를 원해야 할 것이며,

만약 발을 들어 걸을 때에는 중생이 생사의 바다에서 벗어나 많은 선법을 갖추기를 원해야 할 것이며,

아래옷을 입을 때에는 중생이 모든 선근을 입어서 부끄러움을 갖추기를 원해야 할 것이며,

옷을 정돈하고 띠를 묶을 때에는 중생이 선근을 살피고 단속하여 하여금 흩어지거나 잃지 않기를 원해야 할 것이며,

만약 윗옷을 입을 때에는 중생이 수승한 선근을 얻어서 법의

저 언덕에 이르기를 원해야 할 것이며,

　승가리를 걸칠 때에는 중생이 제1 지위에 들어가 움직이지 않는 법을 얻기를 원해야 할 것입니다.

● 疏 ●

下衣는 蓋醜라 故願得慚愧오 上衣는 卽衫襖之輩라 前已辨袈裟라 故此直云僧伽黎니 僧伽黎者는 義云和合이라 新者는 二重이오 故者는 四重이니 要以重成일새 故云和合이니 卽是三衣中에 第一衣故니라

　하의는 추한 부분을 덮는 까닭에 부끄러움을 얻기를 원함이며, 상의는 곧 적삼과 두루마기 유이다.

　앞서 이미 가사를 말한 때문에 여기에서는 단 승가리를 말했을 뿐이다. 승가리란 音義로 말하면 '和合'이다. 근래에 새로 만든 것은 2겹이며, 옛적의 옷은 4겹이다. 몇 겹을 합해서 승가리를 만들어야 하기에 이를 '화합'이라 말한다. 이는 곧 3벌의 의복[三衣] 가운데 가장 으뜸가는 옷이기 때문이다.

第五는 澡漱盥洗時에 有七願이라

　제5단락, 몸을 씻고 세수할 때에 7가지의 발원이 있다

經

手執楊枝에 當願衆生이 皆得妙法하야 究竟淸淨하며

嚼楊枝時에 當願衆生이 其心調淨하야 噬諸煩惱하며
大小便時에 當願衆生이 棄貪瞋癡하야 蠲除罪法하며
事訖就水에 當願衆生이 出世法中에 速疾而往하며
洗滌形穢에 當願衆生이 淸淨調柔하야 畢竟無垢하며
以水盥掌에 當願衆生이 得淸淨手하야 受持佛法하며
以水洗面에 當願衆生이 得淨法門하야 永無垢染이니라

　손으로 양칫대를 잡을 때에는 중생이 모두 미묘한 법을 얻어 구경에 청정하기를 원해야 할 것이며,

　양칫대를 씹을 때에는 중생이 그 마음이 고르고 깨끗하여 모든 번뇌 씹기를 원해야 할 것이며,

　대소변을 볼 때에는 중생이 탐·진·치를 버려서 죄법(罪法)을 말끔히 없애기를 원해야 할 것이며,

　일을 마치고 물에 나아갈 때에는 중생이 출세하는 법 가운데 빨리 가기를 원해야 할 것이며,

　몸의 더러운 것을 씻을 때에는 중생이 깨끗하고 부드러워 필경 때가 없기를 원해야 할 것이며,

　물로 손을 씻을 때에는 중생이 깨끗한 손을 얻어서 불법을 받아 지니기를 원해야 할 것이며,

　물로 얼굴을 씻을 때에는 중생이 청정한 법문을 얻어서 길이 더러운 물듦이 없기를 원해야 할 것입니다.

● **疏** ●

楊枝五利를 是曰妙法이오 去穢爲淨이라 西域에 皆朝·中에 嚼楊枝할
세 淨穢不相雜하나니 此爲常規어니와 凡欲習誦인댄 別須用之니라 盥者
는 澡也니라【鈔_ 楊枝五利者는 一 明目이오 二 除痰이오 三 除口氣오
四는 辨味오 五 消食이니 新經에 有十義라 朝中嚼楊枝 淨穢不相雜
此兩句語는 全是無行禪師 於西域寄歸之書니 南海寄歸傳에 亦廣
說之니라】

　　양칫대의 5가지 이익을 '미묘한 법'이라 한다. 더러움을 없애주
어 깨끗하게 만들어주기 때문이다. 서역에서는 모두 아침과 정오
에 양칫대를 씹으면 깨끗함과 더러움이 서로 뒤섞이지 않는다고
한다. 이는 일정한 법규가 되었지만, 이를 익히 반복하고자 한다면
별도로 추구해야 한다. 盥이란 얼굴을 씻음이다.【초_ "양칫대의
5가지 이익"이란 ① 눈이 밝아지고, ② 가래가 없어지고, ③ 입 냄
새가 사라지고, ④ 맛을 알고, ⑤ 음식이 소화된다. 新經에는 10가
지의 의의가 있다. "아침에 양칫대를 씹으면 청정과 더러움이 서로
섞이지 않는다."는 2구절은 모두 無行禪師의 西域寄歸書에 수록되
어 있다. 南海寄歸傳에서도 또한 자세히 설명하고 있다.】

---

第六은 乞食道行時에 總有五十五願이라
　　제6단락, 걸식 행각할 때에 모두 55가지의 발원이 있다

手執錫杖에 當願衆生이 設大施會하야 示如實道하며
執持應器에 當願衆生이 成就法器하야 受天人供하며
發趾向道에 當願衆生이 趣佛所行하야 入無依處하며
若在於道인댄 當願衆生이 能行佛道하야 向無餘法하며
涉路而去에 當願衆生이 履淨法界하야 心無障礙하며
見昇高路에 當願衆生이 永出三界하야 心無怯弱하며
見趣下路에 當願衆生이 其心謙下하야 長佛善根하며
見斜曲路에 當願衆生이 捨不正道하야 永除惡見하며
若見直路인댄 當願衆生이 其心正直하야 無諂無誑하며
見路多塵에 當願衆生이 遠離塵坌하야 獲淸淨法하며
見路無塵에 當願衆生이 常行大悲하야 其心潤澤하며
若見險道인댄 當願衆生이 住正法界하야 離諸罪難이니라

　손으로 석장을 잡을 때에는 중생이 크게 보시하는 모임을 베풀어 실상과 같은 도를 보이기를 원해야 할 것이며,

　응기(應器)를 집을 때에는 중생이 법의 그릇을 성취하여 하늘과 사람의 공양 받기를 원해야 할 것이며,

　발을 내디디어 길을 향할 때에는 중생이 부처님이 행하시던 데로 나아가 의지할 데 없는 곳에 들어가기를 원해야 할 것이며,

　만약 길에 있을 때에는 중생이 불도를 행하여 나머지 없는 법을 향하기를 원해야 할 것이며,

　길을 걸어갈 때에는 중생이 청정한 법계를 밟아서 마음에 장애

가 없기를 원해야 할 것이며,

　　높은 길에 올라감을 볼 때에는 중생이 길이 삼계를 벗어나서 마음에 겁약함이 없기를 원해야 할 것이며,

　　낮은 길에 나아감을 볼 때에는 중생이 그 마음이 겸손하고 하심하여 부처님의 선근을 키워나가기를 원해야 할 것이며,

　　비탈지고 굽은 길을 볼 때에는 중생이 바르지 않은 길을 버려서 길이 악한 견해를 없애기를 원해야 할 것이며,

　　만약 곧은 길을 볼 때에는 중생이 그 마음이 바르고 곧아 아첨 없고 속임이 없기를 원해야 할 것이며,

　　길에 티끌이 많음을 볼 때에는 중생이 멀리 티끌을 여의어서 청정한 법 얻기를 원해야 할 것이며,

　　길에 티끌이 없음을 볼 때에는 중생이 항상 큰 자비를 행하여 그 마음이 윤택하기를 원해야 할 것이며,

　　만약 험한 길을 볼 때에는 중생이 바른 법계에 머물러서 모든 죄와 어려움을 여의기를 원해야 할 것입니다.

● 疏 ●

更分爲三이니 初 十二願은 游涉道路오 次에 見衆會下 十九願은 所觀事境이오 後見嚴飾下 二十四願은 所遇人物이니 今은 初라

錫者는 輕也며 明也니 執此杖者는 輕煩惱故며 明佛法故니라 更有多義하니 具如經辨이어니와 今略明二用호리니 一은 執爲行道之儀오 二는 振以乞食이라 故發相似之願이라

無依之道는 是眞道也오 向無餘法은 眞涅槃也오 眞淨法界는 心所履也니라 險道有二하니 一은 多賊鬼毒獸오 二는 狹徑阻絕이라 初는 惑業罪苦니 凡夫之險道也오 後는 自調滯寂이니 二乘之險道也라 皆爲難處니 不斷生死而入涅槃이 正法界也니라 初十二願游步道路 竟하다

다시 3부분으로 나뉜다.

① 12가지의 발원은 도로에 걸어감이며,

② '見衆會' 이하 19가지의 발원은 겪었던 일의 경계이며,

③ '見嚴飾' 이하 24가지의 발원은 만났던 인물들이다.

이는 ① 12가지의 발원이다.

錫이란 가볍고 밝음을 뜻한다. 이 지팡이를 짚은 자는 번뇌를 털어 가벼워지기 때문이며, 불법을 밝혀주기 때문이다. 또한 석장에는 여러 가지의 의의가 있다. 구체적으로 경문에서 논변한 바와 같지만, 여기에서는 간단하게 2가지의 작용으로 밝히고자 한다. 첫째는 석장을 들고서 도를 행하는 의식으로 말하고, 둘째는 이를 짚고서 행각, 걸식을 한다. 이 때문에 이런 의의에 유사한 발원을 일으킨 것이다.

'의지할 데 없는 도'는 참다운 도이고, '나머지 없는 법을 향함'은 참다운 열반이며, '참으로 청정한 법계'는 마음으로 밟아나갈 바이다.

'험한 길[險道]'이란 2가지의 뜻이 있다. 첫째는 적, 귀신, 독한 짐승이 많은 곳이며, 둘째는 좁은 길이 막히고 끊긴 곳이다. 첫째의 적, 귀신 등의 험한 길은 미혹의 죄에 의한 업보의 괴로움이니 범부의 험한 길이며, 둘째의 좁은 길은 스스로 조섭할 수 없는 막히

고 적막한 곳이니 二乘의 험한 길이다. 이는 모두 어려운 곳이다. 삶과 죽음을 끊지 않고서도 열반에 들어가는 것이 바른 법계이다. 12가지 발원에 따라 도로에 걸어감을 끝마치다.

**經**

若見衆會인댄 當願衆生이 說甚深法하야 一切和合하며

만약 대중이 모인 곳을 볼 때에는 중생이 지극히 깊은 법을 설하여 모든 대중이 화합하기를 원해야 할 것이며,

**◉ 疏 ◉**

二는 觀事境願이라 初觀衆會니 謂衆聚에 多談無義라 故願說深法이오 衆心易乖라 故令和合이니라

② 19가지의 발원은 일의 경계를 보면서 일으키는 발원이다.

② 19가지 발원 가운데, 제1발원은 대중의 모임을 본 것이다. 대중이 모이면 흔히 의리가 없는 이야기들을 말한 까닭에 심오한 설법을 원함이며, 많은 사람의 마음은 서로 어긋나기 쉬운 까닭에 그들로 하여금 화합하도록 한 것이다.

**經**

若見大柱인댄 當願衆生이 離我諍心하야 無有忿恨하며

만약 큰 기둥을 볼 때에는 중생이 나의 다투는 마음을 여의어서 분한 원한이 없기를 원해야 할 것이며,

● 疏 ●

二大柱者는 舊經에 云大樹라하니 梵云薩擔婆(去聲輕呼)는 此云樹也오 薩擔婆(入聲重呼)는 此云柱也니 由玆二物이 呼聲相濫하야 古今譯殊라 柱有荷重之能하야 一舍由之而立일새 翻此願離我能之諍이니 忿恨이 何由而生가

② 19가지 발원 가운데, 제2발원에서 큰 기둥이란 옛 경전에서는 이를 '큰 나무[大樹]'로 말하였다. 범어로 '살담바[薩擔婆]'라 하는데 가벼운 음조로 읽으면 중국 말로는 나무가 되고, 살담바를 중탁한 음조로 읽으면 중국 말로는 기둥이라는 뜻이 된다. 두 물건의 음조가 서로 혼란스러운 까닭에 고금의 번역이 달라진 것이다. 기둥은 무거운 짐을 떠받치는 기능이 있어 한 채의 집이 이를 통하여 서 있기에 이에 대한 발원은 나의 능력으로 다툼을 여의고자 함으로 번역하였다. 분심과 한이 어디에서 나올 수 있겠는가.

經

若見叢林인댄 當願衆生이 諸天及人의 所應敬禮하며

만약 총림을 볼 때에는 중생이 모든 하늘과 사람이 응당 공경하고 예배하는 바가 되기를 원해야 할 것이며,

● 疏 ●

三은 德猶叢林에 森聳可敬이라

② 19가지 발원 가운데, 제3발원은 덕이 나무숲[叢林]처럼 빽빽

하게 솟아 예배를 올리는 것이다.

## 經

若見高山인댄 當願衆生이 善根超出하야 無能至頂하며
見棘刺樹에 當願衆生이 疾得翦除 三毒之刺하며
見樹葉茂에 當願衆生이 以定解脫로 而爲蔭暎하며
若見華開인댄 當願衆生이 神通等法이 如華開敷하며
若見樹華인댄 當願衆生이 衆相如華하야 具三十二하며
若見果實인댄 當願衆生이 獲最勝法하야 證菩提道하며
若見大河인댄 當願衆生이 得預法流하야 入佛智海하며
若見陂澤인댄 當願衆生이 疾悟諸佛의 一味之法하며

　만약 높은 산을 볼 때에는 중생이 선근이 뛰어나 그 어느 누구도 더 이상 그의 정상 위에 이를 수 없기를 원해야 할 것이며,

　가시나무를 볼 때에는 중생이 빨리 삼독의 가시를 제거할 수 있기를 원해야 할 것이며,

　나무의 잎이 무성함을 볼 때에는 중생이 선정과 해탈로써 그늘이 덮여주기를 원해야 할 것이며,

　만약 꽃이 피는 것을 볼 때에는 중생이 신통과 여러 법이 꽃처럼 피어나기를 원해야 할 것이며,

　만약 꽃이 핀 나무를 볼 때에는 중생이 여러 상호가 꽃처럼 32상이 구족하기를 원해야 할 것이며,

　만약 열매를 볼 때에는 중생이 가장 수승한 법을 얻어서 보리

의 도를 증득하기를 원해야 할 것이며,

　만약 큰 강을 볼 때에는 중생이 법의 흐름에 함께하여 부처님의 지혜바다에 들어가기를 원해야 할 것이며,

　만약 늪을 볼 때에는 중생이 모든 부처님의 하나의 법을 빨리 깨닫기를 원해야 할 것이며,


◉ 疏 ◉

十一‑陂澤者는 畜水曰陂니 不集諸流라 故願一味니라

　② 19가지 발원 가운데, 제11발원에서 陂澤이란 물을 모아 두는 곳을 陂라 말한다. 많은 물줄기를 모은 것이 아니기에 '하나의 법'을 원하였다.


經

若見池沼인댄 當願衆生이 語業滿足하야 巧能演說하며

　만약 연못을 볼 때에는 중생이 어업(語業)이 만족하여 연설을 잘하기를 원해야 할 것이며,


◉ 疏 ◉

十二는 說文에 曰穿地通水曰池니 沼는 卽池也니 取其盈滿하야 引法流故며 亦可巧思穿鑿하야 能有說故니라

　② 19가지 발원 가운데, 제12발원은 설문에 이르기를 "땅을 뚫어 물길을 통하게 하는 것을 池라 말한다."고 하였다. 연못[沼]이 곧

池이다. 연못의 물이 가득 차 있는 것으로 법의 물줄기[法流]를 인용하여 그 의의를 취한 때문이며, 또한 정교한 생각으로 천착하여 설법을 하기 때문이다.

經

若見汲井인댄 當願衆生이 具足辯才하야 演一切法하며

　　만약 물 긷는 우물을 볼 때에는 중생이 변재를 갖추어서 온갖 법을 연설하기를 원해야 할 것이며,

● 疏 ●

十三에 汲者는 取也니 辯才演法이 猶綆汲水니라

　　② 19가지 발원 가운데, 제13발원에서 '汲'이란 취함이다. 구변의 재주로 법을 연설함이 마치 두레박의 줄로 물을 퍼 올리는 것과 같다.

經

若見湧泉인댄 當願衆生이 方便增長하야 善根無盡하며
若見橋道인댄 當願衆生이 廣度一切를 猶如橋梁하며
若見流水인댄 當願衆生이 得善意欲하야 洗除惑垢하며
見修園圃에 當願衆生이 五欲圃中에 耘除愛草하며
見無憂林에 當願衆生이 永離貪愛하야 不生憂怖하며
若見園苑인댄 當願衆生이 勤修諸行하야 趣佛菩提니라

만약 솟아오르는 샘을 볼 때에는 중생이 방편을 더욱 키워 선근이 다함없기를 원해야 할 것이며,

만약 다리 놓인 길을 볼 때에는 중생이 널리 온갖 것을 제도함에 마치 다리와 같이 하기를 원해야 할 것이며,

만약 흘러가는 물을 볼 때에는 중생이 좋은 의욕을 얻어서 의혹의 때를 씻어 없애기를 원해야 할 것이며,

원두밭 매는 것을 볼 때에는 중생이 오욕의 원두밭 가운데 애욕의 풀을 뽑아 제거하기를 원해야 할 것이며,

근심 없는 숲을 볼 때에는 중생이 길이 탐욕과 애정을 여의고 근심과 두려움이 생기지 않기를 원해야 할 것이며,

만약 동산을 볼 때에는 중생이 모든 행을 부지런히 닦아서 부처님 보리에 나아가기를 원해야 할 것입니다.

● 疏 ●

無憂林者는 處之忘憂故니라 十九願所觀事境 竟하다

無憂林이란 그곳에 있으면 온갖 시름을 잊을 수 있기 때문이다.

19가지 발원에 나타난, 보아왔던 일의 경계를 끝마치다.

經

**見嚴飾人**에 **當願衆生**이 **三十二相**으로 **以爲嚴好**하며

장엄으로 장식한 사람을 볼 때에는 32상으로써 장엄함을 좋아하기를 원해야 할 것이며,

● **疏** ●

三見嚴飾下 二十四願은 所遇人物이라

③ '見嚴飾' 이하 24가지의 발원은 만난 인물들이다.

**經**

見無嚴飾에 當願衆生이 捨諸飾好하고 具頭陀行하며
見樂著人에 當願衆生이 以法自娛하야 歡愛不捨하며
見無樂着에 當願衆生이 有爲事中에 心無所樂하며
見歡樂人에 當願衆生이 常得安樂하야 樂供養佛하며
見苦惱人에 當願衆生이 獲根本智하야 滅除衆苦하며

장엄으로 장식하지 않음을 볼 때에는 중생이 모든 장식하기 좋아함을 버리고 두타행 갖추기를 원해야 할 것이며,

즐거움에 집착하는 사람을 볼 때에는 중생이 법으로써 스스로 즐겨하여 기뻐하고 사랑해서 버리지 않기를 원해야 할 것이며,

즐거움에 집착이 없는 사람을 볼 때에는 중생이 함이 있는 일 가운데서 마음에 좋아함이 없기를 원해야 할 것이며,

기뻐하고 즐기는 사람을 볼 때에는 중생이 항상 안락을 얻어서 즐거운 마음으로 부처님께 공양하기를 원해야 할 것이며,

고뇌하는 사람을 볼 때에는 중생이 근본지혜를 얻어서 온갖 고통 소멸하기를 원해야 할 것이며,

◉ 疏 ◉

六云獲根本智 滅衆苦者는 若得見道 無分別根本智면 則斷惡道業·無明故니 三塗若滅이면 則三苦·八苦 亦皆隨滅이어니와 死及取蘊은 直至金剛後根本智라야 則能永斷이니라【鈔_ '三苦·八苦等者는 由三塗苦滅이라 故生老病苦 亦滅하고 由斷此惑하야 不造十惡業이라 故無怨憎會苦요 由斷分別欲貪이라 故無求不得苦와 及愛別離苦요 從此唯有死及取蘊이니 至金剛無間道根本智라야 斷彼二苦니라 雖有漏善法이 此時猶在로되 行苦所隨일새 由彼勝智 照同法性이라야 於解脫道에 不待擇滅하고 任運棄捨하야 功歸無間하나니 上은 約法相說하야 取正體無分別智하야 名爲根本이니 以望加行得名이라 雖通諸位나 而見道金剛二處最顯이라 故略舉之니라 又有約法性인댄 以本覺으로 爲根本智니 以與始覺爲根本故니라 此唯約解脫道證理時에 與根本冥合일새 乃名獲得本覺根本이니 從此永無死及取蘊이라 雖斷惑·證理로 立二道名이나 然同一刹那니 獲智亦爾니라 是故로 無間道에 斷見修二障種時卽是解脫道時斷也니라】

③ 24가지 발원 가운데, 제6발원에서 근본지혜를 얻어서 온갖 고통 소멸한다 운운한 것은 만일 見道位에서 분별의식이 없는 근본지혜를 얻으면 곧 악도의 업과 無明을 끊을 수 있기 때문이다. 만일 三塗가 사라지면 三苦와 八苦 또한 모두 따라 사라지거니와 죽음 및 집착의 무더기[取蘊]는 바로 金剛無間道 이후 근본지혜에 이르러야 영원히 괴로움을 끊을 수 있다.【초_ '三苦·八苦' 등이란 三塗의 괴로움이 사라진 까닭에 生·老·病의 고통 또한 사라지고,

이러한 미혹을 끊음에 따라 10가지의 惡業을 짓지 않기 때문에 원수거나 미워하는 사람과 만나는 괴로움이 없고, 분별심과 탐욕을 끊음에 따라 구하고자 하는 것을 얻지 못하는 괴로움과 사랑하는 사람과 이별하는 괴로움이 없다. 이로부터 오직 죽음 및 집착의 무더기만 있게 된다. 그리고 金剛位의 근본지혜에 이르러야만 3고·8고의 괴로움을 끊을 수 있다.

비록 有漏善法이 그때까지도 오히려 남아 있지만 行苦가 따르기 마련이다. 그 수승한 지혜가 법성과 같음을 관조해야만 解脫道에 대해 가리거나 없앨 필요 자체가 없이 마음에 따라 버리고 간단이 없는 공효에 귀결되는 것이다.

이상은 法相說로 말하여 正體의 분별없는 지혜를 근본지혜라 말한다는 의의를 취한 것인바, 加行을 상대로 그런 이름을 얻은 것이다. 이는 비록 모든 지위에 통하지만 見道位와 金剛位 2곳이 가장 돋보이기에 간단하게 들어 말한 것이다.

또한 法性으로 말한다면 本覺을 근본지혜라 한다. 始覺으로 근본지혜를 삼은 때문이다. 이는 오직 解脫道의 이치를 증명할 때에 근본지혜와 하나가 되는 자리로 말한 것이다. 이 때문에 이를 '本覺根本을 얻었다.'고 말한다. 이로부터 영원히 죽음 및 집착의 무더기가 없다. 비록 미혹을 끊음[斷惑]과 이치의 증득[證理]으로 2가지의 도라는 명제를 세웠으나 하나로 똑같이 한 찰나이다. 지혜를 얻음 또한 그와 같다. 이런 이유로 無間道에서 見修 2가지 장애의 종자를 끊었을 때가 곧 解脫道를 얻은 때에 끊음이다.】

### 經
**見無病人**에 **當願衆生**이 **入眞實慧**하야 **永無病惱**하며

병이 없는 사람을 볼 때에는 중생이 진실한 지혜에 들어가서 길이 병이 없기를 원해야 할 것이며,

◉ 疏 ◉

七願入眞實慧하야 永無病惱者는 此有二種하니 一은 約入眞見道之慧로 斷身病之苦惱와 及煩惱病이니 謂一切惡趣 諸煩惱品 所有粗重이 是分別起하며 亦爲身病遠因이니 至歡喜地 眞見道中하야 一刹那斷하고 頓證三界四諦眞如에 身病及惑이 永不復有오 二는 約金剛心慧로 頓斷一切諸煩惱病과 及習氣隨眠하고 證極圓滿眞實勝義에 諸惑永亡이라 依上解者인댄 眞實慧者는 卽根本智로되 但約所滅 惑苦不同耳니라【鈔_ 一約入眞見道者는 亦有二義하니 例同斷苦인댄 斷身病之苦는 牒前所斷이오 及煩惱病은 是此所斷이라 謂一切下는 出所斷體니 粗重은 卽是種子오 分別은 揀於俱生이라 亦爲身病遠因者는 非近因故니 如房色過度는 是身病近因이오 由貪故爾는 卽爲遠因이라 '一刹那斷者는 至初地中廣釋이오 頓證三界四諦眞如는 至十迴向中釋호리라 '二約金剛心'等者는 卽俱生也니 此上은 所轉舍일세 依上解下하야 結成前二也니라】

③ 24가지의 발원 가운데, 제7발원은 진실한 지혜에 들어가서 길이 병이 없기를 원한다는 것은 여기에 2가지가 있다.

첫째는 진실한 지혜에 들어가 도를 보는 지혜로 신병의 고뇌

및 번뇌의 병을 끊는 것으로 말하였다. 일체 惡趣와 모든 煩惱에 들어 있는 거칠고 무거운 종자들이 분별심에서 일어나며, 또한 신병의 遠因이 되기도 한다. 歡喜地의 참다운 見道에 이르러서 한 생각의 찰나에 끊고 三界四諦眞如를 단번에 증득함으로써 신병 및 미혹이 영원히 다시는 있지 않다.

둘째는 금강심의 지혜로 일체 모든 번뇌의 병 및 習氣隨眠을 단번에 끊고 지극히 원만한 眞實勝義를 증득함으로써 모든 미혹이 영원히 사라짐으로 말한 것이다.

위의 해석을 따르면 '진실한 지혜'란 곧 근본지혜이지만 단 없애는 대상의 미혹과 괴로움이 똑같지 않다는 것으로 말하였다.
【초_ "첫째는 진실한 지혜에 들어가 도를 보는 지혜"로 말하였다는 것 또한 2가지의 의의가 있다. 으레 똑같이 괴로움을 끊는다면, 신병의 괴로움을 끊음은 앞서 말한 끊어야 할 대상을 이어서 말한 것이며, 번뇌의 병은 여기에서 끊어야 할 대상이다.

"일체 惡趣와 모든 煩惱" 이하는 끊어야 할 대상으로서의 본체를 내세운 것이다. '거칠고 무거운 것[粗重]'은 곧 종자이며, '分別'은 '태어날 때부터 가지고 있는 것[俱生]'과는 다르다.

"또한 신병의 遠因이 되기도 한다."는 것은 近因이 아니기 때문이다. 지나친 房事는 신병의 近因이며, 탐욕에 의하기 때문에 그러한 것은 곧 遠因이다.

"한 생각의 찰나에 끊는다."는 것은 初地 부분에서 자세히 해석하였고, "三界四諦眞如를 단번에 증득한다."는 것은 십회향 부분에서 해석하고자 한다.

"둘째는 금강심의 지혜로" 등이란 곧 '태어날 때부터 가지고 있는 것[俱生]'이다. 이상은 전전하여 버려야 할 대상이기에 위의 경문을 따라 아래를 해석하여 앞의 2가지를 끝맺은 것이다.】

**經**
**見疾病人**에 **當願衆生**이 **知身空寂**하야 **離乖諍法**하며
　병든 사람을 볼 때에는 중생이 몸이 공적함을 알아서 어기고 다투는 법 떠나기를 원해야 할 것이며,

◉ **疏** ◉
八은 四大乖違成病이니 知空이면 則永無所乖니라
　③ 24가지의 발원 가운데, 제8발원은 四大가 어긋나면 병이 생겨나는 법이다. 空인 줄을 알면 영원히 어긋나는 바가 없다.

**經**
**見端正人**에 **當願衆生**이 **於佛菩薩**에 **常生淨信**하며
**見醜陋人**에 **當願衆生**이 **於不善事**에 **不生樂着**하며
**見報恩人**에 **當願衆生**이 **於佛菩薩**에 **能知恩德**하며
**見背恩人**에 **當願衆生**이 **於有惡人**에 **不加其報**하며
　단정한 사람을 볼 때에는 중생이 부처님과 보살에게 항상 청정한 신심 내기를 원해야 할 것이며,

누추한 사람을 볼 때에는 중생이 좋지 못한 일에 즐겨 집착하지 않기를 원해야 할 것이며,

은혜 갚는 사람을 볼 때에는 중생이 부처님과 보살에게도 은덕을 갚아야 할 줄을 알기를 원해야 할 것이며,

은혜를 배반하는 사람을 볼 때에는 중생이 악한 사람에게 그 앙갚음을 하지 않기를 원해야 할 것이며,

● 疏 ●

於佛菩薩 能知恩德者는 諸佛菩薩이 始自發心으로 普緣衆生호되 難行苦行으로 不顧自身하고 垂形六道하야 隨逐衆生하며 見其造惡에 如割支體하고 迄成正覺에 隱其勝德하며 以貧所樂法으로 誘攝拯救하며 見其憍恣하고 示迹涅槃하며 留餘福教하사 以濟危苦라 故自頂至足히 從生至死히 皆佛之蔭이니 斯之恩德을 何可報耶아 得人小恩이라도 常懷大報어늘 不知恩者는 多遭橫死니라 故經에 云假使頂戴經塵劫하며 身爲牀座偏三千이라도 若不傳法利衆生이면 畢竟無能報恩者라하니 故爲自利利人하야 如說修行이라야 爲報佛恩耳니라【鈔_ 諸佛菩薩下는 文中有三하니 初는 列十恩이니

一은 發心普被恩이오

二는 難行苦行恩이니 猶如慈母 嚥苦吐甘하야 捨頭目髓腦와 國城妻子하며 剜身千燈하고 投形餓虎하고 香城粉骨하고 雪嶺亡軀 如是等事는 皆爲衆生이라

三 '不顧自身'者는 一向爲他恩이니 曾無一念도 自爲於己는 猶如慈

母 但令子樂하야 自殺不辭니 經에 云菩薩所修功德行은 不爲自己 及他人이라 但以最上智慧心으로 利益衆生故迴向이라하니라

四는 垂形六道恩이니 謂已證滅道인댄 應受無爲寂滅之樂이어늘 而垂 形六道하고 徧入三塗하야 長劫救物하고 入於地獄하야 以身救贖一切 衆生이라

五는 隨逐衆生恩이니 上辨橫徧六道어니와 今約長劫不捨라 如子見 父에 視父而已오 無出離心일새 如來隨之를 如犢逐母하야 備將萬行 하야 隨逐救攝하나니 如須彌音徧淨天王이 得隨逐諸衆生하야 永流轉生 死海解脫門이니라

六見其造惡에 如割支體는 卽大悲深重恩이라 故善財童子 謂無憂 德神호되 云聖者여 譬如有人이 唯有一子하야 愛念情至라가 忽見被人 割截支體면 其心痛切하야 不能自安인달하야 菩薩摩訶薩도 亦復如是 니라 見諸衆生이 造煩惱業하야 墮三惡趣하야 受種種苦면 心大憂惱하 고 若見衆生이 起身語意三種善業하야 生人天趣하야 受身心樂이면 菩 薩이 爾時에 生大歡喜라하니 今略擧悲深이어니와 喜亦深故니라

七迄成正覺히 隱其勝德者는 卽隱勝彰劣恩이니 十蓮華藏塵數相 과 海滴難稱無盡之德은 竝隱不彰이오 但云百劫修成三十二相하고 三十四心으로 斷見修惑하고 五分法身이 覺樹初圓하야 如老比丘오 同 五羅漢이라하니 故法華中에 脫珍御服하고 著弊垢衣하며 執除糞器하고 往到子所니라

八以貧所樂法으로 誘攝拯救는 卽隱實施權恩이니 圓頓一乘은 隱而 不說하고 乃以三乘·人天小法으로 教化衆生이니 此上二句는 卽淨名

經第三香積品中에 彼諸菩薩이 問維摩詰호되 '今世에 尊釋迦牟尼 以何說法가 維摩詰言호되 '此土衆生이 剛强難化라 故佛爲說剛强 之語하사 以調伏之하사되 言是地獄·是畜生·是餓鬼·是諸難處·是 愚人行·是身邪行·是身邪行報等하고 乃云如是剛强難化衆生이 라 故以一切苦切之言으로 乃可入律이라하니 彼諸菩薩이 聞說是已하 고 皆曰'未曾有也로다 如世尊釋迦牟尼佛이 隱其無量自在之力하시 고 乃以貧所樂法으로 度脫衆生할새 斯諸菩薩도 亦能勞謙하야 以無量 大悲로 生是佛土라하니라

九'見其憍恣하고 示迹涅槃'者는 示滅生善恩이라 故法華經에 云若佛 久住於世면 薄福之人은 不種善根이오 貧窮下賤은 貪著五欲하야 入 於憶想妄見網中이오 若見如來 常住不滅이면 便起憍恣하야 而懷厭 怠하야 不能生難遭之想과 恭敬之心이라 是故로 如來 以方便說하사되 比丘는 當知하라 諸佛出世를 難可値遇라하고 乃至云斯衆生等이 聞 如是語면 必當生於難遭之想하야 心懷戀慕하고 渴仰於佛하야 便種 善根이라하니라 四十七經에 有涅槃佛事호되 與此大同이라

十'留餘福教하야 以濟危苦'者는 卽悲念無盡恩이니 謂世尊이 同人中 壽인댄 應壽百年이어늘 留二十年福하야 以庇末法弟子라 大集月藏分 第十卷에 云悲愍衆生故로 捨壽第三分하사 令我法海滿하야 洗浴諸 天人이라 假使毁禁戒라도 悉住不退地니 若有搊打彼면 卽爲打我身 이오 若有罵辱者면 則爲毁辱我라하고 又云留白毫之福하야 以覆弟子 라하니라

言'留教'者는 卽三藏·八藏으로 廣益衆生이니 依之修行이면 皆得成佛

이오 形像·塔廟와 乃至舍利라도 一興供養이면 千返生天等이라 故自頂至足下는 結成恩重이오 得人下는 引經證成이라

共引三經이니 初는 卽涅槃第二十八이오 二 '不知恩'者는 卽此經四十八隨好品이오 故經云下는 三에 引他經이니 先一偈는 具足經文이오 唯自利下는 取意引彼라 亦一偈云唯有傳持正法藏하야 宣揚敎理施群生하고 修習一念契眞如면 卽是眞報如來者라하니 會意 可知니라】

"부처님과 보살에게도 은덕을 갚아야 할 줄을 알아야 한다."는 것은 제불보살이 처음 발심할 때부터 널리 중생을 반연하고 생각하되 어려운 일, 괴로운 일에 자기의 몸을 뒤돌아보지 않으며, 六道에 몸을 나타내어 중생이 원하는 바에 따르며, 악한 일을 범하는 것을 보면 사지와 몸이 잘리는 것처럼 여기며, 정각을 이루기까지 그 훌륭한 덕을 내보이지 않으며, 빈궁하면서도 좋아하는 법으로 이끌고 받아들이고 구제하며, 그들의 교만함과 방자함을 보고서 열반의 자리에 자취를 보여주며, 나머지의 복덕과 가르침을 남겨서 위태함과 괴로움에서 벗어나도록 제도하였다. 이 때문에 나의 정수리로부터 발끝까지, 태어나서부터 죽을 때까지 모두 부처님의 음덕이다. 이와 같은 은덕을 어떻게 갚을 수 있겠는가. 사람들에게 작은 은혜를 입어도 언제나 크게 갚을 것을 생각해야 하는 법이다. 은혜를 모르는 자는 흔히 비명횡사를 당한다.

이 때문에 경에 이르기를 "가령 머리 위로 받들고 塵劫을 지나며 나의 몸이 자리가 되어 삼천세계에 가득할지라도, 만일 법을 전수하여 중생에게 이익을 주지 못하면 결국 은혜를 갚지 못한 자이

다."고 하였다. 이 때문에 오직 自利利人으로 부처님의 말씀처럼 수행해야만 부처님의 은혜를 갚는 일이다.【초_"부처님과 보살에게도 은덕" 이하의 문장은 3부분이다. 첫째 부분은 10가지의 은혜를 열거하였다.

　① 발심하여 중생에게 널리 입혀주신 은혜이다.

　② 어려운 일, 괴로운 일을 행한 은혜이다. 이는 마치 어머니가 쓴 음식은 삼키고 단 음식은 토하여 자식에게 건네주는 것처럼 부처님이 몸으로는 머리 눈 골수 뇌와 밖으로는 나라의 성, 처자까지 보시하며, 연등불에게 몸을 잘라 바치고 굶주린 범을 위하여 몸을 던져주고 香城에서는 몸을 던져 뼈가 가루가 되고 雪嶺에서는 몸을 잊었던 등등의 일들은 모두 중생을 위함이다.

　③ "자기의 몸을 뒤돌아보지 않았다."는 것은 한결같이 남을 위하는 은혜이다. 일찍이 한 생각도 자기의 몸을 위함이 없는 것은 마치 어머니가 그저 자식의 마음을 즐겁게 해주기 위하여 죽음도 마다하지 않는 것과 같다. 경에 이르기를 "보살이 닦아온 공덕행은 나와 남을 위함이 아니다. 단 가장 으뜸가는 지혜의 마음으로 중생에게 이익을 주고자 한 까닭에 이로써 회향한다."고 하였다.

　④ 육도에 몸을 나타내는 은혜이다. 이미 滅道를 증득했을진댄 당연히 無爲寂滅의 즐거움을 누릴 것임에도 육도에 몸을 나타내고 삼도에 두루 들어가 영겁에 오로지 중생을 구제하며, 지옥에 들어가 자신의 몸으로써 일체중생을 구제하고 속죄하는 것이다.

　⑤ 중생이 좋아하는 마음을 따르는 은혜이다. 위에서는 공간의

횡으로 육도에 두루 몸을 나타내심에 대해 논변했지만 여기에서는 영겁에 중생을 버리지 않음을 말하였다. 부처님의 아들이 아버지를 볼 때에 그저 아버지로 볼 뿐이요, 출가하려는 마음이 없었다. 부처님은 그의 마음을 따르되, 마치 송아지가 어미 소를 따르는 것처럼 萬行을 갖춰 따르면서 그 아들을 구제하고 받아들였다. 須彌音徧淨天王이 모든 중생을 따라서 영원히 생사의 바다에 전전하면서 해탈문을 얻은 것과 같다.

⑥ "중생이 악한 일을 범하는 것을 보면 사지와 몸이 잘리는 것처럼 여겼다."는 것은 곧 대자비의 마음이 깊고 큰 은혜이다. 이 때문에 선재동자가 無憂德神에게 말하기를 "성자시여, 비유하면 어떤 사람이 오직 외아들 하나를 두어 사랑의 마음이 지극했는데 갑자기 어느 사람에게 사지와 몸이 잘리게 된 것을 보면 그 마음이 애통하여 도저히 편안하지 못한 것처럼 보살마하살 또한 그와 같습니다. 모든 중생이 번뇌의 업장을 지어 삼악취에 떨어져 가지가지의 고통을 받는 것을 보면 마음이 너무나 괴롭고 걱정이 되며, 만일 중생이 身語意 3가지의 선업을 일으켜 人天의 세계에 태어나 몸과 마음에 즐거움을 누리는 것을 보면 보살이 그때에 큰 환희심을 내십니다."고 하였다. 여기에서는 간단하게 대자비의 깊은 은혜만을 들어 말했지만 환희심 또한 깊기 때문이다.

⑦ "정각을 이루기까지 그 훌륭한 덕을 내보이지 않았다."는 것은 곧 훌륭한 것을 숨기고 좋지 않은 것을 내보인 은혜이다. 10 蓮華藏 미진수의 모습과 바다 물방울만큼 헤아리기 어려운 그지

없는 덕은 모두 숨긴 채 드러내지 않고, 단 "백겁에 32相을 이루고 34가지의 마음으로 見修의 미혹을 끊고 五分法身이 보리수 아래에서 처음 원만하여 노비구와 같았으며 다섯 나한과 같았다."고 하였다. 이 때문에 법화경에서 "귀중한 옷을 벗고 떨어지고 때 묻은 옷을 입었으며, 똥 치우는 그릇을 들고서 아들의 처소로 갔다."고 하였다.

⑧ "빈궁하면서도 좋아하는 법으로 이끌고 받아들이고 구제하였다."는 것은 곧 실상의 법을 숨기고 방편의 도리로 베푼 은혜이다. 圓頓一乘은 숨겨 말하지 않은 채 이에 三乘과 人天의 작은 법으로 중생을 교화하였다.

위의 2구절은 淨名經 제3 香積品에서 인용한 글이다.

여러 보살이 유마힐에게 물었다.

"지금 세존 석가모니께서 무엇으로써 설법하시는 것입니까?"

유마힐이 말하였다.

"이 국토의 중생이 너무 뻣뻣하여 교화하기 어렵기 때문에 부처님이 그들을 위해 강하고 격한 어조로 말씀하시어 조복하시되, 이런 것이 지옥이며, 이런 것이 축생이며, 이런 것이 아귀이며, 이런 것이 수많은 어려운 곳이며, 이런 것이 어리석은 사람의 행동이며, 이런 것이 몸의 삿된 행동이며, 이런 것이 몸의 삿된 행동에 의한 과보 등등이라 말씀하시고, 이에 다시 이르기를 이처럼 너무 뻣뻣하여 교화하기 어려운 중생이기 때문에 일체 고심참절한 말로써 이에 계율을 따르도록 하였다."

여러 보살이 이런 말을 듣고서 말하였다.

"일찍이 듣지 못했던 말씀이다. 세존 석가모니불이 한량없는 자재한 힘을 숨기시고 이에 빈궁한 이들이 좋아하는 법으로 중생을 제도하심으로써 여러 보살까지도 또한 큰 공로가 있음에도 겸손한 마음으로 한량없는 대자비의 마음으로 불국토에 태어나게 되었다."

⑨ "그들의 교만함과 방자함을 보고서 열반의 자리에 자취를 보여주었다."는 것은 열반을 보여주면서 선한 마음을 내게 하는 은혜이다. 이 때문에 법화경에 이르기를 "만일 부처님이 세상에 오래 머문다면 박복한 사람은 선근을 심지 않고, 빈궁하고 지위가 낮은 이들은 五欲에 탐착하여 憶想妄見의 그물에 걸릴 것이며, 만일 여래께서 상주하시어 열반에 들지 않은 것을 보면 교만하고 방자한 마음을 일으켜서 싫어하거나 태만한 생각을 지니고서 부처님을 만나기 어렵다는 생각과 공경하는 마음을 일으키지 않았을 것이다."고 하였다. 이 때문에 여래께서 방편으로써 말씀하시기를 "비구여, 여러 부처님이 세상에 나오시는 것을 만나기 어렵다는 사실을 알아야 한다."고 하며, 내지 "중생들이 이와 같은 말을 들으면 반드시 부처님을 만나기 어렵다는 생각을 가지고서 마음에 연모의 정을 품고 목마르도록 부처님을 우러러 문득 선근을 심는다."고 하였다. 47經에 부처님께서 열반하신 일에 관한 부분이 있는데 여기에서 말한 바와 크게는 똑같다.

⑩ "나머지의 복덕과 가르침을 남겨서 위태함과 괴로움에서 벗어나도록 제도하였다."는 것은 곧 대자비의 마음이 그지없는 은혜이다. 세존께서 장수를 누리는 세간의 사람과 같다면 백 년의 수를

누렸어야 할 것이지만 20년간의 복덕을 남겨주어 말법의 제자들을 덮어주었다.

大集月藏分 제10권에 이르기를 "중생을 가엾이 여긴 마음 때문에 수명의 제3分을 보시하여 우리로 하여금 법해가 충만하여 모든 天人이 몸을 씻도록 마련해주었다. 가령 계율을 훼손했을지라도 모두 不退地에 머물고 있다. 만일 그를 때리면 곧 나의 몸을 때리는 것이며, 만일 욕을 하면 그것은 곧 나를 욕하는 것이다."고 하며, 또 이르기를 "백호광의 복덕을 남겨 제자를 덮어주었다."고 하였다.

"가르침을 남겼다."고 말한 것은 곧 三藏과 八藏으로 중생에게 큰 이익을 남겨준 것이다. 이를 의지하여 수행하면 모두 성불할 수 있고, 부처님의 형상과 탑묘 내지 사리까지도 한 번 공양을 올리면 1천 번 하늘에 태어나게 된다는 등이다.

"이 때문에 나의 정수리로부터 발끝까지" 이하는 부처님의 큰 은혜를 끝맺음이다.

"사람들에게 작은 은혜를 입어도" 이하는 경전을 인용하여 증명하고 끝맺고 있다.

여기에서는 모두 3차례 경문을 인용하고 있다. 첫째는 열반경 제28이며, 둘째 '不知恩'이란 화엄경 48 隨好品이며, '故經云' 이하는 셋째로 다른 경전을 인용하였다. 앞의 게송은 구족한 경문이며, '唯自利' 이하는 뜻만을 취하여 그 부분을 인용하였다.

또 다른 게송에 이르기를 "오직 바른 法藏을 전수하고 지녀서 부처님의 敎理를 선양하여 수많은 중생에게 베풀어주고 한 생각의 찰나에 닦고 익혀 진여와 하나가 되면 그는 곧 참으로 여래의 은혜를 갚는 자이다."고 하였다. 회통한 뜻은 말하지 않아도 알 수 있다.】

**經**

若見沙門인댄 當願眾生이 調柔寂靜하야 畢竟第一하며

만약 사문을 볼 때에는 중생이 순조롭고 부드럽고 고요하여 필경에 제일이 되기를 원해야 할 것이며,

⦿ 疏 ⦿

沙門은 此云止息이니 畢竟止息이 唯大涅槃이니라

沙門은 중국 말로는 止息이라는 뜻이다. 필경에 멈추고 쉬는 것이 오직 대열반이다.

**經**

見婆羅門에 當願眾生이 永持梵行하야 離一切惡하며
見苦行人에 當願眾生이 依於苦行하야 至究竟處하며
見操行人에 當願眾生이 堅持志行하야 不捨佛道하며
見著甲冑에 當願眾生이 常服善鎧하고 趣無師法하며

바라문을 볼 때에는 중생이 길이 범행을 지녀서 모든 악에서 떠나기를 원해야 할 것이며,

고행하는 사람을 볼 때에는 중생이 고행을 의지하여 구경의 자리에 이르기를 원해야 할 것이며,

조행이 있는 사람을 볼 때에는 중생이 지조와 행을 굳게 가져 부처님의 도를 버리지 않기를 원해야 할 것이며,

갑옷 입은 사람을 볼 때에는 중생이 항상 선행의 갑옷을 입고 스승이 없이 스스로 통달하는 법에 나아가기를 원해야 할 것이며,

● 疏 ●

世之甲冑는 隨於師旅어니와 進忍甲冑는 趣於無師니라

세간의 갑옷과 투구는 병사를 따르는 물건이지만, 정진과 인욕의 갑옷과 투구는 스승이 없이 스스로 통달하는 법에 나아가는 것이다.

經

見無鎧仗에 當願衆生이 永離一切 不善之業하며
見論議人에 當願衆生이 於諸異論에 悉能摧伏하며
見正命人에 當願衆生이 得淸淨命하야 不矯威儀하며

갑옷을 입지 않은 사람을 볼 때에는 중생이 온갖 착하지 못한 업을 길이 떠나기를 원해야 할 것이며,

논의하는 사람을 볼 때에는 중생이 모든 이단의 말을 모두 꺾어 항복받기를 원해야 할 것이며,

바르게 사는 사람을 볼 때에는 중생이 청정한 목숨을 얻어서 거짓 위의를 차리지 않기를 원해야 할 것이며,

● 疏 ●

能離五邪라야 方爲正命이니 謂一은 詐現奇特이오 二는 自說功德이오 三은 占相吉凶이오 四는 高聲現威하야 令他敬畏오 五는 爲他說法이라 行此五事호되 若爲利養이면 皆邪命也라 第三句는 通願離五오 第四句는 但離初一이니라

　5가지의 삿된 행동을 여의어야 바야흐로 正命이라 한다.
　㉠ 거짓으로 기특함을 나타냄이며,
　㉡ 스스로 공덕을 말함이며,
　㉢ 길흉을 점치는 것이며,
　㉣ 큰 소리로 위엄을 나타내어 남들을 외복시키려는 것이며,
　㉤ 남을 위해 설법하는 것이다.
　5가지의 일을 행하되 만일 자신의 봉양을 위한 일이라면 그것은 모두 邪命이다. '㉢ 길흉을 점치는 것'이란 '㉤ 남을 위해 설법하는 것'을 공통으로 원하는 일이며, '㉣ 큰 소리로 위엄을 나타내는 것'은 단 '㉠ 거짓으로 기특함'을 여의는 것이다.

經

若見於王인댄 當願衆生이 得爲法王하야 恒轉正法하며
若見王子인댄 當願衆生이 從法化生하야 而爲佛子하며
若見長者인댄 當願衆生이 善能明斷하야 不行惡法하며
若見大臣인댄 當願衆生이 恒守正念하야 習行衆善이니라

　만약 왕을 볼 때에는 중생이 법왕이 되어서 항상 정법 굴리기

를 원해야 할 것이며,

만약 왕자를 볼 때에는 중생이 법으로부터 화생하여 불자가 되기를 원해야 할 것이며,

만약 장자를 볼 때에는 중생이 선을 밝게 판단하여 악법을 행하지 않기를 원해야 할 것이며,

만약 대신을 볼 때에는 중생이 항상 바른 생각을 지켜서 모든 선을 익히고 행하기를 원해야 할 것입니다.

◉ 疏 ◉

明斷이라야 方稱長者오 守王正法이라야 始曰大臣이라
二十四願 所遇人物을 竟하다

명철한 결단이 있어야 바야흐로 '장자'라 칭하고, 왕의 바른 법을 지켜야 비로소 '대신'이라고 말한다.

24가지 발원에 따라 만났던 인물들을 끝마치다.

經

若見城郭인댄 當願衆生이 得堅固身하야 心無所屈하며
若見王都인댄 當願衆生이 功德共聚하야 心恒喜樂하며
見處林藪인댄 當願衆生이 應爲天人之所歎仰하며

만약 성곽을 볼 때에는 중생이 견고한 몸을 얻어 마음에 굽히는 것이 없기를 원해야 할 것이며,

만약 왕의 도성을 볼 때에는 중생이 공덕을 함께 모아서 마음

에 항상 기뻐하고 좋아하기를 원해야 할 것이며,

숲 속에 있는 것을 볼 때에는 중생이 하늘이나 사람이 우러러 찬탄하는 사람이 되기를 원해야 할 것이며,

◉ **疏** ◉

第七若見城郭下 二十二願은 到城乞食時願이라 初三은 總明이니 王都는 則賢達輻輳하고 林藪는 則衆德攸歸니라

제7단락, '若見城郭' 이하 22가지의 발원은 왕의 성에 이르러 걸식할 때의 발원이다.

첫 3가지(제1~3)의 발원은 총체로 밝힘이다. 왕의 도읍지는 곧 어질고 통달한 이들이 모여들고, 나무숲은 곧 수많은 덕이 귀향하는 곳이다.

**經**

入里乞食에 當願衆生이 入深法界하야 心無障礙하며
到人門戶에 當願衆生이 入於一切佛法之門하며
入其家已에 當願衆生이 得入佛乘하야 三世平等하며

마을에 들어가 걸식할 때에는 중생이 깊은 법계에 들어가 마음에 장애가 없기를 원해야 할 것이며,

남의 문 앞에 이르렀을 때에는 중생이 모든 불법의 문에 들어가기를 원해야 할 것이며,

그 집에 들어간 후에는 중생이 불승에 들어가 삼세가 평등하기

를 원해야 할 것이며,

● 疏 ●

次三은 入家니 未入則諸家差別이어니와 入已인댄 唯一無多 如入佛乘에 無二三也니라

　22가지 발원 가운데, 다음 3가지(제4~6)는 집을 찾아 들어감이다. 집에 들어가기 이전에는 모든 집에 차별이 있겠지만, 들어간 이후에는 오직 하나일 뿐 수많은 차이가 없음이 마치 佛乘에 들어가면 이승과 삼승의 차이가 없는 것과 같다.

經

見不捨人에 當願衆生이 常不捨離勝功德法하며
見能捨人에 當願衆生이 永得捨離三惡道苦하며
若見空鉢인댄 當願衆生이 其心淸淨하야 空無煩惱하며
若見滿鉢인댄 當願衆生이 具足成滿一切善法하며
若得恭敬인댄 當願衆生이 恭敬修行一切佛法하며
不得恭敬에 當願衆生이 不行一切不善之法하며
見慚恥人에 當願衆生이 具慚恥行하야 藏護諸根하며
見無慚恥에 當願衆生이 捨離無慚하고 住大慈道하며

　보시하지 못하는 사람을 볼 때에는 중생이 항상 훌륭한 공덕의 법을 버리지 않기를 원해야 할 것이며,

　보시하는 사람을 볼 때에는 중생이 삼악도의 고통을 길이 버리

기를 원해야 할 것이며,

만약 빈 발우를 볼 때에는 중생이 그 마음이 청정하여 텅 비어서 번뇌가 없기를 원해야 할 것이며,

만약 가득 찬 발우를 볼 때에는 중생이 온갖 선법을 구족하여 가득하기를 원해야 할 것이며,

만약 공경을 받을 때에는 중생이 모든 불법을 공경히 수행하기를 원해야 할 것이며,

공경을 받지 못할 때에는 중생이 모든 착하지 못한 법을 행하지 않기를 원해야 할 것이며,

부끄러워하는 사람을 볼 때에는 중생이 부끄러워하는 행을 갖추어서 모든 근을 감추고 보호하기를 원해야 할 것이며,

부끄러워함이 없는 사람을 볼 때에는 중생이 부끄러워함이 없음을 떠나고 큰 자비의 길에 머물기를 원해야 할 것이며,

● 疏 ●

次八은 乞食得不이니라 藏護諸根者는 瑜伽에 名善守根門이라하고 淨名에 云'所見色이 與盲等'이라하고 乃至云'知諸法如幻相'이 是也니라
【鈔】瑜伽名善守根門者는 即第二十三論에 云'云何根律儀아 謂如有一이라도 能善安住하야 密護根門하며 防守正念'이라하고 乃至廣說호되 '云何名爲密護根門고 謂防守正念하야 常委正念하며 乃至防護意根과 及正修行·意根律儀等'이라하니라
淨名에 云'所見色等者는 即迦葉章에 令迦葉으로 以空聚想으로 入於

125

聚落하야 所見色을 與盲等하며 所聞聲을 與響等하며 所嗅香을 與風等하며 所食味를 不分別하며 受諸觸호되 如智證하며 知諸法如幻相이라 無自性이오 無他性이라 本自不然이어늘 今則無滅等이라 是故로 藏護諸根은 則不犯塵境하야 成六自在王이어니 豈爲六賊所劫奪耶아 】

22가지 발원 가운데, 다음 8가지(제7~14)는 걸식하면서 얻은 때와 얻지 못할 때에 발원한 것이다.

"모든 근을 감추고 보호한다."고 말한 것은 유가경에서는 '根門을 잘 지킴[善守根門]'이라 명명하였고, 정명경에서는 "보이는 대상의 색을 맹인처럼 보지 않아야 한다."고 하며, 내지 "모든 법이 환상과 같은 줄을 안다."고 말한 것이 바로 이것이다. 【초_"유가경에서는 '근문을 잘 지킴'이라 명명하였다."는 것은 곧 제23론에 이르기를 "어떤 것이 根律儀인가. 만일 하나가 있을지라도 잘 안주하여 根門을 엄밀하게 보호하며, 바른 생각을 지키는 것이다."고 하였고, 내지 자세히 말하기를 "어떤 것이 根門을 엄밀하게 보호함이라 하는가. 바른 생각을 지켜 언제나 바른 생각을 모두 잘 아는 것이며, 내지 意根을 막고 보호함 및 바른 수행과 意根律儀 등이다."고 하였다.

"정명경에서는 '보이는 대상의 색'" 등이란 곧 정명경 가섭장에서 "가섭 존자로 하여금 空聚想으로 취락에 들어가 보이는 대상의 색을 맹인과 똑같이 보지 않으며, 들리는 대상의 소리를 울림과 똑같이 하며, 냄새 맡는 대상의 향기를 바람과 똑같이 하며, 먹는 대상의 음식 맛을 분별하지 않으며, 모든 감촉으로 받아들이되 지혜의 증득과 같이 하며, 모든 존재의 법이 환상과 같아서 자기의 자성도 없고 타의 자성도 없어 본래 스스로 생겨나지 않은 터라 이제 곧 멸할 게 없는 줄을 알게 한다."는 등이다. 이 때문에 모든 根을 감추고 보호하면 六塵 경계를 범하지 아니하여 六自在王을 성취할 수 있는바, 어떻게 六賊에 의해 겁탈당할 수 있겠는가.】

### 經
若得美食인댄 當願衆生이 滿足其願하야 心無羨欲하며
得不美食에 當願衆生이 莫不獲得 諸三昧味하며
得柔軟食에 當願衆生이 大悲所熏으로 心意柔軟하며
得麤澁食에 當願衆生이 心無染着하야 絶世貪愛하며
若飯食時인댄 當願衆生이 禪悅爲食하야 法喜充滿하며
若受味時인댄 當願衆生이 得佛上味하야 甘露滿足하며
飯食已訖에 當願衆生이 所作皆辦하야 具諸佛法하며

　　만약 좋은 음식을 얻거든 중생이 그 원을 만족하여 마음에 하고자 함이 없기를 원해야 할 것이며,

　　좋지 못한 음식을 얻었을 때에는 중생이 모든 삼매의 맛을 모두 얻기를 원해야 할 것이며,

　　부드러운 음식을 얻었을 때에는 중생이 큰 자비로써 훈습하여 마음이 유연하기를 원해야 할 것이며,

　　거친 음식을 얻었을 때에는 중생이 마음에 물들고 집착함이 없어 세속의 탐애 끊기를 원해야 할 것이며,

　　만약 밥을 먹을 때에는 중생이 선열로써 밥을 삼아 법희가 충

만하기를 원해야 할 것이며,

　　만약 맛을 볼 때에는 중생이 부처님의 상품의 맛을 얻어 감로가 만족하기를 원해야 할 것이며,

　　밥을 다 먹고 나서는 중생이 하는 일을 모두 마치고 모든 불법이 구족하기를 원해야 할 것이며,

◉ 疏 ◉

次七은 得食正食이라

　　22가지 발원 가운데, 다음 7가지(제15~21)는 음식을 얻어 바르게 먹음이다.

經

若說法時인댄 當願衆生이 得無盡辯하야 廣宣法要니라

　　만약 법을 설할 때에는 중생이 다함이 없는 변재를 얻어 법요를 널리 베풀기를 원해야 할 것이며,

◉ 疏 ◉

後一은 食訖說法이니 亦爲報施主之恩也니라

　　22가지 발원 가운데, 뒤의 1가지(제22)는 공양을 마치고서 설법함이다. 또한 시주의 은혜를 갚음이 된다.

### 經

從舍出時에 當願衆生이 深入佛智하야 永出三界하며
若入水時인댄 當願衆生이 入一切智하야 知三世等하며
洗浴身體에 當願衆生이 身心無垢하야 內外光潔하며
盛暑炎毒에 當願衆生이 捨離衆惱하야 一切皆盡하며
暑退凉初에 當願衆生이 證無上法하야 究竟淸凉이니라

집에서 나갈 때에는 중생이 부처님 지혜에 깊이 들어가 삼계를 길이 벗어나기를 원해야 할 것이며,

만약 물에 들어갈 때에는 중생이 온갖 지혜에 들어가서 삼세가 평등함을 알기를 원해야 할 것이며,

몸을 씻을 때에는 중생이 몸과 마음이 때가 없어 안팎이 빛나고 깨끗하기를 원해야 할 것이며,

무더운 여름 지극히 더울 때에는 중생이 온갖 번뇌를 떠나서 모두 다하기를 원해야 할 것이며,

더위가 물러가고 서늘함이 올 때에는 중생이 위없는 법을 증득하여 구경에 청량하기를 원해야 할 것입니다.

### ◉ 疏 ◉

第八從舍出下는 還歸洗浴時節 炎凉五願이니 可知니라

제8단락, '從舍出' 이하는 도량에 돌아와 목욕함과 계절의 무더위와 시원한 날씨에 따른 5가지의 발원이다. 이는 말하지 않아도 알 수 있다.

**經**

諷誦經時에 當願衆生이 順佛所說하야 總持不忘하며
若得見佛인댄 當願衆生이 得無礙眼하야 見一切佛하며
諦觀佛時에 當願衆生이 皆如普賢의 端正嚴好하며
見佛塔時에 當願衆生이 尊重如塔하야 受天人供하며
敬心觀塔에 當願衆生이 諸天及人의 所共瞻仰하며
頂禮於塔에 當願衆生이 一切天人이 無能見頂하며
右遶於塔에 當願衆生이 所行無逆하야 成一切智하며
遶塔三匝에 當願衆生이 勤求佛道하야 心無懈歇하며
讚佛功德에 當願衆生이 衆德悉具하야 稱歎無盡하며
讚佛相好에 當願衆生이 成就佛身하야 證無相法이니라

경을 읽을 때에는 중생이 부처님의 설하신 바를 따라서 모두 지니고서 잊지 않기를 원해야 할 것이며,

만약 부처님을 볼 때에는 중생이 걸림 없는 눈을 얻어 모든 부처님 보기를 원해야 할 것이며,

부처님을 자세히 살펴볼 때에는 중생이 모두 보현보살처럼 단정하고 엄숙하기를 원해야 할 것이며,

부처님의 탑을 볼 때에는 중생이 탑처럼 존중하여 하늘과 사람의 공양 받기를 원해야 할 것이며,

공경하는 마음으로 탑을 볼 때에는 중생이 모든 하늘과 사람들이 함께 우러러보는 바가 되기를 원해야 할 것이며,

탑에 정례를 할 때에는 중생이 모든 하늘과 사람들이 이마를

볼 수 없기를 원해야 할 것이며,

 탑을 오른쪽으로 돌 때에는 중생이 행동이 거슬림이 없어 온갖 지혜 이루기를 원해야 할 것이며,

 탑을 세 바퀴 돌 때에는 중생이 부처님의 도를 부지런히 구해서 마음에 게으르고 쉼이 없기를 원해야 할 것이며,

 부처님의 공덕을 찬탄할 때에는 중생이 온갖 덕을 모두 갖추어 끝없이 찬탄하기를 원해야 할 것이며,

 부처님의 상호를 찬탄할 때에는 중생이 부처의 몸을 성취하여 형상 없는 법을 증득하기를 원해야 할 것입니다.

● **疏** ●

第九諷誦下는 習誦旋禮時에 有十願이라 右者는 順義라 故普耀經 第二에 亦云菩薩降神에 趣右脇者는 所行無逆故라하니라 佛功德者 는 謂如來十力等이라

 제9단락, '諷誦' 이하는 학습하고 경을 읽고 예배를 올릴 때에 10가지의 발원이 있다.

 탑을 우측으로 돈다는 것은 순리대로 거슬림이 없다는 뜻이다. 이 때문에 보요경 제2에 또한 이르기를 "보살이 강신할 때에 오른쪽 옆구리로 향하는 것은 행하는 바가 거슬림이 없기 때문이다."고 하였다.

 '부처님의 공덕'이란 여래의 十力 등을 말한다.

若洗足時인댄 當願衆生이 具足神力하야 所行無礙하며
以時寢息에 當願衆生이 身得安穩하고 心無動亂하며
睡眠始寤에 當願衆生이 一切智覺하야 周顧十方이니라

만약 발을 씻을 때에는 중생이 신통한 힘을 구족하여 행하는 바에 걸림이 없기를 원해야 할 것이며,

잠자고 쉴 때에는 중생이 몸이 편안함을 얻어 마음에 동요와 산란함이 없기를 원해야 할 것이며,

잠자다가 막 깨었을 때에는 중생이 모든 지혜를 깨달아 시방을 두루 살피기를 원해야 할 것입니다.

◉ 疏 ◉

第十若洗足下는 寤寐安息時 三願이라 一切智覺者는 非唯三世齊明이라 抑亦十方洞曉이니 一日始終이 旣爾인댄 餘時도 類然이니라

제10단락, '若洗足' 이하는 잠자고 휴식할 때의 3가지 발원이다.

'一切智覺'이란 오직 삼세가 똑같이 밝을 뿐 아니라, 또한 시방 세계도 훤히 밝음이다. 하루 생활의 시작과 끝이 이미 그러하다면 나머지 시간도 같은 유로 그와 같다.

經

佛子여 若諸菩薩이 如是用心하면 則獲一切勝妙功德하야
一切世間과 諸天魔梵과 沙門婆羅門과 乾闥婆阿修羅等과

**及以一切聲聞緣覺**의 **所不能動**이니라

불자여, 만약 모든 보살이 이와 같이 마음을 쓰면, 온갖 훌륭하고 미묘한 공덕을 얻어서 모든 세간, 모든 하늘, 마군, 범천, 사문, 바라문, 건달바, 아수라 그리고 모든 성문과 연각이 꼼짝하지 못할 것입니다.

◉ 疏 ◉

第三佛子若諸菩薩下는 結歎因所成益이라 若能如上인댄 爲善用心이니 若此用心이면 則內德齊圓이라 外不能動하고 心游大智라 故人天不能動이오 心冠大悲라 故二乘不能動이오 不動有二하니 一은 修行時에 此等不能惑亂故오 二는 不希彼故니라

3) '佛子若諸菩薩' 이하는 원인에 의한 이익의 성취를 총체로 끝맺음이다. 만일 위에서 말한 바와 같이 발원을 한다면 그것은 마음 씀씀이를 잘한 것이다.

이와 같이 마음을 쓰면 내면의 덕이 모두 원만한 터라 바깥 그 어떤 것도 흔들지 못하며, 마음이 큰 지혜에 노니는 터라 이 때문에 사람이나 하늘이 꼼짝하지 못하며, 마음이 大悲에 으뜸인 터라 이 때문에 二乘이 꼼짝하지 못한다.

不動에는 2가지의 뜻이 있다.

(1) 수행 시에 이런 것들이 현혹하거나 어지럽히지 못하기 때문이며,

(2) 그런 것을 바라거나 추구하지 않기 때문이다.

● 論 ●

已上은 以世間에 有此一百四十種事法일세 頓翻爲一百四十種大願하야 用成十信內修行之心이니 雖是有爲之心이나 能成十住已後 五位之內理智大悲之海니 已後入位萬行之海 皆由此一百四十大願의 勝上緣力之所能成故니라 若初發心菩薩이 無此之願이면 所修解脫이 皆成聲聞獨覺之行이며 設是菩薩이라도 但生淨土하야 無成佛緣이니 爲此敎中發心菩薩이 畢竟達此有爲하야 成其理智如也일세니라 淨行品 竟하다

　이상은 세간에 이처럼 140가지의 일이 있다. 따라서 단번에 이를 뒤집어 140가지의 큰 발원을 삼아 十信 속에서 수행하는 마음을 성취하는 것이다. 이는 비록 有爲의 마음이지만 十住 이후 5位 내에서 理智大悲의 바다를 성취하는 것이다. 이후 지위에 들어감에 만행의 바다가 모두 140가지의 큰 발원의 가장 훌륭한 인연의 힘을 연유하여 성취한 바이기 때문이다.

　만일 처음 발심한 보살에게 이러한 큰 발원이 없으면 수행하는 바 해탈이 모두 성문과 獨覺의 행을 이루며, 설령 보살일지라도 단 정토에 태어나 성불할 인연이 없게 된다. 이러한 가르침 속에 발심한 보살이 결국 이러한 有爲로 理智의 진여를 성취하기 때문이다.

　정행품을 끝마치다.

정행품 제11 淨行品 第十一
화엄경소론찬요 제26권 華嚴經疏論纂要 卷第二十六

# 화엄경소론찬요 제27권
## 華嚴經疏論纂要 卷第二十七

### 현수품 제12-1
賢首品 第十二之一

---

釋此一品에 四門分別이니 初는 來意라

이 품의 해석은 4분야(**來意**·**釋名**·**宗趣**·**釋文**)로 나뉜다.

1. 유래한 뜻

◉ 疏 ◉

夫行不虛設이라 必有其德이니라 旣解行圓妙인댄 必勝德難思니 收前行願하야 成信德用이라 故次來也니라 又前智首 擧果徵因이어늘 文殊 廣顯其因이오 略標其果하야 云獲一切勝妙功德이라 故問賢首하야 令廣斯言이라 是以偈初에 躡前起後니라

행실이란 공허하게 마련되는 것이 아니다. 반드시 그에 걸맞은 덕이 있어야 한다. 이미 견해와 행실이 원만하고 미묘하다면 반드시 훌륭한 덕은 불가사의한 것이다. 앞에서 말한 行願을 수습하여 믿음의 德用을 성취한 까닭에 다음으로 본 품을 여기에 쓰게 된 것이다.

또한 앞의 품에서 지수보살이 결과를 들어 원인을 물었는데, 문수보살이 그 원인을 자세히 밝혔고, 그 결과를 간단하게 나타내어 말하기를 "모든 수승하고 미묘한 공덕을 얻는다."고 하였다. 이 때문에 현수보살이 질문하여 이러한 점들을 자세히 밝혀주었다. 이로써 게송의 첫 부분에 앞의 문장을 뒤이어서 뒤의 문장을 일으킨 것이다.

二 釋名

2. 품명을 해석하다

◉ 疏 ◉

釋名者는 謂體性至順하야 調善曰賢이오 吉祥勝德 超絶名首니 即以此名菩薩로 演說此法이라 賢即是首일세 賢首之品은 以當賢位之初하야 攝諸德故로 偏擧賢名이니라

품명을 해석함에 있어 체성이 지극히 유순하여 선행으로 잘 길들일 수 있는 것을 '賢'이라 하고, 길하고 상서로운 일과 훌륭한 덕이 뛰어난 것을 '首'라고 말한다. 곧 이러한 의의로 보살의 명호를 붙인 현수보살에게 이러한 법을 연설하도록 하였다.

이진 덕[賢]이 으뜸이므로 賢首品은 현자 지위[賢位]의 최초에 해당하여 모든 덕을 포괄한 까닭에 '賢'이라는 한 글자만을 들어 말하였다.

三 宗趣

3. 종취

◉ 疏 ◉

宗趣者는 於信門中에 成普賢行德하야 而自在莊嚴하며 無方大用으

로 建立衆生하고 通貫始終하야 該攝諸位로 以爲其宗하고 令起圓融信行하야 成位德用으로 而爲意趣니라【鈔_ 令起圓融等者는 天台智者 依此一品하야 立圓頓止觀이라 止觀第一에 云此菩薩이 聞圓法하고 起圓信하며 立圓行하며 住圓位하야 以圓功德而自莊嚴하고 以圓力用으로 建立衆生이라하니 今宗은 卽圓法이라

意趣有五하니 一信이니 卽起圓信이오 二行. 三位. 四德. 五用이니 皆以上圓融으로 貫之니라 彼釋聞法云謂聞生死 卽法身이오 煩惱 卽般若오 結業 卽解脫이라 雖有三名이나 而無三體오 雖是一體나 而立三名이니 是三卽一相이라 其實無有異니라 法身이 究竟이오 般若解脫도 亦究竟이며 般若淸淨일새 餘亦淸淨하며 解脫自在일새 餘亦自在하니 聞一切法도 亦復如是 是名聞圓法이니라

云何起圓信고 信一切法이 卽空·卽假·卽中이라 無一二三而一二三이니 無一二三은 是遮一二三이오 而一二三은 是照一二三이어니와 無遮無照이오 直入中道하야 皆究竟·淸淨·自在니 聞深不怖오 聞廣不疑오 聞非深非廣코 意而有勇이 是名圓信이니라

云何行圓行고 一向專求無上菩提하야 不餘趣向이오 三諦圓修하야 不爲無邊所寂하고 不爲有邊所動하야 不動不寂코 直入中道 是名圓行이라하니 其位德用之圓은 全引今經이니 若自取當經인댄 聞圓은 卽聞上同時具足等 十種玄門과 及依正無礙等이니 依此起信이 卽是圓信이오 其圓行等은 並廣如前說이라 今此一品은 多廣圓德用耳니라】

　　宗趣란 신심의 법문 속에서 보현행의 덕을 성취하여 자재하게 장엄하고 모든 곳에 통하는 큰 작용[無方大用]으로 중생을 세워주고

139

처음부터 끝까지 관통하여 모든 지위를 두루 갖추는 것으로 그 宗을 삼고, 중생으로 하여금 원융한 信行을 일으켜서 지위에 따른 德用을 성취함으로 意趣를 삼는다.【초_ "중생으로 하여금 원융한 信行을 일으킨다." 등이란 天台智者 선사가 이 품에 의하여 圓頓止觀의 교의를 세웠다. 止觀 제1에 이르기를 "보살이 원융한 법을 듣고, 원융한 신심을 일으키고, 원융한 행을 세우고, 원융한 지위에 머물러 원융한 공덕으로써 스스로를 장엄하고, 원융한 力用으로써 중생을 세워준다."고 하였다. 이러한 종파의 교의가 곧 圓法이다.

意趣에는 5가지가 있다.

① 信. 원융한 신심을 일으킴이며,

② 行. 원융한 행을 행하며,

③ 位. 원융한 지위를 성취하며,

④ 德. 원융한 덕을 성취하며,

⑤ 用. 원융한 작용을 성취함이다.

이는 모두 원융으로써 일관한다.

천태 선사가 '원융한 법문을 들음'에 대해 다음과 같이 해석하였다.

"태어나고 죽음이 곧 법신이며, 번뇌가 곧 반야이며, 번뇌에 의한 악업[結業]이 곧 해탈이다. 비록 법신, 반야, 해탈 3가지의 명제가 있으나 3가지의 체성이 없고, 비록 하나의 체성이나 3가지의 명제가 성립되는 것이다. 이 3가지는 곧 하나의 똑같은 모양이라 사실은 차이가 없다. 법신이 究竟의 자리이기에 반야와 해탈 또한 구경이며, 반야가 청정하기에 나머지 법신과 해탈 또한 청정하며, 해탈이 자재하기에 나머지 법신과 반야 또한 자재하다. 일체 법을 들음 또한 이와 같은 것을 '원융한 법을 들었다.'고 말할 수 있다.

어떻게 원융한 신심을 일으키는가. 일체 법이 곧 空이요 假요 中이다. 하나이니, 둘이니, 셋이니 하는 것이 없으나 하나이니, 둘이니, 셋임을 믿음이다. 하나이니, 둘이니, 셋이니 하는 것이 없다는 것은 이 하나이니, 둘이니, 셋이니 하는 것을 부정[遮]함이며, 하나이니, 둘이니, 셋이니 하는 것은 그 하나이니, 둘이니, 셋이니 하는 것을 긍정[照]함이지만 부정도 없고 긍정도 없는 것이 바로 中道에 들어가 모두가 구경이요 청정이요 자재함이다. 심오한 이치를 듣고서도 겁내거나 두려워하지 않으며, 광대한 이치를 듣고서도 의심하지 않으며, 심오하지도 광대하지도 않은 이치를 듣고서도 용맹스러운 마음이 있는 것을 명명하여 '원융한 신심[圓信]'이라고 한다.

어떻게 원융한 행을 행하는가. 한결같은 마음으로 더 이상 위가 없는 보리를 오롯하게 추구할 뿐 그 밖의 것이라면 나아가지 않은 채, 三諦 즉 眞諦로서의 空, 俗諦인 假, 非有非空의 진리인 중도를 원만하게 닦아, 無라는 측면에 빠져 고요의 대상에 허우적거리지 않고, 有라는 측면에 빠져 動用의 대상에 집착하지 않고서 동하지도 고요하지도 않은 것이 바로 중도에 들어간 것인바, 이를 명명하여 '원융한 행[圓行]'이라고 한다."

그 지위와 덕과 작용의 원융함을 모두 이 화엄경의 註疏에서 인용하였다. 만일 그 나름 해당 본 경만을 들어 말한다면 '원융한 법문을 들음'이란 곧 위에서 말한 '同時具足' 등 10가지의 玄門 및 '依正無礙' 등의 법문을 들은 것이다. 이런 법문에 의하여 신심을 일으키는 것이 곧 '원융한 믿음'이다. 그가 말한 '원융한 행' 등은 모두 앞에서 말한 바와 같다. 이의 본 품에서는 원융한 덕용을 자세히 말한 바 많다.】

● 論 ●

將釋此品에 約作五門分別호리니 一은 釋品名目이오 二는 釋品來意오 三은 明品之宗趣오 四는 明信心退住오 五는 隨文解義라

　　장차 본 품을 해석함에 있어 간단하게 5부분으로 나눌 것이다.

　　(1) 본 품의 명목에 대한 해석,

　　(2) 본 품의 유래한 뜻에 대한 해석,

　　(3) 본 품의 종취를 밝힘이며,

　　(4) 신심의 退住를 밝힘이며,

　　(5) 경문을 따라 그 뜻을 해석함이다.

一은 釋品名目者는 何故로 名爲賢首오 爲依行立菩薩之名이오 依菩薩所說之法及行하야 立品之名이니 爲賢首는 以明信解如來因果와 普賢五位行門호대 心行調柔하야 順和正直하며 深心正念으로 樂集善根하야 常念利生을 名之爲賢이오 創從凡夫로 頓彰法界하야 諸佛因果理智一時明現을 名之爲首니 此는 依法主解行立名이라 此賢首者는 乃是於佛果海文殊普賢行之賢首니 爲信佛因果理智之首며 圓滿法界解行無始終之首故로 爲賢首品이니 又以佛文殊普賢之果行으

로 成信者之初首故오

(1) 본 품의 명목에 대한 해석에서, 무슨 까닭에 보살의 명호를 賢首라 하였을까? 그의 行을 따라 보살의 명호를 붙이고, 보살이 말한 법과 행을 따라서 품의 명제를 붙인 것이다.

현수란 여래의 인과와 보현보살의 5位 行門에 대해 보살의 마음과 行이 부드러워 화순하고 정직하며 깊은 마음, 바른 생각으로 선근을 모으기를 좋아하여 언제나 중생에게 이익이 되기를 생각하기에 보살의 이름을 '賢'이라 하고, 처음 범부 때부터 단번에 법계를 밝혀서 여러 부처님의 인과와 理智가 일시에 밝게 나타난 점을 명명하여 '首'라 하였음을 밝힌 것이다. 이는 법주에 대한 견해와 行에 의해 보살의 명호를 붙인 것이다.

현수란 佛果의 바다에 문수보현행이 가장 어질고 으뜸임[賢首]을 말한다. 부처님의 인과와 理智를 믿는 으뜸[首]이며, 원만법계에 견해와 행이 시작도 끝도 없는 자리에 으뜸[首]가는 도리이기에 이를 賢首品이라 한다. 부처님과 문수보살과 보현보살의 果行이란 신심을 지닌 자의 첫머리[初首]가 되기 때문이다.

二는 釋品來意者는 爲第二會已來五品經은 但明十信菩薩所修行法門과 及一百四十願等法이어니와 此品은 明十信中所忻修佛果와 所行行願의 功德廣大故니 有此品이 來也라

(2) 본 품의 유래한 뜻에 대해 해석한다는 것은 제2법회 이후의 5品은 단 十信 보살이 수행해야 하는 법문 및 140가지 발원 등에 관한 법을 밝힌 것이지만, 본 품은 十信 중에서 기쁜 마음으로

닦아가는 바에 의한 佛果와 수행한 바의 行願 공덕이 광대함을 밝히기 위함이다. 이 때문에 본 품을 여기에 쓰게 된 것이다.

三은 明宗趣者는 明已生十信心에 得福獲益으로 爲宗이라

(3) 본 품의 종취를 밝힌다는 것은 이미 10가지의 신심을 일으켰기에 복덕을 얻고 이익을 얻음으로 宗을 삼는다는 점을 밝히고 있다.

四는 明信心退住者는 有二義하니 一은 三乘이오 二는 一乘이니 三乘者는 如起信論에 有三種發心하니 一은 信成就發心이니 經一萬劫토록 善根相續하야사 方至不退니라 二者는 解行發心이니 以佛菩薩이 教令發心하며 或自有大悲하며 或以正法欲滅에 護正法發心이라 論云如是信心成就하면 得入正定聚하야 畢竟不退니 名住如來種中이니 前二種은 是不退發心이라 三 證發心者는 若有衆生이 善根微少하야 久遠已來로 煩惱深厚하면 雖值於佛하야 亦得供養이나 然起人天種子와 或二乘種子하며 設求大乘者라도 根則不定하야 或進或退라하니 大意는 自己善根이 微少하야 依他發心과 或以二乘이 教令發心은 爲解行이 不實하야 皆有得有證하고 有捨有取일새 總住退位니라

又起信論에 云若人이 修行一切善法하면 自然歸順眞如法故라 略說方便이 有四種호리니 一者는 行根本方便이니 謂觀一切法이 自性無生이라 離於妄見하야 不住生死하며 觀一切法이 因緣和合이라 業果不失하야 起於大悲하야 修諸福德攝化衆生하고 不住涅槃하야 以順法性의 無住故오 二者는 能止方便이니 謂慚愧悔過하야 能止一切惡法하고 不令增長하야 以隨順法性의 離諸過故오 三者는 發起善根增長方便

이니 謂勤供養禮拜三寶하고 讚歎隨喜하고 勸請諸佛하야 以愛敬三寶
淳厚心故로 信得增長하야 乃能志求無上之道하며 又因佛法僧力所
護故로 能消業障하고 善根不退하야 以隨順法性의 離癡障故요 四者는
大願平等方便이니 所謂願盡於未來토록 化度一切衆生호대 使無有
餘하야 皆令究竟無餘涅槃하야 以隨順法性이 廣大하야 徧一切衆生
하야 平等無二라 不念彼此하야 究竟寂滅故니라 菩薩이 發如是心故로
則得少分見於法身하며 以見法身故로 隨其願力하야 能現八相成道
하야 利益衆生하나니 然是菩薩을 未名法身은 以其過去無量世來로 有
漏之業을 未能決斷하고 隨其所生하야 與微苦相應이라하니 廣如彼論
說이라 計其少分得少分得見法身은 卽是信滿入十住位菩薩이니 已
上은 是三乘이 發十信滿心에 入十住하야 初發心住上에 以願力故로
成佛이니라

(4) 신심의 退住를 밝힌다는 것은 2가지의 의의가 있다.

첫째 三乘이요, 둘째 一乘이다.

'첫째 삼승발심'이란 기신론에서 3가지의 발심으로 말하고 있다.

"① 신심성취의 발심[信成就發心]이다. 1만겁을 지나도록 선근이 끊임없이 이어져야만 비로소 뒤로 물러서지 않는다.

② 견해와 행의 발심[解行發心]이다. 불보살의 가르침으로 발심하도록 하거나 또는 스스로 대비심이 있거나 또는 바른 불법이 사라지고자 할 때에 바른 불법을 보호하고자 하는 발심이다. 이와 같이 신심이 성취되면 반드시 성불할 수 있도록 결정되어 있는 사람들의 무리[正定聚]에 들어가 결국 뒤로 물러서지 않는다. 여래 종자 가운데

앞의 2가지는 이를 '물러서지 않는 발심[不退發心]'이라고 말한다.

③ 증득의 발심[證發心]이다. 만일 어떤 중생이 선근이 미약하여 오래전부터 번뇌가 깊고 크면 아무리 부처님을 만나 또한 공양할지라도 人天의 종자 또는 二乘의 종자를 일으키며, 설령 대승을 추구하는 자일지라도 근기가 곧 결정되지 못하여 간혹 앞으로 나아가기도 하고 간혹 뒤로 물러서기도 한다."

위에서 말한 대의는 자신의 선근이 미약하여 남들에 의해 발심하는 자, 또는 이승이 그를 가르쳐 발심하도록 하는 자는 견해와 행이 부실하여, 모두 얻음이 있거나 증득이 있거나 버림이 있거나 취함이 있거나 그것은 총체로 退位에 머문 것이다.

또 기신론에서 다음과 같이 말하였다.

"만약 어느 사람이 모든 선한 법을 수행하면 자연스럽게 진여의 법에 귀의하고 따르기 때문이다. 이를 간단하게 말하면 4가지의 방편이 있다.

① 근본진리를 행하는 방편[行根本方便]이다. 모든 법의 자성은 생겨남이 없다. 잘못된 거짓 견해를 여의어야 함을 관조하여 삶과 죽음에 머물지 않으며, 모든 법이 인연의 화합에 의한 것이어서 업보의 결과가 어긋나지 않는다. 이런 이치를 관조하여 大悲의 마음을 일으켜 이로써 복덕을 닦아 중생을 교화하고, 나아가 열반에 머물지 아니하여 '집착이 없는 법성의 근본자리'를 따라야 하기 때문임을 말한다.

② 잘못을 멈추는 방편[能止方便]이다. 잘못을 부끄러워하고 후

회하여 모든 악법을 멈추어 더 이상 커나가지 않도록 하여, '모든 잘못을 여읜 법성의 근본자리'를 따라야 하기 때문임을 말한다.

③ 선근의 증장을 일으키는 방편[發起善根增長方便]이다. 삼보 전에 부지런히 공양을 올리고, 예배하고 찬탄하며, 따라서 기뻐하고 여러 부처님에게 청하여 삼보를 사랑하고 존경하는 순후한 마음을 지닌 까닭에 신심이 더욱 커나감으로써 이에 더 이상 위없는 최상의 도를 추구하며, 또한 불·법·승 삼보의 힘을 보호하고 지닌 까닭에 업장을 녹이고 선근이 물러서지 않는다. 이처럼 '어리석음의 장애를 여읜 법성의 근본자리'를 따라야 하기 때문임을 말한다.

④ 평등한 대원의 방편[大願平等方便]이다. 미래가 다하도록 일체중생을 교화, 제도하되 그 어느 누구 하나 남음이 없도록 모두가 최상의 無餘涅槃[6]에 들어가, '일체중생에게 두루 평등하여 둘이 없는, 나와 남의 차별을 생각지 않는 究竟에 적멸한, 법성의 광대한 근본자리'를 따라야 하기 때문임을 말한다.

보살이 이와 같은 마음을 일으킨 까닭에 조금이나마 법신을 볼 수 있으며, 이처럼 법신을 보았기 때문에 그 원력을 따라서 八相成道를 보여주어 일체중생에게 이익을 베풀어주는 것이다. 그러나

..........

6 無餘涅槃: 열반은 생사의 윤회와 미혹의 세계에서 해탈한 깨달음의 세계로서 불교의 궁극적인 실천목적이다. 소승의 부파불교에서 열반이란 번뇌를 멸해 없앤 상태를 말하며, 여기에는 有餘涅槃과 無餘涅槃 2가지가 있다. 유여열반이란 깨달음은 이루었으나 번뇌를 지닌 육신에 의지하고 있는 상태이며, 무여열반이란 중생을 교화하기 위해 방편으로 의지하고 있던 육신까지 벗어나 인간으로서의 삶을 마치고 법신의 상태로 돌아감을 의미한다.

그와 같은 보살을 법신이라 말하지 못한 것은 그가 과거의 한량없는 세계로부터 有漏의 업장을 말끔히 끊지 못한 채 태어나는 세계를 따라서 작은 고뇌와 상응한 몸을 지녀왔기 때문이다."

위의 기신론에서 자세히 말한 바와 같다. 생각해보면 그가 조금이나마 법신을 볼 수 있었던 것은 곧 10가지의 신심이 원만하여 十住의 지위에 들어간 보살이기 때문이다.

이상은 三乘이 十信이 원만한 마음을 일으켜 십주의 初心에 들어가 제1의 發心住에서 이와 같은 원력 때문에 성불할 수 있음을 말해주고 있다.

二는 一乘發心者는 如此經十信發心은 初發心時에 以初會中如來始成正覺之果와 普賢菩薩法界微塵毛孔重重無盡隨根本智行果로 而起信心하야 信他諸佛所得之果하고 以第二會中普光明殿如來報滿之果와 及行果로 而自信入修行이니 金色等十色世界는 卽明自覺之理요 不動智佛等十智如來는 卽明是自心所信自心佛智요 文殊師利는 卽明自心智上分別妙慧 與古今三世諸佛로 同一體用이니 分毫不差하야사 方名爲信發心이라

從此信心으로 以佛名號品은 卽明所信十方示成正覺佛果之號徧周요 四聖諦品은 卽明三世諸佛所說法門이 徧衆生界하야 隨界名別이요 光明覺品은 卽明如來智慧光明境界 徧照法界호대 無有盡極하야 令發信心者로 以觀觀之하야 令心廣博을 如佛境故요 菩薩問明品은 明十信心菩薩의 十種所行之法이 是自己所修之行이요 淨行品 一百四十大願은 卽是十信心位의 所發大願으로 成大悲門하야 具普

賢行이오 此普賢首品은 明十信心의 所忻佛果功德이 無有盡極이니 明初發十信心에 誦持此品하면 功德이 勝過供養十佛刹微塵數佛하야 經於一劫이어든 何況隨其解行하야 而以修治아 如此經十住初心엔 纔發心時에 法爾身徧十方하야 示成正覺이 在十住位 發心功德品中하니 至位方明이오 文繁不引이로되 大意는 明此經에 發十信心은 但以法界不思議乘과 一切智乘으로 而發其心하야 不依佛하며 不依佛法하며 不依菩薩法하며 不依聲聞法獨覺法하며 不依世間法하며 不依出世間法하야 而發其心하고 但無所依로 發菩提心하며 但以一切智로 發菩提心일새 不如三乘의 依倚物故로 發菩提心이오 不依三祇劫後에 有佛果故로 發菩提心하며 不依現在三世에 有佛果故로 發菩提心이라

'둘째 一乘發心'이란, 화엄경에서 말한 十信의 발심은 처음 발심할 때에 제1법회에서 여래께서 처음 正覺을 성취한 佛果와 보현보살의 법계 미진수 毛孔에 거듭거듭 그지없는 根本智行을 따른 불과로 신심을 일으켜 여러 부처님이 얻은 불과를 믿고, 제2법회의 보광명전에서 보여준 여래 報滿의 果 및 行果를 스스로 믿고서 수행함이다.

금색세계 등 10가지 색상의 세계는 곧 스스로 깨달은 이치를 밝힘이며, 不動智佛 등 十智 여래는 곧 자신의 마음에 믿음의 대상이 '자신의 마음속 부처님 지혜[自心佛智]'임을 밝힘이며, 문수사리보살은 곧 '자신의 마음속 부처님 지혜' 위에서 분별하는 미묘한 지혜가 고금의 삼세 제불과 하나로 똑같은 본체와 작용임을 밝힌 것이다. 이와 같이 털끝만큼도 차이가 없어야만 비로소 '신심의 발심'이

라 말할 수 있다.

이러한 신심으로부터 제7 여래명호품까지는 신심의 대상인 '정각을 보이신 佛果의 명호가 시방세계에 두루 함'을 밝힘이며,

제8 사성제품은 삼세 제불이 말씀하신 법문이 중생세계에 두루하여 세계를 따라 명호가 다름을 밝힘이며,

제9 광명각품은 여래의 지혜광명 경계가 두루 법계를 비추되 다함이 없어, 신심을 일으킨 자로 하여금 觀으로써 이를 관하여 그의 마음을 부처님의 광명경계처럼 드넓게 함을 밝힘이며,

제10 보살문명품은 10가지의 신심을 지닌 보살이 행한 10가지의 법이 자신이 닦아야 할 수행의 대상임을 밝힘이며,

제11 정행품의 140가지의 大願은 곧 이러한 10가지의 신심을 지닌 지위에서 발원한 대원으로 大悲門을 이뤄 보현행을 갖춤이며,

제12 현수품은 10가지의 신심으로 기쁘게 수행하는 佛果의 공덕이 그지없음을 밝힌 것이다.

처음 10가지의 신심을 일으킬 때에 본 품을 모두 지니면 공덕이 10佛刹의 미진수만큼의 부처님께 공양하여 1겁을 지내는 것보다도 더 훌륭함을 밝힌 것인바, 하물며 그러한 견해를 따라 수행하여 몸을 닦음이야 오죽하겠는가.

화엄경의 十住 初心에서는 겨우 발심할 때에 법계처럼 나의 몸이 시방세계에 두루 하여 정각의 성취를 보여줌이 十住位 發心功德品에 있다. 해당 位에 이르러 그 의의를 밝힐 것이며, 문장이 번잡하여 그에 관한 일을 여기에 인용하지 않는다.

하지만 그 대의는 화엄경에서 10가지의 신심을 일으킴은 단 法界不思議乘과 一切智乘으로 그 마음을 일으키는 바,

① 부처님을 의지하지 않으며,

② 불법을 의지하지 않으며,

③ 보살법을 의지하지 않으며,

④ 성문법과 독각법을 의지하지 않으며,

⑤ 세간법을 의지하지 않으며,

⑥ 출세간법을 의지하여 그 마음을 일으키지 않으며,

⑦ 단 의지한 바 없는 것으로 보리심을 일으키며,

⑧ 단 一切智로써 보리심을 일으킬 때에 聲聞乘·緣覺乘·菩薩乘을 의지한 까닭에 보리심을 일으키는 것과 똑같지 않으며,

⑨ 三祇劫 후에 佛果가 있음을 의지한 까닭에 보리심을 일으키지 않으며,

⑩ 현재 삼세에 불과가 있음을 의지한 까닭에 보리심을 일으키지 않음을 밝힌 것이다.

以是義故로 入此信者는 皆無有退故니 設習氣未淳熟者 暫時念退라도 信及住位는 一往不退니 爲正信自己身心이 總是法界佛의 無自他性故로 以十方諸佛의 無依住智幻住莊嚴門으로 等法界虛空界하야 法性이 恒徧十方하야 如影對現色身호대 同自身故며 本不二故며 體無差別故로 十方諸佛의 智身이 如影하며 所言이 如響이니 如是信解하면 當得成佛이라 我今信者도 亦如是知하며 如是信解이니 云何有退리오 全身全心의 一切境界 總是法界一眞法身의 體用理智어니 住

在何所며 退至何處리오 若也身心이 有所依住인댄 放却依處에 即有 退失이어니와 自了身心이 本無依住하고 本無所得일세 一切語言分別이 如空中響하야 應無作緣하야 任物成聲하야 本無依住니 了如斯法하야 而生信解하면 即無退轉이어니와 有所依法하야 而發心者는 放却所得 所依著處에 即有退轉이라 是故로 起信論에 云證發心者도 多住退位 라하시니 爲有所得可證故라 是故로 乘此不思議乘과 一切智無依住 乘하야 發菩提心하나는 一往不退니 若有退者는 只爲信心不成故며 於 佛教法과 及如來所乘에 有所得故며 有取捨故며 未成信故로 不入 信流니라

　이러한 의의에 따라 이러한 신심에 들어간 자는 모두 물러섬이 없기 때문이다. 설령 습기가 순숙하지 못한 사람이 잠시 물러설까 생각할지라도 十信 및 十住 지위에서는 하나같이 앞으로 나갈 뿐 뒤로 물러서지 않는다. 자기의 몸과 마음이 모두 '나와 남이 없는 법계의 불성'임을 바르게 믿은 까닭에 시방제불의 의지함이 없는 지혜[無依住智]의 幻住莊嚴門이 법계와 허공계와 같아서 법성이 언제나 시방세계에 가득하여, 그림자처럼 색신을 상대로 나타나되 나의 몸과 같기 때문이며, 본래 둘이 아니기 때문이며, 체성이 차별이 없는 까닭에 시방제불의 지혜 몸[智身]이 그림자와 같으며, 말씀하신 바가 음향과 같다. 이와 같이 믿고 이해하면 당연히 성불할 수 있다.

　우리가 지금 믿는 것 또한 이와 같이 알며, 이와 같이 믿고 이해했는데, 어떻게 뒤로 물러섬이 있겠는가. 전체의 몸과 전체 마음

의 일체 경계가 모두 法界 一眞法身의 체용이요, 理智이다. 따라서 그 어느 곳에 머물 것이며, 그 어느 곳에 물러섬이 있겠는가. 만일 몸과 마음이 의지하거나 집착한 바가 있다면 의지한 곳을 잃은 것이기에 곧 물러서거나 잃은 바가 있을 것이다. 하지만 스스로 몸과 마음이 본래 의지한 곳이 없고 본래 얻을 바가 없음을 깨달은 까닭에 일체 언어분별이 허공의 울림소리와 같다. 이처럼 작위 없는 반연에 응하여 사물의 존재에 맡겨 소리를 이룸으로써 본래 의지하거나 집착이 없다. 이와 같은 법을 깨달아 믿고 이해를 하면 곧 물러섬이 없겠지만, 의지의 대상이 되는 법에 의해 발심하는 자는 얻은 바와 의지처를 잃게 되기에 곧 물러서게 된다.

이 때문에 기신론에서 "증득하여 발심한 자도 흔히 退位에 머문다."고 말하였다. 이는 얻어야 할 대상에 아직은 증득할 게 남아 있기 때문이다. 이 때문에 不思議乘과 一切智無依住乘에 올라 보리심을 일으키는 자는 하나같이 뒤로 물러서지 않는다. 만약 뒤로 물러섬이 있는 자는 단 신심을 이루지 못한 때문이며, 부처님의 가르침과 법 및 여래께서 지닌 진리를 얻어야 할 대상으로 삼기 때문이며, 취사의 선택이 있기 때문이며, 신심을 이루지 못한 까닭에 신심을 지닌 무리에 들어가지 못하게 된다.

又此經에 云設有菩薩이 經無量百千那由他劫토록 行六波羅蜜하야 具六神通이라도 由未聞此大方廣佛華嚴經일새 猶名假名菩薩이오 不眞菩薩이며 設復聞時라도 不信不入이라하니 具如經說이오 如此品頌에 云一切世界諸羣生이 少有欲求聲聞乘하며 求獨覺者轉復少하고 趣

大乘者甚難遇라 趣大乘者猶爲易어니와 能信此法倍更難이라하며 又如下頌에 云有以手擎十佛刹하고 盡於一劫空中住라도 彼之所作未爲難이어니와 能信此法倍更難이라하니 遇此難信而能信일세 眞信은 決定不退故라 又如此經에 普賢菩薩이 云但聞如來名號와 及所說法門하고 聞而不信이라도 亦能成金剛智種이라하가 如人이 食少金剛喩하니 若以遠因인댄 總不退어니와 若以現成佛因인댄 卽是未信之人이니라

또 경문에서 이르기를 "설령 어느 보살이 한량없는 백천 那由他劫을 지나도록 6바라밀을 행하여 6가지의 신통력을 갖추었을지라도 대방광불화엄경을 듣지 못한 까닭에 오히려 그는 假名의 보살이지 참다운 보살이 아니다. 설령 또한 대방광불화엄경을 듣는 때가 있을지라도 믿지 못하고 들어가지 못한다."고 하였다. 이처럼 구체적으로 경문에서 말한 바와 같다.

그리고 이 품의 게송에 이르기를 "일체세계 모든 중생이 성문승을 구하고자 하는 이가 적고, 독각승을 구하고자 하는 자는 더욱 적으며, 대승으로 나아가려는 자는 매우 만나기 어렵다. 대승으로 나아가려는 자는 그래도 오히려 쉬운 편이지만, 이러한 법을 믿는다는 것은 또한 곱절이나 어렵다."고 하며, 또한 아래의 게송에 이르기를 "손바닥으로 10개의 불국토를 받들고 1겁이 다하도록 공중에 머문다 할지라도 그처럼 하는 일은 어려운 게 아니다. 이러한 법을 믿는다는 것은 또한 곱절이나 어렵다."고 하였다. 이처럼 믿기 어려운 일을 만나 잘도 믿었기에 진실한 믿음은 결코 뒤로 물러서지 않기 때문이다.

또한 경문에서 보현보살이 말하기를 "단 여래의 명호 및 말씀하신 법문만 들을 수 있다면, 설령 듣고서 믿지 않는다 할지라도 또한 금강지혜의 종자를 이룰 수 있다."고 하여, 어느 사람이 조그마한 금강을 먹은 것과 같다는 비유를 하였다. 만일 遠因으로 말한다면 모두가 뒤로 물러서지 않지만, 만일 현재 성불의 원인으로 말한다면 곧 이런 믿음을 가지지 못한 사람이다.

五는 隨文解義者는 於此一品經義 如文具明하니 不煩更釋이오 難者解之니라

(5) 경문을 따라 그 뜻을 해석함에 있어 본 품의 경문의 의의는 경문에서와 같이 구체적으로 명백하기에 더 이상 다시 해석하지 않아도 이에 대해 논란한 자는 이를 이해할 수 있다.

四 釋文者는 文有三分이니 初는 文殊發起오 次는 賢首廣說이오 三은 十方現證이라
今初는 分二니 初는 經家敍述이오 二는 正明發起니라
今은 初라

4. 경문을 해석하다

경문은 3부분으로 나뉠 수 있다.

제1. 문수보살이 물음을 일으킴이며,

제2. 현수보살이 자세히 설명함이며,

제3. 시방세계로 현재 증명함이다.

제1. 문수보살의 물음

이는 다시 2부분으로 나뉜다.

(1) 경전 편수자의 서술이며,

(2) 바로 문수보살의 물음을 밝힌다.

이는 (1) 경전 편수자의 서술이다.

經

爾時에 文殊師利菩薩이 說無濁亂淸淨行大功德已하시고 欲顯示菩提心功德故로 以偈로 問賢首菩薩曰

그때 문수사리보살이 혼탁하거나 산란함이 없는 청정한 행의 큰 공덕을 말씀하시고, 보리심의 공덕을 나타내 보이고자 한 까닭에 게송으로 현수보살에게 물었다.

◉ 疏 ◉

先結前已說이니 順違皆順에 客塵 不能濁其心이오 悲智雙游에 萬境 不能亂其慮를 是曰淸淨行矣니라 '大功德者는 卽前所成之果니라 後欲顯示下는 生後라 文含始終이니 約終인댄 則顯示信滿菩提心殊勝功德이 廣具五位因行盡故오 約始인댄 但於生死에 誓證菩提이니 萬德攸依일세 故今顯示니라

앞 문장은 위에서 이미 말한 바를 끝맺음이다. 좋은 일이든 어려운 일이든 모두 거스르지 않고 따르기에 객진번뇌가 그의 마음을 흐리지 못하고, 大悲大智로 모두 유유자적하기에 모든 경계가

그의 생각을 어지럽히지 못한 것을 '청정행'이라 말한다. 대공덕이란 곧 앞서 성취한 결과이다.

뒤의 '欲顯示' 이하는 이후의 문장을 일으킴이다. 문장이 시작과 끝을 포괄하고 있는바, 끝으로 말하면 곧 신심이 원만한 보리심의 훌륭한 공덕이 널리 五位의 因行을 극진히 갖추고 있음을 밝히고자 한 때문이며, 시작으로 말하면 단 생사에 맹세코 보리지혜를 증득하고자 함이다. 모든 덕이 의지하는 자리이기에 여기에서 이를 밝힌 것이다.

二는 正明發起라

(2) 바로 문수보살의 물음을 밝히다

**經**

**我今已爲諸菩薩**하야 　　**說佛往修淸淨行**호니
**仁亦當於此會中**에 　　**演暢修行勝功德**하소서

　내, 이제 모든 보살을 위하여
　부처님이 옛적에 닦으셨던 청정행을 말했으니
　인자여, 또한 이 법회에서
　수행의 훌륭한 공덕을 연설하소서

157

● 疏 ●

偈中에 前半은 結前이니 偈文窄故로 略無所成之德이오 後半은 勸說이니 令說修行之德이니 則與長行으로 文有影略이라【鈔_ 則與長行等者는 長行起後는 但起發心이오 偈中起後는 但起修行이라 故二處起後 互爲影略이라 就結前中하야 長行에 有大功德이오 無佛往修며 偈有往修오 復闕功德이니 亦是影略이라】

　게송의 제1, 2구는 앞의 문장을 끝맺음이다. 게송은 문장의 한계를 가지고 있는 까닭에 앞서 성취한 공덕에 대해서는 생략하여 언급하지 않았다.

　제3, 4구는 연설을 권면하는 말이다. 수행의 공덕을 말해주도록 권함이다. 이는 장항의 산문과 연결 지어 한 부분의 설명을 줄였지만 이를 미루어 알 수 있도록 말하고 있다.【초_ "장항의 산문과" 등에서 장항의 산문에 뒤의 문장을 일으킨 것은 단 '발심'만을 일으켰을 뿐이며, 게송에서의 뒤의 문장을 일으킨 것은 단 '수행'만을 일으켰을 뿐이다. 이 때문에 장항과 게송 2부분에서 뒤의 문장을 일으킨 바에 있어 모두 어느 한 부분의 설명을 줄였지만 이를 미루어 알 수 있도록 말하고 있다.

　앞의 문장을 끝맺는 가운데 장항에서는 '대공덕'만을 말하여 부처님의 전생에 닦아온 수행에 대해 언급된 바 없고, 게송에서는 전생에 닦아온 수행에 대해 언급했을 뿐 '대공덕'에 대해 다시는 말하지 않았다. 이 또한 어느 한 부분의 설명을 줄였지만 이를 미루어 알 수 있도록 말하고 있다.】

第二는 賢首廣說이니 於中에 先總標擧라

제2. 현수보살의 자세한 설명

자세한 설명 가운데 앞에서는 총체로 들어 말하였다.

**經**

**爾時에 賢首菩薩이 以偈答曰**

그때 현수보살이 게송으로 대답하였다.

◉ **疏** ◉

'以偈答者는 此略有二니 一은 少言攝多義故요 二는 美辭讚說하야 令淨信故니 以始德該終하야 散說難盡故로 顯此勝妙之功德故니라

게송으로 대답한 데에는 간단하게 2가지의 의의가 있다.

(1) 글자는 적지만 많은 뜻을 끌어들일 수 있기 때문이며,

(2) 아름다운 말로 찬탄하여 청정한 신심을 불러일으켜주기 때문이다.

시작의 공덕이 끝까지 포괄해 있어 이를 잡다한 말로는 모두 표현하기 어려운 까닭에 이처럼 훌륭하고 미묘한 공덕을 나타내고자 함축적인 게송으로 답한 것이다.

第二는 正顯偈辭니 有三百五十九頌半은 大爲三分이니 初 四頌은 謙

讚許說分이오 次 三百四十六偈半은 正說勝德分이오 三 九偈는 校量勸持分이라 初中 分二니 初偈는 總明이라

제2는 바로 게송의 글을 밝히고 있다. 359수 반의 게송은 크게 3단락으로 나뉜다.

1. 4수 게송은 겸허한 마음으로 찬탄하고 설법을 허락한 부분이며,

2. 346수 반의 게송은 바로 수승한 공덕을 말한 부분이며,

3. 9수 게송은 헤아려서 이를 지니도록 권면한 부분이다.

1. 4수의 게송은 다시 2부분으로 구분된다. 첫 부분의 제1게송은 총체로 밝힘이다.

### 經

善哉仁者應諦聽하소서　　彼諸功德不可量일세
我今隨力說少分호리니　　猶如大海一滴水니라

훌륭하다! 어진이여, 귀담아들으시오
저 모든 공덕 헤아릴 수 없지만
내, 이제 역량 따라 조금 말하리니
마치 큰 바다에 한 방울 물과 같다

### ◉ 疏 ◉

前半은 讚問勸聽이오 後半은 謙已少說이라 海喩는 次下當明호리라

제1, 2구는 물음을 찬탄하고 귀담아듣기를 권함이며, 제3, 4구는 자신은 조금밖에 말할 수 없다는 겸양의 말이다.

바다의 비유는 다음 아래의 게송에서 밝히고자 한다.

―

後三偈는 開章이라

뒤의 3수 게송은 장을 열어주었다.

經

若有菩薩初發心에　　　　誓求當證佛菩提하면
彼之功德無邊際하야　　　不可稱量無與等이어든

만약 보살이 처음 발심할 때에
맹세코 부처님의 보리를 증득하려고 하면
그 공덕 끝없기에
헤아릴 수 없고 이와 똑같을 수 없다

何況無量無邊劫에　　　　具修地度諸功德가
十方一切諸如來가　　　　悉共稱揚不能盡이니라

하물며 한량없고 그지없는 영겁에
지위와 바라밀을 구족하게 닦은 모든 공덕은
시방세계 일체 모든 여래께서
다 함께 칭찬해도 이루 다 말할 수 없다

如是無邊大功德을　　　我今於中說少分호리니
譬如鳥足所履空이며　　亦如大地一微塵이니라

　　이러한 끝없는 큰 공덕을
　　내, 이제 그 가운데 조금만 말하리라
　　비유하면 새의 발로 허공을 밟고
　　또한 대지의 한 티끌과도 같다


● 疏 ●

以發心之德으로 況出修行하야 巧顯深廣이라 於中에 初偈는 擧發心章이오 次偈는 況出修行章이니 初心은 期於當證이라도 德已叵量이온 況長時入位徧修아 故多佛不能盡說이니라 後偈는 許說分齊니 前半은 法說이라 '如是'者는 雙指發心修行이니 下文具顯故오 前文雙問故니라 後半은 喩明이라 然有二意하니 一은 顯喩少分이니 謂發心·行德이 如太空·大地오 所說者狹은 如足履·一塵이며 二는 密喩不異니 謂鳥足之空이 不異太空이오 微細之塵이 不殊大地라 故此略說에 義無不周니 若廣若略이 皆無邊故니라 出現品에 云如鳥飛虛空하야 經於百年에 已經過處와 未經過處를 皆不可量이니라 何以故오 虛空無邊際故等이라 彼就果行이오 此就因德이라 然普賢行德은 似同佛果라 是故로 皆以虛空爲量이니 上下文中에 皆同此說이라

　　발심의 공덕으로 수행을 비유하여 깊고도 드넓은 공덕을 잘 밝혀주었다.
　　뒤의 3수 게송 가운데 첫째 제2게송은 발심을 들어 말한 장이며,

둘째 제3게송은 수행을 비유한 장이다. 처음 발심할 때에 반드시 증득하겠다는 다짐만으로도 그 공덕 헤아릴 수 없는데, 하물며 장기간 그 지위에 들어가 두루 닦는다면 오죽하겠는가. 이 때문에 많은 부처님이 칭찬해 마지않은 것이다.

뒤의 3수 게송 가운데 맨 뒤의 제4게송은 설법을 허락한 부분의 한계이다. 제1, 2구는 법으로 말하였다. 제1구 '如是無邊大功德'의 如是란 발심과 수행, 2가지를 모두 들어 말하였다. 이는 아래의 문장에 구체적으로 밝힌 때문이며, 앞의 게송에서 이 2가지의 문제를 모두 들어 물었기 때문이다. 제3, 4구는 비유로 밝힘이다. 그러나 여기에는 2가지의 뜻이 있다.

(1) 적은 부분[少分]만을 비유로 밝혔다. 발심과 수행의 공덕은 태공과 대지와 같은 데 반하여, 말한 부분의 협소함은 마치 새의 발, 하나의 티끌과도 같음을 말한다.

(2) 다르지 않음을 은밀하게 비유하였다. 새의 발이 밟고 있는 작은 허공은 크나큰 허공과 다르지 않고, 미세한 티끌은 광활한 대지와 다르지 않음을 말한다. 이 때문에 간단하게 말한 의의가 두루 통하지 않음이 없다. 이렇듯 자세하고 이렇듯 간단하여 모두 끝이 없기 때문이다.

제38 여래출현품에서 다음과 같이 말하였다.

"저 한 마리 새가 허공을 날아가면 백 년이 지난 후에 이미 지나간 자리와 지나가지 않은 자리를 모두 알 길이 없다. 무엇 때문일까? 허공이 끝이 없기 때문이다…."

여래출현품에서는 果行으로 말하였고, 여기에서는 因德으로 말하였다. 그러나 보현보살의 행덕은 佛果와 같다. 이 때문에 모두 허공과도 같은 분량이다. 상하의 문장은 모두 여기에서 말한 의미와 같다. 此初發心이 與下文十住初發心住와 及發心功德品으로 有何別耶아 此中發心이 該於初後니 取其成德인댄 乃是信終이오 取其爲本인댄 乃在初發이니 雖如輕毛나 功德初簣故로 十住初發은 即是此終이 成彼初發이니 此終爲能發이오 彼是所發이라 此正是發起之發이로되 義兼開發이오 彼是開發之發로되 義兼發起이니 其發心品은 正顯十住初心之功德耳라 以斯甄別인댄 非無有異라 故瓔珞에 云發心住者는 是人이 始從具縛으로 未識三寶라 乃至值佛菩薩教法中에 起一念信하야 便發菩提心이라하니 旣云始從凡夫最初發心인댄 明知此中發心은 該於初後니라

여기에서 말한 초발심이 아래의 十住에서 말한 初發心住와 제17 초발심공덕품에서 말한 초발심과 각각 무엇이 다른 것일까? 여기에서 말한 발심은 처음과 뒤를 포괄하고 있다. 그 成德으로 말하면 이는 신심의 끝부분이요, 그 근본으로 말하면 이는 처음 발심한 것이다. 따라서 처음 발심한 부분은 비록 가벼운 털처럼 작지만 공덕을 쌓아가는 첫 삼태기이다. 따라서 十住에서 말한 첫 발심주는 곧 이의 끝부분이 저 초발심을 성취한 것이다. 이의 끝부분은 발심의 주체[能發]가 되고, 초발심공덕품은 발심의 대상[所發]이다. 여기에서 말한 발심은 바로 發起의 뜻으로 쓰인 發이지만 그 의의는 開發의 發이라는 뜻을 겸하였고, 저기에서 말한 것은 開發의 뜻으로

쓰인 發이지만 그 의의는 發起의 發이라는 뜻을 겸하고 있다. 초발심공덕품은 바로 十住 初心의 공덕을 나타낸 것이다. 이처럼 구별하면 차이가 없지 않다.

이 때문에 영락경에서는 "發心住란 그 사람이 처음엔 속박으로부터 三寶를 알지 못하다가 불보살을 만나 가르침을 받음에 이르러서 한 생각의 신심을 일으켜 문득 보리심을 낸 것이다."고 하였다. 이처럼 처음에는 범부의 입장에서 최초로 발심한 것이라면, 이러한 발심이 시초와 끝을 모두 포괄하고 있음을 알아야 한다.

問 此旣是初인댄 何得乃具後諸行位와 及普賢德耶아 古德釋此에 略有二門하니 一은 行布次第門이니 謂從微至著하고 從淺至深히 次第相乘하야 以階彼岸이니 如瓔珞·仁王·起信·瑜伽等說이오 二는 圓融通攝門이니 謂一位卽具一切位等이니 如此經所說이오 亦如大品等中에 一行具一切行이라

此中에 有二門하니 一은 緣起相由門이오 二는 法界融攝門이라

"이처럼 시초라면 어찌하여 이에 끝의 모든 行位 및 보현보살의 덕을 갖출 수 있는가?"

옛 스님은 이에 대해 2부분으로 간단하게 해석하였다.

(1) 行布次第門이다. 은미한 부분으로부터 현저한 데에 이르고, 얕은 부분으로부터 심오한 데에 이르기까지 차례대로 서로서로 올라가야만 彼岸에 오를 수 있다. 영락경·인왕경·기신론·유가론 등에서 말한 바와 같다.

(2) 圓融通攝門이다. 하나의 지위가 곧 모든 지위를 갖추고 있

다는 등이다. 화엄경에서 말한 바와 같으며, 또한 대품경 등에서 말한 "하나의 행이 모든 행을 갖춤"과 같다. 여기에는 또한 2가지의 부분이 있다.

① 緣起相由門이며,

② 法界融攝門이다.

前中에 普攬一切始終諸位 無邊行海 同一緣起하야 爲普賢行德하니 良以諸緣相望인댄 略有二義니 一은 約用이니 由相待故로 有有力·無力義라 是故로 得相收及相入也오 二는 約體니 由相作故로 有有體·無體義라 是故로 得相卽及相入 是也니라 此經之中에 依斯義故로 行位相收 總有四說하니 一은 或始具終이니 如此門中에 具一切行位普賢德海者 是也오 二는 或終具始니 並在十地位後니 如下文十定·十通等說이오 三은 或諸位齊收니 並在十住等하야 一一位中에 各收一切하야 悉至究竟이니 如下文十住·十行等說이오 四는 或諸位皆泯이나 行德顯然이니 如離世間品說이니라

① 緣起相由門에서는 일체 처음부터 끝까지 모든 지위의 '끝없는 행의 바다'가 하나로 똑같은 緣起임을 널리 들어 보현행의 공덕을 삼은 것이다. 참으로 모든 인연을 서로 대조하면 간단하게 2가지의 의의가 있다.

㉠ 작용으로 말하였다. 상대의 차별을 따르기에 힘이 있는 것과 힘이 없는 의의가 있다. 이 때문에 서로 거두고 서로가 서로에게 들어감이 있다.

㉡ 본체로 말하였다. 서로 만들어내는 까닭에 체성이 있는 것

과 체성이 없는 의의가 있다. 이 때문에 서로가 서로 하나가 되고 서로가 서로에게 들어가는 것이다.

화엄경에는 이러한 의의를 따른 까닭에 行位의 相收에 모두 4가지의 설이 있다.

㉠ 어떤 것은 시작이 끝을 갖추고 있다. 이런 법문에 일체 行位와 보현보살의 공덕 바다를 갖추고 있는 경우가 바로 그것이다.

㉡ 어떤 것은 끝이 시작을 갖추고 있다. 이는 모두 十地位 뒤에 있다. 아래 경문의 十定品·十通品 등의 설과 같다.

㉢ 어떤 것은 모든 지위가 똑같이 거둬들인 것이다. 모두 十住 등에 있어서 하나하나의 지위 가운데 각각 모든 것을 거두어 모두 究竟에 이르는 것이다. 아래 경문의 十住品·十行品 등의 설과 같다.

㉣ 어떤 것은 모든 지위가 모두 사라졌으나 行德이 뚜렷함이다. 離世間品의 설과 같다.

'二 法界融攝門者는 謂此諸位及所修行이 皆不離普賢無盡法界라 然此法界圓融無限하야 隨在一位하야 即具一切일세 今在信門하야 收無不盡이니 下諸位中에 皆具一切者도 並準此釋이라【鈔_ 如下文 十定十通等說者는 定通二品이 義該始終故니라 等者는 等取十忍이니 下經十忍之中에 有音聲順忍等하니 謂約五忍明義인댄 七八九地에 得於無生하야 已過信順이온 況於等覺이 今明等覺에 有音聲等이라 故 是攝初니라 十住十行等說者는 謂位位滿處 皆成佛故니라 一住若不收諸住면 云何說得位滿成佛가 故十住後에 有灌頂住하고 海幢灌頂之後에 便說佛故니라 如離世間品說者는 離世間品에 具二千行法하야

如次配於位行이로되 而不存其位名이오 但有與位相應之行故니라】

② 法界融攝門이란 모든 지위 및 수행하는 바가 모두 보현보살의 그지없는 법계를 여의지 않는다. 그러나 이런 법계가 원융하여 한량이 없다. 하나의 시위에 따라 곧 모든 지위를 갖추고 있다. 여기에서는 신심의 법문으로 모든 것을 섭수하여 다하지 않음이 없다. 아래의 모든 지위에 모두 일체를 갖추고 있는 것도 모두 이의 해석에 준한다. 【초_ "아래 경문의 十定品·十通品 등의 설과 같다."는 것은 제27 十定品과 제28 十通品이 시작과 끝의 의의를 모두 갖추고 있기 때문이다. '等'이란 제29 十忍品 등을 취하여 말한 것이다. 아래 경문의 제29 十忍品에 音聲順忍 등이 있다. 이를 五忍으로써 그 의의를 밝히면 7地, 8지, 9지에서 無生을 얻어 이미 信順의 행을 지나온 것인데, 하물며 等覺이야. 여기에서 등각에 음성 등이 있다고 밝혔기 때문에 이를 시삭을 갖추고 있다 말한 것이다.

'十住十行等說'이란 모든 지위마다 원만한 곳은 모두 성불할 수 있기 때문이다. 하나의 住가 만약 모든 住를 거둬들이지 못한다면 어떻게 지위가 원만하면 성불한다고 말할 수 있겠는가. 이 때문에 十住 뒤에 灌頂住가 있고 海幢灌頂 이후에 곧 성불을 말할 수 있기 때문이다.

'如離世間品說'이란 이세간품에서 구체적으로 2천 行의 법을 차례에 따라 지위마다의 행에 짝할 수 있지만 그 지위에 따른 확정된 명칭이 있는 것은 아니다. 단 지위에 상응한 행이 있기 때문이다.】
問호되 下發心功德品에 亦說初心具無邊德이라하니 與此何別가 答이

라 此據行首니 信門所具오 彼約行本이니 菩提心具니라
問 約法相收인댄 是則可爾어니와 約人修行인댄 豈十千劫 修信纔滿에
卽得如此無邊德海아 答이라 以法是圓融具德法故로 若諸菩薩이 行
此法行이면 是彼所收 或無量劫이며 或無定限이니 '十千劫言은 非此
所說이니라 如下善財童子와 及兜率天子等의 所行所得이 並是其人
이니 不同行布次第教中之所說也니라 又'十千劫은 乃是一經이니 瓔
珞에 但言一劫二劫이오 此經에 縱有行布나 亦皆圓融이니라【鈔_ '又
十千劫 乃是一經은 是卽仁王經이라 '此經縱有行布下는 三通伏難
이니 謂有難言호되 如上所說이 旣有行布인댄 此與諸經으로 復云何異
오 故今答에 云行布 乃是圓融之行布耳'라하니라】

"아래의 발심공덕품에서 또한 처음 발심할 때에 그지없는 공덕
을 갖췄다고 말하는데, 여기와는 그 무엇이 다른 것일까?"

"이는 행수보살을 근거로 말한 것이니 신심의 법문을 갖추고
있기 때문이며, 그것은 行의 근본을 들어 말함이니 보리심이 구족
한 것이다."

"법의 相收 측면에서 말하면 이는 타당하다고 말하겠지만, 사람
의 수행으로 말하면 십천겁 동안 신심을 닦아야 겨우 원만할 수 있
는데, 어떻게 이처럼 끝이 없는 공덕의 바다를 얻을 수 있겠는가?"

"여기에서 말한 법이란 원융하게 공덕이 구족한 법이기 때문
에 만일 모든 보살이 法行을 행하면 그 거둬들인 바가 간혹 한량없
는 겁을 닦아야 하고, 간혹 일정한 한계가 없다. '십천겁'이란 말은
여기에서 말한 게 아니다. 아래에서 말한 선재동자 및 도솔천자 등

의 행한 바와 얻은 바는 모두 바로 그 사람들이 한 것이다. 항포 차례에 의한 가르침 속에서 말한 바와 똑같지 않다. 또한 십천겁은 곧 또 다른 경전에서 말한 것이다. 영락경에서는 단 1겁, 2겁만을 말했고, 화엄경에서는 비록 항포는 있으나 또한 모두 원융이다."
【초_ "또한 십천겁은 곧 또 다른 경전에서 말하였다."에서 경전이란 바로 仁王經이다. "이 화엄경에서는 비록 항포는 있으나" 이하는 세 번째 논란을 굴복시키는 데에 통하는 말이다. "위에서 말한 바와 같이 이미 항포가 있다면 그 여러 경전과 또한 어떻게 다를까?"라는 물음이 있었다. 이런 이유로 이에 대해 답하기를 "항포가 바로 원융의 항포"라 하였다.】

亦有引此下文하야 證成此信이니 乃是捨異生性하고 成就聖性하며 出無明地하야 生如來家니 '以有則獲灌頂而升位'等이라 非是信故라하니 若爾인댄 初地에 豈得灌頂升位等耶아 若云展轉 進入佛地인댄 何以不得始自於信하야 展轉入耶아 若許從信展轉入者인댄 何以要判此乃捨凡入聖가 下文에 自有十地之會하니 此中에 尚隔住行向等이어늘 判爲入地 乃孟浪之談이니라 下發心品도 亦判爲初地發心이라하니 義同此會니라【鈔_ 亦有引此下는 第二傍敘異說이니 卽安國法師라 於中有三하니 初는 正立意니 明此中發心은 是初地證發心이오 非信成就發心이니 以其作用殊勝이 非地前故니라

'以有則獲灌頂而升位等'下는 引文證成이니 而言'等'者는 彼有十義하야 以證此中非信成就니 但難其一이오 餘九는 例知니라 謂旣十地中이라야 方得灌頂인댄 縱是初地에 豈得灌頂이리오

'若云展轉'下는 二에 順設彼救하야 反以成立이오 '若許從信'下는 三에 假縱彼救하야 結破彼立이오 '下文自有'下는 四에 廣引文證하야 顯彼立非오 '下發心品'下는 五에 例破後文所立非理니 以彼下文도 亦判彼品爲初地發心故로 此旣不立인댄 彼居然非니라】

또한 아래의 경문을 인용하여 여기에서 말한 신심을 증명하여 끝맺었다.

이에 사람을 미혹하여 범부를 만드는 번뇌의 종자[異生性]를 버리고 성자로 태어날 수 있는 聖性을 성취하고, 無明의 지위에서 벗어나 여래의 집안에 태어난 것이다. 이는 곧 灌頂升位를 얻음이다 등의 말이 있지만, 이런 신심이 아니기 때문이라고 하였다. 그렇다면 初地에서 어떻게 灌頂升位 등을 얻을 수 있을까?

만일 전전하여 佛地에 들어간다고 말한다면 어찌 신심으로부터 비롯하여, 전전하여 불지에 들어갔다고 말하지 않을 수 있겠는가.

만일 신심으로부터 전전하여 불지에 들어갔다고 인정한다면 어찌 이는 범부를 버리고 성자에 들어갔다는 판단을 필요로 하겠는가. 아래의 경문에 그 나름 十地의 會가 있다. 여기에서는 오히려 십주·십행·십회향 등이 막혀 있음에도 불구하고 불지에 들어갔다고 판단하는 것은 허무맹랑한 말이다. 아래의 제17 발심공덕품 또한 初地 발심이 된다고 판단했다. 그 의의는 여기에서 말한 법회와 같다. 【초_ "또한 아래의 경문을 인용하여" 이하는 제2에 異說을 여러 방면으로 서술하였다. 이는 安國法師의 말이다. 여기에는 3부분이 있다.

첫 부분은 바로 立意이다. 여기에서 말한 발심은 初地의 발심을 증명할 뿐이지 信成就發心이 아님을 밝힌 것이다. 그 작용의 훌륭함이 地前 보살로서 할 수 있는 일이 아니기 때문이다.

'以有則獲灌頂而升位等' 이하는 문상을 인용하여 증명하고 끝맺음이다. '等'이라 말한 것은 거기에 10가지의 의의가 있어, 여기에서 말한 信成就가 아님을 증명한 것이다. 단 그중 하나의 논란을 끝맺었을 뿐, 나머지 9가지의 논란은 이런 예로 미뤄 알 수 있다.

이미 十地에서야 바야흐로 灌頂住를 얻을 수 있다면 初地에서 어떻게 관정주를 얻을 수 있겠는가.

'若云展轉' 이하는 둘째, 그 구제를 차례대로 베풀어 도리어 이로써 성립함이며,

'若許從信' 이하는 셋째, 그 구제를 임시 풀어주어 그의 성립을 끝맺어 티피함이며,

'下文自有' 이하는 넷째, 인증의 지문을 널리 인용하여 그의 잘못된 성립을 나타냄이며,

'下發心品' 이하는 다섯째, 뒤 문장의 성립이 논리에 맞지 않음을 예로 들어 타파함이다.

그 아래의 지문 또한 그 品이 初地 發心을 말하였다. 이것이 이처럼 성립되지 못한다면 그것은 분명 잘못된 것이다.】

問호되 下云 '無量億劫勤修學하야 得是無上菩提智'라하니 斯則非一生也며 亦非十千以爲無量이라하야늘 通斯難者는 應有二義 一此約行布展轉義故 二約圓融展促無礙故니 如上所辨이라 故善財 見仙人

執手하고 一一佛所에 經無量劫이라 故修短難思 特由於此니라 故賢
首菩薩云信大乘者는 猶爲易能이어니와 信此法이 倍更難이라하니 以初
心 卽具一切功德일세 故難信也니라
初四頌 謙讚許說 竟하다

다음과 같이 물었다.

"아래에서 이르기를 '한량없는 억겁에 부지런히 닦고 배워서 더 이상 위가 없는 보리지혜를 얻는다.'고 하니 이는 일생을 거쳐 이뤄진 일이 아니며, 또한 단 십천겁으로 한량없는 겁을 삼은 것도 아니다."

이 물음을 통할 수 있는 것은 당연히 2가지의 의의가 있다.

(1) 이는 항포를 들어 말하였다. 전전한 의의이기 때문이다.

(2) 원융을 들어 말하였다. 전전하거나 빠른 재촉에 걸림이 없기 때문이다.

이는 위에서 논변한 바와 같다. 이 때문에 선재동자가 仙人이 손을 잡아주는 것을 보고서 하나하나 부처님이 계신 곳에서 한량없는 겁을 지내왔다. 길고 짧은 세월의 불가사의함이 이런 이유 때문이다. 이런 의미에서 현수보살이 이르기를 "대승을 믿는 것은 그래도 오히려 쉬운 일이지만, 이런 법을 믿는다는 것은 곱절이나 더 어렵다."고 하였다. 初心에 바로 모든 공덕을 갖춘 까닭에 믿기 어려운 것이다.

1. 4수 게송의 겸허한 마음으로 찬탄하고 설법을 허락한 부분을 끝마치다.

第二 '菩薩發意'下는 正明發心修行勝德이라 文分爲五니 初 五頌은 發心行相이오 二信爲道元下 七頌은 略示勝能이오 三若常信奉下 는 所具行位오 四或有刹土下는 無方大用이오 五一切如來下는 喩 況玄旨니라 然此五段은 初一은 顯正發心이오 後四는 發心之德이라 第 三은 亦兼修行이니 此及後二는 皆修行之德이라【鈔_ 第三亦兼修 行者는 以所具行位가 行卽修行故오 位卽亦是修行之德이라 故云 '此及後二 皆修行之德'이라하니라】

2. '菩薩發意' 이하 346수 반의 게송은 바로 발심하여 수행한 공덕이 훌륭함을 밝히고 있다.

346수 반의 게송은 다시 5단락으로 구분된다.

제1단락의 5수 게송은 발심의 行相이며,

세2난락의 '信爲道元' 이하 7수 게송은 간단하게 발심의 수승한 능력을 보여줌이며,

제3단락의 '若常信奉' 이하 50수 반의 게송은 갖춰야 할 바의 行位이며,

제4단락의 '或有刹土' 이하 203수 게송은 한 곳이 아닌 모든 곳에 통하는 大用이며,

제5단락의 '一切如來' 이하 79수 게송은 玄旨를 비유하였다.

그러나 5단락 가운데 제1단락은 바른 발심을 밝혔고, 제2~5의 4단락은 발심의 공덕이다. 제3단락의 50수 반의 게송은 또한 수행을 겸한 것으로, 이 단락과 뒤의 제4~5단락은 모두 수행의 공덕이

다.【**초**_"제3단락은 또한 수행을 겸했다."는 것은 갖춰야 할 바의 行位를 말한 것으로, 行이란 곧 수행이기 때문이며, 位란 곧 또한 이 수행의 덕이다. 이 때문에 "이 단락과 뒤의 제4~5단락은 모두 수행의 공덕이다."고 말한 것이다.】

今初는 發心行相이라

이의 제1단락 5수의 게송은 발심의 行相이다.

經

菩薩發意求菩提가　　　非是無因無有緣이니
於佛法僧生淨信일세　　以是而生廣大心이니라

　보살이 발심하여 보리를 구함은
　인이 없고 연이 없음이 아니다
　불법승 삼보에 청정한 신심 내어
　이로써 넓고 큰 마음 일으킨 터이다.

● 疏 ●

初偈는 總標요 餘文은 別顯이라 瑜伽菩薩地는 明發心에 有五種相이니 一 自性이오 二 行相이오 三 所緣이오 四 功德이오 五 最勝이라 今文五偈에 具之니 謂發意는 卽是正願이니 爲發心自性也오 希求菩提及下作有情義利는 卽行相也오 菩提三寶有情은 皆有所緣이오 能攝一切

菩提分法은 爲其功德이오 不求五欲等은 反顯菩薩所求最勝이니라

제1단락의 5수 게송 가운데, 첫째 게송은 총체로 밝힘이며, 나머지 게송은 개별로 밝힘이다. 유가론 菩薩地에서는 발심에 5가지의 양상이 있다고 한다.

(1) 自性, (2) 行相, (3) 인연의 대상[所緣], (4) 功德, (5) 最勝이다.

제1단락의 5수 게송에는 이런 의의를 갖추고 있다.

첫 게송의 제1구[菩薩發意求菩提]에서 말한 '發意'는 곧 바른 원력이다. 發心自性이기 때문이다.

보리지혜와 아래 게송에서 말한 중생에게 이익이 되기를 희망하고 추구하는 곧 발심의 行相이다.

菩提·三寶·有情은 모두 인연의 대상이며,

일체 菩提分法을 받아들이는 것은 발심의 공덕이며,

五欲 등을 추구하지 않음은 보살의 추구하는 바가 最勝임을 역으로 밝힌 것이다.

言因緣者는 謂親能發起하야 求大菩提曰因이오 假之助發爲緣이니 因卽自性住性이니 內熏之力이오 緣卽習所成性이라 又上二는 皆因이오 善友及境外熏은 爲緣이라 瑜伽에 云 由有四因·四緣·四力하야 菩薩發心하나니 四因者는 一은 種性具足이오 二는 賴佛菩薩善友攝受오 三은 多起悲心이오 四는 長時猛利하야 難行苦行호되 無所怯畏라 四緣者는 一은 見聞佛神變威力이오 二는 聞法微妙오 三은 見法欲滅이오 四는 見生受惑業苦니라 四力者는 一 自力이오 二 他力이오 三 因力이니 以宿習故오 四 加行力이니 謂於現法親善聞法하고 修善加行故니 若

具上因緣과 及初三二力이면 當知하라 不退어니와 若因二四力인댄 心不堅固라하니 今經은 卽初及三也니라

又起信論·智印經에 有七因緣하니 如彼應知니라 下別顯中에 以三因·四緣으로 攝上諸義니 三因者는 謂信·悲·智오 四緣者는 三寶·衆生이니라【鈔_ 初中因緣之外에 更加四力하니 緣은 謂見聞境界오 因은 謂內心發起오 力은 謂有所幹能이라 然卽前四因을 正望發心하야 以明力用이니 自力은 卽從種性因發이오 他力은 卽是善友所攝이오 因力은 卽是多起悲心이오 加行力은 卽長時苦行이니라 又四力成就는 卽名爲因이니 親能發故니라

今經卽初及三者는 文中에 無人勸故며 不言因加行故니라

又起信下는 論云信成就發心者는 依何等人이며 修何等行하야 得信成就하야 堪能發心고 所謂依不定聚衆生이 有熏習善根力故로 信業果報하야 能起十善하며 厭生死苦하야 欲求無上菩提하며 得値諸佛하야 親承供養하고 修行信心하야 經一萬劫하야 信心成就故로 諸佛菩薩이 敎令發心하며 或大悲故로 能自發心하며 或因正法欲滅하야 以護法因緣故로 能自發心하니 如是信心成就하야 得發心者는 入正定聚하야 畢竟不退하니 名住如來種中하야 正因相應이어니와 若有衆生善根微少等인댄 未經萬劫코 於中에 遇緣하야 亦有發心하나니 所謂或見佛色相而發其心하나니 一이오 或因供養衆僧而發其心하나니 二오 或因二乘之人敎하야 令發心하나니 三이오 或學他發心하나니 四니라 如是等發心者는 悉皆不定일세 遇惡因緣이면 或便退失하야 墮二乘地라하니 智印經中도 亦同此니라】

因·緣이라 말한 것에서 몸소 일으켜 큰 보리지혜를 추구함은 '因'이라 말하고, 다른 사람의 힘을 빌려 발심의 보조가 되는 것은 '緣'이라고 말한다. 因은 곧 자성의 住性으로 선천적 內熏의 힘이며, 緣은 곧 후천적으로 학습을 통하여 성취한 자성이다.

또한 위의 내훈과 학습 2가지는 모두 자신의 소유여서 因이라 하는 경우, 善友 및 경계의 外熏은 緣이라 한다.

유가론에서 말하였다.

"四因·四緣·四力으로 연유하여 보살이 발심하는 것이다.

四因이란

(1) 種性이 구족함이며,

(2) 불보살과 착한 벗의 받아줌에 힘입음이며,

(3) 대비심을 크게 일으킴이며,

(4) 장기간 용맹정진으로 행하기 어려운 고행을 겁내거나 두려워하는 바가 없음이다.

四緣이란

(1) 부처님의 신통변화와 위신력을 보고 들은 것이며,

(2) 법의 미묘함을 들은 것이며,

(3) 법이 사라지려 함을 본 것이며,

(4) 중생이 미혹의 업장으로 고통받음을 본 것이다.

四力이란

(1) 自力이며,

(2) 他力이며,

⑶ 因力이니 전생의 습기 때문이며,

⑷ 加行力이니 현세간법에 몸소 법을 잘 듣고서 선행을 닦아 더욱 힘쓰기 때문이다.

만일 위의 因·緣 및 自力과 因力을 갖추면 뒤로 물러서지 않겠지만, 만일 他力과 加行力을 따르면 마음이 견고하지 못함을 알아야 한다."

이의 게송에서는 '⑴의 自力'과 '⑶의 因力'으로 말한 것이다.

또한 기신론과 지인경에는 7가지의 因緣이 있다. 그 경전에서 말한 바와 같이 이해해야 한다.

개별로 밝힌 아래 게송에서는 3가지의 因과 4가지의 緣으로 위에서 말한 여러 의의를 포괄하고 있다. 3가지의 因이란 信·悲·智이며, 4가지의 緣이란 삼보와 중생이다. 【초_ 첫째 四因, 둘째 四緣의 밖에 다시 四力을 더하고 있다. 緣은 보고 듣는 경계를 말하고, 因은 내심에서 일어나는 것을 말하며, 力은 주간과 능력이 있는 바를 말한다. 그러나 앞의 四因을 발심에 상대하여 힘씀을 밝히면 다음과 같다.

自力은 곧 種性因에서 발생한 것이며,

他力은 곧 선한 벗이 받아주는 바이며,

因力은 곧 대비심을 크게 일으킴이며,

加行力은 곧 장기간의 고행이다.

또한 四力 성취가 곧 因이다. 친히 발생해주기 때문이다.

"이의 게송에서는 自力과 因力으로 말한다[今經鲍初及三]."는 것은 게송에 남들이 권면한 내용이 없고, 加行을 인하였다고 말하지 않았기 때문이다.

'又起信論·智印經' 이하는 기신론에서 다음과 같이 말하였다.

"信成就發心'이란 어떤 사람을 의지하며, 어떤 행을 닦아서 신심을 성취하여 발심할 수 있는 것일까?

이른바 인연이 있으면 성불할 수 있지만 인연이 없으면 일정한 마음의 바탕이 마련되어 있지 않은 不定聚에 의한 중생이 선근을 훈습할 수 있는 힘이 있기에 업습의 과보를 믿고서 10가지의 선을 일으키며, 생사의 고통을 싫어한 나머지 위없는 최상의 보리를 구하고자 제불을 만나 친히 받들어 공양하고 신심을 수행하되 1만겁을 지내고서야 신심이 성취되는 것이다.

이 때문에 제불보살이 그들을 가르쳐 발심하도록 하거나, 혹은 大悲의 마음으로 스스로 발심하거나, 혹은 正法이 사라지고자 함으로 인하여 護法의 인연 때문에 스스로 발심하기도 한다.

이와 같이 신심이 성취되어 발심한 자는 반드시 성불할 수 있도록 결정되어 있는 사람들의 무리[正定聚]에 들어가 결국 뒤로 물러서지 않는다. 이를 여래의 종자 속에 머물러 正因에 상응한다고 말할 수 있지만, 만약 선근이 미약하거나 부족한 중생이라면 만겁을 지나지 않더라도 그중에 緣을 만나 또한 발심할 수도 있다.

이른바 첫째, 어떤 사람은 부처님의 색상을 보고서 그 마음을 일으키기도 하고,

둘째, 어떤 사람은 대중스님을 공양함으로 인하여 그 마음을

일으키기도 하고,

셋째, 어떤 사람은 이승의 가르침으로 인하여 하여금 마음을 일으키기도 하고,

넷째, 어떤 사람은 남들에게 배워 마음을 일으키기도 한다.

이와 같은 등등의 이유로 마음을 일으킨 자는 모두 '일정한 마음의 바탕이 마련되어 있지 않은' 不定聚이다. 따라서 악한 인연을 만나면 간혹 곧바로 마음을 잃게 되어 二乘의 자리에 떨어진다."

지인경에서 말한 바도 이와 같다.】

今文中에 後半은 總以信智因으로 緣三寶境이니 信은 謂於實·德·能에 深忍·樂·欲하야 心淨爲性이라 故云淨信이라 然實은 謂一切事理오 德은 謂三寶淨德이오 能은 謂世出世善이 有其力能이라 今法寶中에 已攝初後오 亦三寶中에 皆具此三이니 體實具德하며 大用救生故니라 大者는 智心이니 求大菩提오 廣者는 悲心이니 廣濟含識하야 翻彼二乘小陜心也니라【鈔_ 信謂於實德等者는 唯識第六에 云云何爲信고 於實·德·能에 深忍·樂·欲하야 心淨爲性이오 對治不信하야 樂善爲業이라 此總明業이라 然信差別이 略有三種하니 一은 信有實이니 謂於諸法實事理中에 深信忍故오 二는 信有德이니 謂於三寶眞淨德中에 深信樂故오 三은 信有能이니 謂於一切世出世善에 深信有力하야 能得·能成하야 起希望故라하니 釋曰實·德·能 三은 即信依處니 忍·樂·欲 三을 如次配之니라

言能得·能成者는 信已及他의 今得後成이라 又無爲는 得이오 有爲는 成이라 故論에 云'由斯對治不信彼心하야 愛樂證修世出世善이라하니

釋曰‘上釋信業이어니와 下欲揀別이라 故有問答이니라

論云‘忍謂勝解니 此卽信因이오 樂欲謂欲이니 卽是信果라 確陳此信인댄 自相是何오 問也라 豈不適言心淨爲性가 此猶未了彼心淨言이니 若淨卽心인댄 應非心所어니와 若令心淨인댄 慚等何別가 心俱淨法도 爲難亦然이라하니 釋曰‘此中三難에 初는 持業釋이오 次는 依主釋이오 後는 鄰近釋이라 言‘爲難亦然'者는 同前慚等何別이니 亦是心王俱時法故니라

論曰‘此性澄淸하야 能淨心等이라하니 以心勝故로 立心淨名이니 如水淸珠 能淸濁水니라 慚等은 雖善이나 非淨爲相이니 此淨爲相이 無濫彼失이라

又諸染法이 各別有相호되 唯有不信하야 自相渾濁하고 復能混濁餘心心所如極穢物하고 自穢穢他하니 信正翻彼일세 故淨爲相也니라 正義 竟하다

‘今法寶'下는 以論配經이라 復有二意하니 一者는 別配니 謂法有事理는 卽是初實也오 法有理行은 卽出世善等이라 故是後能이라 故云‘今法寶中에 已攝初後오 亦三寶中에 皆具此三'者는 義以前三이 通於三寶니 如文可知니라】

이 게송의 제3, 4구는 총체로 信·智·因으로써 삼보 경계의 반연을 삼음이다. 信은 實·德·能에 대해 깊이 '참고[忍] 좋아하고[樂] 하고자[欲]' 하여 마음이 청정함으로 자성을 삼은 까닭에 '淨信'이라 말한 것이다. 그러나 實은 일체 事理를, 德은 삼보의 청정한 공덕을, 能은 세간과 출세간의 선을 닦을 수 있는 능력을 말한다.

여기에서 말한 법보에는 이미 첫째의 '實'과 뒤의 '能'을 겸하였고, 또한 삼보에는 實·德·能 3가지를 모두 갖추고 있다. 본체가 '實'로 '德'을 갖추고 있으며, 大用으로 중생을 구제하기 때문이다.

제4구에서 말한 '廣大心'의 大란 지혜의 마음[智心]이니 大菩提를 구함이며, 廣이란 大悲心이니 중생을 널리 구제하여 속 좁은 二乘의 마음을 뒤집으려는 것이다.【초_ "信은 實·德·能" 등이란 유식론 제6에서 말하고 있다.

"어떤 것이 信일까? 實·德·能에 대해 깊이 '참고[忍] 좋아하고[樂] 하고자[欲]' 하여 마음이 청정함으로 자성을 삼고, 불신을 다스려서 선을 좋아하는 것으로 업을 삼는다.[이는 업을 총체로 밝힘이다.] 그러나 믿음에는 간단하게 3가지의 차별이 있다.

① 실상이 있음을 믿음이다. 모든 법의 실제 사리 가운데 忍을 깊이 믿기 때문이며,

② 덕이 있음을 믿음이다. 삼보의 진실한 청정 공덕 가운데 樂을 깊이 믿기 때문이며,

③ 능력이 있음을 믿음이다. 일체 세간과 출세간의 선을 행할 수 있는 힘이 있어 얻을 수 있고 성취할 수 있음을 깊이 믿어 희망을 일으키기 때문이다."

이에 대해 해석하기를 "實·德·能 3가지는 곧 믿음의 의지처이다. 忍·樂·欲 3가지를 차례대로 實·德·能 3가지에 짝할 수 있기 때문이다."고 하였다.

'能得·能成'이라 말한 것은 나와 남들이 지금 얻을 수 있고 뒤

에 성취할 수 있음을 믿는 것이다. 또한 無爲는 '得'이며, 有爲는 '成'이기 때문이다. 그러므로 논에 이르기를 "이러한 實·德·能 3가지를 통하여 불신의 마음을 다스려 세간과 출세간의 선을 증득하고 닦기를 사랑하고 좋아한다."고 하였다.

이에 대해 해석하기를 "위에서는 信業으로 해석했지만, 아래에서는 이를 구별하고자 한 까닭에 문답이 있다."고 하였다.

논에 이르기를 "忍은 勝解를 말한다. 이는 곧 믿음의 원인[信因]이다. 樂과 欲은 원하는 것을 말한다. 곧 믿음의 결과[信果]이다. 이러한 믿음을 확실하게 말한다면 그 자체의 모습은 어떤 것일까?[물음] 앞서 '마음이 청정함으로 자성을 삼는다.'고 말하지 않았던가. 이는 아직도 '마음이 청정하다.'는 말뜻을 알지 못한 것이다. 만일 청정함 그 자체가 곧 마음이라면 당연히 心所가 아니겠지만, 만약 마음을 청정하게 하려고 힘쓴다면 그것은 부끄러움 등의 의식작용과 그 무엇이 다르겠는가. 마음이 청정한 법과 함께함에 대해서 논란하는 것 또한 그와 같다."고 하였다.

이에 대해 해석하기를 "여기에서 말한 3가지의 논란은 첫째는 업보를 가지고 해석함이며, 다음은 법주에 의해 해석함이며, 뒤는 가까운 이웃으로 해석하였다. '논란하는 것 또한 그와 같다.'고 말한 것은 앞서 말한 '부끄러움 등의 의식작용과 그 무엇이 다르겠는가.'라는 말과 같다. 이 또한 心王이 시간과 함께하는 법이기 때문이다."고 하였다.

논에 이르기를 "이 성품이 맑고 맑아서 마음을 청정하게 만든다의 등이다."고 하니 마음이 수승한 까닭에 '마음이 청정하다.'는 명제가 성립되는 것인바, 수승한 까닭에 마음이 청정하다고 한다. 구슬처럼 맑은 물이 혼탁한 물을 맑게 하는 것과 같다. 부끄러워하는 등의 마음은 비록 선하기는 하나 청정한 본모습이 아니다. 청정한 그 자체의 본모습만이 그 잘못에 뒤섞이지 않는다.

또 모든 오염시키는 법이 각각 별개로 그 양상이 있지만 오직 불신이 있어 그 자체의 양상이 혼탁하고 다시 나머지의 마음과 心所를 혼탁케 한다. 이는 마치 더러운 오물이 그 자체가 더럽고 다른 것을 더럽히는 것과 같다. 신심이란 바로 그런 불신의 마음을 뒤집어주는 까닭에 청정으로 相을 삼는다.[正義를 끝마치다.]

'今法寶中' 이하는 논으로 경문에 짝함이다. 여기에는 또한 2가지의 뜻이 있으니, 하나는 개별로 짝함이다. 법에 事理가 있다는 것은 곧 첫째의 '實'이며, 법에 理行이 있다는 것은 곧 출세간의 선 등이다. 이 때문에 셋째의 '能'이다. 그러므로 "여기에서 말한 법보에는 이미 첫째의 '實'과 뒤의 '能'을 겸하였고, 또한 삼보에는 實·德·能 3가지를 모두 갖추고 있다."는 것은, 그 의의가 앞서 말한 實·德·能 3가지란 三寶에 통하니, 게송에서 말한 바와 같이 말하지 않아도 알 수 있다.】

**不求五欲及王位**와     **富饒自樂大名稱**하고

  오욕과 왕위

부유함 즐거움 명예 구하지 아니하고

● 疏 ●

別顯中에 初半偈는 揀去偏僞니 謂攝眷屬過 所不能染故니라 文中에 不求五事니 求卽過故일세니라

一은 若求人天五欲이면 此能長貪이니 多是鬼因이오

二는 求王位면 長瞋이니 多地獄因이오

三은 求富饒면 長癡니 是畜生因이니 實通三塗이로되 各從多說이라

四는 求自樂이니 是二乘因이오

五는 求大名稱은 若勝負心이면 是修羅因이오 若我慢心이면 是外道因이라 又以理求樂은 是人天因이오 爲王攝屬은 是魔羅因이니 有二乘心하야 目之爲偏이라하고 有餘心者는 名之爲僞라하니라【鈔_ 初半偈揀去偏僞者는 卽天台止觀中意라 然有二文하니 一은 當第五卷하야 明十法成乘中에 有眞正發菩提心이라 故云揀去偏僞라하니라 故下疏에 云 有二乘心者를 目之爲偏等이오 二者는 第一卷中에 明有五略하니 謂 發大心·修大行·感大果·裂大網·歸大處니 今卽第一'發大心'中文이라 然彼復分爲三이니 初는 方言이오 次는 揀非오 後는 顯是라 方言은 易了오 今將不求一行은 當彼揀非也오 餘文은 卽當顯是하니 今은 初라 彼文云道亦有通有別이라하니 今亦揀之하야 略爲其十호리라

若心念念에 專貪瞋癡하야 攝之不還하고 拔之不出하야 日增月甚하야 起上品十惡을 如五扇提羅者는 此發地獄心하야 行火途道니 一이라

若其心念念에 欲多眷屬이 如海吞流하고 如火焚薪하야 起中品十惡

을 如調達誘衆者는 此發畜生心하야 行血塗道니 二라

若其心念念에 欲得名聞하야 四遠八方에 稱揚歎詠호되 內無實德이오 虛比賢聖하야 起下品十惡을 如摩揵提者는 此發鬼心하야 行刀塗道니 三이라

若其心念念에 欲勝於彼하야 不耐下人하야 輕他珍己를 如鶚高飛하야 下視人物하야 而外揚仁義禮智信이면 起下品善心하야 行阿修羅道니 四라

若其心念念에 欣世間樂하야 安其臭身하고 悅其癡心이면 此起中品善心하야 行於人道니 五라

若其心念念에 知三惡苦多하고 人間苦樂相間하고 天上純樂하야 爲天上樂하야 閉六根不出하고 六塵不入이면 此起上品善心하야 行於天道니 六이라

若其心念念에 欲大威勢하야 身口意業이 纔有所作에 一切弭從이면 此發欲界主心하야 行魔羅道니 七이라

若其心念念에 欲得利智辯聰·高才勇哲로 鑒達六合하야 十方顯顯이면 此發勝智心하야 行尼揵道니 八이라

若其心念念에 五塵·六欲·外樂 蓋微오 三禪之樂은 由如石泉하야 其樂內熏이면 此發梵心하야 行色無色道니 九라

若其心念念에 知善惡輪環을 凡夫耽湎이나 賢聖所訶라 破惡은 由淨慧오 淨慧는 由淨禪이오 淨禪은 由淨戒하야 尙此三法호되 如饑如渴이면 此發無漏心하야 行二乘道니 十이라

若心若道 其非甚多라 略舉十耳니 結이라

187

今疏에 欲具此十非일세 故於經文에 委曲而取耳니라
文中에 分二니 先은 總明이니 卽瑜伽意오 後文中'不求五事'下는 正釋
經文하야 配成十非라 然不必全爾일세 故致多言이니 以隨一煩惱하야
有三塗因故니라
又但取意略明이니 但尋上引疏文이면 居然易了로되 但人天因에 含
其三界니 一人·二欲天·三上二界니 餘文可知니라
有二乘下는 結成이니 則前九爲僞오 後一爲偏也니라】

개별로 밝힌 가운데 제1, 2구는 偏·僞의 마음을 가려서 버림을 말한다. 권속들의 잘못을 거둬들여 물들지 못하게 하려는 바이기 때문이다.

게송에서는 5가지의 일을 추구하지 않는다. 이를 추구하면 그것은 곧 잘못이기 때문이다.

⑴ 만일 人天의 色, 聲, 香, 味, 觸의 5가지 경계에 대한 욕구를 추구하면 이는 '貪心'을 키워나감이니, 이는 아귀에 떨어질 인연이 많다.

⑵ 왕위를 추구하면 '瞋心'을 키워나감이니, 이는 지옥에 떨어질 인연이 많다.

⑶ 부유를 추구하면 '癡心'을 키워나감이니, 이는 축생에 떨어질 인연이다. 실로 삼악도에 모두 통하지만 각각 비중이 큰 부분을 따라 구분 지어 말한 것이다.

⑷ 즐거움을 추구하는 것은 二乘에 떨어질 인연이다.

⑸ 큰 명예를 추구하는 바가 만약 승부심에 의한 것이라면 이

는 아수라에 떨어질 인연이며, 아만심에 의한 것이라면 이는 외도에 떨어질 인연이다.

또 진리로써 즐거움을 추구하는 것은 人天에 떨어질 인연이며, 왕이 되어 권속을 거느리는 것은 마군과 나찰에 떨어질 인연이다. 二乘의 마음이 있는 것을 지목하여 '偏'이라 하고, 나머지 마음이 있는 자를 명명하여 '僞'라고 말한다. 【초_ "제1, 2구는 偏·僞의 마음을 가려서 버림을 말한다."는 것은 곧 天台止觀에서 말한 뜻이다. 그러나 이에 관련된 2부분의 문장이 있다.

① 제5권의 '10가지 원인으로 결과가 이뤄지는 十法成乘'을 말한 가운데, 진정으로 보리심을 일으킴이 있음을 밝힌 까닭에 "偏·僞의 마음을 가려서 버린다."고 말하였다. 이 때문에 아래의 청량소에서 "二乘의 마음이 있는 것을 지목하여 '偏'이라 한다." 등을 말하였다.

② 제1권에서 五略을 밝혔다. ㉠ 큰마음을 일으킴, ㉡ 큰 수행을 닦음, ㉢ 큰 과보를 얻음, ㉣ 큰 그물을 찢음, ㉤ 큰 곳으로 귀의함을 말한다.

여기에서는 곧 ㉠ 큰마음을 일으킴에 관한 문장이다. 그러나 이는 다시 3부분으로 나뉜다. 첫째는 方言, 다음은 揀非, 마지막은 顯是이다.

方言이란 이해하기 쉽고, 여기에서 또한 하나도 추구하지 않는 행은 '그릇됨을 가려내는[揀非]' 데에 해당하고, 나머지 문장은 곧 '옳은 일을 나타낸[顯是]' 데에 해당한다.

여기는 '그릇됨을 가려내는[揀非]' 데에 해당한다.

천태지관에서 다음과 같이 말하였다.

"도에도 또한 전체로 통함이 있고 개별로 밝힘이 있다. 여기에서는 이러한 짐을 가려서 간난하게 10부분으로 나누고자 한다.

① 만약 그 마음의 모든 생각마다 오로지 貪瞋癡만을 생각하여, 이를 조섭하여 돌이키지 못하거나 이를 뽑아내지 못한 나머지 날로 더하고 달로 심하여 '가장 나쁜 10가지의 악행[上品十惡]'을 일으키되 마치 다섯 扇提羅(악인, 살인자, 旃陀羅와 같음)처럼 행한 자는 지옥으로 떨어지는 마음을 일으켜 사나운 불길이 타오르는 불지옥[火塗]의 길을 걷게 된다.

② 만약 그 마음의 모든 생각마다 오로지 권속이 많기를 생각하되 마치 바다가 수많은 강하의 물을 모두 삼키는 것처럼, 불길이 섶을 모두 불태우는 것처럼 탐하여 '중간의 나쁜 10가지의 악행[中品十惡]'을 일으키되 마치 調達이 대중을 유혹하는 것처럼 행한 자는 축생으로 떨어지는 마음을 일으켜 서로 잡아먹고 잡아먹히는 축생[血塗]의 길을 걷게 된다.

③ 만약 그 마음의 모든 생각마다 오로지 명예를 얻고자 하여, 사방팔방에서 칭탄하고 찬탄하지만 내면에 실재의 덕이 없고 공허하게 스스로 성현에 비교하여 '가장 낮은 나쁜 10가지의 악행[下品十惡]'을 일으키되 마치 摩捷提처럼 행한 자는 아귀로 떨어지는 마음을 일으켜 칼에 의해 핍박당하는 아귀의 지옥[刀塗]의 길을 걷게 된다.

④ 만약 그 마음의 모든 생각마다 오로지 남들을 이기고자 하

여 남들에게 겸손한 마음으로 몸을 낮추는 일을 감내하지 못하여, 남들을 경멸하고 자신을 귀중히 여기되 마치 솔개가 하늘 높이 날면서 모든 것을 아래로 내려다보는 것처럼 행하면서 겉으로 인의예지신을 선양하면 '가장 낮은 선한 마음[下品善心]'을 일으켜 아수라의 길을 걷게 된다.

⑤ 만약 그 마음의 모든 생각마다 오로지 세간의 쾌락을 좋아한 나머지 냄새나는 그 몸뚱이를 편히 여기고 그 癡心을 기뻐하면, 이는 '중간의 선한 마음[中品善心]'을 일으켜 인간세계의 길을 걷게 된다.

⑥ 만약 그 마음의 모든 생각마다 오로지 삼악도는 고통이 많고 인간세계는 고통과 즐거움이 절반씩 뒤섞이고 천상의 세계는 순전히 즐거움인 줄을 알고서 천상세계의 즐거움을 위하여 육근을 꽁꽁 닫아 전혀 열지 않고 육진을 받아들이지 않으면, 이는 '가장 좋은 선한 마음[上品善心]'을 일으켜 하늘세계의 길을 걷게 된다.

⑦ 만약 그 마음의 모든 생각마다 오로지 위엄과 세력을 키워 신구의 삼업에 하는 일마다 위세를 따르고자 하면, 이는 욕계의 군주가 되고파 원하는 마음을 일으켜 마군과 나찰의 길을 걷게 된다.

⑧ 만약 그 마음의 모든 생각마다 오로지 예리한 지혜, 총명한 논변, 고매한 재주, 용맹스러운 현철로 상하사방을 굽어보고 시방세계에서 우러러보는 사람이 되고자 하면, 이는 수승한 지혜의 마음을 일으켜 '스스로 총명함을 자부하여 교만스러운 尼揵子의 길을 걷게 된다.

⑨ 만약 그 마음의 모든 생각마다 오로지 五塵과 六欲의 외적

쾌락은 대개 미약하고 三禪의 즐거움은 마치 石泉과 같아서 그 즐거움이 내면으로 훈습하면, 이는 梵聖의 마음을 일으켜 색계·무색계의 길을 걷게 된다.

⑩ 만약 그 마음의 모든 생각마다 오로지 선악의 순환 속에 범부는 묻혀 있지만 성현의 꾸짖은 바라, 악행을 타파하는 것은 청정한 지혜에서 연유하고, 청정한 지혜는 청정한 선정에서 연유하고, 청정한 선정은 청정한 계율에서 연유함을 알고서 청정한 지혜, 선정, 계율 3가지의 법을 숭상하되 굶주리고 목마른 것처럼 하면 이는 無漏의 마음을 일으켜 二乘의 길을 걷게 된다.

[결론] 이렇듯 마음과 도에는 그처럼 그르치게 만드는 일들이 매우 많다. 이 때문에 그중에서 간단하게 10가지만을 들어 말한 것이다."

이의 청량소에서 이처럼 10가지의 잘못된 일들을 구체적으로 말하고사 한 까닭에 게송에서 자세히 취하였다.

청량소에서는 2부분으로 나뉜다.

앞에서는 총체로 밝힌 것인바 곧 유가론의 뜻이며, 뒤의 '不求五事' 이하는 바로 게송을 해석하여 10가지의 잘못된 일들을 짝하여 끝맺었다. 그러나 반드시 전체가 꼭 그렇지만은 않다. 이 때문에 '많다'고 말한 것이다. 하나의 번뇌를 따라서 三塗의 원인이 생겨나기 때문이다.

또한 단 그 뜻만을 취하여 간단하게 밝혔을 뿐이다. 하지만 위에서 인용한 청량소의 문장을 찾아보면 쉽사리 이해할 수 있다. 단 人天세계에 태어날 수 있는 원인에 三界를 포괄하고 있으니, 첫째는 인간세계요, 둘째는 欲天이요, 셋째는 위의 2세계이다.

　　나머지 문장은 말하지 않아도 알 수 있다.

　　'有二乘' 이하는 끝맺음으로, 앞의 9가지는 '僞'이고, 뒤의 한 가지는 '偏'이다.】

### 經

但爲永滅衆生苦하야　　利益世間而發心이니라

　　단 중생의 고통을 영원히 없애어
　　세간에 이익 주고자 발심하였다

常欲利樂諸衆生하야　　莊嚴國土供養佛하며
受持正法修諸智하야　　證菩提故而發心이니라

　　언제나 중생의 이익과 즐거움 주고자
　　국토를 장엄하고 부처님께 공양 올리며
　　바른 법 받들고 모든 지혜 닦아
　　보리를 증득키 위해 발심하였다

深心信解常淸淨하야　　恭敬尊重一切佛하며
於法及僧亦如是하야　　至誠供養而發心이니라

　　심오한 마음에 신심과 이해 항상 청정하여
　　모든 부처님 공경하고 존중하며
　　불법과 스님께 또한 그러하여

지성으로 공양하고자 발심하였다

**深信於佛及佛法**하고　　**亦信佛子所行道**하며
**及信無上大菩提**하야　　**菩薩以是初發心**이니라

　　부처님과 불법에 깊은 신심
　　불자가 행할 도리 또한 믿으며
　　위없는 큰 보리를 믿고서
　　보살이 이로써 처음 발심하였다

● 疏 ●

後三偈半은 直顯眞正하야 別釋因緣이라 於中에 初偈는 悲因下救니 嚴土·供佛도 亦爲調生故니 滅苦는 是悲오 利樂은 是慈라 次一偈半은 大智·上供이니 上二 不二는 爲眞正發心이라 後偈는 總結成信이며 兼信因行이니 其中에 對上四因·四緣이니 可以意得이니라【鈔_ 其中對上等者는 深心信解와 及深信諸佛과 及佛法은 卽第一 種性具足因이오 恭敬尊重一切佛은 卽第二 賴佛菩薩攝受因이니 以恭敬故오 但爲永滅衆生苦는 卽第三 多起悲心也오 常欲利樂諸衆生하야 莊嚴國土供養佛은 卽第四 長時猛利難行苦行也니 四因具矣니라

言四緣者는 恭敬尊重一切佛者는 以見聞神變威力故니 卽第一緣이오 受持正法修諸智者는 以聞法微妙故니 卽第二緣이오 又受持正法者는 見法欲滅故니 卽第三緣이오 但爲永滅衆生苦者는 卽見生受惑業苦니 是第四緣이니 見苦卽緣이오 長悲卽因이라 故雖一文이나 因

緣具足이라 此中四力不具라 故不會之니라】

뒤의 3수 반의 게송은 바로 진정한 도리를 밝혀 인연을 개별로 해석하였다.

3수 반의 게송 가운데, 첫째 게송은 대비의 원인에 의해 아래로 중생을 구제함이다. 국토의 장엄과 제불의 공양 또한 중생을 조복하는 법이기 때문이다. 중생의 고통을 없애주는 것은 大悲요, 중생에게 이익과 쾌락을 주는 것은 大慈이다.

다음 1수 반의 게송은 大智와 공양을 올림이다. 위의 2가지가 둘이 아닌 것이 진정한 발심이다.

맨 뒤의 게송은 총체로 끝맺어 신심을 성취함이며, 겸하여 신심의 因行이다. 그 가운데 위에서 말한 四因·四緣을 상대로 말하였는바, 말하지 않아도 그 뜻을 알 수 있다. 【초_ "그 가운데 위에서 말한 四因·四緣을 상대로 말하였다." 등이란 심오한 마음에 신심과 이해 및 제불과 불법을 깊이 믿음은 곧 제1의 種性具足因이며,

일체 제불을 공경 존중함은 곧 제2의 불보살이 받아줌을 힘입은 원인인바 공경하는 마음 때문이며,

단 중생의 고통을 영원히 없애주는 것은 곧 제3의 悲心을 크게 일으킴이며,

영원히 모든 중생의 이익과 쾌락을 원하여 국토를 장엄하고 부처님에게 공양을 올리는 것은 곧 제4의 장기간 용맹정진으로 행하기 어려운 고행을 닦음이다. 이처럼 4가지의 원인[四因]을 갖추고 있다.

4가지의 연[四緣]이라 말한 것은,

일체 제불을 공경 존중함이란 부처님의 신통변화와 위신력을 보고 들었기 때문인바, 이는 곧 제1의 緣이며,

바른 법을 받들어 모든 지혜를 닦는다는 것은 미묘한 법문을 들었기 때문인바, 이는 곧 제2의 緣이며,

또한 바른 법을 받든 것은 불법이 사라지고자 한 때문인바, 이는 곧 제3의 緣이며,

단 중생의 고통을 영원히 없애주기 위함이란 곧 중생의 혹업에 의해 받은 고통을 보았기 때문인바, 이는 곧 제4의 緣이다.

중생의 고통을 겪는 것은 곧 緣이요, 길이 가엾이 여기는 마음은 곧 因이다. 이 때문에 하나의 똑같은 문장이라 할지라도 因·緣 2가지의 뜻이 잘 기술되어 있다. 여기에는 四力이 갖춰져 있지 않기에 전체로 통합하여 보지 않는다.】

又文有四弘하니 可以意得이니라【鈔_ 四弘者는 文中不求五欲等은 卽顯煩惱無邊誓願斷이오 但爲永滅衆生苦는 卽衆生無邊誓願度오 受持正法修諸智는 卽法門無盡誓願學이오 證菩提故로 卽佛道無上誓願成이니라】

또한 게송에는 四弘誓願이 있으니, 생각하면 그 뜻을 알 수 있다.【초_ '四弘'이란, 게송에서 말한 "오욕을 추구하지 않는다." 등은 곧 "끝없는 번뇌를 맹세코 모두 끊으리라."는 것을 밝힘이며, "단 중생의 고통을 영원히 없애주기 위함"이란 곧 "끝없는 중생을 맹세코 모두 제도하리라."는 것이며, "바른 법을 받들어 모든 지혜를 닦는다."는 것은 곧 "끝없는 법문을 맹세코 모두 배우리라."는

것이며, "보리를 증득키 위함"이란 곧 "위없는 불도를 맹세코 모두 이루리라."는 것이다.】

又上云深心信解常淸淨者는 與理相應이라야 方曰深心이어니와 若昔染今淨이면 淨則必始라 始卽必終이니 非常信也오 信煩惱卽菩提라야 方爲常淨이니 由稱本性而發心故로 本來是佛이라 更無所進이오 如在虛空이어니 退至何所아 慨衆生之迷此하야 起同體大悲하고 悼昔不知하야 誓期當證하나니 有悲故로 不爲無邊所寂이오 有智故로 不爲有邊所動이라 不動不寂이오 直入中道 是謂眞正發菩提心이라【鈔ー又上云等下는 顯眞正菩提心體이니 有其三意라 初는 約三心菩提오 二는 約三觀이오 三은 約四弘이라

今初는 明大智心이오 次慨衆生迷此下는 大悲心이오 後悼昔不知下는 大願心이니 卽菩提心燈이 大悲爲油하고 大願爲炷하야 光照法界라 故上如次니 卽直心·大悲心·深心也니라

'二約三觀'者는 悲願은 爲假觀이오 前大智心中에 直明本性淸淨은 卽是空觀이오 煩惱卽菩提라 本來是佛은 卽中道觀이니라

'三約四弘'者는 初는 通立理이니 以是圓敎四弘故로 稱性明之오 次'信煩惱卽菩提'下는 別顯四弘이니 初는 卽煩惱無邊誓願斷이오 二'由稱本性而發心故'下는 卽佛道無上誓願成이오 三'慨衆生迷此'下는 衆生無邊誓願度오 四'悼昔不知'下는 法門無盡誓願學이라 此明四弘은 卽指上四弘이로되 上但指文이어니와 今將深心之言하야 會通此四하야 令圓妙耳니라

'有悲故'下는 二正結歸니 謂上雖多義나 不出悲智라 故今結之니 卽

結上疏文及經文耳니라 故止觀第五에 明十法成乘中에 第二眞正發菩提心에 云旣深識不思議境인댄 一苦一切苦라 自悲昔苦하야 起惑耽洒하고 乃至云思惟彼我하야 鯁痛自他하고 卽起大悲하야 興兩誓願하나니 衆生無邊誓願度와 煩惱無邊誓願斷이라 衆生이 雖如虛空이나 誓度如空之衆生하고 雖知煩惱無所有나 誓斷無所有之煩惱며[上二는 空觀] 雖知衆生甚多나 而度多多之衆生하고 雖知煩惱無邊底나 而斷無邊底之煩惱며[假觀]

雖知衆生如佛이나 而度如佛之衆生하고 雖知煩惱如實相이나 而斷如實相之煩惱니라[中觀]

何者오 若但拔苦因하고 拔苦果면 此誓雜毒이라 故須觀空이오 若偏觀空이면 卽不見衆生可度라 是名著空者니 諸佛所不化오 若偏見衆生可度면 卽墮愛見大悲일새 非解脫道어니와 今則非毒非僞라 故名爲眞이오 非空邊非有邊이라 故名爲正이니 如鳥飛空에 終不住空이라 雖不住空이나 跡不可尋이라 雖空而度하고 雖度而空일새 是故誓與虛空共鬪라 故名眞正發菩提心이라 하니 釋曰此上은 釋須三觀所以라하니라

又云又識不思議心인댄 一樂心이 一切樂心이니 我及衆生이 昔雖求樂이나 不知樂因이 如執瓦礫하야 謂如意珠라하고 妄指螢光하야 呼爲日月이라가 今方始解라 故起大悲하야 興兩誓願하나니 謂法門無盡誓願知와 無上佛道誓願成이라 雖知法門이 永寂如空이나 誓願修行永寂하고 雖知菩提無所有나 無所有中에 吾故求之며[上卽空觀이라]

雖知法門 如空無所有나 而有誓願畵繪莊嚴虛空하고 雖知佛道非成所成이나 如空中種樹하야 使得華果며[名假觀也라]

雖知法門及佛果가 非修非不修오 非證得非不證得이로되 以無所證而證而得에[中觀] 是名非僞非毒을 名之爲眞이오 非空非愛見을 名之爲正이라하니 如是慈悲誓願이 與不思議境智로 非前非後라 同時俱起일세 慈悲卽智慧오 智慧卽慈悲나 無緣無念하야 普覆一切하야 任運拔苦하고 自然與樂하야 不同毒害오 不同但空이오 不同愛見이 是名眞正發菩提心이라하니 釋曰但觀上所引之文이면 疏文은 居然易了니 卽撮其大意而爲此疏하야 顯經深玄이라 然此經上下菩提心義는 文理淵博이어늘 見其撮略라 故取而用之하고 引而證之니라

初五頌發心行相을 竟하다]

또한 위의 게송에서 "심오한 마음에 신심과 이해 항상 청정하다."고 말한 것은 진리와 상응해야 바야흐로 '심오한 마음'이라 말할 수 있지만, 만일 지난날 오염된 것이 오늘날 청정하게 되었다면 그 청정은 곧 시작이 있는 것이다. 시작이 있으면 반드시 끝이 있기 마련이다. 그것은 언제나 청정한 것이 아니다. 번뇌가 곧 보리인 줄을 믿어야만 바야흐로 언제나 청정하게 된다. 본성에 부합하도록 발심한 연유로 본래 부처의 자리라 더 이상 다시 나아갈 자리가 없고 허공에 있는 것과 같으니 그 어느 곳으로 물러서겠는가.

중생이 이를 알지 못한 것을 개탄하여 중생과 자신이 동일체라는 대자비심을 일으키고, 지난날 알지 못한 것을 후회하여 맹세코 마땅히 증득할 것을 다짐하였다. 大悲의 마음이 있기 때문에 끝이 없는 적멸 속에 빠지지 않고, 大智가 있는 까닭에 한계가 있는 자리에 동요되지 않는다. 흔들리지도 않고 적멸에 빠지지도 않으

며 바로 中道에 들어감을 "진정한 보리심을 일으켰다."고 말한다.
【초】 "또한 위의 게송에서 심오한 마음" 이하는 진정한 보리심의 본체를 밝힌 것이다. 여기에는 3가지의 뜻이 있다.

① 3가지 마음[大智·大悲·大願心]의 보리를 들어 말하였다.

② 三觀을 들어 말하였다.

③ 四弘을 들어 말하였다.

이의 첫 부분은 大智心을,

다음 '慨衆生迷此' 이하는 大悲心을,

뒤의 '悼昔不知' 이하는 大願心을 밝히고 있다.

이는 곧 보리심의 등불에 대비심이 기름이 되고 대원심이 심지가 되어 그 광명이 법계를 비추는 것이다. 이 때문에 위에서 말한 순서와 같은바 곧 直心·大悲心·深心이다.

'② 三觀을 들어 말하였다.'는 것은 悲願은 假觀이요, 앞의 大智心 가운데 바로 본성이 청정임을 밝힌 것은 곧 空觀이요, 번뇌가 곧 보리라 본래 부처라 하는 것은 곧 中道觀이다.

'③ 四弘을 들어 말하였다.'는 것은,

㉠ 전체로 이치를 세웠다. 이는 圓敎의 四弘인 까닭에 본성과 하나가 된 부분을 밝혔다.

㉡ '信煩惱即菩提' 이하는 사홍서원을 개별로 밝혔다.

첫째는 곧 "끝없는 번뇌를 맹세코 모두 끊음"이며,

둘째, '由稱本性而發心故' 이하는 곧 "위없는 불도를 맹세코 모두 성취함"이며,

셋째, '慨衆生迷此' 이하는 "끝없는 중생을 맹세코 모두 제도함"이며,

넷째, '悼昔不知' 이하는 "끝없는 법문을 맹세코 모두 배움"이다.

여기에서 사홍서원을 밝힌 것은 곧 위에서 말한 사홍서원을 가리키고 있지만 위에서는 단 게송만을 가리키고 있을 뿐이며, 여기에서는 '深心'이라는 말을 가지고서 이 4가지를 회통하여 원융하고 미묘하게 한 것이다.

'有悲故' 이하는 "ⓛ 사홍서원을 개별로 밝힌" 부분에 귀결된다. 위에 비록 많은 뜻이 있으나 悲智에서 벗어나지 않는다. 그러므로 여기에서 끝맺음이니 곧 위 청량소의 문장 및 경문을 끝맺은 것이다. 이 때문에 止觀 제5권에서 '10가지 원인으로 결과가 이뤄지는 十法成乘'을 말한 가운데, 제2의 '진정한 보리심을 일으킴'에 대해 이르기를 "이미 불가사의의 경계를 깊이 알았다면 하나의 고통이 일체 모든 고통이다. 스스로 지난 옛날의 고통에 미혹을 일으켜 그 속에 빠진 것을 슬퍼하며" 내지 "나와 남을 생각하며 나와 남을 크게 마음 아파하고 곧 大悲의 마음을 일으켜 2가지의 서원을 세웠다. '끝없는 중생을 맹세코 모두 제도하겠다.' '끝없는 번뇌를 맹세코 모두 끊겠다.'

중생이 비록 광활한 허공과 같으나 허공과 같은 중생을 맹세코 제도하고, 비록 번뇌란 있지 않다는 것을 알지만 있지 않다는 번뇌를 맹세코 끊는다[위의 2가지는 空觀].

비록 중생이 지극히 많음을 알지만 많고 많은 중생을 제도하

고, 비록 번뇌가 밑바닥이 없음을 알지만 밑바닥이 없는 번뇌를 끊으며[假觀],

비록 중생이 부처님과 똑같음을 알지만 부처님과 똑같은 중생을 제도하고, 비록 번뇌가 實相과 같음을 알지만 실상과 같은 번뇌를 끊는다[中觀].

무슨 까닭일까? 만약 단 고통의 원인과 고통의 결과만을 뽑아낸다면 이러한 서원은 雜毒이다. 이 때문에 반드시 空을 관해야 하지만 만일 치우쳐 공만을 관하면 곧 중생을 제도해야 함을 보지 못할 것이다. 이를 명명하여 공에 집착한 자라고 말한다. 그 어떤 부처님도 그를 교화할 수 없다.

만일 치우쳐 중생을 제도해야 함만을 보면 곧 愛見大悲에 떨어진 것이기에 해탈의 도가 아니지만, 여기에서 말한 것은 잡독도 아니요 거짓도 아니기에 그 이름을 '眞'이라 하고, 空의 쪽도 아니요 有의 邊도 아니기에 그 이름을 '正'이라 한다. 새 한 마리가 허공을 날 때에 끝내 허공에 머물지 않는다. 비록 허공에 머물지 않으나 그 자취를 찾을 수 없는 것처럼 비록 공하지만 제도하고, 제도하지만 공한 터라, 이 때문에 誓願코 허공과 함께 다툰 까닭에 이를 '진정한 보리심을 일으켰다.'고 말한다."

이에 대해 해석하기를 "이상에서는 반드시 三觀을 추구해야 하는 이유를 해석한 것이다."고 하였다.

또 천태지관에서 말하였다.

"또한 불가사의의 마음을 알면 하나의 즐거운 마음이 일체 모든 즐거운 마음이다. 나와 중생이 옛적에 비록 즐거움을 추구했으나 즐거움의 원인을 알지 못하였다. 이는 마치 기와 부스러기를 들고서 여의주라 말하고, 공허하게 반딧불을 가리켜 해와 달이라 우긴 것과 같다. 하지만 이제야 비로소 처음으로 알았기에 大悲의 마음을 일으켜 2가지 서원을 세웠다. '끝없는 법문을 맹세코 모두 알겠다.' '위없는 불도를 맹세코 모두 성취하겠다.'

비록 법문이 영원히 고요하여 허공과 같음을 알지만 맹세코 영원히 고요함을 수행하고, 비록 보리는 있지 않다는 것을 알지만 있지 않은 가운데에서 나는 짐짓 추구하며[이상은 空觀],

비록 법문이 허공처럼 있지 않다는 것을 알지만 서원과 같이 허공을 그림으로 장엄하고, 비록 부처님의 도는 이룰 수 있는 것과 이룰 수 있는 대상이 아닌 줄을 알지만 허공에 나무를 심어 꽃송이와 열매를 맺도록 하는 것과 같으며[假觀],

비록 법문 및 佛果는 닦는 것도 아니요 닦지 못할 것도 아니며, 증득할 것도 아니요 증득하지 못할 것도 아닌 줄 알지만 증득할 대상이 없는 것으로 증득하며[中觀], 거짓도 아니요 잡독도 아닌 것을 '眞'이라 말하고, 空도 아니요 愛見도 아닌 것을 '正'이라고 말한다.

이와 같이 자비심의 誓願이 불가사의 경계의 지혜와 앞도 아니요 뒤도 아니라, 동시에 함께 일어난 까닭에 자비가 곧 지혜이며, 지혜가 곧 자비이다. 하지만 반연도 없고 생각도 없이 일체 모든 것을 널리 덮어주어 마음 가는 대로 고통을 뽑아내고 자연스럽게 즐거움을 주어, 독과 해를 끼치는 것과도 같지 않으며, 일체의 법을 공하다고만 주장하는 但空과도 같지 않으며, 愛見과도 같지 않은 것을 '진정한 보리심을 일으킴'이라고 말한다."

이에 대해 해석하기를 "단 위에서 인용한 문장을 살펴보면 청량소의 해당 문장은 쉽게 이해할 수 있다. 그것은 곧 大意를 간추려서 疏를 서술하여 심오하고도 현묘한 게송의 뜻을 밝혀주었다. 그러나 이 게송의 상하 문장에 보리심에 관한 의의는 문장의 맥락이 깊고 드넓은데 그 가운데서 간단하게 간추린 까닭에 이를 취하여 인용하였고, 이를 인용하여 증명하였다."고 하였다.

제1단락의 5수 게송에서 밝힌 발심의 行相을 끝마치다.】


第二 信爲道元下 七頌은 略示勝能이라

제2단락의 '信爲道元' 이하 7수 게송은 간단하게 수승한 능력을 보여주었다.

經

信爲道元功德母라　　長養一切諸善法하며
斷除疑網出愛流하야　　開示涅槃無上道니라

　　믿음은 도의 근원, 공덕의 어머니
　　일체 모든 선법 길러주며
　　의심의 그물 끊고 애욕을 벗어나
　　위없는 열반의 도 보여주었다

◉ **疏** ◉

於中에 初一頌은 總標오 次五頌은 別釋이오 後一頌은 總結이라
今初 初句는 又標라 道有二義하니 一은 果니 所謂菩提涅槃이오 二는 因이니 謂三賢十聖이 乘一直道라 元亦二義니 一은 本義니 菩提本故니 其猶滔滔之水 始於濫觴이오 二는 首義니 元者는 善之長也니 即一因之初라 功德二義니 通因及果오 母有二義니 生長·養育이라
下三句는 共釋初句니 長養은 即母二義며 亦道元義오 一切善法과 及 第二句는 即因功德이오 第三一句는 即果功德이오 無上道者는 即大菩提니 由信長善하야 得此菩提며 由信斷疑出愛하야 成涅槃證이니 不信身心如來知見이면 豈能開示菩提涅槃이리오【鈔─ 不信身心下는 反成上義니 知見相이 爲菩提오 知見性이 爲涅槃이라 故法華論에 釋 開佛知見으로 爲無上義라하니 謂雙開菩提·涅槃이니라】

　제2단락의 7수 게송 가운데, 첫째 게송은 총체로 나타냄이며, 다음 5수 게송은 개별로 해석함이며, 뒤의 1수 게송은 총체로 끝맺음이다.
　첫째 게송의 제1구는 또한 표상이다. 도에는 2가지의 의의가 있다.
　⑴ 果. 이른바 보리의 열반이며,
　⑵ 因. 三賢과 十聖이 하나의 直道를 싣고 있음을 말한다.
　元 또한 2가지의 의의가 있다.
　⑴ 本義. 보리의 근본이기 때문이다. 도도한 대하의 강물도 그 본원은 잔을 띄울 정도의 작은 물에서 시작한 것과 같다.
　⑵ 首義. 元이란 선의 으뜸인바 곧 하나의 원인의 시초이다.

功德 또한 2가지의 의의가 있는데 因과 果에 모두 통한다.

母 또한 2가지의 의의가 있는데 生長과 養育이다.

아래의 3구는 모두 제1구의 뜻을 해석하고 있다. 제2구에서 말한 長養이란 생상과 양육이라는 곧 母에 대한 2가지의 의의이며, 또한 도의 근원이라는 의의이며, '일체 善法' 및 제2구는 곧 因의 공덕이며, 제3구는 곧 果의 공덕이며, 제4구의 無上道란 곧 대보리지혜이다. 신심을 통하여 선을 낳아주고 길러서 이런 보리지혜를 얻으며, 신심을 통하여 의심을 끊고 애욕에서 벗어나 열반의 증득을 성취하는 것이다. 나의 몸과 마음의 여래 지견을 믿지 않으면 어떻게 보리열반을 보여줄 수 있겠는가.【초_ "나의 몸과 마음의 여래 지견을 믿지 않으면" 이하는 위에서 말한 의의를 역설로 끝맺음이다. 知見의 모습이 보리가 되고 지견의 자성이 열반이 된다. 이 때문에 법화경에서 "부처님의 지견을 열어줌으로 위없는 최상의 의의를 삼는다."고 해석하였다. 보리·열반 2가지를 모두 열어 보여주심을 말한다.】

經

**信無垢濁心淸淨**이오　**滅除憍慢恭敬本**이며
**亦爲法藏第一財**오　**爲淸淨手受衆行**이니라

　믿음은 때 묻고 혼탁함이 없어 마음이 청정하고
　교만을 없애주는 공경의 근본이며
　또한 법장의 으뜸가는 재물이고

청정한 손이 되어 모든 행을 받는다

**信能惠施心無悋**이오   **信能歡喜入佛法**이며
**信能增長智功德**이오   **信能必到如來地**니라

    믿음은 은혜와 보시로 마음이 인색하지 않고

    믿음은 환희로 불법에 들게 하며

    믿음은 지혜 공덕을 키워주고

    믿음은 반드시 여래의 지위에 이르게 한다

**信令諸根淨明利**오   **信力堅固無能壞**며
**信能永滅煩惱本**이오   **信能專向佛功德**이니라

    믿음은 모든 근을 깨끗하고 밝고 이롭게 하고

    믿음의 힘은 견고하여 깨뜨릴 수 없으며

    믿음은 길이 번뇌의 근본을 없애주고

    믿음은 오롯이 부처님 공덕을 향하게 만든다

**信於境界無所着**이오   **遠離諸難得無難**이며
**信能超出衆魔路**오   **示現無上解脫道**니라

    믿음은 경계에 집착함이 없고

    모든 어려움 멀리 여의어 어려움 없으며

    믿음은 온갖 마군 길에서 벗어나

    위없는 해탈의 도를 보여준다

信爲功德不壞種이오　　信能生長菩提樹며
信能增益最勝智오　　　信能示現一切佛이니라

　　믿음은 공덕이 파괴되지 않는 종자이고
　　믿음은 보리수를 낳아주며
　　믿음은 가장 수승한 지혜를 키워주고
　　믿음은 모든 부처님을 보여준다

● 疏 ●

次五頌 別顯中에 有二十句하니 一句辨一勝能이니 一은 心淨爲性이라 故能翻不信濁이오 二는 信理普敬이라 故翻憍慢이오 三은 十藏之內에 信卽是藏이며 七聖財中에 信爲第一이오 四는 信手受取奉行이오 五는 信財如夢이라 故無所吝이오 六은 智論에 云 佛法大海에 信爲能入이라하고 七은 增福智因이오 八은 到二嚴果오 九·十은 五根·五力에 各在初故오 十一은 信本無惑이라야 方斷惑根이오 十二는 若向餘德이면 不名淨信이오 十三은 信境本空이라 故無所著이오 十四는 正信之人은 不生八難이오 十五는 非不正信으로 能超魔路오 十六은 正信解脫이오 十七은 成不壞本이오 十八은 爲菩提根이오 十九는 增佛勝智오 二十은 究竟見佛이니 謂信自己心이면 自佛出現하고 信外諸佛이면 諸佛現前이니 經云 一切諸佛이 從信心起라하니라

　　제2단락의 7수 게송 가운데, 다음 5수의 게송은 개별로 밝힌 부분으로 20구이다.
　　1구절마다 하나의 수승한 능력을 말하고 있다.

제1구, 마음이 청정함으로 자성을 삼은 까닭에 不信의 혼탁을 뒤집어주며,

제2구, 진리란 널리 공경해야 함을 믿는 까닭에 교만심을 뒤집어주며,

제3구, 十藏(信, 戒, 慚, 愧, 聞, 施, 慧, 念, 持, 辯藏) 내에 믿음이 곧 하나의 창고이며, 七聖財(信, 戒, 慙, 愧, 聞, 施, 慧) 가운데 믿음이 으뜸이며,

제4구, 손으로 받들어 행해야 할 것임을 믿음이며,

제5구, 재물이 한낱 꿈과 같음을 믿기 때문에 인색한 바가 없으며,

제6구, 지도론에 이르기를 "불법의 큰 바다는 믿음만이 들어갈 수 있다."고 하였으며,

제7구, 복덕과 지혜의 因을 더해주며,

제8구, 복덕과 지혜 장엄의 果에 이르게 하며,

제9, 10구, 五根과 五力의 각각 첫자리에 있기 때문이며,

제11구, 본래 미혹이 없음을 믿어야 바야흐로 미혹의 뿌리가 끊어지며,

제12구, 만약 나머지의 덕을 지향하면 청정한 믿음이라 말하지 못하며,

제13구, 경계가 본래 공임을 믿는 까닭에 집착한 바가 없으며,

제14구, 바른 믿음을 지닌 사람은 '부처님을 볼 수 없고 불법을 들을 수 없는, 곧 지옥, 아귀, 축생, 長壽天, 邊地, 盲聾瘖瘂, 世智辨聰, 佛前佛後[八難]'로 태어나지 않으며,

제15구, 바르지 못한 믿음으로는 마군의 길에서 벗어날 수 없으며,

제16구, 바른 신심의 해탈이며,

제17구, 부서지지 않는 근본을 성취하며,

제18구, 보리지혜의 뿌리가 되며,

제19구, 부처님의 수승한 지혜를 더하며,

제20구, 究竟에 부처님을 친견함이다. 자기의 마음을 믿으면 자신의 부처님이 출현하고, 바깥의 제불을 믿으면 제불이 앞에 나타나게 된다. 경에 이르기를 "일체 제불이 신심으로부터 일어난다."고 하였다.

### 經

是故依行說次第인댄　　　信樂最勝甚難得이니
譬如一切世間中에　　　而有隨意妙寶珠니라

　이런 까닭에 행을 따라 차례를 말한다면
　믿음의 즐거움이 가장 수승하여 매우 얻기 어렵다
　비유하면 일체 세간에
　마음 따라 미묘한 보배 구슬 지님과 같다

### ● 疏 ●

三一偈는 總結勝能이니 前法後喻라 信樂者는 信三寶性已오 於方便諸度에 求欲修行인댄 信樂二字 是菩薩正意니 由此二故로 於諸行有能이라 故名最勝이오 非佛不信이라 故云難得이니라

喻如意珠는 略有五義하니 一은 勝義니 法寶中王故오 二는 希義니 非佛輪王이면 餘無有故오 三은 淨義니 能淸不信濁故오 四는 貴義니 出位行寶等을 不可盡故오 五는 蘊義니 蘊衆德物에 無障礙故니라
第二. 七頌에 略示勝能 竟하다

제2단락의 7수 게송 가운데, 셋째 1수 게송은 수승한 능력을 총체로 끝맺고 있다.

제1, 2구는 법으로 말하였고, 제3, 4구는 비유이다.

믿음의 즐거움[信樂]이란, 삼보의 자성을 믿고서 방편의 모든 바라밀을 수행하고자 추구하면 '信樂' 2글자가 보살의 바른 뜻이다. 이 2글자를 따른 까닭에 모든 행에 큰 능력이 있으므로 "가장 수승하다[最勝]."고 말하였고, 부처님이 아니면 믿지 않은 까닭에 "얻기 어렵다[難得]."고 말하였다.

여의주의 비유에는 간단하게 5가지의 뜻이 있다.

⑴ 수승하다의 뜻. 법보 가운데 왕이기 때문이다.

⑵ 희귀하다의 뜻. 부처님과 輪王이 아니면 나머지는 없기 때문이다.

⑶ 청정하다의 뜻. 不信의 혼탁을 맑혀주기 때문이다.

⑷ 고귀하다의 뜻. 出位와 行寶 등을 다하지 못하기 때문이다.

⑸ 온축하다의 뜻. 수많은 공덕의 물건을 감싸고 있으나 장애가 없기 때문이다.

제2단락의 7수 게송에서 간단하게 수승한 능력을 보인 부분을 끝마치다.

一

第三若常信奉下에 五十頌半은 廣明信中所具行位라 然有二意하니 一은 行布요 二는 圓融이라 古約圓融일세 故名信中所具라하니라 於中에 三이니 初는 明所具行이오 次는 辨所具位오 三은 結歎功德이라 今은 初라

제3단락의 '若常信奉' 이하 50수 반의 게송은 믿음 속에 갖춰야 할 바의 行位이다.

그러나 2가지의 뜻이 있다. 첫째는 行布이며, 둘째는 圓融이다. 옛적에 원융으로 말한 까닭에 "믿음 속에 갖춰야 할 바"라고 말하였다.

"믿음 속에 갖춰야 할 바"에는 3가지가 있다.

(1) 갖춰야 할 바의 行을 밝힘이며,

(2) 갖춰야 할 바의 지위를 논변함이며,

(3) 공덕을 찬탄하면서 끝맺음이다.

이는 (1) 갖춰야 할 바의 行을 밝힘이다.

若常信奉於諸佛이면　　則能持戒修學處니
若常持戒修學處면　　則能具足諸功德이니라

　항상 모든 부처님 믿고 받들면
　계율 지녀 닦고 배우는 곳이니
　항상 계율 지녀 닦고 배우면
　모든 공덕 구족하리라

戒能開發菩提本이오　　　學是勤修功德地니
於戒及學常順行이면　　　一切如來所稱美니라
    계는 보리 근본 열어주고
    배움이란 공덕을 부지런히 닦음이니
    계율과 배움을 항상 따라 행하면
    모든 여래 아름답다 칭찬하리라


若常信奉於諸佛이면　　　則能興集大供養이니
若能興集大供養이면　　　彼人信佛不思議니라
    항상 모든 부처님 믿고 받들면
    큰 공양으로 공덕을 짓는 일이니
    큰 공양으로 공덕을 지으면
    그는 부처님의 불가사의를 믿고 받든 자이다


若常信奉於尊法이면　　　則聞佛法無厭足이니
若聞佛法無厭足이면　　　彼人信法不思議니라
    항상 소중한 법 믿고 받들면
    부처님 법을 듣고 싫음이 없고
    부처님 법을 듣고 싫음이 없으면
    그는 법의 불가사의를 믿고 받든 자이다


若常信奉淸淨僧이면　　　則得信心不退轉이니

若得信心不退轉이면　　彼人信力無能動이니라

　　항상 청정한 스님 믿고 받들면
　　물러서지 않는 신심 얻으리
　　신심이 물러서지 않으면
　　그의 믿음의 힘은 흔들리지 않으리라

◉ 疏 ◉

八頌半은 分二니 先五頌은 明信三寶하야 以成諸行이오 後三頌半은 明信展轉하야 以成諸行이라

前中初三頌은 信佛成行이니 初二句는 標章이니 持戒는 惡止也오 修學處는 善行也라 瑜伽云旣發心已면 應於七處修學이라 故名學處니 謂一 自利處오 二 利他處오 三 眞實義處오 四 威力處오 五 成熟有情處오 六 成熟自佛法處오 七 無上止等菩提處라하니라

次一偈半은 雙顯二德이니 若不持戒면 尚不能得疥癩野干之身이온 況於菩提아 戒止妄非라 則性淨菩提開發오 因果功德 皆依學處而生이라 故云地也니라

後一偈는 別明成供養行이니 謂財法供養이라 故云大也니라 次一은 信法이오 後一偈는 信僧이니 文竝可知니라

　　제3단락 50수 반의 게송 가운데, 첫째 8수 반의 게송은 다시 2부분으로 나뉜다.
　　앞의 5수 게송은 삼보를 믿음으로써 모든 행이 성취됨을 밝혔고, 뒤 3수 반의 게송은 믿음이 한 단계 한 단계 전전하면서 모든

행이 성취됨을 밝히고 있다.

앞의 5수 게송 가운데, 앞의 3수 게송은 부처님을 믿음으로써 행을 성취함이다.

제1게송의 제1, 2구는 標章이다. 계율을 지키면 악이 저지되고, 학습하는 곳은 선을 행함이다. 유가론에서 이르기를 "이미 발심을 하였다면 마땅히 일곱 곳에서 닦아나가야 한다. 이 때문에 이를 '배워야 할 곳[學處]'이라고 말하였다. (1) 自利處, (2) 利他處, (3) 眞實義處, (4) 威力處, (5) 成熟有情處, (6) 成熟自佛法處, (7) 無上正等菩提處이다."고 하였다.

다음 제1게송의 제3, 4구와 제2게송은 持戒와 보리 2가지의 공덕을 모두 밝히고 있다. 만일 계를 지니지 않으면 오히려 비루먹은 여우[疥癩野干]의 몸마저도 얻지 못하는데, 하물며 어떻게 보리를 얻을 수 있겠는가. 戒는 허망하고 그릇된 일을 저지해주는 것이다. 따라서 곧 성품에 청정한 보리가 열리게 된다. 인과의 공덕은 모두 배우는 곳에 의지하여 생겨나는 까닭에 '地'라고 말하였다.

뒤의 제3게송은 공양행의 성취를 개별로 밝힘이다. 재물공양과 법공양인 까닭에 '大'라고 말하였다.

다음 제4게송은 법을 믿음이다.

맨 뒤의 제5게송은 스님을 믿음이다.

게송은 말하지 않아도 모두 알 수 있다.

若得信力無能動이면     則得諸根淨明利니
若得諸根淨明利이면     則能遠離惡知識이니라

    믿음의 힘이 흔들리지 않으면
    모든 근이 청정하고 밝고 예리하리라
    모든 근이 청정하고 밝고 예리하면
    나쁜 지식인을 멀리 여의리라


若能遠離惡知識이면     則得親近善知識이니
若得親近善知識이면     則能修習廣大善이니라

    나쁜 지식인을 멀리 여의면
    선지식을 가까이하리라
    선지식을 가까이하면
    넓고 큰 선을 닦으리라


若能修習廣大善이면     彼人成就大因力이니
若人成就大因力이면     則得殊勝決定解라

    넓고 큰 선을 닦으면
    그는 큰 원인의 힘을 성취하리라
    큰 원인의 힘을 성취하면
    수승한 결정의 이해를 얻으리라

若得殊勝決定解면　　　則爲諸佛所護念이니라

수승한 결정의 이해를 얻으면

모든 부처님의 보살핌을 받으리라

◉ 疏 ◉

二有三頌半은 成展轉行이니 展轉依前하야 功歸於信이라
初八頌半의 明所具行位를 竟하다

8수 반 게송 가운데, 뒤의 3수 반 게송은 전전하여 행을 성취함이다. 전전하여 앞의 것을 의하여 공부가 신심으로 귀결하는 것이다.

제3단락 50수 반의 게송 가운데, 첫째 8수 반의 게송에서 '갖춰야 할 바의 行位를 밝힌 부분'을 끝마치다.

二若爲諸佛下 三十九頌은 明所具諸位니 於中에 成後四位하야 卽爲四段이라
初三頌은 明十住位라

제3단락 50수 반의 게송 가운데, 둘째 '若爲諸佛' 이하 39수 게송은 갖춰야 할 대상의 모든 지위를 밝히고 있다.

그 가운데 뒤의 4位(十住, 十行, 十廻向, 十地位)를 성취하여 곧 지위에 따라 4단락이 되었다.

처음 3수의 게송은 十住位를 밝히고 있다.

217

若爲諸佛所護念이면　　則能發起菩提心이니

　　모든 부처님의 보살핌을 받으면
　　보리심을 일으키리라

若得發起菩提心이면　　則能勤修佛功德이니라
若能勤修佛功德이면　　則得生在如來家니

　　보리심을 일으키면
　　부처님의 공덕 부지런히 닦으리라
　　부처님의 공덕 부지런히 닦으면
　　여래의 집안에 태어나리라

若得生在如來家면　　則善修行巧方便이니라
若善修行巧方便이면　　則得信樂心淸淨이니

　　여래의 집안에 태어나면
　　좋은 방편 잘 닦아 행하리라
　　좋은 방편 잘 닦아 행하면
　　믿고 즐거워하는 마음 청정하리라

若得信樂心淸淨이면　　則得增上最勝心이니라

　　믿고 즐거워하는 마음 청정하면
　　위로 더해가는 가장 수승한 마음 얻으리라

◉ 疏 ◉

有六句하니 初句는 發心住오 次句는 治地·修行 二住오 次句는 生貴住오 次句는 方便具足住오 次句는 正心住오 後句 增上은 是不退住오 最勝心은 是後三住니 準下釋之니라【鈔_ 初明十住者下는 明諸位皆含義理니 竝如本品이라 後句增上等者는 由前正心은 但聞讚毁不動이어니와 今聞無有·利害更深이로되 而心不退라 故爲增上이니 餘當下文尋之니라 然皆隱位名이오 存其中行하야 或合或開하고 或略或廣하야 不全次第者는 意明圓融信門 卽頓具故니라 亦猶離世間品에 六位 頓成爲二千行하야 位位頓修故니 若一向次第면 但得行布一分義耳니라】

6구(여기에서는 2줄을 1구로 말함)이다.

제1구(若爲諸佛所護念 則能發起菩提心)는 發心住이며,

제2구(若得發起菩提心 則能勤修佛功德)는 治地住와 修行住이며,

제3구는 生貴住이며,

제4구는 方便具足住이며,

제5구는 正心住이며,

제6구의 增上은 不退住이며, 最勝心은 뒤의 3住, 즉 童眞住·法王子住·灌頂住이다.

아래의 게송은 이를 준해 해석하면 된다.【초_ "처음 3수의 게송은 十住位를 밝히고 있다." 이하는 모든 位에 모두 그에 따른 뜻을 포함하고 있음을 밝힌 것으로, 아울러 본 품에서 말한 바와 같다.

"제6구의 增上" 등이란 앞의 게송에 바른 마음[正心]은 단 찬탄

과 훼담을 듣고서도 흔들리지 않음을 따른 것이지만, 여기에서는 有·無와 利·害가 더욱 심한 것을 듣고서도 마음이 물러서지 않은 것이다. 이 때문에 위로 한 단계 향상된 '增上'이라고 한다. 나머지는 아래의 문장에서 찾아볼 수 있다.

그러나 게송에서 모두 그 지위의 명칭을 말하지 않았고 그 가운데 그 지위에 해당되는 行만을 서술하되 어떤 것은 다른 것과 합해서 말하기도 하고, 어떤 것은 나누어서 말하기도 하고, 어떤 것은 생략하기도 하고, 어떤 것은 확대해서 말하여 그 차례가 완전히 일치하는 것은 아니다. 그 뜻이 원융한 신심의 법문[圓融信門]에 곧 모두 갖춰져 있음을 밝힌 때문이다. 이는 제38 이세간품에서 六位頓成에 대해 2천 줄이라는 장문으로 지위마다 단번에 닦아가는 것과 같기 때문이다. 만일 하나같이 차례만을 따른다면 그것은 단 行布의 한 부분의 의의반을 얻은 것이다.】

二若得增上下 二頌半은 明十行位라

제3단락의 둘째 39수 게송 가운데, 제2 '若得增上' 이하 2수 반의 게송은 十行位를 밝히고 있다.

若得增上最勝心이면　　　則常修習波羅蜜이니
위로 더해가는 가장 수승한 마음을 얻으면

항상 바라밀을 닦아 익히리라

**若常修習波羅蜜**이면 　　　**則能具足摩訶衍**이며
**若能具足摩訶衍**이면 　　　**則能如法供養佛**이니라

　　항상 바라밀을 닦아 익히면
　　마하연 대승법이 원만구족하리라
　　대승법이 원만구족하면
　　여법하게 부처님께 공양 올리리라

**若能如法供養佛**이면 　　　**則能念佛心不動**이니
**若能念佛心不動**이면 　　　**則常覩見無量佛**이니라

　　여법하게 부처님께 공양 올리면
　　염불하는 마음이 흔들리지 않으리라
　　염불하는 마음이 흔들리지 않으면
　　항상 한량없는 부처님을 보게 되리라

● 疏 ●

波羅蜜은 是十行總名이라 摩訶衍은 是異二乘行이니 初二行 收오 如法供養은 是順理行이니 次二行 攝이오 念佛心不動과 及常見佛은 竝是定慧行일세 故屬後六行이라 釋相可知라

　　波羅蜜은 十行의 총칭이다.
　　摩訶衍은 이승과는 다른 대승법의 행이니 처음 2行**(歡喜行, 饒益**

221

行)에 속하며,

　如法供養은 순리대로 행한 것이니 다음 2行(無瞋恨行, 無盡行)에 속하며,

　念佛心不動 및 常見佛은 모두 定慧의 行이다. 이 때문에 뒤의 6行(離痴亂行, 善現行, 無着行, 尊重行, 善法行, 眞實行)에 속한다.

　十行의 양상에 대한 해석은 말하지 않아도 알 수 있다.

---

三若常覩見下 三公頌은 明十廻向位라

　제3단락의 둘째 39수 게송 가운데, 제3 '若常覩見' 이하 3수의 게송은 十廻向位를 밝히고 있다.

**經**

若常覩見無量佛이면　　則見如來體常住니
若見如來體常住면　　　則能知法永不滅이니라
　　항상 한량없는 부처님을 보게 되면
　　여래의 몸 항상 머무심을 보리라
　　여래의 몸 항상 머무심을 보면
　　법이 길이 사라지지 않음을 알리라

若能知法永不滅이면　　則得辯才無障礙니
若得辯才無障礙면　　　則能開演無邊法이니라

법이 길이 사라지지 않음을 알면
걸림 없는 변재를 얻으리라
걸림 없는 변재를 얻으면
끝없는 법을 연설하리라

若能開演無邊法이면　　　則能慈愍度衆生이니
若能慈愍度衆生이면　　　則得堅固大悲心이니라

끝없는 법을 연설하면
자비와 애민으로 중생을 제도하리라
자비와 애민으로 중생을 제도하면
견고한 대비심을 얻으리라

● 疏 ●

通顯三種廻向이니 佛體常住는 是向菩提이오 法永不滅은 是向實際
오 餘向衆生이라

　　전체 3가지의 회향을 밝히고 있다. 부처님이 언제나 머무는 것은 보리에 회향함이며, 법이 영원히 사라지지 않음은 實際에 회향함이며, 나머지는 중생에 회향함이다.

四若能堅固下에 三十頌半은 明十地位라

　　제3단락의 둘째 39수 게송 가운데, 제4 '若能堅固' 이하 30수 반의 게송은 十地位를 밝히고 있다.

**經**

若能堅固大悲心이면　　則能愛樂甚深法이니

　　견고한 대비심을 얻으면

　　지극히 심오한 법 사랑하고 좋아하리라

◉ 疏 ◉

初半頌은 是初地니 謂深法은 是所證眞如오 愛樂은 是極喜異名이라

　1) 절반의 게송은 初地이다. 심오한 법이란 증득해야 할 대상으로서의 眞如이며, 사랑하고 좋아함은 지극한 '歡喜'의 다른 이름이다.

**經**

若能愛樂甚深法이면　　則能捨離有爲過니라

　　지극히 심오한 법 사랑하고 좋아하면

　　작위 있는 허물을 여의리라

◉ 疏 ◉

二半頌은 是離垢地니 以離犯戒有爲過故니라

　2) 절반의 게송은 離垢地이다. 계율을 범하는 有爲의 허물을 여읜 때문이다.

經

若能捨離有爲過면 　　則離憍慢及放逸이니
若離憍慢及放逸이면 　　則能兼利一切衆이니라

　　작위 있는 허물을 여의면
　　교만과 방일을 여의리라
　　교만과 방일을 여의면
　　겸하여 일체중생에게 이익을 주리라

● 疏 ●

三一頌에 離慢等은 是三四二地니 以三地는 於禪不著이라 故無慢이오 又以求法不懈라 亦名離慢이오 第四地는 得出世間道品일세 故云無放逸이라 然不捨攝生일세 故云兼利라하니라

3) 1수의 게송에 '離慢' 등은 제3 發光地, 제4 焰慧地이다.

제3 발광지는 선정에 집착하지 않기 때문에 교만심이 없으며, 또한 법을 구하는 데에 게으르지 않기 때문에 또한 교만심을 여의었다고 말한다.

제4 염혜지는 출세간의 도를 얻었기에 방일이 없다고 말한다. 그러나 중생의 조섭을 버리지 않은 까닭에 "겸하여 이익을 준다[兼利]."고 말하였다.

經

若能兼利一切衆이면 　　則處生死無疲厭이니

**若處生死無疲厭**이면　　　**則能勇健無能勝**이니라

　　겸하여 일체중생에게 이익을 주면
　　생사에 처해서도 피로하거나 싫음이 없으리라
　　생사에 처해서도 피로하거나 싫음이 없으면
　　용맹하고 강건하여 이길 이 없으리라

● 疏 ●

四有一頌은 明五地니 謂雖得出世나 而還處生死라 故無厭이오 眞俗互違하야 難合能合을 餘地不過라 故로 云勇健無能勝이니 此是難勝之名也니라

　4) 1수의 게송은 제5 難勝地를 밝힘이다. 비록 출세간의 도를 얻었으나 도리어 생사에 처한 까닭에 싫어함이 없고, 眞諦와 俗諦가 서로 어긋나 합하기 어려운 일을 잘도 종합하였기에 여타의 지위에서는 이를 뛰어넘을 수 없다. 이 때문에 "용맹하고 강건하여 이길 이 없다."고 말한다. 이러한 것이 難勝이라는 名義이다.

**經**

**若能勇健無能勝**이면　　**則能發起大神通**이니
**若能發起大神通**이면　　**則知一切衆生行**이니라

　　용맹하고 강건하여 이길 이 없으면
　　대신통을 일으키리라
　　대신통을 일으키면

일체중생의 행을 알리라

● 疏 ●

五有一頌은 明第六地에 悲智不住하고 般若現前이니 謂神通攝物은 是大悲行이오 知衆生行은 是十二緣生이니 是大智行이라

5) 1수의 게송은 제6 現前地에서 大悲大智에 머물지 않고 반야가 앞에 나타남을 밝히고 있다. 신통변화로 중생을 조섭함은 大悲行이며, 중생의 모든 행을 아는 것은 12연기로 생겨나는 것인바, 이는 大智行이다.

### 經

若知一切衆生行이면　　則能成就諸群生이니
若能成就諸群生이면　　則得善攝衆生智니라

　일체중생의 행을 알면
　모든 중생을 성취시키리라
　모든 중생을 성취시키면
　중생을 잘 거둬주는 지혜 얻으리라

若得善攝衆生智면　　則能成就四攝法이니
若能成就四攝法이면　　則與衆生無限利며

　중생을 잘 거둬주는 지혜 얻으면
　사섭법(布施·愛語·利行·同事)을 성취하리라

사섭법을 성취하면
　　중생에게 한량없는 이익을 주리라

**若與衆生無限利**면　　　**則具最勝智方便**이니라
　　중생에게 한량없는 이익을 주면
　　가장 수승한 지혜 방편이 구족하리라

◉ 疏 ◉

六二頌半은 明七地니 謂初一은 明有中殊勝行이오 後一頌半은 明空中方便智니 準釋可知니라

　6) 2수 반의 게송은 제7 遠行地를 밝힘이다.
　　첫 게송은 有의 속에 수승한 행을 밝혔고,
　　뒤의 1수 반의 게송은 空의 속에 방편지혜를 밝혔다. 이에 준해 해석하면 말하지 않아도 알 수 있다.

**經**

**若具最勝智方便**이면　　　**則住勇猛無上道**니
　　가장 수승한 지혜 방편이 구족하면
　　용맹스럽게 위없는 도에 머물리라

**若住勇猛無上道**면　　　**則能摧殄諸魔力**이니라
**若能摧殄諸魔力**이면　　　**則能超出四魔境**이니

228

용맹스럽게 위없는 도에 머물면

모든 마군의 힘 꺾으리라

모든 마군의 힘 꺾으면

네 마군[蘊魔·死魔·煩惱魔·天魔]의 경계에서 벗어나리라

**若能超出四魔境**이면　　　　**則得至於不退地**니라
**若得至於不退地**면　　　　　**則得無生深法忍**이니

네 마군의 경계에서 벗어나면

물러서지 않는 지위에 이르리라

물러서지 않는 지위에 이르면

태어남이 없는 깊은 법인 얻으리라

**若得無生深法忍**이면　　　　**則爲諸佛所授記**니라

태어남이 없는 깊은 법인 얻으면

모든 부처님의 수기를 받으리라

◉ **疏** ◉

七若具最勝下 三頌은 明第八地라 略辨六義니 一은 道勝이니 謂無功用道라 故云勇猛無上이오 二는 力勝이니 謂智力摧魔오 三은 用勝이니 謂超四魔境이니 捨分段故로 無蘊魔이오 無捨命故로 無死魔오 惑不現行故로 超煩惱魔오 覺佛十力故로 超天魔오 四는 位勝이니 不動地라 故云不退也오 五는 行勝이니 謂得無生忍이오 六은 因勝이니 謂此

位中에 當大授記位也니라

7) 3수의 게송은 제8 不動地를 밝힘이다.

간단하게 6가지의 의의로 논변하고자 한다.

(1) 도가 훌륭하다[道勝]. 作爲가 없는 도이기에 '勇猛無上'이라 말한다.

(2) 힘이 훌륭하다[力勝]. 지혜의 힘으로 마군을 겪음을 말한다.

(3) 작용이 훌륭하다[用勝]. 4가지 마군의 경계를 초월함을 말한다. 分段의 몸을 버린 까닭에 5온의 마군[五蘊魔]이 없으며, 버릴 목숨이 없는 까닭에 죽음의 마군[死魔]이 없으며, 미혹이 나타나 행하지 않는 까닭에 번뇌의 마군[煩惱魔]을 초탈하며, 부처님의 十力을 깨달은 까닭에 하늘의 마군[天魔]을 초탈한 것이다.

(4) 지위가 훌륭하다[位勝]. 不動地이기 때문에 뒤로 물러서지 않는다[不退]고 말한다.

(5) 행이 훌륭하다[行勝]. 無生의 法忍 얻음을 말한다.

(6) 인연이 훌륭하다[因勝]. 이 지위는 크게 수기하는 지위임을 말한다.

若爲諸佛所授記면　　　則一切佛現其前이니

모든 부처님의 수기를 받으면

모든 부처님이 그 앞에 나타나리라

若一切佛現其前이면　　則了神通深密用이니라
若了神通深密用이면　　則爲諸佛所憶念이니

  모든 부처님이 그 앞에 나타나면

  신통의 깊고 비밀스러운 작용 깨달으리라

  신통의 깊고 비밀스러운 작용 깨달으면

  모든 부처님이 기억하고 생각하는 이가 되리라

若爲諸佛所憶念이면　　則以佛德自莊嚴이니라

  모든 부처님이 기억하고 생각하는 이가 되면

  부처님의 공덕으로 스스로 장엄하리라

● 疏 ●

八 二頌은 明第九地에 作大法師니 略辨四義호리라 一은 諸佛加持 名佛現前이오 二는 解了諸佛深密之法이오 三은 佛憶念增其慧力이오 四는 佛德自嚴하야 爲衆說法이라

 8) 2수의 게송은 제9 善慧地에 대법사가 됨을 밝힘이다. 간단하게 4가지의 의의로 논변하고자 한다.

 ⑴ 제불의 가피를 '부처님이 앞에 화현하였다.'고 말하며,

 ⑵ 제불의 심오하고 비밀스러운 법을 깨달음이며,

 ⑶ 부처님이 기억하고 생각함에 따라 그 지혜의 힘을 더하며,

 ⑷ 부처님의 공덕으로 스스로 장엄하여 대중을 위해 설법함이다.

若以佛德自莊嚴이면　　　則獲妙福端嚴身이니
　　부처님의 공덕으로 스스로 장엄하면
　　미묘한 복덕으로 단정히 장엄한 몸 얻으리라


若獲妙福端嚴身이면　　　則身晃耀如金山이니라
若身晃耀如金山이면　　　則相莊嚴三十二니
　　미묘한 복덕으로 단정히 장엄한 몸 얻으면
　　몸이 황금산처럼 찬란하리라
　　몸이 황금산처럼 찬란하면
　　32가지 아름다운 모습으로 장엄하리라


若相莊嚴三十二면　　　則具隨好爲嚴飾이니라
若具隨好爲嚴飾이면　　　則身光明無限量이니
　　32가지 아름다운 모습으로 장엄하면
　　수호상(隨好相)을 갖추어 장엄하리라
　　수호상을 갖추어 장엄하면
　　몸의 광명이 한량없으리라


若身光明無限量이면　　　則不思議光莊嚴이니라
若不思議光莊嚴이면　　　其光則出諸蓮華니
　　몸의 광명이 한량없으면

불가사의 광명으로 장엄하리라
불가사의 광명으로 장엄하면
광명마다 수많은 연꽃을 피워내리라

**其光若出諸蓮華**면      **則無量佛坐華上**이니라
**示現十方靡不徧**하야      **悉能調伏諸衆生**하나니

광명마다 수많은 연꽃을 피워내면
한량없는 부처님이 연꽃 위에 앉아
시방에 두루 하지 않음이 없음을 나타내 보이시어
모든 중생 조복하리라

**若能如是調衆生**이면      **則現無量神通力**이니라

이처럼 모든 중생 조복하면
한량없는 신통력을 나타내리라

**若現無量神通力**이면      **則住不可思議土**하고
**演說不可思議法**하야      **令不思議衆歡喜**니라

한량없는 신통력을 나타내면
불가사의 국토에 머물면서
불가사의 법문 연설하여
불가사의 중생을 기쁘게 하리라

若說不可思議法하야　　令不思議衆歡喜면
則以智慧辯才力으로　　隨衆生心而化誘니라

　　불가사의 법문 연설하여
　　불가사의 중생을 기쁘게 하면
　　지혜와 변재의 힘으로
　　중생의 마음 따라 교화하리라


若以智慧辯才力으로　　隨衆生心而化誘면
則以智慧爲先導하야　　身語意業恒無失이니라

　　지혜와 변재의 힘으로
　　중생의 마음 따라 교화하면
　　지혜로써 선도를 삼아
　　신·구·의 삼업에 항상 살못이 없으리라


● 疏 ●

九若以佛德下 十九頌은 明第十地位라 分五니 初 八頌은 三業殊勝德이라 初五는 身業이니 於中에 前三頌은 明身體德殊勝이오 後二頌은 明身業大用이라 次演說一頌은 語業勝이오 說法益生이오 後二頌은 意業勝이니 智先導故일세니라

　9) '若以佛德' 이하 19수의 게송은 제10 法雲地를 밝힘이다.
　　5부분으로 나뉜다.
　⑴ 8수 게송은 三業의 수승한 덕이다.

8수 게송 가운데, 첫 5수 게송은 身業이다. 그 가운데 앞의 3수 게송은 몸의 體德이 수승함을 밝혔고, 뒤의 2수 게송은 신업의 大用을 밝힌 것이다.

8수 게송 가운데, 다음 '연설'을 말한 제6게송은 語業의 수승함이다. 설법으로 중생에게 이익을 베푸는 것이다.

8수 게송 가운데, 뒤의 제7~8의 2수 게송은 意業의 수승함이다. 지혜가 선도하기 때문이다.

### 經

若以智慧爲先導하야　　身語意業恒無失이면
則其願力得自在하야　　普隨諸趣而現身이니라

지혜로써 선도를 삼아
신·구·의 삼업에 항상 잘못이 없으면
그 원력 자재하여
널리 모든 갈래 길을 따라 몸을 나투리라


若其願力得自在하야　　普隨諸趣而現身이면
則能爲衆說法時에　　　音聲隨類難思議니라

그 원력 자재하여
널리 모든 갈래 길을 따라 몸을 나투면
대중 위해 설법할 때에
음성이 그들의 말을 따라 불가사의하리라

若能爲衆說法時에　　音聲隨類難思議면
則於一切衆生心에　　一念悉知無有餘니라

  대중 위해 설법할 때에

  음성이 그들의 말을 따라 불가사의하면

  일체중생의 마음을

  한 생각에 남김없이 모두 알리라


若於一切衆生心에　　一念悉知無有餘면
則知煩惱無所起하야　永不沒溺於生死니라

  일체중생의 마음을

  한 생각에 남김없이 모두 알면

  번뇌가 일어나는 곳 없음을 깨달아

  길이 생사에 빠지지 않으리라


● 疏 ●

二若以智慧爲先下 四頌은 明三業廣大功과 三輪攝生德이니 初一頌은 身業이오 次一은 語業이오 後二는 意業이라

 19수 게송 가운데, ⑵ '若以智慧爲先' 이하 4수의 게송은 삼업의 광대한 공덕과 三輪(身輪·口輪·意輪)으로 중생을 받아들이는 공덕을 밝혔다. 첫 게송은 신업을, 다음 게송은 어업을, 뒤의 2수 게송은 의업을 말하고 있다.

若知煩惱無所起하야　　永不沒溺於生死면
則獲功德法性身하야　　以法威力現世間이니라

    번뇌가 일어나는 곳 없음을 깨달아

    길이 생사에 빠지지 않으면

    공덕의 법성신 얻어

    법의 위신력으로 세간에 나타나리라


若獲功德法性身하야　　以法威力現世間이면
則獲十地十自在하야　　修行諸度勝解脫이니라

    공덕의 법성신 얻어

    법의 위신력으로 세간에 나타나면

    십지[7]와 십자재[8] 얻어

    십바라밀의 수승한 해탈 닦아 행하리라

----------

**7** 십지: 十地에는 4가지가 있다. ① 佛乘의 십지, ② 보살의 십지, ③ 연각의 십지, ④ 성문의 십지이다. 여기에서는 보살의 십지로 말하고 있는바, 歡喜地, 離垢地, 發光地, 焰慧地, 難勝地, 現前地, 遠行地, 不動地, 善慧地, 法雲地이다. 본 화엄경의 十地品에 자세한 해석이 실려 있다. 이를 참고하기 바란다.

**8** 십자재: 命自在·心自在·資具自在·業自在·受生自在·解自在·願自在·神力自在·法自在·智自在이다.

● 疏 ●

三若知煩惱下 二頌은 辨得法結位라

　19수 게송 가운데, (3) '若知煩惱' 이하 2수의 게송은 법을 얻음과 지위를 끝맺음에 대해 말하고 있다.

經

若得十地十自在하야　　修行諸度勝解脫이면
則獲灌頂大神通하야　　住於最勝諸三昧니라

　십지와 십자재 얻어
　십바라밀의 수승한 해탈 닦아 행하면
　관정(灌頂)의 대신통 얻어
　가장 수승한 모든 삼매에 머무리라


若獲灌頂大神通하야　　住於最勝諸三昧면
則於十方諸佛所에　　應受灌頂而昇位니라

　관정의 대신통 얻어
　가장 수승한 모든 삼매에 머물면
　시방세계 모든 부처님 계시는 곳에서
　관정 받아 등각의 지위에 오르리라


若於十方諸佛所에　　應受灌頂而昇位면
則蒙十方一切佛이　　手以甘露灌其頂이니라

시방세계 모든 부처님 계시는 곳에서
관정 받아 등각의 지위에 오르면
시방세계 모든 부처님께서
손수 감로수로 관정을 하리라

◉ 疏 ◉

四若得十地下 三頌은 明三昧分·大盡分·受位分이니 竝顯可知니라

　19수 게송 가운데, ⑷ '若得十地' 이하 3수의 게송은 三昧分과 大盡分과 受位分을 밝히고 있다. 이는 모두 그 뜻이 뚜렷하여 말하지 않아도 알 수 있다.

經

若蒙十方一切佛이　　　手以甘露灌其頂이면
則身充徧如虛空하야　　安住不動滿十方이니라

　시방세계 모든 부처님께서
　손수 감로수로 관정을 하면
　몸이 허공처럼 두루 충만하여
　시방세계 가득히 흔들리지 않고 안주하리라


若身充徧如虛空하야　　安住不動滿十方이면
則彼所行無與等하야　　諸天世人莫能知니라

　몸이 허공처럼 두루 충만하여

시방세계 가득히 흔들리지 않고 안주하면
그 행하는 바를 똑같이 할 자 없어
모든 하늘과 세간 사람들이 알지 못하리라

◉ 疏 ◉

五若蒙下 二頌은 明大用難測이라 亦是釋名分事也니 謂以法智雲으로 含衆德水하야 能蔽如空麤重故니라 又若蒙下 二頌은 亦是進入佛地也라

二三十九頌에 明所具諸位는 竟하다

　19수 게송 가운데, (5) '若蒙' 이하 2수의 게송은 大用의 불가사의함을 밝힘이다. 또한 '명제 해석에 관한 부분[釋名分]'의 일이다. 불법 지혜의 구름에 수많은 공덕의 물을 함유하고서 허공처럼 거칠고 중후한 업상을 덮어주기 때문이다.

　또한 '若蒙十方一切佛' 이하 2수의 게송은 또한 佛地에 들어간 것이다.

　제3단락의 둘째 39게송에서 '갖춰야 할 대상의 모든 지위를 밝힌 부분'을 끝마치다.

---

第三菩薩勤修下 三頌은 結歎其德이라

　제3단락의 셋째 3수 게송은 그 공덕을 찬탄하면서 끝맺음이다.

菩薩勤修大悲行하야　　願度一切無不果일세
見聞聽受若供養이면　　靡不皆令獲安樂이니라

　　보살이 대비행을 부지런히 닦아
　　일체중생을 제도하려는 서원의 결과이다
　　보고 듣고 따르고 받아들이고 공양하면
　　모두 안락을 얻지 못할 이 없으리라


彼諸大士威神力으로　　法眼常全無缺減하야
十善妙行等諸道의　　無上勝寶皆令現이니라

　　모든 부처님 위신력으로
　　법안이 항상 온전하여 결함 없기에
　　십선 묘행 등 모든 길에
　　위없는 수승한 보배 모두 출현케 하였다


譬如大海金剛聚가　　以彼威力生衆寶호대
無減無增亦無盡인달하야　　菩薩功德聚亦然이니라

　　비유하면 큰 바다의 금강덩이가
　　그 위신력으로 온갖 보배 만들어내면
　　덜함도 더함도 다함도 없듯이
　　보살의 공덕 또한 그와 같다

● 疏 ●

初二는 法說이오 後一은 喩況이라 前中에 賢首云初二句는 悲願內滿이니 謂菩薩勤修等者는 結前若字下義오 '無不果'者는 結前則字下義니 以若有彼면 則有此오 非是前後 鉤鎖相因이니 唯是本位信中에 有此則有彼라 同時具有로되 而說有前後니라 是故로 信門具足一切行位之相이라 然行雖無量이나 皆以悲願爲首일세 故就此結之니라 次二句는 明此悲願益物不空이라

次一頌은 結前所具行位니 初句는 擧人標法이니 威神卽信이 爲能具之由오 次句는 結能證智眼이니 證如如永常故오 次句는 結所證道니 十善은 擧二地行하야 等取餘地와 及餘位餘道니 謂敎證等 勝寶皆現이니라【鈔 '以若有彼'等者는 揀濫하야 明此是圓融義니 纔得一位면 卽得諸位 如十味香이 纔燒一丸 如小芥子로되 十氣齊發이라 若有聞香이면 十味齊得일세 若得沈氣時면 則得檀氣하고 若得蘇合이면 則得龍腦等이니 十味丸藥服者 齊得도 亦準此知라 非如鉤鎖 由得於前이라야 方能得後오 非如涉路에 若行一里면 則得二里오 若行二里면 則進三里라 故此位中에 不存位名이오 或開或合이 正在於此니 思之思之어다】

앞의 2수 게송은 법으로 말함이며, 뒤의 1수 게송은 비유이다.

앞의 제1게송에서 현수보살이 말한 제1, 2구는 자비의 誓願이 마음에 가득한 데에서 우러나온 말들이다. 본 게송에서 "보살이 부지런히 닦는다[菩薩勤修]." 등이란 앞의 게송에서 말한 모든 '若'[예: 若身充徧如虛空 安住不動滿十方] 字 이하의 의의를 끝맺음이며, '그 결과

[無不果]'란 앞의 게송에서 말한 모든 '則'[예: 則彼所行無與等 諸天世人莫能知] 字 이하의 의의를 끝맺은 것이다. 이는 '만약[若]' 그렇게 한 것이 있으면 '곧[則]' 이렇게 되는 것이 있다는 것이지, 앞뒤로 고리처럼 서로 연결되어 있음을 말한 게 아니다. 오직 해당 지위의 신심 속에서 이렇게 한 일이 있으면 '곧' 저런 결과가 있어 동시에 한꺼번에 갖춰지지만 언어의 표현상에 전후를 두어 말한 것이다.

이 때문에 신심 법문에 일체 行位의 양상이 구족하다. 그러나 行이 아무리 한량없다고 하지만 모두 자비의 서원이 으뜸이 되는 까닭에 이러한 측면에서 끝맺은 것이다.

다음 제3, 4구는 자비의 서원이 헛되지 않고 중생에게 이익이 됨을 밝히고 있다.

다음 제2게송은 '첫째 8수 반의 게송에서 갖춰야 할 바의 行位를 밝힌 부분'을 끝맺은 것이다.

제1구[彼諸大士威神力]는 사람을 들어 말하여 법을 내세웠고, '威神'이란 곧 신심으로 갖춰야 할 行位의 주체가 되는 유래이며,

제2구[法眼常全無缺減]는 증득할 수 있는 주체의 '지혜의 눈[智眼]'에 대한 끝맺음이다. 이는 영원한 如如의 근본자리를 증득한 때문이며,

다음 제3, 4구[十善妙行等諸道 無上勝寶皆令現]는 증득해야 할 대상으로서의 도를 끝맺음이다. 十善은 제2 離垢地의 행을 들어서 나머지 9地 및 나머지의 지위, 나머지의 道를 똑같이 대등하게 취한 것이다. 가르치고 증득하는 따위의 수승한 보배가 모두 나타남을

말한다.【초_"이는 '만약[若]' 그렇게 한 것이 있으면 '곧[則]' 이렇게
되는 것이 있다." 등은 混濫과 다른 점을 구별한 것으로, 이는 원융
의 의의를 밝힌 것이다. 겨우 하나의 지위를 얻으면 곧 나머지 모
든 지위를 얻을 수 있다. 이는 마치 10가지의 향기를 가진 十味香
은 고작 겨자씨만큼 작으나 하나의 丸만 태워도 10가지의 향기가
한꺼번에 피어나는 것과 같다. 만일 그런 향기를 맡으면 10가지의
향기를 한꺼번에 맡을 수 있다. 예를 들면, 침향의 향기를 맡을 때
에 전단향기를 맡고, 蘇合香을 맡을 때에 곧 龍腦香 등을 맡을 수
있는 것과 같다. 10가지의 맛을 지닌 환약을 먹는 자가 한꺼번에 10
가지의 맛을 볼 수 있는 것 또한 이에 준해 미뤄보면 알 수 있다. 고
리의 사슬처럼 앞의 사슬을 통해야 비로소 뒤의 고리가 연결되는 것
과는 차이가 있다. 길을 갈 적에 만일 1리를 가면 곧 2리를 나아갈
수 있고, 2리를 가면 곧 3리의 길로 나아갈 수 있는 것과는 다르다.
이 때문에 이런 지위에는 지위의 명칭이 있을 수 없다. 어떨 때는 나
누어서 말하기도 하고 어떨 때는 종합하여 말하기도 한다. 바로 이
러한 점들이 있으니 이를 깊이 생각하고 생각해야 한다.】

後一頌은 喻況이니 唯喻後偈니라 初句와 及威力은 喻前初句니 信體
堅固로 以喻金剛 並居智海之內하고 以信威力能生의 所生衆寶로
卽喻前第三句行位하고 第三句는 喻前法眼常全이라
第三五十頌半의 所具行位를 竟하다

　　뒤의 제3게송은 비유이다. 오직 뒤의 게송만 비유로 썼다.
　　제1구 및 제2구의 '威力'은 앞 제2게송의 제1구[彼諸大士威神力]를

비유함이다.

　신심의 체성이 견고하다는 것으로 금강이 지혜바다 속에 함께 존재함을 비유하였고, 신심 위신력의 주체에 의해 발생한 수많은 보배로써 곧 앞 제2게송의 제3구[十善妙行等諸道]의 行位를 비유하였고,

　제3구[無減無增亦無盡]는 앞 제2게송의 제2구 法眼常全無缺減을 비유하였다.

　제3단락 50수 반의 게송에서 '믿음 속에 갖춰야 할 바의 行位' 부분을 끝마치다.

第四'或有刹土'下에 二百三頌은 明無方大用分이니 彼能無邊大用者는 由普賢德이 徧一切時處하야 法界無限故니라
略辨十門三昧業用호리니 一은 圓明海印三昧門이오 二는 華嚴妙行三昧門이오 三은 因陀羅網三昧門이오 四는 手出廣供三昧門이오 五는 現諸法門三昧門이오 六은 四攝攝生三昧門이오 七은 俯同世間三昧門이오 八은 毛光照益三昧門이오 九는 主伴嚴麗三昧門이오 十은 寂用無涯三昧門이니 以無不定心故로 皆云三昧오 作用不同일세 略辨十種이니라
又初門은 依體起用이오 末後는 明用不異體오 中間은 並顯妙用自在니라 又十三昧는 皆具此三이라【鈔_ 略辨十門等者는 然還源觀立에 一體 二用 三徧 四德 五止 六觀이나 亦不出此니라
言一體者는 卽自性淸淨圓明體니 卽通爲十定之體오

言二用者는 一은 海印森羅常住用이니 卽此第一三昧오 二는 法界圓明自在用이니 卽華嚴三昧니라
言三徧者는 一은 一塵普周法界徧이오 二는 一塵出生無盡徧이오 三은 一塵含容空有徧이니 此三은 竝是因陀羅網三昧門이라
言四德者는 一은 隨緣妙用無方德이오 二는 威儀住持有則德이오 三은 柔和質直攝生德이오 四는 普代衆生受苦德이니 卽次下에 第六三昧門이라
言五止者는 一은 照法淸虛離緣止오 二는 觀人寂怕絶欲止오 三은 性起繁興法爾止오 四는 定光顯現無念止오 五는 事理玄通非相止니라
言六觀者는 一은 攝境歸心眞空觀이오 二는 從心現境妙有觀이오 三은 心境秘密圓融觀이오 四는 智身影現衆緣觀이오 五는 多身入一鏡像觀이오 六은 主伴互現帝網觀이라
上之止觀은 竝是寂用無涯三昧門이니 故此十門에 無不收矣니라 廣釋一體六觀等은 具如還源觀辨하라】

제4단락의 '或有刹土' 이하 203수 게송은 어느 한 곳이 아닌 모든 곳에 통하는 大用을 밝힌 부분이다. 그처럼 모든 곳에 통하는 大用인 것은 보현보살의 공덕이 一切時, 一切處에 두루 하여 법계가 한량없기 때문이다.

이는 간단하게 10가지 법문의 三昧業用을 논변하고자 한다.

제1. 원명한 해인 삼매 법문[圓明海印三昧門]

제2. 화엄의 미묘한 행의 삼매 법문[華嚴妙行三昧門]

제3. 제석천왕 인다라망의 삼매 법문[因陀羅網三昧門]

제4. 손으로 수많은 공양을 만들어내는 삼매 법문[手出廣供三昧門]

제5. 모든 법문을 나타내는 삼매 법문[現諸法門三昧門]

제6. 사섭으로 중생을 이끌어 들이는 삼매 법문[四攝攝生三昧門]

제7. 아래로 세간과 함께하는 삼매 법문[俯同世間三昧門]

제8. 모광에서 이익을 비춰주는 삼매 법문[毛光照益三昧門]

제9. 주인과 도반이 장엄하고 화려한 삼매 법문[主伴嚴麗三昧門]

제10. 적용이 끝이 없는 삼매 법문[寂用無涯三昧門]

不定心이 없기 때문에 모두 삼매라 말하고, 삼매의 작용이 똑같지 않기에 간단하게 10가지만을 논변하였다.

또한 '제1 圓明海印三昧門'은 본체를 따라 작용을 일으킴이며, 맨 끝의 '제10 寂用無涯三昧門'은 작용이 본체와 다르지 않음을 밝힘이며, 중간의 제2~9는 妙用이 자재함을 모두 밝히고 있다.

또한 10가지의 삼매는 모두 이러한 3가지의 의의를 갖추고 있다. 【초_"간단하게 10가지 법문의 삼매업용을 논변한다." 등이란, 그러나 還源觀에서 '하나의 본체', '2가지의 작용', '3가지의 두루함', '4가지의 덕', '5가지의 머묾', '6가지의 觀'에 대해 논지를 정립한 바 있다. 하지만 그 또한 여기에서 벗어나지 않는다.

'하나의 본체'라 말한 것은 곧 자성의 청정하고 圓明한 본체이다. 이는 모두 10가지 선정 삼매의 본체가 된다.

'2가지의 작용'이라 말한 것은

① 海印이 우주 가득 常住하는 妙用이니 곧 여기에서 말한 '제1 圓明海印三昧門'이다.

② 法界圓明自在妙用이니 곧 여기에서 말한 '제2 華嚴妙行三昧門'이다.

'3가지의 두루 함'이라 말한 것은

① 하나의 티끌이 법계에 널리 두루 하는 두루 함이며,

② 하나의 티끌이 그지없이 낳아주는 두루 함이며,

③ 하나의 티끌이 空과 有를 함유하는 두루 함이다.

이 3가지는 모두 '제3 因陀羅網三昧門'이다.

'4가지의 덕'이라 말한 것은

① 반연을 따른 미묘한 작용이 모든 곳에 통하는 덕이며,

② 위의를 지녀 법이 되는 덕이며,

③ 부드럽고 화순하며 소박하고 곧은 마음으로 중생을 이끌어 들이는 덕이며,

④ 중생을 대신하여 많은 고통을 받아들이는 덕이다.

이는 곧 아래의 '제6 四攝攝生三昧門'이다.

'5가지의 머묾'이라 말한 것은

① 청허한 법을 관조하여 반연을 여읜 데에 머묾이며,

② 사람의 고요 담박을 관조하여 욕심을 끊은 데에 머묾이며,

③ 번거로이 자성이 일어나되 법의 근본자리에 머묾이며,

④ 삼매의 광명이 뚜렷이 나타나되 생각이 없는 데에 머묾이며,

⑤ 현상의 일과 근본의 이치가 현묘하게 통하여 상이 없는 자리에 머묾이다.

'6가지의 觀'이라 말한 것은

① 바깥 경계를 섭수하여 마음자리로 돌아간 眞空의 觀이며,

② 내면의 마음에 바깥 경계가 나타난 妙有의 관이며,

③ 내면의 마음과 바깥 경계가 비밀스러운 圓融의 관이며,

④ 지혜의 몸이 많은 인연에 따라 그림자처럼 나타나는 관이며,

⑤ 많은 몸이 하나의 거울 속으로 들어가는 관이며,

⑥ 주체와 도반이 모두 나타남이 제석천궁의 그물과 같은 관이다.

위의 止觀은 모두 '제10 寂用無涯三昧門'이다. 따라서 10가지의 법문을 여기에 모두 거둬들이지 않은 바 없다. '하나의 본체'와 '6가지의 觀'을 자세히 해석한 등등은 구체적으로 환원관에서 논변한 바와 같다.】

今初 六頌은 明海印三昧라

제1. 6수의 게송은 해인 삼매를 밝히다

**經**

或有刹土無有佛이어든  於彼示現成正覺하며
或有國土不知法이어든  於彼爲說妙法藏이니라

혹 어떤 국토에 부처님 아니 계시면
그 땅에 정각을 이루어 나타나시고
혹 어떤 국토에 법을 알지 못하면

그 땅에 미묘한 법을 연설하신다

無有分別無功用하야 　　於一念頃徧十方호대
如月光影靡不周하야 　　無量方便化群生이니라
　　분별심도 하는 일도 없이
　　한 생각 찰나에 시방세계 두루 하되
　　달빛이 온 누리 가득 비추듯이
　　한량없는 방편으로 중생 교화하신다

於彼十方世界中에 　　念念示現成佛道하야
轉正法輪入寂滅하며 　　乃至舍利廣分布니라
　　저 시방세계 가운데
　　생각마다 불도 이루어 나타내 보이시며
　　바른 법륜 굴려 적멸에 들어
　　사리까지 널리 나눠주셨다

或現聲聞獨覺道하고 　　或現成佛普莊嚴하야
如是開闡三乘教하야 　　廣度衆生無量劫이니라
　　때론 성문 독각의 도를 나타내시고
　　때론 성불하여 널리 장엄 나타내어
　　이와 같이 삼승교를 열어주어
　　한량없는 영겁에 널리 중생 제도하셨다

或現童男童女形과  天龍及以阿修羅와
乃至摩睺羅伽等하야  隨其所樂悉令見이니라

    때론 동남동녀의 모습으로
    천룡 그리고 아수라와
    마후라가의 몸까지 나타내어
    중생이 좋아하는 마음 따라 모두 다 보도록 하셨다


衆生形相各不同이요  行業音聲亦無量이어늘
如是一切皆能現하나니  海印三昧威神力이니라

    중생의 모습 각기 다르고
    행과 업과 음성 또한 한량없이 다르거늘
    그처럼 모든 것을 다 보여주시니
    해인 삼매의 위신력이시다


◉ 疏 ◉

文分爲二니 前五는 別明業用周徧이오 後一은 總結大用所依라
前中에 三이니 初三은 佛事오 次一은 三乘이오 後一은 類餘니 總顯十法
界之化也라
前中初一은 總明現佛說法이오 次一은 體用自在니 初句는 揀非 二義
니 一은 念無分別이오 二는 動無功用이라 下三句는 顯正 二義니 謂無
念之念은 一念이 徧於十方이오 無功之功은 多門이 攝於羣品이라 月
喩四義하니 準法可知니라

6수의 게송은 2부분으로 나뉜다. 앞의 5수 게송은 業用이 두루 가득함을 개별로 밝혔고, 뒤의 1수 게송은 큰 작용의 의지한 바를 총체로 끝맺었다.

앞의 5수 게송은 다시 3부분으로 나뉘는데, 앞의 3수 게송은 부처님의 일을, 다음 제4게송은 三乘을, 뒤의 제5게송은 나머지 유이다. 十法界의 교화를 총체로 밝혔다.

앞의 5수 게송 가운데, 첫째 제1게송은 부처님이 현신하여 설법함을 총체로 밝혔고,

다음 제2게송은 體用이 자재함이다. 제1구[無有分別無功用]는 잘못된 부분을 가려낸 것으로 여기에는 2가지의 의의가 있다. (1) 생각에 분별심이 없고, (2) 움직여 작용하되 억지로 하는 일이 없다. 아래의 3구는 바른 도를 밝힌 것으로 여기에는 2가지의 의의가 있다. (1) 생각이 없는 생각은 한 생각의 찰나에 시방세계를 두루 하고, (2) 억지로 하는 일이 없는 일은 많은 법문이 삼라만상을 모두 섭수하고 있다. 제4구에서 말한 달빛[月]에는 4가지의 의의를 비유한 것으로, 법에 준해 보면 말하지 않아도 알 수 있다.

二一頌은 辨三乘이오 三有一頌은 類餘오 後一은 結用所依라

앞의 5수 게송 가운데, 둘째 제4게송은 三乘을 논변하였고,

앞의 5수 게송 가운데, 셋째 제5게송은 나머지의 유를 말하였다.

뒤의 1수 게송은 큰 작용의 의지한 바를 총체로 끝맺었다.

海印之義는 昔雖略解나 未盡其源일새 今以十義釋之하야 以表無盡之用호리라 下經云如淨水中에 四兵像이 乃至莫不皆於水中現이라하

고 又云海有希奇殊特法하니 能爲一切平等印하야 衆生寶物及川流
를 普悉包容無所拒라하니라

故大集十四에 云如閻浮提 一切衆生身고 及餘外色인 如是等色이
海中皆有印像이라 以是로 故名大海爲印이니 菩薩도 亦爾라 得大海
印三昧已에 能分別見一切衆生心行하야 於一切法門에 皆得慧明이
라 是爲菩薩得海印三昧하야 見一切衆生心行所趣라하니라

然此經文은 多同出現이로되 但出現은 現於四天下像이오 又約佛菩
提어니와 大集은 唯閻浮오 約菩薩所得이라 然皆見心所趣等은 了根器
也오 此文所現形類는 應根器也니 二文互擧는 皆是所現이오 菩薩定
心은 以爲能現이라

　　海印에 관한 의의는 옛적에 비록 간단하게 해석한 바 있으나 그 본원에 대해 모두 설명하지 못하였다. 따라서 여기에서는 10가지의 의의로 해인을 해석하여 해인의 끝없는 작용을 밝히고자 한다.

　　아래의 경문에서는 "맑은 물속에 네 병사의 모습 내지 창칼, 수레 등의 모습이 물속에 비치지 않음이 없는 것과 같다."고 하며, 또한 "바다에는 희귀하고 특별한 법이 있어 모든 것에 평등한 도장[印]이다. 중생과 보물 및 수많은 강하의 물줄기를 널리 모두 포용하여 거역하는 일이 없다."고 하였다.

　　이 때문에 大集經 14에 이르기를 "저 염부제의 일체중생의 몸과 여타 밖의 색상인 이런저런 등등의 색상이 바닷속에 모두 그 모습들이 찍혀 보인다. 이 때문에 큰 바다를 '印'이라고 말한다. 보살 또한 그처럼 大海印三昧를 얻었고, 이처럼 일체중생의 마음과 그

들의 행동 양상을 분별하여 일체 법문에 모두 명철한 지혜를 얻었다. 이는 보살이 해인 삼매를 얻어 일체중생의 마음과 그들의 행동 양상이 나아가는 길을 보는 것이다."고 하였다.

그러나 이 게송에서 말한 해인은 대부분 제38 여래출현품에서 말한 바와 같지만 단 출현한 바에는 四天下의 모습만을 나타냈고, 또한 부처님의 보리지혜를 들어 말했거니와, 대집경에서는 오직 염부제만을 말하였고, 보살이 얻은 것만을 들어 말하였다. 그러나 대집경에서 말한 "모두 일체중생의 마음이 나아가는 길을 본다." 등은 중생의 根器를 앎이며, 이 게송에서 '부처님이 여러 몸으로 현신한' 것을 말함은 중생의 근기에 상응한 처사이다. 이처럼 게송과 대집경에서 말한 부분을 서로 들어보면, 모두 현신의 대상이며, 보살의 선정 삼매는 현신의 주체이다.

言十義者는
一은 無心能現義니 經云 '無有功用 無分別'故오.
二는 現無所現義니 經云'如光影'故오. 出現品에 云'普現一切衆生心念根性欲樂호되 而無所現'故오.
三은 能現與所現非一義오.
四는 非異義니 經云 '大海能現'이라하니 能所異故로 非一이오 水外求像을 不可得故로 非異니 顯此定心이 與所現法으로 卽性之相이라 能所宛然하고 卽相之性이라 物我無二니라
五는 無去來義니 水不上取오 物不下就로되 而能顯現이라 三昧之心도 亦爾라 現萬法於自心이나 彼亦不來하며 羅身雲於法界호되 未曾暫

去니 上之五義는 與鏡喩大同이니라

六은 廣大義니 經云'徧十方故로 普悉包容하야 無所拒故'라하니 明三昧心이 同於法界라 則衆生色心이 皆定心中物일세 用周法界호되 亦不離此心이니라

七은 普現義니 經云'一切皆能現故'라하며 出現云'菩提普印諸心行故'라 此與廣大異者는 此約所現不揀巨細어니와 彼約能現其量普周며 又此約所現 無類不現이어니와 彼約能現無行不修니라

八은 頓現義니 經云'一念現故'라하니 謂無前後如印頓成이라

九는 常現義니 非如明鏡有現不現時니라

十은 非現現義니 非如明鏡對至라야 方現이니 經云現於四天下像故라하니 四兵羅空은 對而可現이어니와 四天之像은 不對而現이라 故云非現現也오 以不待對라 是故로 常現이니 該三際也라

具上十義라 故稱海印이니 諸佛窮究오 菩薩相似니라

10가지의 의의는 다음과 같다.

(1) 무심으로 化現하는 의의. 게송에서 말한 "억지로 하는 일이 없고, 분별심이 없기" 때문이다.

(2) 화현하되 화현한 바 없는 의의. 게송에서 "달빛과 같다."고 말한 때문이며, 제38 여래출현품에서 "일체중생의 心念과 根性과 욕구와 좋아하는 바를 널리 보여주되 보여주는 바가 없다."고 말한 때문이다.

(3) 화현하는 주체와 화현하는 대상이 하나가 아니라는 의의.

(4) 화현하는 주체와 화현하는 대상에 차이가 없다는 의의. 게

송에서 "큰 바다가 나타난다."고 하니 주체와 대상의 차이가 있기 때문에 하나로 똑같은 게 아니며, 물 밖에서 모양을 추구하려 해도 찾을 수 없기 때문에 차이가 있는 게 아니다. 이러한 선정 삼매의 마음이 나타나는 대상의 법으로 더불어 본성에 하나가 된 相이라 주체와 대상이 분명하고, 相과 하나가 된 본성이라 나와 남이 둘이 없음을 밝혀주었다.

(5) 오고 감이 없다는 의의. 물이 위에서 취하지 않고 사물이 아래로 나아가지 않으면서도 나타나는 것이다. 삼매의 마음 또한 그러하여 모든 법이 나의 마음에 나타나지만 그것이 또한 오지 않으며, 몸의 구름이 법계에 널리 펼쳐 있지만 일찍이 잠깐도 찾아간 적이 없다.

이상의 3가지 의의는 거울의 비유와 크게는 같다.

(6) 광대하다는 의의. 게송에서 "시방세계에 널리 가득한 때문에 널리 모든 것을 포용하여 거역하는 바가 없기 때문이다."고 하였다. 삼매의 마음이 법계와 같다. 곧 중생의 색신과 마음이 모두 선정 삼매 마음속의 존재들이다. 작용이 법계에 두루 하되 또한 선정의 마음에서 여읠 수 없음을 밝힘이다.

(7) 널리 나타난다는 의의. 게송에서 "일체 모든 것을 나타내 주기 때문이다."고 하며, 여래출현품에서는 "보리지혜가 널리 모든 마음과 行을 도장 찍어주기 때문이다."고 하였다. 여기에서 위의 '광대한 의의'와 다른 것이라면 본 게송에서는 '나타나는 대상에 크고 작은 것을 차별하지 않는다.'는 측면을 들어 말했지만, 여래

출현품에서는 '나타나는 주체의 그 도량이 시방세계에 널리 두루 하다.'는 측면에서 말한 것이다. 또 이 게송에서는 '나타나는 대상이 모든 유로 나타나지 않음이 없다.'는 점을 들어 말했지만, 여래 출현품에서는 '나타나는 주체의 그 모든 行을 닦지 않음이 없다.'는 점을 들어 말하였다.

⑻ 한꺼번에 나타난다는 의의. 게송에서 "한 생각의 찰나에 나타나기 때문이다."고 하였다. 앞뒤의 차이가 없어 마치 도장으로 단번에 이뤄진 것과 같다.

⑼ 항상 나타난다는 의의. 깨끗한 거울에 나타나고 나타나지 않는 때가 있는 것과는 같지 않다.

⑽ 나타남이 아닌 나타남이라는 의의. 깨끗한 거울 앞에 마주하는 존재가 있어야 비로소 나타나는 것과 같지 않다. 경에 이르기를 "四大洲의 삼라만상이 나타나기 때문이다."고 하였다. 네 병사의 모습이 허공에 나열해 있는 것은 상대적으로 비춰 나타난 것이지만, 사대주의 삼라만상의 영상은 마주하지 않고서도 나타난 것이기에 "나타남이 아닌 나타남"이라 말하고, 상대의 존재를 필요로 하지 않기 때문에 항상 나타난 것인바 이는 三際를 모두 포괄하고 있다.

위의 10가지 의의를 갖추고 있기 때문에 이를 '해인'이라고 말한다. 제불은 이를 다하였고, 보살은 이와 비슷하다.

問'仁王에 三賢 都無八相之文이오 初地에 方云方生百三千하야 一時成正覺이라하야늘 此之八相은 豈在信門가 答이라 卽上所引大集도 亦

云灌頂住菩薩이 得佛神力하니 若菩薩成就如是等法이면 能於無佛
世界에 示現八相이라하고 乃至廣說하니 彼說住終이어니와 若占察經인댄
漸次作佛에 略有四種이니라
何等爲四오 一者는 信滿法故作佛이니 所謂依種性地하야 決定信諸
法不生不滅하고 淸淨平等하야 無可願求故오 二는 解滿作佛이오 三은
證滿作佛이니 謂淨心地오 四는 一切功德行滿作佛이니 依究竟菩薩
地라하니라
起信依此하야 說信成就發心에 能八相作佛이니 文據昭然이온 況圓
融門中에 不依位次아 寄終敎說인댄 信滿에 卽能因果無礙니 以因門
取인댄 常是菩薩이오 以果門取인댄 卽恒是佛이며 或雙存俱泯이라 自
在難思니라 又此化現은 非唯一位依一類界라 而能具攝一切地位하
야 徧於時處라 故云念念徧十方也라하니라
第一 海印三昧를 竟하다

다음과 같이 물었다. "인왕경에는 전혀 三賢에 대한 八相의 관련 문건이 없고, 初地에서 처음으로 '백삼천 세 동안 태어나 일시에 正覺을 성취하였다.'고 말했는데, 이런 八相이 어찌하여 신심 법문에 있는 것일까?"

이에 다음과 같이 대답하였다. "이는 위에서 인용한 대집경 또한 이르기를 '灌頂住菩薩이 부처님의 신통력을 얻었다. 만일 보살이 이러한 법을 성취하면 부처님이 없는 세계에 八相을 나타내 보여준다.'고 하였고, 심지어는 자세한 설명까지 하였다. 대집경에서는 十住의 마지막 부분으로 말했지만, 占察經의 경우는 차례차례

부처가 되어가는 과정을 4가지로 말하고 있다.

어떤 것이 4가지인가.

⑴ 신심이 원만하여 부처가 된 것이다. 이른바 種性地를 의하여 반드시 모든 법이 생겨나지도 사라지지도 않으며, 청정하고 평등하여 원하거나 추구할 게 없음을 믿기 때문이다.

⑵ 이해가 원만하여 부처가 된 것이다.

⑶ 증득이 원만하여 부처가 된 것이다. 淨心地를 말한다.

⑷ 일체 공덕행이 원만하여 부처가 된 것이다. '究竟 보살지를 의한다.'고 하였다.

기신론에서는 이러한 의의를 따라 信成就發心에 八相으로 부처가 됨을 말한 바 있다. 인용문의 근거가 분명하다. 하물며 원융 법문 가운데에 지위의 차례를 따르지 않는 것이야 오죽하겠는가.

대승 終敎로 말하면 신심이 원만하여 곧 인과에 걸림이 없다. 因門으로 말하면 언제나 보살이며, 果門으로 말하면 언제나 부처이며, 간혹 보살과 부처를 모두 들어 말하기도 하고 간혹 보살과 부처를 모두 말하지 않기도 한다. 이처럼 자재하여 불가사의하다.

또한 化現은 오직 하나의 지위가 하나의 세계를 따를 뿐 아니라 일체 모든 지위를 모두 받아들여 모든 시간과 모든 공간에 두루 존재하는 까닭에 '한 생각 한 생각의 찰나에 시방세계 두루 하다.'고 하였다."

제1. '원명한 해인 삼매 법문'을 끝마치다.

一

第二嚴淨下는 華嚴三昧라

제2. '嚴淨' 이하는 華嚴妙行三昧門이다

**經**

嚴淨不可思議刹하고  　供養一切諸如來하며
放大光明無有邊하야  　度脫衆生亦無限이니라

　불가사의의 세계를 장엄하고
　모든 여래 공양하며
　끝없는 대광명을 쏟아내어
　중생 제도 또한 한량없다


智慧自在不思議오  　說法言辭無有礙라
施戒忍進及禪定과  　智慧方便神通等이여

　지혜가 자재하여 불가사의요
　설법의 말씀 걸림이 없어
　보시, 지계, 인욕, 정진, 선정
　지혜, 방편, 신통 등이여


如是一切皆自在가  　以佛華嚴三昧力이니라

　이처럼 모든 것에 모두 자재함이
　부처님의 화엄 삼매 힘이시다

● 疏 ●

文有十句하니 略辨七行호리라 前六句는 各一行이오 七八은 是十度行이오 九는 結上自在오 十은 總結所依니 萬行如華嚴法身故니라 餘如別說하다【鈔】萬行等者는 遺忘集說호되 略有十觀이니 一은 攝相歸眞觀이오 二는 相盡證實觀이오 三은 相盡無碍觀이오 四는 隨相攝生觀이오 五는 緣起相收觀이오 六은 微細容攝觀이오 七은 一多相卽觀이오 八은 帝網重重觀이오 九는 主伴圓融觀이오 十은 果海平等觀이라 然此十觀이 融四法界하니 初二는 理法界니 始終不異오 三은 卽事理無碍法界오 四는 卽事法界오 次五는 卽事事無碍法界오 五는 卽一多相容不同門이오 六은 卽微細相容安立門이오 七은 卽諸法相卽自在門이오 八은 卽因陀羅網境界門이오 九는 卽主伴圓融具德門이오 其第十觀은 果海絕言이니 通爲前四之極이라 則四法界와 十種玄門은 皆約因分이어니와 然此十觀은 略收萬類不異玄中이라 故指在餘니라

又釋題中에 廣顯華嚴義竟이어니와 又還源觀에 釋云 廣修萬行하야 稱實成德하고 普周法界하야 而證菩提 如華有結實之用하야 行有感果之能이라 今則託事表彰일세 所以로 擧華爲喻니라 嚴者는 行成尅果에 契理稱眞하야 性相兩亡하고 能所俱絕이라 顯煥炳著일세 故名嚴也니라 良以非眞流之行이면 無以契眞이어니 何有飾眞之行이 不從眞起아 斯則眞該妄末이라 行無不修오 妄徹眞源이라 相無不寂일세 故曰法界自在圓明無碍用이 爲華嚴三昧也니라

若更總釋인댄 總以萬行으로 嚴於法界하야 成於法身이 爲華嚴也라 行은 有行布圓融하고 成佛도 亦有十身總別이니 別은 如普眼長者 以十

波羅蜜로 嚴成十身이오 融은 如八地의 一念之中에 十度圓修하야 成佛之時에 十身無碍라 故曰華嚴이니라 餘如題中하다 第二의 華嚴三昧를 竟하다】

게송에 10구가 있다. 간단하게 7가지의 行을 논변하였다.

앞의 6구는 각각 하나의 行이며, 제7, 8구는 십바라밀의 행이며, 제9구는 자재함을 끝맺음이며, 제10구는 의지한 바를 총체로 끝맺음이다. 萬行이 꽃과 같아서 법신을 장엄해주기 때문이다. 나머지는 별도의 설명과 같다.【초_ '萬行' 등이란 遺忘集에서 간단하게 10觀으로 말하고 있다.

① 상을 이끌어 진리로 귀결 짓는 관[攝相歸眞觀], ② 상이 다하여 실상을 증득하는 관[相盡證實觀], ③ 상이 다하여 걸림이 없는 관[相盡無碍觀], ④ 상을 따라 중생을 이끌어 들이는 관[隨相攝生觀], ⑤ 연기법으로 서로 거둬들이는 관[緣起相收觀], ⑥ 미세하게 용납하고 이끌어 들이는 관[微細容攝觀], ⑦ 하나와 많음이 서로 하나가 되는 관[一多相即觀], ⑧ 인다라망이 거듭거듭 되는 관[帝網重重觀], ⑨ 주체와 도반이 원융한 관[主伴圓融觀], ⑩ 과해가 평등한 관[果海平等觀]이다.

그러나 위의 10관은 四法界와 융합된다.

①~② 攝相歸眞觀, 相盡證實觀은 理法界이다. 시작과 끝이 다르지 않다.

③ 相盡無碍觀은 事理無碍法界이며,

④ 隨相攝生觀은 事法界이다.

다음 5가지의 법문(⑤~⑨)은 곧 事事無碍法界이다.

⑤ 하나와 많음을 서로 용납함이 똑같지 않은 법문[一多相容不同門]이며,

⑥ 미세하게 서로 용납하여 안립하는 법문[微細相容安立門]이며,

⑦ 모든 법이 서로 하나가 되어 자재한 법문[諸法相卽自在門]이며,

⑧ 인다라망의 거듭된 경계 법문[因陀羅網境界門]이며,

⑨ 주체와 도반이 원융하게 덕을 갖춘 법문[主伴圓融具德門]이다.

⑩ 果海平等觀에서 果海는 언어가 끊어진 자리이다. 모두 앞의 ①~④관의 極處이다.

四法界와 10가지 玄門은 모두 因分을 들어 말한 것이지만 이 10觀은 간단하게 모든 유를 거둬들여 10가지 玄門과 다르지 않기 때문에 "나머지는 별도의 설명에 있다."고 말하였다.

또한 명제를 해석한 데에서 화엄의 의의를 자세히 밝혔지만, 또한 환원관에서 다음과 같이 해석하였다.

萬行을 널리 닦아 여실하게 공덕을 성취하고 법계에 널리 두루하여 보리를 증득한다. 이는 마치 꽃에 열매가 맺는 작용처럼 만행은 과보를 불러들이는 능력이 있다. 여기에서는 곧 일을 빌려 나타낸 까닭에 바로 꽃을 들어 비유하였다.

'嚴'이란 行이 剋果를 성취함에 이치에 계합하고 진리에 칭합하여 근본의 성품과 현실의 양상을 모두 잊고 주체와 대상을 모두 끊어 뚜렷하고 빛난 까닭에 '嚴'이라 명명하였다. 참으로 眞流의 行이 아니면 진리에 계합할 수 없는데, 어떻게 진리를 장엄한 행이 진리로부터 일어나지 않음이 있겠는가. 이는 곧 진리가 허망한 지말

까지 모두 포괄하기 때문이다. 행을 닦지 않음이 없고, 홑이 眞源에 통한 터라 현실의 양상이 고요하지 않음이 없기 때문에 "법계에 자재하고 圓明하여 걸림 없는 작용이 화엄 삼매가 된다."고 말하였다.

만일 이를 다시 총체로 해석한다면 전체가 만행으로 법계를 장엄하여 법신을 성취함이 화엄 삼매이다. 行에는 行布와 圓融이 있고, 성불 또한 十身의 총칭과 별칭이 있다. 별칭은 보안 장자가 십바라밀로 十身을 장엄, 성취한 것과 같고, 원융은 八地의 한 생각 찰나에 십바라밀을 원만하게 닦아 성불할 때에 十身에 걸림이 없는 것과 같다. 이 때문에 이를 화엄 삼매라 한다. 나머지는 명제에서 뜻한 바와 같다.

제2. '화엄의 미묘한 행의 삼매 법문'를 끝마치다.】


第三'一微塵下 四頌은 明因陀羅網三昧門이라
　　제3. '一微塵中' 이하 4수의 게송은 因陀羅網三昧門을 밝히다

**經**
一微塵中入三昧하야　　成就一切微塵定호대
而彼微塵亦不增하고　　於一普現難思刹이니라

　　하나의 티끌 가운데 삼매에 들어
　　모든 티끌 속에서 선정을 이루되
　　그 티끌 또한 더함이 없고

하나 속에 불가사의의 세계를 널리 보여주었다

**彼一塵內衆多刹**이 　　**或有有佛或無佛**하며
**或有雜染或淸淨**하며 　　**或有廣大或狹小**니라

    저 하나의 티끌 속 수많은 세계에
    부처님이 계시기도 하고 혹은 계시지 않으며
    혹은 더럽고 혹은 청정하며
    혹은 넓고 크며 혹은 좁고 작은 세계들

**或復有成或有壞**하며 　　**或有正住或傍住**하며
**或如曠野熱時焰**하고 　　**或如天上因陀網**이니라

    혹은 다시 성취되고 혹은 파괴되며
    혹은 바른 자리에 혹은 곁자리에 머물며
    혹은 광야에 피어나는 아지랑이 같고
    혹은 천상의 인다라 그물 같다

**如一塵中所示現**하야 　　**一切微塵悉亦然**하니
**此大名稱諸聖人**의 　　**三昧解脫神通力**이니라

    하나의 티끌 속에 나타난 것처럼
    모든 티끌 또한 모두 그와 같다
    이는 큰 이름으로 일컫는 모든 성인의
    삼매, 해탈, 신통의 힘이다

● 疏 ●

於中에 初二句는 標定心境이라 然有二意하니 一은 由一多相卽이라 故入一定하야 能成多定이오 由成多定하야 令一塵內에 有一切塵이오 一一塵中에 現一切刹이라 二는 但令一塵現刹에 一切도 亦爾라 故云 成就一切微塵定이니라 次二句는 明不壞 相而普現이라 故云 不增이오 次二頌은 明一塵中에 所現刹相이 無礙如焰하고 重現如帝網이오 次 半頌은 擧一例餘니 亦有二意라 一은 例上一塵之內 所具之塵이오 二 는 例如一塵入定示現하야 餘塵入定示現도 亦然이니라【鈔_ 次半頌 者는 前意對前第一意니 旣一塵之中에 有多塵일새 向來에 方說一塵 攝刹이어니와 今方說塵內所具 餘塵攝刹이오 後意는 對前第二意니 此 所例塵은 非前塵內라 是前塵外에 徧法界中塵也라】

　게송의 제1, 2구는 마음 경계를 내세워 정립한 것이다.

　그러나 여기에는 2가지의 뜻이 있다.

　(1) 하나와 많은 것이 서로 하나가 된 까닭에 하나의 선정에 들어서 수많은 선정을 이루고, 수많은 선정을 이룸에 따라서 하여금 하나의 티끌 속에 일체 모든 티끌이 있고, 하나하나의 티끌 속에 일체 모든 세계가 나타나게 된다.

　(2) 단 하나의 티끌 속에서 세계를 나타낸 것처럼 일체의 세계 또한 그와 같다. 이 때문에 "一切微塵定을 성취하였다."고 말하였다.

　다음 제3, 4구는 현상의 모습을 무너뜨리지 않고 널리 나타냄을 밝힌 것이다. 이 때문에 "더함이 없다."고 말하였다.

　다음 2수의 게송은 하나의 티끌 속에 나타난 세계의 모습이 걸림이 없다. 이는 마치 아지랑이의 불꽃과도 같고, 거듭거듭 나타나는 것이 마치 제석천왕의 인다라 그물과 같음을 밝히고 있다.

다음 절반의 게송은 하나를 들어 나머지의 예를 삼은 것이다. 여기에 또한 2가지가 있다.

(1) 위 하나의 티끌 속에 갖춰야 할 나머지 티끌들을 예로 들어줌이며,

(2) 하나의 티끌 속에 선정에 들어 보여주는 것처럼 나머지 티끌 속에 선정에 들어 보여주는 것 또한 그와 같음을 예로 든 것이다.【초_ "다음 절반의 게송"이란 앞에서 말한 뜻은 앞의 "(1) 하나와 많은 것이 서로 하나가 된" 것을 상대로 말한 것이다. 이렇듯 하나의 티끌 속에 수많은 티끌이 있기에 앞에서는 바야흐로 하나의 티끌이 수많은 세계를 받아들인 것으로 말했지만, 여기에서는 바야흐로 하나의 티끌 속에 갖춘 바 나머지 티끌 속에 들어 있는 세계를 말하였고, 뒤에서 말한 뜻은 앞의 "(2) 단 하나의 티끌 속에서 세계를 나타냄"을 상대로 말한 것이다. 이에 예로 들어 말한 티끌이란 앞에서 말한 티끌 속이 아니라 앞의 티끌 밖에 있는, 법계에 두루 한 가운데 있는 티끌을 말한다.】

後二句는 結用所因이라 略辨三門이니 一은 三昧力이니 此同標中이오 二는 不思議解脫力이니 如不思議品에 云於一塵中에 現三世佛刹等이며 三은 神通力이니 謂幻通自在니 竝如下說이라

三의 因陀羅網三昧門을 竟하다

뒤의 제3, 4구는 작용의 원인이 되는 대상을 끝맺음이다. 이를

간단하게 3부분으로 논변하고자 한다.

⑴ 三昧力, 이는 제1, 2구에서 마음 경계를 내세워 정립한 것과 같다.

⑵ 不思議解脫力, 부사의품에 이르기를 "하나의 티끌 속에 삼세 불국토를 나타낸다."는 등과 같다.

⑶ 神通力, 신통자재를 말한다. 아울러 아래에서 말한 바와 같다.

제3. '제석천왕 인다라망의 삼매 법문'을 끝마치다.

第四若欲下 十八頌은 明手出廣供三昧門이라

제4. '若欲' 이하 18수의 게송은 手出廣供三昧門을 밝히다

## 經

若欲供養一切佛인댄　　入於三昧起神變하야
能以一手徧三千하야　　普供一切諸如來니라

　　모든 부처님을 공양하고자 하면
　　삼매에 들어 신통변화 일으켜
　　한 손 위에 삼천세계 모두 들어
　　일체 모든 여래께 널리 공양하네

十方所有勝妙華와　　　塗香末香無價寶를
如是皆從手中出하야　　供養道樹諸最勝이니라

시방세계 수승하고 미묘한 꽃
바르는 향, 가루 향, 값으로 칠 수 없는 보배
이런 모든 것을 손바닥 위에서 만들어내
가장 수승한 모든 보리수에 공양하네

**無價寶衣雜妙香**과　　**寶幢旛蓋皆嚴好**와
**眞金爲華寶爲帳**을　　**莫不皆從掌中雨**니라
　값으로 칠 수 없는 보배 옷과 온갖 미묘한 향
　보배 깃대, 기와 덮개 모든 장엄
　금으로 만든 꽃, 보배로 만든 휘장을
　모두 손바닥 가운데서 비 내리듯 쏟아주네

**十方所有諸妙物**을　　**應可奉獻無上尊**일세
**掌中悉雨無不備**하야　　**菩提樹前持供佛**이니라
　시방세계에 모든 미묘한 물건을
　위없는 높은 이께 받들어 바칠 때에
　손바닥 가운데서 모두 갖춰 비 내리듯 쏟아
　보리수 앞 부처님께 공양하네

**十方一切諸妓樂**과　　**鐘鼓琴瑟非一類**가
**悉奏和雅妙音聲**호대　　**靡不從於掌中出**이니라
　시방세계 일체 모든 풍악

종 북 거문고 비파, 하나 아닌 수많은 악기들
모두 온화하고 아담하게 미묘한 음악 연주하되
손바닥 위에서 나오지 않은 게 없다

**十方所有諸讚頌**으로     **稱歎如來實功德**호대
**如是種種妙言辭**를     **皆從掌內而開演**이니라

시방세계 모든 찬송으로
여래의 참된 공덕 찬탄하되
이러한 가지가지 미묘한 말들이
모두 손바닥 안에서 연출된다

**菩薩右手放淨光**하니     **光中香水從空雨**하야
**普灑十方諸佛土**하야     **供養一切照世燈**이니라

보살의 오른손에 청정한 광명 빛나니
광명 속에 향수가 허공에서 비 내리듯
시방의 제불국토에 널리 흩뿌려
세간 비춰주는 일체 등불에 공양하리라

**又放光明妙莊嚴**하야     **出生無量寶蓮華**하니
**其華色相皆殊妙**라     **以此供養於諸佛**이니라

또 광명을 쏟아 미묘하게 장엄하여
한량없는 보배 연꽃 피워내니

연꽃 모양 모두 미묘한 자태
이 꽃송이 부처님께 공양하리라

**又放光明華莊嚴**하니　　**種種妙華集爲帳**이라
**普散十方諸國土**하야　　**供養一切大德尊**이니라

 또 광명을 쏟아 꽃으로 장엄하니
 가지가지 묘한 꽃이 모여 휘장이 되었다
 시방 모든 국토에 널리 뿌려
 큰 덕 높으신 모든 분에게 공양 올리리라

**又放光明香莊嚴**하니　　**種種妙香集爲帳**이라
**普散十方諸國土**하야　　**供養一切大德尊**이니라

 또 광명을 쏟아 향기로 장엄하니
 가지가지 미묘한 향기 모여 휘장이 되었다
 시방 모든 국토에 널리 뿌려
 큰 덕 높으신 모든 분에게 공양 올리리라

**又放光明末香嚴**하니　　**種種末香聚爲帳**이라
**普散十方諸國土**하야　　**供養一切大德尊**이니라

 또 광명을 쏟아 가루 향으로 장엄하니
 가지가지 가루 향이 모여 휘장이 되었다
 시방 모든 국토에 널리 뿌려

큰 덕 높으신 모든 분에게 공양 올리리라

又放光明衣莊嚴하니　　　種種名衣集爲帳이라
普散十方諸國土하야　　　供養一切大德尊이니라

　또 광명을 쏟아 옷으로 장엄하니
　가지가지 이름의 옷이 모여 휘장이 되었다
　시방 모든 국토에 널리 뿌려
　큰 덕 높으신 모든 분에게 공양 올리리라

又放光明寶莊嚴하니　　　種種妙寶集爲帳이라
普散十方諸國土하야　　　供養一切大德尊이니라

　또 광명을 쏟아 보배로 장엄하니
　가지가지 미묘한 보배 모여 휘장이 되었다
　시방 모든 국토에 널리 뿌려
　큰 덕 높으신 모든 분에게 공양 올리리라

又放光明蓮莊嚴하니　　　種種蓮華集爲帳이라
普散十方諸國土하야　　　供養一切大德尊이니라

　또 광명을 쏟아 연꽃으로 장엄하니
　가지가지 연꽃 모여 휘장이 되었다
　시방 모든 국토에 널리 뿌려
　큰 덕 높으신 모든 분에게 공양 올리리라

又放光明瓔莊嚴하니　　種種妙瓔集爲帳이라
普散十方諸國土하야　　供養一切大德尊이니라

    또 광명을 쏟아 영락으로 장엄하니
    가지가지 미묘한 영락 모여 휘장이 되었다
    시방 모든 국토에 널리 뿌려
    큰 덕 높으신 모든 분에게 공양 올리리라

又放光明幢莊嚴하니　　其幢絢煥備衆色하야
種種無量皆殊好라　　　以此莊嚴諸佛土니라

    또 광명을 쏟아 깃대로 장엄하니
    그 깃대가 현란하게 빛나 온갖 색상 갖춰
    가지가지 한량없이 모두 아름다워라
    이것으로 모든 부처님 국토 장엄하리라

種種雜寶莊嚴蓋에　　　衆妙繒旛共垂飾하며
摩尼寶鐸演佛音이어든　執持供養諸如來니라

    가지가지 온갖 보배로 장엄한 덮개에
    온갖 미묘한 비단 깃대를 함께 드리워 장식하고
    마니주로 만든 큰 방울이 부처님 음성 연설하니
    이를 받들어 모든 여래께 공양하리라

手出供具難思議하야　　如是供養一導師어든

一切佛所皆如是하니　　　大士三昧神通力이니라

　　손에서 만들어내는 불가사의의 공양거리
　　이렇게 부처님 한 분께 공양하면
　　모든 부처님 계신 곳 모두 이와 같으니
　　대사의 삼매의 신통력이다

● 疏 ●

初一은 總標오 後一은 通結이오 中間은 別顯이라 欲顯勝妙하야 略擧一 手하야 爲供所依니 由於昔時 以手持供하야 供佛施人호되 稱周法界라 故令眞流供具로 等諸佛之難思니라【鈔_ 由於昔時等者는 此出因 也니 '供佛施人'은 約其施行인댄 稱周法界하고 約其施心인댄 入深觀 故니라 故令眞流等者는 顯今果也니 眞流供具는 顯出供時心이니 以 稱法界手로 出供具故니라 '等諸佛之難思'者는 稱因境也니 因雖尊 勝이나 心不稱境이면 非眞供養이니 由稱眞之因하야 感稱眞之果일새 能供眞佛之境이라
四의 手出廣供三昧門을 竟하다】

　　첫 1수 게송은 총체로 밝힘이며, 뒤의 1수 게송은 전체로 끝맺음이며, 중간의 게송은 개별로 밝힘이다.

　　훌륭하고 미묘함을 밝히고자 간단하게 한 손을 들어 공양의 의지 대상을 삼았다. 옛적에 손으로 공양도구를 가지고서 부처님께 공양하고 사람에게 보시하되 법계에 두루 알맞은 까닭에 眞流로 하여금 공양도구를 제불의 불가사의와 같도록 함이다.【초_ "옛적

에 손으로 공양도구" 등이란 원인을 밝힘이다. 부처님께 공양하고 사람에게 보시함은 그 보시행으로 말하면 법계에 두루 알맞고, 그 보시의 마음으로 말하면 깊은 觀에 들었기 때문이다.

"까닭에 眞流로 하여금" 등이란 이제의 과보를 밝힌 것이다. 眞流의 공양도구는 공양할 때의 마음을 밝힘이니 법계에 알맞은 손으로 공양도구를 만들어내기 때문이다.

"제불의 불가사의와 같도록 한다."는 것은 원인에 하나가 된 경계이다. 원인이 비록 존귀하고 수승하나 마음이 경계에 하나가 되지 않으면 참 공양이 아니다. 참 공양에 걸맞은 원인을 따라서 참 공양에 걸맞은 결과를 얻기에 참 부처의 경계에 공양을 올리는 것이다.

제4. '손으로 수많은 공양을 만들어내는 삼매 법문'을 끝마치다.】

---

第五 菩薩住下 八頌은 明現諸法門三昧門이라
제5. '菩薩住' 이하 8수의 게송은 現諸法門三昧門을 밝히다

菩薩住在三昧中하야　　種種自在攝衆生일세
悉以所行功德法인　　　無量方便而開誘호되

　보살이 삼매 가운데 머물면서
　가지가지 자재하게 중생을 받아들여
　모두 행해야 할 공덕법인을

한량없는 방편으로 이끌어주되

**或以供養如來門**하고　　**或以難思布施門**하며
**或以頭陀持戒門**하고　　**或以不動堪忍門**하며

　　혹은 여래께 공양하는 법문으로

　　혹은 불가사의의 보시 법문으로

　　혹은 두타의 지계 법문으로

　　혹은 움직이지 않는 감인 법문으로


**或以苦行精進門**하고　　**或以寂靜禪定門**하며
**或以決了智慧門**하고　　**或以所行方便門**하며

　　혹은 고행 정진 법문으로

　　혹은 직징 선정 법문으로

　　혹은 결정코 요지하는 지혜 법문으로

　　혹은 행해야 할 방편 법문으로


**或以梵住神通門**하고　　**或以四攝利益門**하며
**或以福智莊嚴門**하고　　**或以因緣解脫門**하며

　　혹은 범천이 머무르는 신통 법문으로

　　혹은 4가지로 섭수하는 이익 법문으로

　　혹은 복과 지혜로 장엄하는 법문으로

　　혹은 인연으로 해탈하는 법문으로

或以根力正道門하고　　或以聲聞解脫門하며
或以獨覺淸淨門하고　　或以大乘自在門하며

　　혹은 오근 오력과 팔정도 법문으로
　　혹은 성문의 해탈 법문으로
　　혹은 독각의 청정한 법문으로
　　혹은 대승의 자재한 법문으로

或以無常衆苦門하고　　或以無我壽者門하며
或以不淨離欲門하고　　或以滅盡三昧門이니라

　　혹은 떳떳하지 않은 온갖 고행 법문으로
　　혹은 아상과 수자상이 없는 법문으로
　　혹은 청정하지 못한 욕망을 여읜 법문으로
　　혹은 멸하여 사라지는 삼매의 법문으로 하였다

隨諸衆生病不同하야　　悉以法藥而對治하고
隨諸衆生心所樂하야　　悉以方便而滿足하며

　　모든 중생의 똑같지 않은 병세 따라
　　모두 법약으로 치료해주고
　　모든 중생의 좋아하는 마음 따라
　　모두 방편으로 만족을 주며

隨諸衆生行差別하야　　悉以善巧而成就하니

如是三昧神通相을　　　一切天人莫能測이니라

　　모든 중생의 각기 다른 행동 따라
　　모두 훌륭한 방편으로 성취시켜주니
　　이러한 삼매의 신통한 모습을
　　모든 하늘과 사람이 헤아릴 수 없다


● 疏 ●

分四니 初一은 總標多門이오 二有五頌은 別顯二十種門이라 供等은 卽門이니 通入佛果故오 三一頌半은 結多所因이니 由四悉檀故라 初半은 對治오 次半은 世界오 隨行差別은 卽當爲人이오 而成就言은 謂第一義오 四半頌은 結用難測이오
五의 現諸法門三昧門을 竟하다

　　이는 4부분으로 나뉜다.
　　(1) 많은 법문을 총체로 밝힘이다.
　　(2) 5수 게송은 20가지의 법문을 개별로 밝힘이다. 공양 등이 곧 법문이다. 이는 모두 佛果에 들어가기 때문이다.
　　(3) 1수 반의 게송은 많은 법문의 원인이 되는 바를 끝맺음이다. 四悉檀(世界, 各各爲人, 對治, 第一義悉檀)을 따른 때문이다. 제1, 2구는 대치 실단이며, 제3, 4구는 세계 실단이며, 중생의 각기 다른 행동을 따른 것은 곧 위인 실단에 해당하며, 成就란 제일의 실단을 말한다.
　　(4) 반 수의 게송은 작용의 불가사의함을 끝맺었다.

제5. '모든 법문을 나타내는 삼매 법문'을 끝마치다.

---

第六有妙下 十七頌은 明四攝攝生三昧門이라

제6. '有妙' 이하 17수의 게송은 四攝攝生三昧門을 밝히다

### 經
有妙三昧名隨樂이니 　　菩薩住此普觀察하고
隨宜示現度衆生하야 　　悉使歡心從法化니라

　　미묘한 삼매를 즐거워함을 따른다[隨樂] 말하니
　　보살이 이 자리에 머물면서 널리 관찰하고
　　적절함을 따라 몸을 나타내 중생을 제도하여
　　모두 환희의 마음으로 법의 교화 따르게 한다

### ◉ 疏 ◉
文分爲二니 初一偈는 總標名用이라

　　17수의 게송은 2부분으로 나뉜다.
　　첫 1수의 게송은 명제의 작용을 총체로 나타냄이다.

### 經
劫中饑饉災難時에 　　悉與世間諸樂具호되
隨其所欲皆令滿하야 　　普爲衆生作饒益이니라

세월 중에 굶주림과 재난 겪을 때에
세간의 모든 즐길 거리 모두 주어
원하는 바를 따라 모두 만족케 하여
널리 중생 위해 이익을 안겨준다

**或以飮食上好味**와　　　　**寶衣嚴具衆妙物**하며
**乃至王位皆能捨**하야　　　**令好施者悉從化**니라

혹은 음식의 가장 좋은 맛
보배 옷, 장엄거리, 온갖 미묘한 물건
왕의 지위까지 모두 희사하여
보시하기 좋아하는 이들에게 모두 교화 따르게 한다

**或以相好莊嚴身**과　　　　**上妙衣服寶瓔珞**과
**華鬘爲飾香塗體**하야　　　**威儀具足度衆生**이니라

혹은 잘생긴 얼굴, 장엄한 몸에
미묘한 의복, 칠보 목걸이
화만으로 장식하고 몸에 향수 바르고서
위의를 갖춰 중생을 제도한다

**一切世間所好尙**인　　　　**色相顔容及衣服**을
**隨應普現愜其心**하야　　　**俾樂色者皆從道**니라

일체 세간 중생이 좋아하는

원만한 색상, 아름다운 얼굴, 화려한 의복으로
근기에 따라 그 마음 맞추어 널리 나타내어
색상을 좋아하는 이들이 모두 도를 따르도록 한다

● 疏 ●

餘頌은 別顯이니 於中에 分四니 初四頌은 布施攝이니 初一偈半은 求受用者에 恣其所須오 次半偈는 求自在者에 施以王位라 又此施位는 卽難行施니 以是可愛著故니라 次偈는 身行法施오 後偈는 妙色悅心이니 是無畏施라 又後二偈는 初身行法儀오 後는 服世妙飾이니 貴悅物心하야 隨求卽與니라

나머지 16수의 게송은 개별로 밝힘이다.

이 가운데 4부분으로 나뉜다.

첫 4수의 게송은 보시로 이끌어 들이는 것이다. 첫째 1수 반의 게송은 수용을 추구하는 이들에게 그들이 필요로 하는 바를 마음껏 얻도록 함이다.

다음 절반의 게송은 자재를 추구하는 이들에게 왕위를 주는 것이다. 또한 이러한 보시의 지위는 곧 행하기 어려운 보시이다. 이는 모든 이들에게 애착이 있기 때문이다.

다음 게송은 몸소 법보시를 행함이다.

뒤의 게송은 미묘한 색상이 마음을 즐겁게 함이다. 이는 無畏보시이다.

또한 뒤의 2수 게송 가운데 앞의 게송은 몸소 *法儀*를 행함이

며, 뒤의 게송은 세간의 아름다운 장식을 입은 것이다. 중생의 마음을 즐겁게 하여, 그들이 구하는 바에 따라 곧 보시하는 것이다.

經

迦陵頻伽美妙音과　　　俱枳羅等妙音聲과
種種梵音皆具足하야　　隨其心樂爲說法이니라

　가릉빈가처럼 아름답고 미묘한 소리
　구지라처럼 미묘한 음성
　가지가지 범음을 모두 갖춰
　그들의 좋아하는 마음 따라 설법을 한다


八萬四千諸法門이여　　諸佛以此度衆生이실새
彼亦如其差別法하야　　隨世所宜而化度니라

　8만 4천의 온갖 법문이여
　모든 부처님이 이로써 중생을 제도하실 때
　중생 또한 각기 다른 것처럼
　세간의 마땅한 바를 따라 교화하여 제도한다


● 疏 ●

次二頌은 愛語攝이니 一切愛語는 謂慰喩·慶悅·勝益之言이라【鈔_一切愛語等者下는 所列이니 卽三愛語니 一은 慰喩愛語요 二는 慶悅愛語요 三은 勝益愛語라】

둘째 2수의 게송은 부드럽고 온화한 말씨로 이끌어 들이는 것이다. 모든 부드럽고 온화한 말씨는 위로와 경사와 도움이 되는 말을 말한다. 【초_"모든 부드럽고 온화한 말씨" 등 이하는 나열한 바 곧 3가지의 愛語이다. ① 위로의 사랑스러운 말씨, ② 경사의 사랑스러운 말씨, ③ 큰 도움이 되는 사랑스러운 말씨이다.】

言種種梵音者는 卽八種梵音이니 一은 最好聲이니 其音淸雅 如迦陵鳥오 二는 易了聲이니 言辭辯了오 三은 和調오 四는 柔軟이오 五는 不誤오 六은 不女오 七은 尊慧오 八은 深遠이라

言俱枳羅者는 亦云都吒迦니 此云衆音合和니 微妙·最勝이 皆愛語之具라 隨心說法은 應在後偈오 隨世所宜는 應在前偈라 以瑜伽一切愛語에 略有二種하니 一은 隨世儀軌語오 二는 順正法敎語라하니 今開示佛說八萬法門이 卽順正敎也니라

'가지가지 범음'이라 말한 것은 곧 8가지의 梵音이다.

⑴ 가장 좋은 음성이다. 그 청아한 음성이 가릉조의 새소리와 같다.

⑵ 쉽게 이해할 수 있는 음성이다. 말의 논변을 알 수 있다.

⑶ 온화하고 고루 적합한 음성이다.

⑷ 부드러운 음성이다

⑸ 틀림이 없는 음성이다.

⑹ 듣기 싫은 여자의 음성이 아니다[不女音].[9]

..........
**9** 不女音: 이는 여러 가지의 설이 있으나 불광사전에 의하면 다음과 같다. "또는 듣기 싫지 않

(7) 존경스러운 지혜의 음성이다.

(8) 깊고 오묘한 음성이다.

'구지라'라 말한 것 또한 '都吒迦'라 하는데 중국에서는 '여러 음성의 화합'이라는 뜻이다. 미묘한 음성, 가장 훌륭한 음성이 모두 사랑스러운 말씨의 도구이다. 중생의 마음을 따라 설법하는 것은 당연히 뒤의 게송에 있고, 세간의 적절한 바를 따르는 것은 당연히 앞의 게송에 있다. 유가경에서는 "모든 사랑스러운 말씨는 간단하게 2가지가 있다. (1) 세간의 의식과 궤범을 따른 말이며, (2) 正法의 가르침을 따른 말이다."고 한다. 여기에서 부처님이 8만 법문을 열어주심이 곧 正法의 가르침을 따른 말이다.

### 經

衆生苦樂利衰等과　　　一切世間所作法을
悉能應現同其事하야　　以此普度諸衆生이니라

　　중생의 고통과 즐거움, 이익과 손해
　　일체 세간에서 일어나는 법을
　　모두 그에 따라 나타내어 그들의 일 함께하여
　　이로써 모든 중생 널리 제도하였다

----------

은 음성이라고도 말한다. 부처님은 수능엄선정에 들어 위대한 덕을 지녔기에 말씀하신 음성을 듣는 모든 이들로 하여금 경외케 하여 天魔, 外道가 귀의, 굴복하지 않은 이가 없다[又作無畏聲. 謂佛住首楞嚴定, 有大雄之德, 所出音聲能令一切聞者敬畏, 天魔外道, 莫不歸伏]."

一切世間衆苦患이　　深廣無涯如大海어늘
與彼同事悉能忍하야　　令其利益得安樂이니라

　　일체 세간의 수많은 고통과 걱정이
　　깊고 넓어 큰 바다처럼 끝없는데
　　그들과 그런 일 함께하며 모두 참으면서
　　그들로 하여금 이익과 안락을 누리게 하였다

◉ 疏 ◉

三有二頌은 明同事攝이니 物見菩薩 俯同其事하고 知有義利而修行故니라 於中에 初頌은 一切同事니 八風等事를 皆悉同故오 後偈는 難行同事니 忍於諸苦而同事故니라

　　셋째 2수의 게송은 세간의 고락, 화복 따위를 함께하면서 그들을 진리로 이끌어 들이는 일을 밝힘이다. 중생이 몸을 굽혀 세간의 일을 함께하는 보살을 보면서 의리가 있음을 알고 수행하기 때문이다.
　　2수 게송 가운데, 첫 게송은 모든 일에 함께한 것이다. 八風 즉 마음을 흔들어 움직이는 8가지의 현상[利, 衰, 毁, 譽, 稱, 譏, 苦, 樂] 등의 일들을 그들과 함께하기 때문이다. 뒤의 게송은 행하기 어려운 일을 함께한 것이다. 수많은 고통을 참으면서 중생과 함께 일하기 때문이다.

若有不識出離法하야　　不求解脫離諠憒면

**菩薩爲現捨國財**하고　　**常樂出家心寂靜**이니라

　　만약 고해에서 벗어나는 법을 알지 못하여
　　시끄럽고 심란한 세간을 떠나 해탈을 구하지 않으면
　　보살이 그들을 위해 국토와 재물 버리고
　　항상 출가를 즐겨 마음이 고요함을 보여준다


**家是貪愛繫縛所**니　　**欲使衆生悉免離**일세
**故示出家得解脫**하야　　**於諸欲樂無所受**니라

　　집이란 탐욕과 애정으로 얽히는 곳
　　중생으로 하여금 모두 이를 여의게 하고자
　　이 때문에 출가하여 해탈을 얻어
　　모든 욕망과 쾌락을 받을 바가 없음을 보여주었다


● 疏 ●

四有八頌은 明利行攝이니 謂說趣義利之行하야 以益有情이라 於中에 初二偈는 一切利行이니 此有三種이라 一은 於現法利勸導利行이니 謂令以德業招守財位하야 以益近故니 經文略無니라 二는 於後法利行이니 謂勸捨財位하고 淸淨出家니 卽當初偈니라 三은 於現法後法利行이니 謂勸離欲이니 卽後偈也니라

又初一偈는 卽難行利行이니 此自有三이라 一은 不識出離니 卽外道異執이오 二는 不求解脫이니 卽未種善因이오 三은 現捨國財는 誘訹財位니 於此利行을 是謂難行이라

넷째 8수의 게송은 선행으로 중생을 이롭게 하여 불도로 이끄는 일을 밝힘이다. 의리를 향해 나아가는 행을 말하여 중생을 이롭게 함을 말한다.

8수 게송 가운데, 첫 2수의 게송은 중생을 이롭게 하는 모든 행이다. 여기에는 3가지가 있다.

⑴ 현세의 법에 이익으로 권면하고 이끌어 이익을 주는 행이다. 중생으로 하여금 덕업을 쌓아 재물과 지위를 지켜 가까이 이익을 주기 때문이다. 게송에서는 이 부분을 생략하여 언급한 바 없다.

⑵ 후세의 법으로 이익을 주는 행이다. 재물과 지위를 버리고 청정출가하기를 권함이다. 이는 첫 게송에 해당된다.

⑶ 현세의 법과 후세의 법으로 이익을 주는 행이다. 애욕을 여의기를 권함을 말한다. 이는 뒤의 게송에 해당된다.

또 첫 게송은 행하기 어려운 일로 이익을 주는 행이다. 여기에는 그 나름 3가지의 의의가 있다.

⑴ 고해를 여읠 줄을 모르는 것이다. 이는 외도의 이단 집착이다.

⑵ 해탈을 구하지 않음이다. 이는 善因을 심지 않은 것이다.

⑶ 나라와 재물 버리는 것을 나타냄은 재물과 지위의 탐착에 의한 유혹을 밝히려는 것이다. 이런 데에서 이익을 주는 행을 '행하기 어려운 일'이라고 말한다.

菩薩示行十種行하며　　　亦行一切大人法과

**諸仙行等悉無餘**하나니　　**爲欲利益衆生故**니라

　　보살이 열 가지 행을 행하여 보여주고
　　또한 일체 대인의 법과
　　모든 선인의 행을 모두 남김없이 행하니
　　중생에게 이익을 주고자 한 때문이다

● 疏 ●

次一偈는 初句는 卽攝二利行이니 一은 卽十種淸淨利行也요 二는 令離十惡이니 卽此世他世樂利行이라 次三句는 卽善士利行이니 慈心勸導等故니라【鈔_ 一卽十種等者는 謂一依外淸淨 有五하고 二는 依內淸淨 有五하니 依外五者는 一은 無罪利行이요 二는 不轉利行이요 三은 漸次요 四는 徧行이요 五는 如應이니 論廣釋其相이라 依內五者는 一은 謂諸菩薩이 於諸有情에 起廣大悲하야 意樂現前하야 而行利行이요 二는 諸菩薩이 於諸有情에 所作義利니 雖受一切大苦劬勞로되 而心無倦하고 深心歡喜하야 爲諸有情而行利行이요 三은 安處最勝第一財位로되 而自謙下를 如子如僕하고 及離憍慢而行利行이요 四는 心無愛染하고 無有虛僞하고 眞實哀愍而行利行이요 五는 起畢竟無復退轉慈愍之心하야 而行利行이라

次三句卽善士利行者는 善士有五하니 一은 於眞實義에 勸導有情이요 二는 於應時勸導요 三은 於能行에 攝勝妙義勸導요 四는 於有情에 柔軟勸導요 五는 於有情에 慈心勸導니 此之五相은 皆是大人之法이니라 慈心勸導는 擧後等初니라】

다음 1수 게송의 제1구는 곧 2가지로 이끌어 들여 이익을 주는 行이다.

⑴ 10가지의 청정으로 이익을 주는 행이다.

⑵ 중생으로 하여금 10가지의 악을 여의게 하는 것이다. 곧 이 세계와 다른 세계에 이익을 주는 행을 좋아함이다.

다음 3구는 곧 선한 이가 이익을 주는 행이다. 자비의 마음으로 중생을 권면하고 인도하는 따위이기 때문이다. 【초_ "⑴ 10가지의 청정으로 이익" 등이란 ① 외적으로 청정한 것이 5가지가 있고, ② 내면으로 청정한 것이 5가지가 있다.

외적으로 청정한 것 5가지는 다음과 같다.

㉠ 죄업이 없이 이익을 주는 행이다.

㉡ 전변하지 않고 이익을 주는 행이다.

㉢ 차례대로 차츰차츰 이익을 주는 행이다.

㉣ 두루 빠짐없이 행하여 이익을 주는 행이다.

㉤ 중생의 근기에 상응하게 이익을 주는 행이다. 논에서 그에 관한 양상을 자세히 해석하고 있다.

내면으로 청정한 것 5가지는 다음과 같다.

㉠ 모든 보살이 모든 중생에게 넓고도 큰 자비의 마음을 일으켜 즐거운 생각이 앞에 나타나 이익을 주는 행을 행함이다.

㉡ 모든 보살이 모든 중생을 위하는 바는 의리이다. 비록 모든 큰 고통과 힘든 일을 겪으면서도 마음에 게으름이 없고 깊은 마음으로 환희하여 모든 중생을 위하여 이익을 주는 행을 행함이다.

㉢ 가장 훌륭한 제일의 재물과 지위에 안주하면서도 스스로 겸손한 마음으로 마치 부모를 섬기는 자식처럼, 상전을 모시는 하인처럼 몸을 낮추며 교만을 여의어 이익을 주는 행을 행함이다.

㉣ 마음에 애욕의 잡염이 없고 거짓이 없으며 진실한 마음으로 가엾이 여겨 이익을 주는 행을 행함이다.

㉤ 끝까지 다시는 뒤로 물러섬이 없는 자비와 불쌍히 여기는 마음을 일으켜 이익을 주는 행을 행함이다.

"다음 3구는 곧 선한 이가 이익을 주는 행이다."는 善士에 대해 5가지의 의의가 있는데 다음과 같다.

① 진실한 이치로 중생을 권면하고 인도한 자이며,

② 時宜에 알맞게 권면하고 인도한 자이며,

③ 행할 수 있는 일에 수승하고 미묘한 의리로 이끌어 권면하고 인도한 자이며,

④ 중생에게 부드러운 말씨로 권면하고 인도한 자이며,

⑤ 중생에게 자비의 마음으로 권면하고 인도한 자이다.

위의 5가지 양상은 모두 大人의 법이다.

"자비의 마음으로 중생을 권면하고 인도"함은 맨 끝에 들어 말하여, '① 진실한 이치로 중생을 권면하고 인도'한 것과 똑같다.】

若有衆生壽無量하야　　煩惱微細樂具足이면
菩薩於中得自在하야　　示受老病死衆患이니라

어떤 중생이 수명이 한량없어
번뇌는 적고 즐거움이 구족하면
보살이 그 가운데 자재함 얻어
늙고 병들고 죽는 온갖 근심 겪음을 보여준다

**或有貪欲瞋恚癡**하야 **煩惱猛火常熾然**이면
**菩薩爲現老病死**하야 **令彼衆生悉調伏**이니라

혹 탐욕, 성냄, 어리석음으로
번뇌의 거센 불길 항상 치성하면
보살이 그들 위해 늙고 병들고 죽음을 보여주어
중생이 모두 조복하도록 하였다

● 疏 ●

次二偈는 卽遂求利行이니 謂衆生爲八纏所繞어든 開解令離라 故名遂求니라 初偈는 卽化無愧纏하야 以恃壽長으로 不知進修하고 不知此身이 但婬欲生이라 終竟敗壞하야 具諸煩惱故니라 後偈는 開解無慚纏衆生이라 餘略不具하다【鈔 初爲八纏者는 論云 此略有八하니 謂諸菩薩이 見諸有情 於應慚處에 爲無慚纏之所纏繞하고 方便開解하야 令離彼纏이니 一無慚纏이오 二無愧오 三昏沈이오 四睡眠이오 五掉擧오 六惡作이오 七嫉이오 八慳이니 皆如無慚纏說이라】

다음 2수 게송은 곧 중생이 찾는 바를 이뤄주어 이익을 주는 행이다. 중생이 8가지의 번뇌[八纏]에 묶여 있는데, 여기에서 풀려나 그들로 하여금 여의도록 마련해준 까닭에 이를 '찾는 바를 이뤄주어 이익'이라고 말하였다.

첫 게송은 곧 '잘못을 범하고서도 반성하지 않고 부끄러움을 모르는 번뇌[無愧纏]'를 교화함이다. 장수를 자시하여 닦아나갈 줄을 알지 못하며, 이 몸이 단 음욕에 의해 태어난 터라 결국 무너지게 됨을 알지 못하여 온갖 번뇌를 갖추고 있기 때문이다.

뒤의 게송은 '잘못을 범하고서도 반성하지 않고 부끄러움을 모르는 번뇌'에 묶여 있는 중생을 풀어줌이다. 나머지는 생각하고 구체적으로 말하지 않는다.【초_ 첫 부분에 "8가지의 번뇌에 묶여 있다."는 것은 논에 이르기를 "이에 간단하게 말하면 8가지가 있다. ① 잘못을 범하고서도 반성하지 않고 부끄러움을 모르는 번뇌이다. 모든 보살이 '잘못을 범하고서도 당연히 반성하고 부끄러워할 때에 반성하지 않거나 부끄러움을 모르는 번뇌'에 묶여 있는 모든 중생을 보고서 방편으로 풀어주어 그들로 하여금 그런 번뇌를 여의도록 한 것이다. ② 잘못을 범하고서도 범한 것조차 모르는 번뇌, ③ 마음을 昏沈하게 하는 번뇌, ④ 졸리고 잠에 빠지는 번뇌, ⑤ 마음이 들뜨는 번뇌, ⑥ 잘못을 범하는 번뇌, ⑦ 다른 사람이 좋은 일을 해도 기뻐하지 않는 번뇌, ⑧ 소유한 재물이나 법에 인색한 번뇌이다. 이는 모두 '잘못을 범하고서도 반성하지 않고 부끄러움을 모르는 번뇌'에서 말한 바와 같다."고 하였다.】

如來十力無所畏와 　　及以十八不共法과
所有無量諸功德을 　　悉以示現度衆生이니라

여래의 10가지 힘, 4가지 두려움이 없는 마음[10]

18가지의 함께하지 않는 법[11]

가지신 한량없는 모든 공덕을

모두 나타내어 중생을 제도하였다

..........

[10] 4가지 두려움이 없는 마음: 四無畏, 또는 四無所畏라 한다. 첫째, 總持不忘 說法無畏. 모든 교법과 다라니를 잘 기억하고 그 뜻을 온전하게 이해하여 설법을 하는 데 두려움이 없는 것. 둘째, 盡知法藥 及知衆生 根欲性心 說法無畏. 모든 중생들이 해탈하기를 원하는 그 인연과 근기를 잘 알아 그에 알맞게 적절하게 설법을 하는 데 두려움이 없는 것. 셋째, 善能問答 說法無畏. 세상의 그 어떤 중생들이 찾아와 어려운 질문을 하더라도 그들이 품고 있는 의문을 해결해주는 데 두려움이 없는 것. 넷째, 能斷物疑 說法無畏. 일체의 중생들이 제기하는 갖가지 형태의 어려운 질문들을 잘 듣고 그 의미를 이치에 맞게 답하여, 그들이 지니고 있는 의혹을 끊어주기 위해 자유자재하게 대답하는 데 두려움이 없는 것이다.

[11] 18가지의 함께하지 않는 법: 十八不共法, 十八不共佛法, 十八佛不共法이라 한다. 초기불교에서 대승에 이르기까지 불타를 신체적 특징과 함께 정신적 공덕으로 구분하여 설명하는데, 십팔불공법은 정신적 특징을 설명하는 18가지이다. ① 身無失: 몸으로 짓는 행위에 잘못이 없음. ② 口無失: 말에 잘못이 없음. ③ 念無失: 생각에 잘못이 없음. ④ 無異想: 일체중생을 차별하지 않음. ⑤ 無不定心: 항상 선정에 들어 있어 산란하지 않음. ⑥ 無不知已捨心: 무지 때문에 평정한 마음을 내는 일이 없음. ⑦ 欲無減: 중생을 제도하려는 마음이 줄어들지 않음. ⑧ 精進無減: 정진이 줄어들지 않음. ⑨ 念無減: 기억하는 힘이 줄어들지 않음. ⑩ 慧無減: 지혜가 줄어들지 않음. ⑪ 解脫無減: 해탈이 줄어들지 않음. ⑫ 解脫知見無減: 일체 번뇌의 속박에서 해탈했다는 지견이 줄어들지 않음. ⑬ 一切身業隨智慧行: 모든 身業은 지혜가 수반함. ⑭ 一切口業隨智慧行: 모든 구업은 지혜가 수반함. ⑮ 一切意業隨智慧行: 모든 의업은 지혜가 수반함. ⑯ 智慧知過去世無碍無障: 지혜로써 과거의 일을 모두 통달하여 하등의 장애도 없음. ⑰ 智慧知未來世無碍無障: 지혜로써 미래의 일을 모두 통달하여 하등의 장애도 없음. ⑱ 智慧知現在世無碍無障: 지혜로써 현재의 일을 모두 통달하여 하등의 장애도 없음이다.

記心敎誡及神足이　　悉是如來自在用이라
彼諸大士皆示現하야　　能使衆生盡調伏이니라

　　기억하는 마음, 가르침, 신족통(神足通)
　　그 모든 게 어래의 자새한 작용
　　모든 부처님이 모두 보여주어
　　중생이 모두 조복하도록 하였다

◉ 疏 ◉

次二偈는 卽一切種利行이니 初偈는 卽應攝受者而攝受之오 後偈는 卽應調伏者而調伏等이라

　　다음 2수 게송은 곧 일체 법을 살펴볼 수 있는 一切種으로 이익을 주는 행이다.
　　첫 게송은 마땅히 이끌어 들여야 할 사람은 이끌어 들임이며,
　　뒤 게송은 마땅히 조복을 받아야 할 사람은 조복을 받는 등이다.

経

菩薩種種方便門으로　　隨順世法度衆生이
譬如蓮華不着水니　　如是在世令深信이니라

　　보살이 가지가지 방편 법문으로
　　세상의 법을 따라 중생을 제도함이
　　비유하면 연꽃에 물이 붙지 않듯이
　　세간에 있으면서 깊이 믿도록 하였다

◉ 疏 ◉

後一偈는 卽一切門利行이니 謂不信令信故며 亦總結諸利行也라【鈔_ 後一偈卽一切門等者는 此略有四니 一은 不信令信이오 二는 犯戒有情으로 令戒圓滿이오 三은 惡慧有情으로 令慧圓滿이오 四는 慳吝有情으로 於捨圓滿이니 今疏文中에 略擧其一이라】

뒤의 1수 게송은 곧 일체 법문으로 이익을 주는 행이다. 믿지 않는 이로 하여금 믿도록 하기 때문이며, 또한 모든 '이익을 주는 행'을 총체로 끝맺음이다. 【초_ "뒤의 1수 게송은 곧 일체 법문" 등은 간단하게 4가지의 의의가 있다. ① 믿지 않는 이로 하여금 믿도록 함이며, ② 계율을 범한 중생으로 하여금 계율이 원만하도록 함이며, ③ 나쁜 지혜를 지닌 중생으로 하여금 지혜가 원만하도록 함이며, ④ 인색한 중생으로 하여금 희사하는 일이 원만하도록 함이다. 여기 청량소에서는 그 가운데 하나만을 간단하게 들어 말하였다.】

又次下三昧도 亦同事故니라
六의 四攝攝生三昧門을 竟하다

또한 다음 아래의 삼매 또한 같은 일이기 때문이다.
제6. '사섭으로 중생을 이끌어 들이는 삼매 법문'을 끝마치다.

---

第七雅思下十七頌은 俯同世間三昧門이라
제7. '雅思' 이하 17게송은 俯同世間三昧門이다

> **經**

雅思淵才文中王이오　　歌舞談說衆所欣이라
一切世間衆技術을　　譬如幻師無不現이니라

　　맑은 생각, 깊은 재주 글 가운데 왕이요
　　노래, 춤, 이야기는 대중의 기뻐하는 바라
　　일체 세간 온갖 기술을
　　비유하면 요술쟁이처럼 나타내지 못할 일이 없다


或爲長者邑中主하고　　或爲賈客商人導하며
或爲國王及大臣하고　　或作良醫善衆論이니라

　　혹은 장자와 도성 안의 주인 되고
　　혹은 행상과 상인의 인도자 되고
　　혹은 국왕이나 대신 되고
　　혹은 좋은 의원이나 말을 잘하는 이도 된다


或於曠野作大樹하고　　或爲良藥衆寶藏하며
或作寶珠隨所求하고　　或以正道示衆生이니라

　　혹은 광야의 큰 나무가 되고
　　혹은 좋은 약, 온갖 보배 창고도 되고
　　혹은 보배 구슬 되어 구하는 대로 따라 주고
　　혹은 바른 도를 중생에게 보여주기도 한다

若見世界始成立에　　　衆生未有資身具어든
是時菩薩爲工匠하야　　爲之示現種種業이니라

    만약 세계가 처음 이룩될 때

    중생에게 필요한 물건이 없는 것을 보면

    그 당시 보살은 기술자가 되어

    그들 위해 가지가지 일을 보여주었다

不作逼惱衆生物하고　　但說利益世間事호대
呪術藥草等衆論의　　　如是所有皆能說이니라

    중생을 핍박하거나 괴롭히는 물건 만들지 않고

    단 세간 중생 이익 되는 일만 말하되

    주술이며 약초며 온갖 의론 등

    이와 같이 있는 바를 모두 말해주었다

一切仙人殊勝行을　　　人天等類同信仰이어든
如是難行苦行法을　　　菩薩隨應悉能作이니라

    일체 선인의 훌륭한 행을

    사람과 하늘이 똑같이 믿고 우러르니

    이처럼 행하기 어려운 일, 고행의 법을

    보살이 중생 근기 따라 모두 주었다

● 疏 ●

於中三이니 初六은 身同世間利益衆生호되 若依若正을 無不示爲니라

17게송은 3부분으로 나뉜다. 첫째 6수의 게송은 불보살의 몸이 세간과 함께하여 중생에게 이익을 주되 依報와 正報로 보여주지 않은 게 없다.

經

或作外道出家人하고    或在山林自勤苦하며
或露形體無衣服하야    而於彼衆作師長이니라

  혹은 외도에 출가하는 사람도 되고
  혹은 숲 속에서 홀로 부지런히 고행도 하고
  혹은 옷을 걸치지 않고 맨몸을 드러내어
  그들 대중 속에 스승이 되었다

或現邪命種種行하야    習行非法以爲勝하며
或現梵志諸威儀하야    於彼衆中爲上首니라

  혹은 삿된 가지가지 행 나타내어
  그른 법을 행하면서 훌륭하다 여기고
  혹은 범지의 모든 위의 나타내어
  그들 대중 속에 상수가 되었다

或受五熱隨日轉하고    或持牛狗及鹿戒하며

或着壞衣奉事火하야　　　爲化是等作導師니라
　　혹은 오열 받으며 태양 따라 구르고
　　혹은 소, 개, 사슴의 계를 가지며
　　혹은 떨어진 옷 입고 불을 받들어 섬겨
　　그런 이들 교화 위한 도사가 되었다

或有示謁諸天廟하고　　或復示入恒河水하며
食根果等悉示行호대　　於彼常思己勝法이니라
　　혹은 모든 하늘 사당 배알함을 보여주고
　　혹은 다시 항하수에 들어감을 보여주며
　　뿌리, 과일 등을 먹어 모든 걸 행하여 보여주되
　　그곳에서 언제나 자신의 수승한 법을 생각하였다

或現蹲踞或翹足하고　　或臥草棘及灰上하며
或復臥杵求出離하야　　而於彼衆作師首니라
　　혹은 걸터앉아서 혹은 발을 들고서
　　혹은 가시덤불과 잿더미 위에 눕고
　　혹은 다시 절굿공이에 누워 삼계에 벗어남을 구하여
　　그들 대중의 우두머리가 되었다

如是等類諸外道에　　　觀其意解與同事하야
所示苦行世靡堪을　　　令彼見已皆調伏이니라

이러한 부류의 모든 외도의

그 마음 살펴보고 함께 일하면서

보여준 고행들은 세상에선 견디지 못할 일

그들이 이를 보고 모두 조복하도록 하였다

◉ 疏 ◉

次六은 示同外道하야 救彼邪黨이라 初五는 別辨이오 後一은 總結이니 義如別說이라

17게송의 3부분 가운데, 둘째 6수의 게송은 외도와 함께함을 보여주면서 그 삿된 무리를 구제함이다. 앞의 5수 게송은 개별로 분별함이며, 뒤의 1수 게송은 총체로 끝맺음이다. 그 의의는 별도로 말한 바와 같다.

經

衆生迷惑稟邪教하야　　住於惡見受衆苦어든
爲其方便說妙法하야　　悉令得解眞實諦호대

　중생이 미혹하여 삿된 교를 받아들여

　악견에 머물며 온갖 고통을 받거든

　그들 위해 방편으로 미묘한 법 연설하여

　그들 모두 진실한 이치 알도록 하였다

◉ 疏 ◉

三衆生迷惑下 五頌은 明語業大用이니 初一은 總明이오 次三은 別顯이오 後一은 總結이라

17게송의 3부분 가운데, 셋째 '衆生迷惑' 이하 5수의 게송은 語業의 큰 작용을 밝힘이다. 첫 게송은 총체로 밝힘이며, 다음 3수의 게송은 별개로 밝힘이며, 뒤의 1수 게송은 총체로 끝맺음이다.

經

或邊呪語說四諦하고　　或善密語說四諦하며
或人直語說四諦하고　　或天密語說四諦하며

　혹은 변방의 주문으로 사성제를
　혹은 좋은 비밀스러운 말로 사성제를
　혹은 사람들이 보통 쓰는 말로 사성제를
　혹은 하늘의 비밀스러운 말로 사성제를 말하며

分別文字說四諦하고　　決定義理說四諦하며
善破於他說四諦하고　　非外所動說四諦하며

　분별하는 문자로 사성제를
　결정된 의리로 사성제를
　남을 잘 깨뜨리는 말로 사성제를
　외도에 흔들리지 않는 논리로 사성제를 설하며

或八部語說四諦하고　　或一切語說四諦하야
隨彼所解語言音하야　　爲說四諦令解脫이니라

　　혹은 팔부의 말로 사성제를
　　혹은 일체어로 사성제를 말해주며
　　그들이 알아듣는 말과 소리를 따라서
　　사성제를 말해주어 그들이 해탈하도록 하였다

● 疏 ●

次別中에 云或邊呪語者는 梵云達羅鼻茶曼達羅鉢底鞞니 言達羅鼻茶者는 是南印度中邊國名也니 此云消融이오 曼達羅者는 呪也오 鉢底鞞者는 句也니 謂其國人이 稟性純質하야 凡所出言이 皆成神呪라 若隣國侵害어든 不用兵仗이오 但以言破之면 彼自喪滅일세 故曰消融呪句也니라 或云唯童男童女라야 方得言成呪句오 餘不得也라하다 又天密語等者는 婆沙七十九에 說호되 世尊이 有時爲四天王하야 以聖語로 說四諦하신대 二王은 領解오 二는 不能解어늘 世尊이 憐愍故로 以南印度邊國俗語로 說四諦하신대 二天王中에 一解一不解어늘 世尊이 憐愍故로 復以一種蔑戾車語로 說四聖諦하신대 時에 四天王이 皆得領解라하니라【鈔_ '蔑戾車'者는 三藏云'惡中惡'이라하고 亦云'奴中奴'라하니 皆義翻耳라】

　　다음 개별로 밝힌 가운데 "혹은 변방의 주문[或邊呪語]"이라 말한 것은 범어에 의하면 '達羅鼻茶 曼達羅 鉢底鞞'이다. '달라비도'는 남부 인도 가운데 변방 나라의 이름이다. 중국 말로는 '消融'이다. '만달라'란 주문을 말하며, '발저비'란 구절이라는 뜻이다. 그 나라 사람들의 품성이 순수하고 소박하여 그들이 말하는 것은 모두 神呪이다. 만약 이웃 나라가 침범하면 무력을 동원하지 않고 단 말로써 격파하면 침략자가 스스로 멸망한 까닭에 이를 '소멸시켜주는 주문[消灑呪句]'이라 말하였다. 혹자는 "오직 동남동녀여야 비로소 그들의 말을 주문이라 할 뿐, 나머지는 주문이라 말할 수 없다."고 한다.

또한 '天密語' 등이란 바사론 79에 이르기를 "세존이 어느 때, 네 천왕을 위하여 성스러운 말씀으로 사성제를 설하셨다. 그런데 그 가운데 두 명의 천왕은 이해하고 두 천왕은 이해하지 못하였다. 세존께서 그들을 가엾게 여긴 까닭에 南印度 변방 나라의 속어로 사성제를 연설하자, 두 천왕 중에 한 사람은 이해하고 한 사람은 여전히 이해하지 못하였다. 세존은 그를 연민히 여긴 까닭에 다시 한 종족의 '멸려거' 언어로 사성제를 연설하자, 네 천왕이 모두 이해했다."고 하였다. 【초_ '멸려거'란 三藏이 이르기를 '흉악한 중에 가장 흉악한 자' 또는 '노비 중에 노비'라 하니 모두 뜻으로 번역한 것이다.】

'善破於他'者는 以因明比量等으로 眞能破故오 非外所動者는 眞能立故로 不爲他破니라

"남을 잘 깨뜨림[善破於他]"이란 因明의 比量 등으로 眞能破[12]인 때문이며, "외도에 흔들리지 않음[非外所動]"이란 眞能立[13]인 때문에

..........

12 眞能破: 因明 8門 중의 하나로 立論者의 논식이나 주장의 오류를 지적하는 것.

13 眞能立: 因明에서 論式을 세워서 주장하는 것을 말함.

남들에 의해 타파당하지 않는다.

**經**
**所有一切諸佛法**을  **皆如是說無不盡**하야
**知語境界不思議**니  **是名說法三昧力**이니라

    소유한 일체 모든 불법을
    모두 이처럼 설하여 다하지 못함이 없어
    말의 경계가 불가사의함을 아나니
    그 이름을 설법 삼매력이라 한다

● **疏** ●
後一偈는 類結이니 非唯說四諦라 六度萬行等도 皆然이니 一心說法에
得語實性하야 能起隨類之用을 名三昧力이라
七의 俯同世間三昧門을 竟하다

    뒤의 1수 게송은 유별로 말함을 끝맺음이다. 오직 사성제만 말했을 뿐 아니라, 육도만행 등도 모두 이와 같다. 하나의 마음으로 설법함에 언어의 實性을 얻어 부류에 따른 작용을 일으킨 것으로 이를 '삼매의 힘'이라 한다.
    제7. '아래로 세간과 함께하는 삼매 법문'을 끝마치다.

현수품 제12-1 賢首品 第十二之一<br>화엄경소론찬요 제27권 華嚴經疏論纂要 卷第二十七

# 화엄경소론찬요 제28권
## 華嚴經疏論纂要 卷第二十八

●

## 현수품 제12-2
### 賢首品 第十二之二

第八에 有八十九頌半은 明毛光照益三昧門이니 智契解脫之門하야 慈熏身語意業이라 故得身同法界하야 大用無涯라 毛光觸物은 爲益萬品이라 徧於時處하야 緣者會之니 是謂菩薩圓建立衆生也라【鈔_ 智契等者는 總出光明之因이니 具悲智故니라 先此上一句는 約智며 亦約表釋이니 謂毛孔表解脫門이오 光明表智慧故니라 二는 正明智慧이니 故云智契解脫之門이라 慈熏等者는 約悲智釋이니 以菩薩曠劫慈悲로 熏修三業故니라】

제8. '有勝三昧' 이하 89수 반의 게송은 毛光照益三昧門을 밝히다

지혜가 해탈의 법문에 하나가 되어 자비의 마음으로 身語意 삼업을 훈습한 까닭에 몸이 법계와 같아서 끝없는 大用을 얻었다.

모공에서 쏟아져 나온 광명이 모든 존재를 비추는 것은 만물에 이익을 주기 위함이다. 이 때문에 모든 시간과 공간에 두루 하여 인연 있는 이들이 모두 모인 것이다. 이를 "보살이 분명하게 중생을 세워줌"이라고 말한다.【초_ "지혜가 해탈의 법문에 하나"라는 등은 광명의 원인을 총체로 밝힘이니 大悲·大智를 갖췄기 때문이다.

먼저 위의 1구[智契解脫之門]는 大智를 들어 말하였고, 또한 名義表釋으로 말하였다. 毛孔은 해탈문을, 광명은 지혜를 나타내기 때문이다. 둘째는 바로 지혜를 밝힌 까닭에 "지혜가 해탈의 법문에 하나가 된다[智契解脫之門]."고 말하였다. '慈熏' 등이란 大悲를 들어 해석하였다. 보살이 영겁의 자비로 삼업을 훈습하여 닦아왔기 때문이다.】

■

文分爲五니 初一頌은 標門總辨이오 二'所放光明'下는 別明一毛光明業用이오 三'如一毛'下는 類顯一切毛光業用이오 四'如其本行'下는 釋成分齊오 五'若有聞'下는 聞信光益이라 今은 初라

 제8. 89수 반의 게송은 5부분으로 나뉜다.

 제1부분의 첫 게송은 부분을 내세워 총체로 논변함이며,

 제2부분의 '所放光明' 이하는 한 모공의 광명에 대한 작용을 개별로 밝힘이며,

 제3부분의 '如一毛' 이하는 모든 모공의 광명에 대한 작용을 유별로 밝힘이며,

 제4부분의 '如其本行' 이하는 부분과 한계를 해석함이며,

 제5부분의 '若有聞' 이하는 듣고 믿는 광명의 이익이다.

 이의 제1부분 첫 게송은 부분을 내세워 총체로 논변함이다.

經

有勝三昧名安樂이니  能普救度諸群生이라
放大光明不思議하야  令其見者悉調伏이니라

 수승한 삼매가 있으니 이를 안락이라 한다
 널리 모든 중생 제도하며
 불가사의 대광명을 놓아
 광명을 보는 이들을 모두 조복하도록 만든다

◉ 疏 ◉

三昧名安樂者는 就所益說일새 故名安樂이라하니라

　　삼매의 이름을 '안락'이라 말한 것은 이익이 되는 대상으로 말한 까닭에 이를 '안락'이라 말한다.

▬

就第二段中에 二니 初는 略辨四十四門光用이오 後如是等下 一頌은 結略顯廣이라 就四十四光中에 皆有四義니 一은 標光名이오 二는 辨光用이오 三은 出光因이오 四는 結光果라

類例相從을 分爲十段五對니 初有二光은 顯示三寶오 二有四光은 令發大心이니 上二는 卽三寶·四弘對니라 三有二光은 總圓福智오 四有二光은 入理持法이니 上은 卽二嚴·二持對니라 五有六光은 六度行圓이오 六有七光은 四等救攝이니 卽六度·四等對니라 七有一光은 總彰三學이오 八有八光은 雜彰萬行호되 供養爲先이니 爲三學·萬行對오 九有六光은 令六根內淨하야 動與理會오 十有六光은 明六塵外淨하야 觸境皆道니 卽根淸·境淨對니라

今初는 二光이라

　　제2부분은 다시 2부분으로 나뉜다.

　　1) 44법문의 광명 작용을 간단하게 논변하였고,

　　2) '如是等' 이하는 간단하게 끝맺으면서 널리 그 뜻을 밝혀주었다.

1) 44법문의 광명 작용 가운데 법문마다 모두 4가지의 의의가 있다.

(1) 광명의 명제를 내세움이며,

(2) 광명의 작용을 논변함이며,

(3) 광명의 원인을 밝힘이며,

(4) 광명의 결과를 끝맺음이다.

유별의 예를 따라 구분하면 10단락에 5가지의 상대가 있다.

(1) 2가지의 광명은 삼보를 나타냄이다.

(2) 4가지의 광명은 보는 이로 하여금 큰마음을 일으키도록 하였다. 위의 2가지는 곧 三寶와 四弘의 상대이다.

(3) 2가지의 광명은 복덕과 지혜를 총체로 원만함이다.

(4) 2가지의 광명은 진리의 속에 들어가 법을 지님이다. 위는 곧 二嚴과 二持의 상대이다.

(5) 6가지의 광명은 6바라밀의 행이 원만함이다.

(6) 7가지의 광명은 자·비·희·사 사무량심으로 구제하고 이끌어 들임이다. 곧 六度와 四等의 상대이다.

(7) 한 가지의 광명은 三學을 총체로 밝힘이다.

(8) 8가지의 광명은 萬行을 뒤섞어서 밝히되 공양이 으뜸이다. 三學과 萬行의 상대이다.

(9) 6가지의 광명은 육근으로 하여금 내면에서 청정하여 동할 때에는 진리와 만나게 함이다.

(10) 6가지의 광명은 육진이 밖으로 청정하여 모든 경계가 모두

도임을 밝힌 것인바 곧 根淸과 境淨의 상대이다.

### 經

所放光明名善現이니　　　若有衆生遇此光이면
必令獲益不唐捐이라　　　因是得成無上智니라

　　빛나는 광명의 이름, 선현이다
　　어떤 중생이 이 광명을 만나면
　　반드시 이익 얻어 헛되어 버리지 않으리니
　　이로 인해 위없는 지혜 성취하리라

彼先示現於諸佛하고　　　示法示僧示正道하며
亦示佛塔及形像일세　　　是故得成此光明이니라

　　그가 먼저 모든 부처님 나타내 보이고
　　법, 스님, 바른 도를 보이며
　　또한 불탑과 형상 보여준다
　　이 때문에 이 광명 얻어 성취하리라

又放光明名照曜니　　　　暎蔽一切諸天光하며
所有暗障靡不除하야　　　普爲衆生作饒益이니라

　　또 광명 놓으니 그 이름, 조요이다
　　일체 모든 하늘 광명 뒤덮여
　　깔렸던 어둠과 장애 없애주어

널리 중생 위해 이익을 준다

此光覺悟一切衆하야　　令執燈明供養佛이니
以燈供養諸佛故로　　得成世中無上燈이니라

　그 광명이 일체중생 깨우쳐
　등불 들어 부처님께 공양 올리니
　여러 부처님께 등불 공양 올린 공덕으로
　세간에 위없는 등불 성취하였다

燃諸油燈及酥燈하고　　亦燃種種諸明炬와
衆香妙藥上寶燭하야　　以是供佛獲此光이니라

　모든 기름등, 들깨기름등 켜고
　또한 가지가지 모든 밝은 횃불
　온갖 향기, 미묘한 약, 보배 촛불 밝혀
　부처님께 공양 올려 이 광명 얻었다

● 疏 ●

初二光中에 前一은 顯現이니 於中初句는 標名이니 以近初標일새 但云 所放이오 不言又放이라 次三句는 辨用이라

後偈辨因中에 示三寶는 令其正歸오 示正道는 令其正向이니 上通一體와 及別相三寶라 亦示佛塔은 令其正信이니 義兼住持라

後一光은 照曜니 用有七句라 一偈는 辨因이니 竝顯可知니라

(1) 2가지의 광명 가운데 앞에서 말한 광명의 이름은 善現이다. 그중에 제1구는 그 이름을 밝혀주었다. 처음 밝힌 의미에 가까워서 단 '방광한 바[所放]'라 말했을 뿐이며, '또 방광하다[又放]'라고 말하지는 않았다. 다음 3구는 작용을 논변하였다.

뒤 게송의 원인을 논변한 가운데 삼보를 보여준 것은 그들로 하여금 바르게 귀의하도록 함이며, 바른 도를 보여준 것은 그들로 하여금 바르게 향하도록 함이다. 위는 一體 및 別相의 三寶에 통한다. 또한 불탑을 보여준 것은 그들로 하여금 바르게 믿도록 하고자 함이다. 그 의의는 주지를 겸하였다.

뒤에서 말한 하나의 광명은 밝게 비춤이니 작용에는 7구가 있다.

하나의 게송은 원인을 논변함이다. 그 뜻이 모두 뚜렷하여 말하지 않아도 알 수 있다.

## 經

又放光明名濟度니            此光能覺一切衆하야
令其普發大誓心하야          度脫欲海諸群生이니라

또 광명 놓으니 그 이름, 제도이다
그 광명이 일체중생 깨우쳐주어
그들로 널리 큰 서원 내게 하여
욕망의 바다, 모든 중생 제도하여 해탈케 하였다

若能普發大誓心하야          度脫欲海諸群生이면

**則能越度四瀑流**하야　　**示導無憂解脫城**이니라

널리 큰 서원의 마음 내어

욕망의 바다, 모든 중생 제도하여 해탈하면

4가지 폭포수 뛰어넘고 건너서

근심 없는 해탈의 성으로 인도하였다


**於諸行路大水處**에　　**造立橋梁及船筏**호대

**毁訾有爲讚寂靜**일세　　**是故得成此光明**이니라

많은 사람 다니는 길, 큰 물줄기 있는 곳에

다리와 배, 뗏목 만들어주고

유위법을 비방하고 적정법을 찬탄하여

이 때문에 이 광명 얻어 성취하였다


⦿ 疏 ⦿

第二四光은 令發大心中에 卽四弘願也라 初一은 令衆生無邊誓願度니 因中에 興無爲而毁有爲라

(2) 4가지의 광명은 광명을 보는 이로 하여금 큰마음을 일으키게 한 가운데 곧 사홍서원이다. 첫째, 하나의 광명은 '끝없는 중생을 맹세코 모두 제도'하려는 것이다. 因中에 무위를 일으키되 유위를 부수어버린 것이다.

又放光明名滅愛니　　此光能覺一切衆하야
令其捨離於五欲하고　　專思解脫妙法味니라

    또 광명 놓으니 그 이름, 멸애이다

    그 광명이 일체중생 깨우쳐주어

    그들이 오욕을 버리고서

    오로지 해탈 미묘법의 맛을 생각토록 하였다


若能捨離於五欲하고　　專思解脫妙法味하면
則能以佛甘露雨로　　普滅世間諸渴愛니라

    오욕 모두 버리고

    오로지 해탈 미묘법의 맛을 생각하면

    부처님의 감로수 비로

    세간의 모든 갈애 모두 없애준다


惠施池井及泉流하고　　專求無上菩提道호대
毁訾五欲讚禪定일세　　是故得成此光明이니라

    연못, 우물, 샘물 보시하고

    오로지 위없는 보리도를 구하되

    오욕을 비방하고 선정을 찬탄하여

    이 때문에 이 광명 얻어 성취하였다

● 疏 ●

二一光은 令煩惱無邊誓願斷이라 因中에 興有爲而讚禪定이니 上二는 皆事理兼修니라

둘째, 하나의 광명은 '끝없는 번뇌를 맹세코 끊고자' 함이다. 因中에 有爲를 일으키되 선정을 찬탄함이다. 위의 2가지는 모두 사법계와 이법계를 모두 닦음이다.

經

又放光明名歡喜니　　　　此光能覺一切衆하야
令其愛慕佛菩提하야　　發心願證無師道니라

또 광명 놓으니 그 이름, 환희이다
그 광명이 일체중생 깨우쳐주어
그들이 부처님의 보리 우러러
발심하여 스승 없는 도를 증득케 하였다


造立如來大悲像하야　　衆相莊嚴坐華座하고
恒歎最勝諸功德일세　　是故得成此光明이니라

여래의 자비하신 형상 만들어
수많은 장엄한 불상, 연화좌에 모시고
항상 가장 수승한 모든 공덕 찬탄하여
이 때문에 광명 얻어 성취하였다

◉ 疏 ◉

三은 上欣佛果니라

셋째는 위로 佛果를 기쁘게 추구함이다.

經

又放光明名愛樂이니　此光能覺一切衆하야
令其心樂於諸佛하며　及以樂法樂衆僧이니라

또 광명 놓으니 그 이름, 애락이다
그 광명이 일체중생 깨우쳐주어
그의 마음, 모든 부처님 좋아하고
법과 스님을 좋아하도록 하였다

若常心樂於諸佛하며　及以樂法樂衆僧이면
則在如來衆會中하야　逮成無上深法忍이니라

항상 마음에 모든 부처님 좋아하고
법과 여러 스님 좋아하면
여래의 모든 법회 가운데
위없이 심오한 법인을 성취하리라

開悟衆生無有量하야　普使念佛法僧寶하며
及示發心功德行일세　是故得成此光明이니라

중생을 깨우침이 한량없어

불보, 법보, 승보를 널리 생각하게 하며

발심의 공덕행을 보여주어

이 때문에 광명 얻어 성취하였다

● 疏 ●

四는 愛樂三寶하야 窮盡法門이니 因中四弘之終일세 故總云'及示發心功德'이라하니라

넷째는 삼보를 사랑하고 좋아하여 '끝없는 법문을 맹세코 모두 배우고자' 함이다. 因中의 사홍서원의 끝이기에 "발심의 공덕행을 보여주었다."고 총체로 말한 것이다.

經

又放光明名福聚니　　　　此光能覺一切衆하야
令行種種無量施하야　　　以此願求無上道니라

　또 광명 놓으니 그 이름, 복취이다
　그 광명이 일체중생 깨우쳐주어
　가지가지 한량없는 보시 행하여
　이 때문에 위없는 도를 구하도록 하였다

設大施會無遮限하고　　　有來求者皆滿足하야
不令其心有所乏일세　　　是故得成此光明이니라

　막거나 한계 없는 큰 보시 모임 마련하고

찾아와 구하는 자 모두 만족 주어

그 마음에 부족한 바 없게 하여

이 때문에 광명 얻어 성취하였다

**又放光明名具智**니 **此光能覺一切衆**하야
**令於一法一念中**에 **悉解無量諸法門**이니라

또 광명 놓으니 그 이름, 구지이다

그 광명이 일체중생 깨우쳐주어

하나의 법, 하나의 생각 속에

한량없는 모든 법문 다 알도록 하였다

**爲諸衆生分別法**하며 **及以決了眞實義**하야
**善說法義無虧減**일세 **是故得成此光明**이니라

모든 중생 위해 법을 분별하고

진실한 이치를 반드시 앎으로써

법의 뜻을 잘 말하여 잘못되거나 부족함 없기에

이 때문에 광명 얻어 성취하였다

● **疏** ●

**第三有二光**은 **總圓福智**니 **智因中**에 **分別法相**하고 **決了眞理**하야 **無虧理事**며 **不減佛法**일세 **故得一念 悉解多門**이니라

⑶ 2가지의 광명이 있다는 것은 복덕과 지혜를 총체로 원만하

319

게 함이다. 智因의 가운데 法相을 분별하고 진리를 알아 본체의 이치와 현상의 사물에 부족함이 없으며 불법에 부족하지 않은 까닭에 한 생각의 찰나에 수많은 법문을 모두 이해한 것이다.

### 經

又放光明名慧燈이니　　　此光能覺一切衆하야
令知衆生性空寂하야　　　一切諸法無所有니라

  또 광명 놓으니 그 이름, 혜등이다
  그 광명이 일체중생 깨우쳐주어
  그들로 하여금 중생의 성품이 고요하여
  모든 법이 있지 않음을 깨닫게 하였다

演說諸法空無主하야　　　如幻如焰水中月하며
乃至猶如夢影像일세　　　是故得成此光明이니라

  모든 법이 공허하여 주인이 없다
  허깨비처럼 불꽃처럼 물 위의 달처럼
  꿈이나 그림자 형상과 같다고 연설하여
  이 때문에 광명 얻어 성취하였다

又放光名法自在니　　　此光能覺一切衆하야
令得無盡陀羅尼하야　　　悉持一切諸佛法이니라

  또 광명 놓으니 그 이름, 법자재이다

그 광명이 일체중생 깨우쳐주어

그들로 하여금 그지없는 다라니 얻어

일체 불법 지니도록 하였다


**恭敬供養持法者**하고　　　**給侍守護諸賢聖**하야
**以種種法施衆生**일세　　　**是故得成此光明**이니라

법을 지닌 자를 공경하고 공양하며

모든 현인 시중하고 수호하여

가지가지 법으로 중생에게 보시하여

이 때문에 광명 얻어 성취하였다


◉ 疏 ◉

第四二光은 入理持法이라 初一은 慧入二空이니 卽義持也오 後一은 具四總持니 於法自在니라【鈔_ 後一具四總持者는 一은 法持오 二는 義持오 三은 呪持오 四는 無生忍持니 七地에 廣說호리라 四持竝具어니 何不自在리오】

(4) 2가지의 광명은 진리에 들어가 법을 지닌 것이다.

앞의 광명은 지혜가 二空에 들어감이니 곧 義總持이며, 뒤의 광명은 4가지의 總持를 갖추고 있어 법에 자재하다.【초_ "뒤의 광명은 4가지의 總持를 갖추고 있다."는 것은 ① 法總持, ② 義總持, ③ 呪總持, ④ 無生忍總持이다. 七地에서 자세히 말하고자 한다. 4가지의 총지를 모두 갖췄는데 어찌 자재하지 않을 수 있겠는가.】

又放光明名能捨니  此光覺悟慳衆生하야
令知財寶悉非常하야  恒樂惠施心無着이니라

또 광명 놓으니 그 이름, 능사이다
그 광명이 간탐 중생 깨우쳐주어
그들이 재물이란 모두 영원치 않음을 알고서
항상 보시 즐겨 마음에 집착 없게 하였다

慳心難調而能調하고  解財如夢如浮雲하야
增長惠施淸淨心일세  是故得成此光明이니라

조복하기 어려운 간탐의 마음을 조복하여
재물이란 헛꿈과 구름 같음을 알고서
보시하는 칭찬한 마음 키워주어
이 때문에 광명 얻어 성취하였다

又放光明名除熱이니  此光能覺毁禁者하야
普使受持淸淨戒하야  發心願證無師道니라

또 광명 놓으니 그 이름, 제열이다
그 광명이 파계한 자를 깨우쳐
널리 청정한 계를 받아
발심하여 스승 없는 도를 증득케 하였다

勸引衆生受持戒하야　　十善業道悉淸淨하며
又令發大菩提心일세　　是故得成此光明이니라

　　중생에게 계 받아 지니도록 권하고 이끌어
　　열 가지 선업도를 모두 청정케 하며
　　또 대보리심을 일으키도록 하였기에
　　이 때문에 광명 얻어 성취하였다


又放光明名忍嚴이니　　此光覺悟瞋恚者하야
令彼除瞋離我慢하야　　常樂忍辱柔和法이니라

　　또 광명 놓으니 그 이름, 인엄이다
　　그 광명이 성내는 자를 깨우쳐
　　그들이 아만심 여의고 성낸 마음 없애어
　　항상 인욕과 온화한 법 좋아하도록 하였다


衆生暴惡難可忍이어늘　　爲菩提故心不動하야
常樂稱揚忍功德일세　　是故得成此光明이니라

　　참기 어려운 중생의 포악함이거늘
　　보리지혜 때문에 마음 흔들리지 않아
　　항상 인욕 공덕 칭찬하길 좋아하여
　　이 때문에 광명 얻어 성취하였다


又放光明名勇猛이니　　此光覺悟懶惰者하야

令彼常於三寶中에　　　恭敬供養無疲厭이니라
　　또 광명 놓으니 그 이름, 용맹이다
　　그 광명이 게으른 자 깨우쳐주어
　　그들에게 항상 삼보 전에
　　공경하고 공양하되 싫어함이 없도록 하였다

若彼常於三寶中에　　　恭敬供養無疲厭이면
則能超出四魔境하야　　速成無上佛菩提니라
　　만약 그가 항상 삼보 전에
　　공경하고 공양하되 싫어함이 없으면
　　곧 네 가지 마군 경계 벗어나
　　위없는 불보리를 속히 이루리라

勸化衆生令進策하야　　常勤供養於三寶하야
法欲滅時專守護일세　　是故得成此光明이니라
　　중생을 권면하고 교화하여 정진케 하여
　　항상 부지런히 삼보 전에 공양 올려
　　법이 사라지고자 할 때면 오로지 수호하여
　　이 때문에 광명 얻어 성취하였다

又放光明名寂靜이니　　此光能覺亂意者하야
令其遠離貪恚癡하야　　心不動搖而正定이니라

또 광명 놓으니 그 이름, 적정이다
그 광명이 마음이 산란한 자 깨우쳐주어
그들이 탐진치 멀리 여의어
마음 흔들리지 않아 바른 선정에 들도록 하였다

**捨離一切惡知識**의 **無義談說雜染行**하고
**讚歎禪定阿蘭若**일세 **是故得成此光明**이니라

온갖 나쁜 지식의
진리 없는 말들, 잡염의 행 멀리 여의고
선정과 아란야 찬탄하여
이 때문에 광명 얻어 성취하였다

**又放光明名慧嚴**이니 **此光覺悟愚迷者**하야
**令其證諦解緣起**하야 **諸根智慧悉通達**이니라

또 광명 놓으니 그 이름, 혜엄이다
그 광명이 어리석고 혼미한 자 깨우쳐주어
그들에게 진실한 법 증득하고 연기 알아서
모든 근과 지혜를 모두 통달케 하였다

**若能證諦解緣起**하야 **諸根智慧悉通達**이면
**則得日燈三昧法**하야 **智慧光明成佛果**니라

진실한 법 증득하고 연기 알아

모든 근과 지혜를 모두 통달하면

태양처럼 빛나는 일등 삼매 법문 얻어

지혜의 광명으로 불과를 이루리라


**國財及己皆能捨**하고　　**爲菩提故求正法**하야
**聞已專勤爲衆說**일세　　**是故得成此光明**이니라

국토, 재물, 자기의 몸까지 모두 희사하고

보리 위해 바른 법문 구하여

들은 후엔 오로지 중생 위해 부지런히 설법하여

이 때문에 광명 얻어 성취하였다


● 疏 ●

第五 六度光中에 戒因中에 云'發大心'者는 謂若發二乘心이면 則破淨戒라 大心導善에 不在人天이오 勤策萬行에 慧爲上首일세 各加一偈오 餘可思之니라

(5) 6가지의 광명 가운데, 戒因에서 "큰마음을 일으킨다."고 말한 것은 만일 二乘의 마음을 일으키면 곧 청정한 계율을 깨뜨림을 말한다. 큰마음으로 선을 이끌어가면 人天에 있지 않고, 부지런히 萬行을 정진하면 지혜가 으뜸이기에 각각 하나의 게송을 더했다. 나머지는 스스로 생각하면 말하지 않아도 알 수 있다.

又放光明名佛慧니　　　此光覺悟諸含識하야
令見無量無邊佛이　　　各各坐寶蓮華上이니라

　　또 광명 놓으니 그 이름, 불혜이다
　　그 광명이 모든 중생 깨우쳐주어
　　한량없고 끝없는 부처님이
　　각각 보배 연꽃 위에 앉아 계심을 보여준다

讚佛威德及解脫하고　　　說佛自在無有量하야
顯示佛力及神通일세　　　是故得成此光明이니라

　　부처님의 위덕과 해탈 찬탄하고
　　부처님의 자재하심 한량없음을 말하며
　　부처님의 힘과 신통력 나타내 보여주어
　　이 때문에 광명 얻어 성취하였다

◉ 疏 ◉

第六有七光은 四等救攝中에 初一은 慈光으로 與佛慧眞樂하야 見無量佛이니 此有二義니 一은 見事佛이니 眞樂因故오 二는 見心佛이니 一一心華에 有覺性故니라

　(6) 7가지의 광명은 4가지 무량심으로 구제하고 이끌어 들이는 가운데, 첫째, 하나의 광명은 자비의 광명으로 부처님 지혜의 참 즐거움을 주어 한량없는 부처님을 보도록 함이다.

여기에는 2가지의 의의가 있다.

① 부처님 섬김을 봄이니 眞樂의 因 때문이며,

② 心佛을 봄이니 하나하나의 마음 꽃송이에 覺性이 있기 때문이다.

### 經

又放光明名無畏니 　　　此光照觸恐怖者하야
非人所持諸毒害를 　　　一切皆令疾除滅이니라

　또 광명 놓으니 그 이름, 무외이다
　그 광명이 두려워하는 자를 비춰주어
　사람 아닌 게 지닌 수많은 독을
　일체 모두 곧바로 없애준다

能於衆生施無畏하야 　　　遇有惱害皆勸止하야
拯濟厄難孤窮者일세 　　　以是得成此光明이니라

　중생에게 두려움 없애주는 것을 보시하여
　번뇌와 해로운 일 당하면 모두 멈추도록 권하고
　액난과 고독하고 곤궁한 자 구제하여
　이 때문에 광명 얻어 성취하였다

### ● 疏 ●

次三은 悲光拔苦니 初一厄難苦니라

다음 3가지의 광명은 자비의 광명으로 고뇌를 뽑아줌이다.
3가지의 광명 가운데, 첫째는 厄難의 고통이다.

經

又放光明名安穩이니  此光能照疾病者하야
令除一切諸苦痛하야  悉得正定三昧樂이니라

　또 광명 놓으니 그 이름, 안온이다
　그 광명이 병든 이를 비춰주어
　일체 모든 고통 없애주기에
　모두 바른 선정 삼매의 즐거움을 얻게 하였다


施以良藥救衆患하며  妙寶延命香塗體하며
酥油乳蜜充飮食일세  以是得成此光明이니라

　좋은 약을 보시하여 중생의 병 구제하고
　미묘한 보배로 수명을 연장하고 몸에 향수 바르고
　죽 기름 우유 꿀로 음식을 보충하여
　이 때문에 광명 얻어 성취하였다


● 疏 ●

次一은 疾病苦라

　3가지의 광명 가운데, 다음은 질병의 고통이다.

又放光明名見佛이니　　此光覺悟將殁者하야
令隨憶念見如來하야　　命終得生其淨國이니라

　또 광명 놓으니 그 이름, 견불이다
　그 광명이 임종의 환자 깨우쳐주어
　기억하고 생각을 따라 여래 뵙게 하여
　죽은 후엔 청정국토 태어나리라

見有臨終勸念佛하고　　又示尊像令瞻敬하야
俾於佛所深歸仰일세　　是故得成此光明이니라

　임종 시에 염불 권하고
　또 불상 보여 우러러 공경케 하며
　부처님 계신 곳에 깊이 돌아가 첨앙토록 하여
　이 때문에 광명 얻어 성취하였다

● 疏 ●

後一은 死苦라 令見佛者는 一은 捨命不恐이오 二는 惡道不畏니라 又要臨終勸者는 智論二十八에 云臨終少時 能勝終身行力이니 以猛利故로 如火如毒이라하니라 依西域法컨대 有欲捨命者면 令面向西하고 於前에 安一立像호되 亦面向西하고 以旛頭로 挂像手指하야 令病人으로 手捉旛脚하고 口稱佛名하야 作隨佛往生淨土之意하고 兼與燒香鳴磬하야 助稱佛名하나니 若能行此면 非直亡者得生佛前이라 抑亦終成

見佛光也니라 若神游大方하야 去留無礙者는 置之言外어니와 不爾인댄 勉旃斯行이어다

　3가지의 광명 가운데, 맨 뒤는 죽음의 고통이다.

　죽기 전에 부처님의 상을 뵙도록 한 것은 ⑴ 목숨 버리기를 두려워하지 않음이며, ⑵ 삼악도에 떨어지는 것을 겁내지 않음이다.

　또한 임종 시에 염불을 권해야 하는 필요성은 지도론 28에 이르기를 "임종을 맞이할 때 잠깐 사이의 염불은 평생의 수행보다 훨씬 더 낫다. 맹렬하고 예리한 까닭에 불과 같고 독과 같다."고 하였다.

　서역(인도)의 법에 의하면, 목숨이 끊어지려고 하는 자가 있으면 그의 얼굴을 서쪽으로 향하게 하고, 그의 앞에 하나의 부처님 立像을 안치하되 불상 또한 그 얼굴을 서쪽으로 향하게 한다. 그리고 旛頭를 불상의 손가락에 걸어놓고 병자의 손으로 그 수건의 끝자락을 잡은 채 입으론 염불을 하면서, 부처님을 따라 정토에 왕생한다는 생각을 가지도록 한다. 겸하여 주위 사람들까지 다 함께 향을 사르고 종을 울리면서 그의 염불을 돕도록 한다. 만약 이처럼 거행하면 망자가 부처님의 앞에 태어날 뿐 아니라, 또한 마침내 부처님의 광명을 보게 된다. 만일 망자의 정신이 우주에 널리 노닐면서 오가는 데에 걸림이 없는 이라면 더 이상 말할 필요가 없겠지만, 그렇지 못한 사람이라면 힘껏 이처럼 거행해야 할 것이다.

**經**

又放光明名樂法이니　　此光能覺一切衆하야

**令於正法常欣樂**하야　　**聽聞演說及書寫**니라
　　또 광명 놓으니 그 이름, 요법이다
　　그 광명이 일체중생 깨우쳐주어
　　바른 법 항상 기뻐하고 좋아하여
　　듣고 연설하고 베껴 쓰도록 하였다


**法欲盡時能演說**하야　　**令求法者意充滿**하야
**於法愛樂勤修行**일세　　**是故得成此光明**이니라
　　법이 다하고자 할 때면 연설하여
　　법 구하는 자로 하여금 뜻에 만족하여
　　법을 사랑하고 좋아하며 부지런히 수행케 하여
　　이 때문에 광명 얻어 성취하였다


**又放光明名妙音**이니　　**此光開悟諸菩薩**하야
**能令三界所有聲**으로　　**聞者皆是如來音**이니라
　　또 광명 놓으니 그 이름, 묘음이다
　　그 광명이 모든 보살 깨우쳐주어
　　삼계에 있는 모든 소리로
　　듣는 이들 모두 여래 음성 알도록 하였다


**以大音聲稱讚佛**하며　　**及施鈴鐸諸音樂**하야
**普使世間聞佛音**일세　　**是故得成此光明**이니라

큰 음성으로 부처님을 찬양하고
요령, 목탁, 모든 음악 보시하여
널리 세간 중생 부처님 음성 듣도록 하여
이 때문에 광명 얻어 성취하였다

● 疏 ●

次二光은 令生法喜니 初則欣法聽說에 法喜已充이오 終則觸境이 無非佛法이니 成喜之極이라

다음 2가지의 광명은 법희를 내도록 함이다. 앞의 요법광명은 곧 법을 좋아하여 설법을 듣고서 법희가 이미 충만함이며, 뒤의 묘음광명은 곧 모든 경계가 불법 아닌 게 없음이니 법희 성취의 極處이다.

經

又放光明施甘露니　　　此光開悟一切衆하야
令捨一切放逸行하고　　具足修習諸功德이니라

　또 광명 놓으니 그 이름, 감로이다
　그 광명이 일체중생 깨우쳐주어
　모든 방일한 행동을 버리고
　모든 공덕 구족하게 닦도록 하였다


說有爲法非安穩이라　　無量苦惱悉充徧하고
恒樂稱揚寂滅樂일세　　是故得成此光明이니라

333

유위법은 안온한 곳이 아니다
한량없는 고뇌 모두 충만하다 말하고
항상 적멸의 즐거움 즐기라 일컬어
이 때문에 광명 얻어 성취하였다

◉ 疏 ◉

後一은 令成大捨하야 捨除放逸衆惑之根이라

뒤의 하나의 광명은 크게 희사를 성취하여 방일과 많은 미혹의 뿌리를 버리도록 함이다.

經

又放光明名最勝이니　　此光開悟一切衆하야
令於佛所普聽聞　　　　戒定智慧增上法이니라

또 광명 놓으니 그 이름, 최승이다
그 광명이 일체중생 깨우쳐주어
부처님 계신 곳에서
한층 더 높은 계정혜 삼학을 널리 듣도록 하였다

常樂稱揚一切佛　　　　勝戒勝定殊勝慧하야
如是爲求無上道일세　　是故得成此光明이니라

항상 즐거운 마음으로 모든 부처님과
수승한 계, 수승한 정, 수승한 혜를 찬양하여

이와 같이 위없는 도를 구했기에
이 때문에 광명 얻어 성취하였다

◉ 疏 ◉

第七一光은 總彰萬行하야 三學攝盡일세 故曰普聞이라하니라

(7) 최승광명은 만행을 총체로 나타내어 삼학을 모두 다하였기에 이를 '널리 들었다[普聞].'고 말한다.

## 經

又放光明名寶嚴이니　　此光能覺一切衆하야
令得寶藏無窮盡하야　　以此供養諸如來니라

또 광명 놓으니 그 이름, 보엄이다
그 광명이 일체중생 깨우쳐주어
하여금 보배 창고를 얻되 다함이 없어
이를 모든 여래께 공양하게 하였다

以諸種種上妙寶로　　奉施於佛及佛塔하며
亦以惠施諸貧乏일세　　是故得成此光明이니라

모든 가지가지 최상의 미묘한 보배로
부처님과 불탑에 받들어 보시하고
또한 모든 가난하고 궁핍한 자에게 보시하여
이 때문에 광명 얻어 성취하였다

又放光明名香嚴이니　　　此光能覺一切衆하야
令其聞者悅可意하야　　　決定當成佛功德이니라
　　또 광명 놓으니 그 이름, 향엄이다
　　그 광명이 일체중생 깨우쳐주어
　　듣는 이로 하여금 마음에 기뻐
　　반드시 부처님 공덕 이루게 하였다


人天妙香以塗地하야　　　供養一切最勝王하고
亦以造塔及佛像일세　　　是故得成此光明이니라
　　사람과 하늘의 미묘한 향수로 땅에 뿌려
　　가장 수승한 모든 왕께 공양 올리고
　　또한 탑과 불상 조성하여
　　이 때문에 광명 얻어 성취하였다


又放光名雜莊嚴이니　　　寶幢旛蓋無央數며
焚香散華奏衆樂하야　　　城邑內外皆充滿이니라
　　또 광명 놓으니 그 이름, 잡장엄이다
　　보배 깃대, 깃대 덮개 한량없으며
　　향 사르고 꽃 뿌리고 온갖 음악 연주하여
　　도성과 고을 안팎 모두 가득하였다


本以微妙伎樂音과　　　　衆香妙華幢蓋等으로

**種種莊嚴供養佛**일세      **是故得成此光明**이니라

    본래 미묘한 기악 가락과
    온갖 향, 미묘한 꽃, 깃대, 덮개 등
    가지가지 장엄으로 부처님께 공양하여
    이 때문에 광명 얻어 성취하였다


**又放光明名嚴潔**이니      **令地平坦猶如掌**하야
**莊嚴佛塔及其處**일세      **是故得成此光明**이니라

    또 광명 놓으니 그 이름, 엄결이다
    평탄한 땅 마치 손바닥과 같아
    불탑과 그곳을 장엄하여
    이 때문에 광명 얻어 성취하였다


**又放光明名大雲**이니      **能起香雲雨香水**하야
**以水灑塔及庭院**일세      **是故得成此光明**이니라

    또 광명 놓으니 그 이름, 대운이다
    향기 구름 일으켜 향수로 비 내려서
    탑과 정원에 향수 뿌려주어
    이 때문에 광명 얻어 성취하였다


● 疏 ●

**第八八光**은 **雜明諸行**에 **供養爲先**이니 **前五**는 **供敬田**이라

(8) 8가지의 광명[寶嚴, 香嚴, 雜莊嚴, 嚴潔, 大雲, 嚴具, 上味, 大財]은 모든 행을 뒤섞어 밝힘에 있어 공양이 우선이다. 앞의 5가지 광명[寶嚴, 香嚴, 雜莊嚴, 嚴潔, 大雲]은 敬田에 공양함이다.

**經**

又放光明名嚴具니 　　令躶形者得上服이라
嚴身妙物而爲施일세 　　是故得成此光明이니라

    또 광명 놓으니 그 이름, 엄구이다
    헐벗은 자에겐 좋은 옷을 입혀주고
    몸을 장엄할 미묘한 물건 보시하여
    이 때문에 광명 얻어 성취하였다


又放光明名上味니 　　能令饑者獲美食이라
種種珍饌而爲施일세 　　是故得成此光明이니라

    또 광명 놓으니 그 이름, 상미이다
    배고픈 자에게 아름다운 음식 먹여주고
    가지가지 진수성찬 보시하여
    이 때문에 광명 얻어 성취하였다


又放光明名大財니 　　令貧乏者獲寶藏이라
以無盡物施三寶일세 　　是故得成此光明이니라

    또 광명 놓으니 그 이름, 대재이다

가난하고 궁핍한 자에게 보배 창고를 건네주고

　　그지없는 물건으로 삼보에 보시 올려

　　이 때문에 광명 얻어 성취하였다


◉ 疏 ◉

後三은 施悲田이라

　　뒤의 3가지 광명은 悲田에 보시함이다.


經

又放光明眼淸淨이니　　　能令盲者見衆色이라
以燈施佛及佛塔일세　　　是故得成此光明이니라

　　또 광명 놓으니 그 이름, 안청정이다

　　눈 먼 자에게 온갖 색상 보여주고

　　부처님과 불탑에 등불 보시하여

　　이 때문에 광명 얻어 성취하였다


又放光名耳淸淨이니　　　能令聾者悉善聽이라
鼓樂娛佛及佛塔일세　　　是故得成此光明이니라

　　또 광명 놓으니 그 이름, 이청정이다

　　귀머거리에게 모든 음성 들도록 하고

　　부처님과 불탑에 음악 연주하여 즐겁게 하여

　　이 때문에 광명 얻어 성취하였다

又放光明鼻淸淨이니　　　昔未聞香皆得聞이라
以香施佛及佛塔일세　　　是故得成此光明이니라

  또 광명 놓으니 그 이름, 비청정이다
  옛직에 맡지 못하던 향기 모두 맡게 하고
  부처님과 불탑에 향을 보시하여
  이 때문에 광명 얻어 성취하였다

又放光名舌淸淨이니　　　能以美音稱讚佛이라
永除麤惡不善語일세　　　是故得成此光明이니라

  또 광명 놓으니 그 이름, 설청정이다
  아름다운 음성으로 부처님을 찬탄하고
  추악하여 좋지 못한 말을 길이 없애어
  이 때문에 광명 얻어 성취하였다

又放光名身淸淨이니　　　諸根缺者令具足이라
以身禮佛及佛塔일세　　　是故得成此光明이니라

  또 광명 놓으니 그 이름, 신청정이다
  모든 근이 결핍된 자를 구족하게 하고
  몸소 부처님과 불탑에 절을 올려
  이 때문에 광명 얻어 성취하였다

又放光名意淸淨이니　　　令失心者得正念이라

**修行三昧悉自在**일세 　　**是故得成此光明**이니라

　　또 광명 놓으니 그 이름, 의청정이다
　　마음을 잃은 자에게 바른 생각 얻도록 하고
　　삼매 닦음이 모두 자재하여
　　이 때문에 광명 얻어 성취하였다

◉ 疏 ◉

第九六光은 內淨六根이라

　(9) 6가지의 광명[眼, 耳, 鼻, 舌, 身, 意清淨]은 안으로 육근을 청정하게 함이다.

經

**又放光明色清淨**이니 　　**令見難思諸佛色**이라
**以衆妙色莊嚴塔**일세 　　**是故得成此光明**이니라

　　또 광명 놓으니 그 이름, 색청정이다
　　모든 부처님의 불가사의의 색상을 보여주며
　　온갖 미묘한 색상으로 탑을 장엄하여
　　이 때문에 광명 얻어 성취하였다

**又放光明聲清淨**이니 　　**令知聲性本空寂**이라
**觀聲緣起如谷響**일세 　　**是故得成此光明**이니라

　　또 광명 놓으니 그 이름, 성청정이다

소리의 자성이 본래 공적함을 알려주며
　　소리의 연기가 메아리와 같음을 보여주어
　　이 때문에 광명 얻어 성취하였다


又放光名香淸淨이니　　　令諸臭穢悉香潔이라
香水洗塔菩提樹일세　　　是故得成此光明이니라
　　또 광명 놓으니 그 이름, 향청정이다
　　모든 구린 냄새를 모두 향기처럼 맑혀주며
　　향수로 탑과 보리수를 씻어내어
　　이 때문에 광명 얻어 성취하였다


又放光名味淸淨이니　　　能除一切味中毒이라
恒供佛僧及父母일세　　　是故得成此光明이니라
　　또 광명 놓으니 그 이름, 미청정이다
　　모든 음식 맛 속의 독을 제거하여
　　항상 부처님과 스님과 부모를 공양하여
　　이 때문에 광명 얻어 성취하였다


又放光名觸淸淨이니　　　能令惡觸皆柔軟이라
戈鋌劍戟從空雨라도　　　皆令變作妙華鬘이니라
　　또 광명 놓으니 그 이름, 촉청정이다
　　나쁜 촉감들을 모두 부드럽게 만들어주며

창과 칼이 허공에서 비 내리듯 할지라도
모두 변화시켜 꽃다발을 만들어주었다

**以昔曾於道路中**에　　**塗香散華布衣服**하야
**迎送如來令蹈上**일세　　**是故今獲光如是**니라

　　옛적에 일찍이 길 위에서
　　향수와 꽃을 뿌리고 옷자락 펼쳐
　　오가신 여래에게 그 위를 밟게 하여
　　이 때문에 금생에 이런 광명 얻었다

**又放光明法淸淨**이니　　**能令一切諸毛孔**으로
**悉演妙法不思議**하야　　**衆生聽者咸欣悟**니라

　　또 광명 놓으니 그 이름, 법청정이다
　　일체 모든 모공으로 하여금
　　미묘한 불가사의 법을 연설하여
　　듣는 중생 모두 기쁘게 깨달음 얻도록 하였다

**因緣所生無有生**이며　　**諸佛法身非是身**이며
**法性常住如虛空**이니　　**以說其義光如是**니라

　　인연으로 나는 것은 생겨남이 아니며
　　모든 부처님의 법신은 몸이 아니며
　　법성이 영원히 존재함은 허공과 같아

그 뜻을 연설함에 광명이 이와 같다

● 疏 ●

第十六光은 外淸六境이니 文竝可知니라 戈者는 平頭戟也오 鋋者는 小矛也라

⑽ 6가지의 광명[色, 聲, 香, 味, 觸, 法淸淨]은 밖으로 6가지의 경계를 청정하게 함이다. 이의 게송은 말하지 않아도 알 수 있다.

戈는 뭉뚝한 머리의 창이며, 鋋은 작은 창이다.

第二는 結略顯廣이라

2) 간단하게 끝맺으면서 널리 그 뜻을 밝히다

經

如是等比光明門이　　　如恒河沙無限數라
悉從大仙毛孔出하야　　一一作業各差別이니라

　　이와 같은 수많은 광명 법문이
　　항하의 모래처럼 그 수효 한량없다
　　모두 부처님의 모공에서 흘러나와
　　하나하나 각기 달리 만들어냈다

◉ 疏 ◉

一毛之用에 光有塵沙니라
已上은 四十四門光用을 已竟하다

한 모공의 작용에 광명이 미진수의 모래알만큼 한량없다.
위는 44가지 법문의 광명 작용을 끝마치다.

第三은 類顯一切毛光業用과 及結用所依니 謂三昧力이라

제3부분은 모공에서 방광한 모든 광명의 작용들을 유별로 나타내고, 작용의 의지 대상을 끝맺음이다. 삼매의 힘을 말한다.

經

如一毛孔所放光이　　　無量無數如恒沙어든
一切毛孔悉亦然하니　　此是大仙三昧力이니라

하나의 모공에서 쏟아져 나온 광명이
한량없고 헤아릴 수 없는 항하의 모래처럼
모든 모공의 방광 또한 모두 그와 같으니
이는 부처님 삼매의 힘이다

第四는 釋成分齊라

제4부분은 구분과 한계를 해석함이다.

如其本行所得光이　　隨彼宿緣同行者하야
今放光明故如是하니　　此是大仙智自在니라

　그가 본디 행한 대로 얻었던 광명이
　그 숙세의 인연이나 함께 수행했던 자를 따라
　이제 광명을 놓은 까닭에 이와 같으니
　이는 부처님의 지혜가 자재함이다

● 疏 ●

第四'如是'等光을 今何不見가 謂有緣者見은 如目覩光이오 無緣不覺은 盲聾常闇이니라
於中에 分二니 初偈는 總明이니 如其本行은 牒前往因이오 所得光者는 牒前果用이니 若有宿緣과 及曾同行者면 則隨其所見하야 如是差別이니라

　제4부분 '如是[今放光明故如是]' 등의 광명을 이제 어찌하여 이를 보지 못하는 것일까? 인연이 있는 자만이 볼 수 있는 것은 눈이 있어 광명을 보는 것과 같고, 인연이 없어 깨달음을 얻지 못한 자는 맹인이 항상 어둠 속에 사는 것과 같다.
　제4부분의 구분과 한계는 2부분으로 나뉜다. 첫 게송은 총체로 밝힘이다. 제1구에서 말한 '如其本行'은 이전 숙세의 인연을 이어 말한 것이며, '所得光'이란 전생에 얻은 과보를 이어 말한 것이다. 만일 전생의 인연이나 일찍이 함께 수행한 자라고 말한다면 이는 곧 똑같이 보면서도 이와 같은 차이가 있다.

往昔同修於福業하며 　　及有愛樂能隨喜하며
見其所作亦復然일세 　　彼於此光咸得見이니라

　　지난 옛적 함께 복업을 닦았으며
　　사랑하고 좋아하고 따라 기뻐하며
　　지은 업대로 과보 또한 똑같기에
　　그들이 이런 광명 모두 볼 수 있었다

若有自修衆福業하며 　　供養諸佛無央數하며
於佛功德常願求하면 　　是此光明所開覺이니라

　　만약 온갖 복업을 스스로 닦고
　　모든 한량없는 부처님께 공양 올리면서
　　부처님의 공덕 항상 원하고 구하면
　　이런 광명이 그를 깨우쳐준다

◉ 疏 ◉

後六偈는 別顯이니 於中에 初二는 法說이오 後四는 喩說이라
前中初偈는 宿緣이니 宿有四緣하니 一은 昔同業이오 二는 愛其行이오
三은 能隨喜오 四는 但見所作이라 後偈는 現因이니 不必有緣이오 但功
行內著면 光明爰燭이니 有三種因이라 一은 修廣福이오 二는 供多佛이오
三은 求佛果니 卽福智二嚴也니라 上之七類는 皆蒙光照니라

　　뒤의 6수 게송은 개별로 밝힘이다. 6수 가운데 앞의 2수 게송

은 법으로 말하였고, 뒤의 4수 게송은 비유로 말하였다.

앞의 2수 가운데, 첫 게송은 숙세의 인연이다. 숙세의 인연에는 4가지가 있다.

(1) 전생에 함께 닦아왔고,

(2) 전생에 수행을 사랑하였고,

(3) 전생에 함께 따르고 기뻐하였고,

(4) 단 전생에 지어온 업대로 만나는 것이다.

앞의 2수 가운데, 뒤의 게송은 원인을 나타냄이다. 꼭 전생의 인연이 없을지라도 단 수행이 안으로 밝아지면 광명이 이에 비춰지게 된다. 여기에는 3가지의 원인이 있다.

(1) 광대한 복덕을 닦았기 때문이며,

(2) 수많은 부처님께 공양을 올린 때문이며,

(3) 佛果를 구한 때문이다. 이는 곧 복덕장엄과 지혜장엄이다.

위의 7가지는 모두 광명이 비춤을 입어 깨달음을 얻은 것이다.

### 經

**譬如生盲不見日**이나　　**非爲無日出世間**이니
**諸有目者悉明見**하야　　**各隨所務修其業**이니라

비유하면 소경이 태양을 보지 못할지라도
세상에는 태양이 솟지 않은 날이 없다
눈을 가진 모든 이는 모두 밝게 보면서
각기 하는 일을 따라 닦아가는 것과 같다

大士光明亦如是하야　　　有智慧者皆悉見이오
凡夫邪信劣解人은　　　於此光明莫能覩니라

　부처님의 광명 또한 이와 같다
　지혜가 있는 자는 모두 볼 수 있지만
　범부, 외도, 소견 좁은 이들은
　이런 광명을 보지 못한다

● 疏 ●

二喩說中에 雙明見與不見이니 二喩는 皆有法合이라 初日喩는 喩光爲益因이니 合中에 謂法日常明이라 有智慧者는 心不住法이니 如人有目이면 則能得見이어니와 有三類人은 則不能見이니 一者는 凡愚오 二는 邪信外道오 三은 劣解二乘이니 皆無因緣이 如人無目이라

　뒤의 4수 게송에서 비유로 말한 가운데 볼 수 있는 것과 볼 수 없는 것을 쌍으로 밝혔다. 이 2가지의 비유는 모두 법에 부합된다.

　첫 게송에서 태양으로 비유한 것은 광명의 이익이 되는 원인을 비유한 것이다. 법에 맞추어 말하면 법의 태양[法日]이 언제나 밝기에, 지혜가 있는 자라면 그 마음이 법에 집착하지 않아서 마치 눈이 있는 사람이면 곧 태양을 볼 수 있는 것과 같다.

　그러나 3부류의 사람은 이를 볼 수 없다. 첫째는 범부, 둘째는 삿된 믿음을 가진 외도, 셋째는 소견이 좁은 자이다. 그들은 모두 법의 태양을 볼 수 있는 인연이 없다. 이는 마치 눈이 없는 사람이 태양을 볼 수 없는 것과 같다.

**摩尼宮殿及輦乘**을 　　**妙寶靈香以塗瑩**이라
**有福德者自然備**오 　　**非無德者所能處**니라

　마니주로 만든 궁전, 그리고 그런 수레를
　미묘한 보배, 신령스러운 향기로 장식하였다
　복덕이 있는 자야 자연히 누리겠지만
　복 없는 자는 머물 곳이 아니다


**大士光明亦如是**하야 　　**有深智者咸照觸**이어니와
**邪信劣解凡愚人**은 　　**無有能見此光明**이니라

　부처님 광명 또한 이와 같아
　깊은 지혜 있는 자는 모두 비춰주지만
　외도, 소견 좁은 이, 어리석은 이는
　이런 광명을 볼 수 없다


● 疏 ●

後寶嚴喩는 喩光正益이니 明法寶常存이나 由福無福하야 有處不處니라

　뒤에 보배 장엄으로 비유한 것은 광명의 바른 이익을 비유한 것이다. 법보는 언제나 있지만 그들이 복이 있느냐 없느냐에 따라서 누리거나 누릴 수 없음을 밝혀준 것이다.

第五一頌은 明聞信光益이라

　제5부분 '若有' 이하 1수의 게송은 법문을 듣고 믿음에 대한 광명의 이익을 밝혀준 것이다.

### 經

若有聞此光差別하고　　能生淸淨深信解하면
永斷一切諸疑網하야　　速成無上功德幢이니라

　　만약 이런 광명의 차별을 듣고서
　　청정하고 깊은 믿음과 이해를 내면
　　길이 일체 모든 의심의 그물을 끊고서
　　빠르게 위없는 공덕의 깃대 이루리라

### ● 疏 ●

謂信仰解了하야 不生疑惑이면 則成佛果니 不以不見으로 疑菩薩之無光이며 不以極苦莫救로 謂光明之無益이며 亦不高推果用하야 謂菩薩不能이라 故云永斷諸疑니라
八의 毛光照益三昧門을 竟하다

　신심으로 우러르고 이해하여 의혹을 내지 않으면 곧 佛果를 성취하게 된다. 자신이 광명을 보지 못했다 하여 보살의 광명이 없다고 의심하지 않으며, 자신의 지극한 고통을 구제받지 못했다 하여 보살의 광명에 이익이 없다고 말하지 않으며, 또한 과보의 작용을

351

지나치게 추구하여 보살의 광명에 아무런 능력이 없다고 말하지 않는다. 이 때문에 "길이 모든 의심을 끊는다."고 말하였다.

제8. '모광에서 이익을 비춰주는 삼매 법문'을 끝마치다.

第九有勝三昧下 六頌은 主伴嚴麗三昧門이니 亦出現三昧라

제9. '有勝三昧' 이하 6수의 게송은 主伴嚴麗三昧門이다
또한 이는 출현 삼매이다.

**經**

有勝三昧能出現하니　　　眷屬莊嚴皆自在라
一切十方諸國土에　　　　佛子衆會無倫匹이니라

　　수승한 삼매가 나타나니
　　권속과 장엄이 모두 자재하여
　　일체 시방 모든 국토에
　　불자의 온갖 모임 짝할 수 없다

◉疏◉

文分三別이니 初一은 標門顯意라

　　제9. 6수의 게송은 3가지로 구별된다.
　　첫째는 법문을 내세워 그 뜻을 밝혀주었다.

有妙蓮華光莊嚴호대 　　量等三千大千界어든
其身端坐悉充滿하니 　　是此三昧神通力이니라

　　미묘한 연꽃, 광명으로 장엄하되
　　연꽃 크기가 삼천대천세계와도 같은데
　　그 위에 단정히 앉으신 부처님, 꽉 차니
　　이는 삼매 신통의 힘이다


復有十刹微塵數인 　　妙好蓮華所圍遶어든
諸佛子衆於中坐하니 　　住此三昧威神力이니라

　　또한 열 세계 미세한 티끌만큼 수없는
　　미묘하고 아름다운 연꽃, 둘러싸여 있는데
　　모든 불자 대중이 그 가운데 앉아 있다
　　이런 삼매의 위신력 속에 머물고 있다


宿世成就善因緣하고 　　具足修行佛功德한
此等衆生遶菩薩하야 　　悉共合掌觀無厭이니라

　　전생에 좋은 인연 성취하고
　　부처님 공덕을 구족하게 닦아온
　　이러한 중생들이 보살을 둘러싸고
　　모두 함께 합장하여 기쁜 마음으로 우러러본다

譬如明月在星中하야　菩薩處衆亦復然이라
大士所行法如是하니　入此三昧威神力이니라

　　비유하면 밝은 달이 별 가운데 있는 것처럼
　　가운데 계신 보살 또한 그러하다
　　부처님 행하신 법도 이와 같으니
　　이런 삼매의 위신력 속에 들어갔다


● 疏 ●

次四는 明一方業用이니 於中에 前三은 法說이오 後一은 喻合이라 旣言量等三千인댄 則不壞次第니 劣於十地와 及等覺也라【鈔_ 旣言量等者는 此亦遮其不信十信八相成道니 謂十地에 方能이라 故云不壞次第라하니라 謂十地菩薩受職에 有大蓮華量等百萬三千大千世界니 十定品辨이라 等覺菩薩은 有一蓮華로되 量周法界하니 周法界는 唯大오 百萬億中에 但言三千이라 故劣後二니라】

　둘째 4수의 게송은 한쪽 지방에 나타난 광명의 작용을 밝히고 있다. 앞의 3수 게송은 법대로 말함이며, 뒤의 1수 게송은 비유로 법에 부합시켜 말하였다.
　제1게송의 제2구에서 이미 "연꽃 크기가 삼천대천세계와도 같다[量等三千]."고 말했다면 지위의 차례를 무너뜨리지 않았다. 이는 十地 및 等覺보다는 못하다.【초_ "이미 '연꽃 크기가 … 말했다면" 등이란 또한 그 十信의 지위에서 이뤄진 八相成道에 대한 불신을 막고자 함이다. 十地에서야 비로소 가능한 일이기 때문에 "지위의 차례를 무너뜨리지 않았다."고 말한 것이다. 십지보살이 해야 할 일을 받을 때에 큰 연꽃의 크기가 백만 삼천대천세계와도 같았다. 이는 十定品에서 논변하고 있다. 等覺菩薩에게 하나의 연꽃이 있는데, 그 크기가 법계에 두루 가득하다고 한다. 등각보살의 연꽃이 "법계에 두루 가득하다."고 말한 것은 유독 큰 연꽃이며, 십지보살의 '백만 삼천대천세계' 가운데 단 "연꽃 크기가 삼천대천세계와도 같다."고 말한 까닭에 십신보살의 연꽃은 "십지 및 등각보다는 못하다."고 말한 것이다.】

### 經

如於一方所示現에　　　諸佛子衆共圍遶하야
一切方中悉如是하니　　住此三昧威神力이니라

　한쪽 지방에 나타내 보인 부처님을
　모든 불자 대중이 다 함께 둘러싼 것처럼
　모든 지방에서도 모두 이와 같이
　이런 삼매의 위신력에 머물고 있다

### ◉ 疏 ◉

三一頌은 類顯十方이라
九의 主伴嚴麗三昧門을 竟하다

　셋째 1수의 게송은 시방세계에 유별로 나타남을 말한다.
　제9. '주인과 도반이 장엄하고 화려한 삼매 법문'을 끝마치다.

355

第十‘有勝三昧’下 三十四頌半은 明寂用無涯三昧門이라 約處인댄
名爲方網이오 約相인댄 是謂寂用이니 亦總顯上來動寂無二故니라
文分爲三이니 初一은 標名總辨이오 二‘或於’下 三十二頌半은 正顯業
用이오 三‘是名’下 一頌은 總結難思라 今은 初라

제10. '有勝三昧' 이하 34수 반의 게송은 寂用無涯三昧門을 밝히다

처소로 말하면 '方網'이라 말하고, 相으로 말하면 '寂用'이라 말한다. 또한 이는 위에서 말한 "동할 때나 고요할 때에 둘의 차이가 없다[動寂無二]."는 것을 총체로 밝힌 때문이다.

34수 반의 게송은 3부분으로 나뉜다.

제1부분의 첫 게송은 명제를 내세워 총체로 논변함이다.

제2부분의 '或於' 이하 32수 반의 게송은 바로 業用을 나타냄이며,

제3부분의 '是名' 이하 1수 게송은 불가사의함을 총체로 끝맺고 있다.

有勝三昧名方網이니　　菩薩住此廣開示하야
一切方中普現身호대　　或現入定或從出이니라

　　수승한 삼매가 있는데 그 이름은 방망이다
　　보살이 여기에 머물면서 일체중생에게 널리 보여
　　모든 곳에 널리 몸을 나타내되

혹은 선정에 들거나 혹은 나오는 모습이다

◉ 疏 ◉

方網者는 十方交絡하야 出入縱橫이라 故名爲網이니라

方網이란 시방으로 서로 연결되어 출입이 종횡무진함을 말한다. 이 때문에 이를 '그물[網]'이라 명명한 것이다.

二業用中에 分三이니 初二頌은 於十方處交絡出入이니 明於器世間自在이오 二有五頌은 十方佛所에 入出無礙니 明於智正覺世間自在오 三於眼根下 二十五頌半은 通顯三世間自在니라 今은 初라

제2부분의 '業用'을 밝힌 부분은 다시 3부분으로 나뉜다.

(1) 2수의 게송은 시방으로 서로 연결되어 출입하는 것인바 器世間에 자재함을 밝힘이며,

(2) 5수의 게송은 시방의 부처님 계신 곳에 들고 나는 데 걸림이 없는 것인바 智正覺世間에 자재함을 밝힘이며,

(3) '於眼根' 이하 25수 반의 게송은 과거, 현재, 미래 三世間에 자재함을 전체로 밝힘이다.

이는 (1) 器世間에 자재함을 밝힘이다.

◉ 經 ◉
或於東方入正定하야　　而於西方從定出하고

**或於西方入正定**하야　　　**而於東方從定出**하며

　　혹은 동방에서 바른 선정에 들었다가
　　서방의 선정에서 일어나 나오고
　　혹은 서방에서 바른 선정에 들었다가
　　동방의 선정에서 일어나 나오며

**或於餘方入正定**하야　　**而於餘方從定出**하니
**如是入出徧十方**이　　　**是名菩薩三昧力**이니라

　　혹은 나머지 지방에서 바른 선정에 들었다가
　　나머지 지방의 선정에서 일어나 나오니
　　이처럼 선정에 들고 나옴이 시방에 두루 하여
　　이를 보살의 삼매력이라 말한다


二는 **明智正覺世間自在**니라

　　(2) 智正覺世間에 자재함을 밝히다


**經**

**盡於東方諸國土**의　　　**所有如來無數量**이어든
**悉現其前普親近**하야　　**住於三昧寂不動**하고

　　동방으로 끝까지 수많은 국토
　　그곳에 계시는 여래, 한량없이 많은데

358

그들 앞에 몸을 나타내어 널리 가까이하지만

삼매에 머물러 고요히 움직인 적이 없고

**而於西方諸世界**의      **一切諸佛如來所**에

**皆現從於三昧起**하야      **廣修無量諸供養**하며

    서방으로 끝까지 그 모든 세계

    일체 부처님 여래 계신 곳이면

    모두 삼매에서 일어나

    한량없는 모든 공양, 널리 닦음을 보여주었다

**盡於西方諸國土**의      **所有如來無量數**이어든

**悉現其前普親近**하야      **住於三昧寂不動**하고

    서방으로 끝까지 수많은 국토

    그곳에 계시는 여래, 한량없이 많은데

    그들 앞에 몸을 나타내어 널리 가까이하지만

    삼매에 머물러 고요히 움직인 적이 없고

**而於東方諸世界**의      **一切諸佛如來所**에

**皆現從於三昧起**하야      **廣修無量諸供養**하니

    동방으로 끝까지 그 모든 세계

    일체 부처님 여래 계신 곳이면

    모두 삼매에서 일어나

한량없는 모든 공양, 널리 닦음을 보여주었다

如是十方諸世界에　　　菩薩悉入無有餘하야
或現三昧寂不動하고　　或現恭敬供養佛이니라

　이와 같이 시방의 모든 세계에
　보살이 남김없이 모두 들어가
　혹은 움직이지 않는 삼매의 고요함 보여주었고
　혹은 공경히 부처님 공양함을 보여주었다

● 疏 ●

菩薩이 於三間에 自在니 略有二義라 一은 以自身作三世間이라 故得自在오 二는 菩薩이 於三世間處에 示現自在니라 今此三段에 初二는 約後義오 後一은 通二義니 文成綺互나 理實皆具니라
初二世間에 略有四重無礙하니 一은 約處니 謂東處卽是西處라 是故로 菩薩은 常在東이오 恒在西也니라 二는 約佛이니 謂東佛卽西佛이라 是故로 在東佛이 恒在西佛이라 三은 約菩薩身不分이니 謂在東之身이 卽是西身이라 四는 約定이니 謂入定이 卽是出定이니라
所以爾者는 略顯二因이니 一은 以所觀之法이 事隨理融하야 相卽在故오 二는 能觀之心이 亦寂用無礙故니라 然此文中에 爲顯菩薩秘密隱顯自在德故로 但說後二니 若辨前二인댄 則似菩薩無力이니라

　보살이 삼세간에 자재함에는 간단하게 2가지의 의의가 있다.
　① 자기의 몸으로 삼세간을 만들어냈기에 자재함을 얻을 수 있

었다.

② 보살이 삼세간 그 모든 곳에 몸을 나타냄이 자재함이다.

이의 3단락 가운데 '(1) 기세간의 자재'와 '(2) 지정각세간의 자재'는 "보살이 삼세간 그 모든 곳에 자재로 몸을 나타낸다."는 뜻으로 말했고, '(3) 삼세간의 자재'는 "자기의 몸으로 삼세간을 자유자재 만들어낸다."는 것과 "보살이 삼세간 그 모든 곳에 자재로 몸을 나타낸다."는 2가지의 의의를 모두 통하고 있다. 이의 문장은 간혹 서로 얼기설기 엮여 있으나 이치는 실로 모두 갖추고 있다.

'(1) 기세간의 자재'와 '(2) 지정각세간의 자재'에는 간단하게 4중으로 걸림이 없다.

① 장소로 말한다. 동쪽이 곧 서쪽이다. 이 때문에 보살이 언제나 동쪽에 있고 언제나 서쪽에 있다.

② 부처님으로 말한다. 동쪽 부처님이 곧 서쪽 부처님이다. 이 때문에 동쪽에 있는 부처님이 언제나 서쪽에 있는 부처님이다.

③ 보살의 몸이란 구분이 없음을 들어 말하였다. 동쪽에 있는 몸이 곧 서쪽에 있는 몸이다.

④ 선정을 들어 말하였다. 入定이 곧 出定이다.

위와 같은 이유를 간단히 2가지의 원인으로 밝히고자 한다.

① 관조의 대상인 법이 현상의 일을 따르면서 근본의 진리와 융합하여 서로 하나로 존재한 때문이다.

② 관조의 주체인 마음 또한 寂靜과 動用에 걸림이 없기 때문이다.

그러나 이의 게송에는 보살의 비밀스러운 隱顯自在의 덕을 밝히기 위한 까닭에 단 뒤의 2가지, 즉 '③ 보살의 몸'과 '④ 선정'만을 말한 것이다. 만약 앞의 '① 장소'와 '② 부처님'으로 말한다면 정작 보살의 힘은 없는 것과 같다.

---

三於眼下는 通顯於三世間自在라 文分爲四니 一은 明根境相對하야 以辨自在오 二'童子'下는 明於他身自在오 三'鬼神'下는 微細自在오 四'一切塵'下는 器界事中以辨自在니라 今은 初라

(3) '於眼根' 이하는 과거, 현재, 미래 삼세간에 자재함을 전체로 밝히다

　삼세간의 자재함에 대한 게송은 4단락으로 나뉜다.
　첫째, 六根과 六塵을 상대로 밝혀 자재함을 말하였다.
　둘째, '童子' 이하는 다른 몸으로의 化現에 자재함을 밝혔다.
　셋째, '鬼神' 이하는 미세한 데에 자재함을 말하였다.
　넷째, '一切塵' 이하는 器世界의 일처리에 자재함을 말하였다.
　이는 첫째, 육근과 육진의 자재함이다.

經

於眼根中入正定하고　　於色塵中從定出하야
示現色性不思議하니　　一切天人莫能知니라

　안근의 바른 선정에 들었다가

색진(色塵)의 선정에서 일어서 나와

색의 성품이 불가사의함을 보여주니

모든 하늘과 사람이 도저히 알 수 없다


**於色塵中入正定**하고 　　**於眼起定心不亂**하야
**說眼無生無有起**라 　　**性空寂滅無所作**이니라

색진의 바른 선정에 들었다가

안근(眼根)의 선정에서 나와도 마음이 산란하지 않으며

눈은 생겨남도 없고 일어남도 없다

성품이 공하고 적멸하여 더 이상 할 일이 없음을 말해준다


**於耳根中入正定**하고 　　**於聲塵中從定出**하야
**分別一切語言音**하니 　　**諸天世人莫能知**니라

이근의 바른 선정에 들었다가

성진(聲塵)의 선정에서 일어서 나와

각기 다른 모든 말과 음성을 분별하니

모든 하늘과 사람이 도저히 알 수 없다


**於聲塵中入正定**하고 　　**於耳起定心不亂**하야
**說耳無生無有起**라 　　**性空寂滅無所作**이니라

성진의 바른 선정에 들었다가

이근(耳根)의 선정에서 나와도 마음이 산란하지 않으며

귀는 생겨남도 없고 일어남도 없다

성품이 공하고 적멸하여 더 이상 할 일이 없음을 말해준다

**於鼻根中入正定**하고 　　**於香塵中從定出**하야
**普得一切上妙香**하니 　　**諸天世人莫能知**니라

비근의 바른 선정에 들었다가

향진의 선정에서 일어서 나와

각기 다른 모든 미묘한 향을 널리 얻으니

모든 하늘과 사람이 도저히 알 수 없다

**於香塵中入正定**하고 　　**於鼻起定心不亂**하야
**說鼻無生無有起**라 　　**性空寂滅無所作**이니라

향진의 바른 선정에 들었다가

비근(鼻根)의 선정에서 나와도 마음이 산란하지 않으며

코는 생겨남도 없고 일어남도 없다

성품이 공하고 적멸하여 더 이상 할 일이 없음을 말해준다

**於舌根中入正定**하고 　　**於味塵中從定出**하야
**普得一切諸上味**하니 　　**諸天世人莫能知**니라

설근의 바른 선정에 들었다가

미진의 선정에서 일어서 나와

각기 다른 모든 좋은 맛을 널리 얻으니

모든 하늘과 사람이 도저히 알 수 없다

**於味塵中入正定**하고　　**於舌起定心不亂**하야
**說舌無生無有起**라　　　**性空寂滅無所作**이니라

　　미진의 바른 선정에 들었다가
　　설근(舌根)의 선정에서 나와도 마음이 산란하지 않으며
　　혀는 생겨남도 없고 일어남도 없다
　　성품이 공하고 적멸하여 더 이상 할 일이 없음을 말해준다

**於身根中入正定**하고　　**於觸塵中從定出**하야
**善能分別一切觸**하니　　**諸天世人莫能知**니라

　　신근의 바른 선정에 들었다가
　　촉진의 선정에서 일어서 나와
　　각기 다른 모든 촉감을 잘도 분별하니
　　모든 하늘과 사람이 도저히 알 수 없다

**於觸塵中入正定**하고　　**於身起定心不亂**하야
**說身無生無有起**라　　　**性空寂滅無所作**이니라

　　촉진의 바른 선정에 들었다가
　　신근(身根)의 선정에서 나와도 마음이 산란하지 않으며
　　몸은 생겨남도 없고 일어남도 없다
　　성품이 공하고 적멸하여 더 이상 할 일이 없음을 말해준다

於意根中入正定하고　　　於法塵中從定出하야
分別一切諸法相하니　　　諸天世人莫能知니라

　　의근의 바른 선정에 들었다가
　　법진의 선정에서 일어서 나와
　　각기 다른 모든 법의 모양을 분별하니
　　모든 하늘과 사람이 도저히 알 수 없다


於法塵中入正定하고　　　從意起定心不亂하야
說意無生無有起라　　　　性空寂滅無所作이니라

　　법진의 바른 선정에 들었다가
　　의근(意根)의 선정에서 나와도 마음이 산란하지 않으며
　　뜻은 생겨남도 없고 일어남도 없다
　　싱품이 공하고 적멸하여 더 이상 할 일이 없음을 말해준다


● 疏 ●

十二頌六對니 一一對中에 有十義五對無礙之相이라 欲辨無礙인댄 先須明識定慧이니 此中에 云 '三昧起'者는 觀也오 '入正受'者는 定也라 定慧雖多나 不出二種이니 一事ㆍ二理니 制之一處에 無事不辦은 事定門也오 能觀心性하야 契理不動은 理定門也오 明達法相은 事觀也오 善了無生은 理觀也니라

　　12수 게송에 6가지로 상대하고 있다. 하나하나의 상대 속에는 10가지의 의의에 5가지의 상대로 걸림이 없는 양상이 있다.

366

'걸림이 없음'에 대해 논변하고자 한다면 먼저 반드시 定·慧에 대해 분명히 알아야 한다. 여기에서 '선정 삼매에서 일어났다[三昧起].'고 말한 것은 觀이며, '바른 삼매에 들어간다[入正受].'는 것은 定이다.

定·慧에 관한 말들이 많으나 2가지에서 벗어나지 않는다.

하나는 事이며, 다른 하나는 理이다.

마음을 한곳으로 다스리면 모든 일이 이뤄지지 못할 게 없음을 事定門이라 하고, 心性을 관하여 이치와 하나가 되어 동요가 없는 것을 理定門이라 한다. 모든 존재의 양상[法相]을 밝게 통달한 것은 事觀이고, 無生의 도리를 잘 이해하는 것은 理觀이다.

諸經論中에 或單說事定하고 或但明理定하며 二觀도 亦然이라 或敵體로 事理止觀相對하고 或以事觀으로 對於理定하니 如起信論에 止一切相과 乃至 心不可得爲止하고 而觀因緣生滅로 爲觀이오 或以理觀으로 對於事定하니 下經에 云 一心不動하고 入諸禪하야 了境無生을 名般若 是也오 或俱通二니 如下云 禪定持心에 常一緣이오 智慧了境에 同三昧 是也오 或二俱泯하니 非定非散이오 或卽觀之定을 但名爲定이니 如觀心性을 名上定이 是也오 或卽定之觀을 但名爲觀이니 如以無分別智觀으로 名般若 是也오 或說雙運하니 謂卽寂之照 是也니라 所以局見之者는 隨囑一文하야 互相非撥하고 偏修之者는 隨入一門하야 皆有剋證이라 然非圓暢일세 今此經文에 巧顯無礙니라

여러 경론에 의하면 어떤 데서는 단 事定만을 말하였고 어떤 데서는 단 理定만을 밝혔다. 事觀·理觀 또한 그러하다.

어떤 데서는 대등한 입장[敵體]의 事理와 止觀으로 상대하여 말하였고,

어떤 데서는 事觀으로써 理定에 상대하여 말하였다. 기신론에서는 '모든 相을 止한다.' 내지 마음을 얻지 못한 것으로 止를 삼고, 인연이 생겨나고 사라짐을 관하는 것으로 觀을 삼았다.

어떤 데서는 理觀으로써 事定에 상대하여 말하였다. 아래의 경문에 이르기를 "하나의 마음이 흔들리지 않고 모든 선정에 들어가 경계가 일어나지 않음을 깨달은 것을 반야라 말한다."고 함이 바로 그것이다.

어떤 데서는 理·事 2가지를 모두 통하여 말하였다. 아래의 경문에서 이르기를 "선정으로 마음을 지니면 언제나 하나의 인연이요, 지혜로 경계를 깨달으면 삼매와 같다."고 함이 바로 그것이다.

어떤 데서는 2가지를 모두 없애기도 한다. 선정도 아니요 散亂도 아니다.

어떤 데서는 觀에 하나가 된 선정만을 단 '定'이라 말할 수 있다고 한다. 心性의 자리를 보는 것을 '가장 으뜸가는 선정[上定]'이라 명명한 것이 바로 그것이다.

어떤 데서는 定에 하나가 된 觀만을 단 '觀'이라 말할 수 있다고 한다. 분별심이 없는 지혜로 관[無分別智觀]한 것을 '반야'라 명명한 것이 바로 그것이다.

어떤 데서는 모두 함께 들어 말하였다. 寂에 하나가 된 照가 바로 그것이다.

이런 이유 때문에 어느 한쪽에 국한된 견해만을 지닌 자는 단순히 한쪽의 문장만을 봄으로 해서 서로서로가 비난하고, 어느 한쪽에 국한되어 수행한 자는 한쪽의 법문에 들어감으로써 모두 그 부분에서만 분명한 증거로 그 결과를 제시하고 있다. 그러나 원만하게 통하는 이론이 아니다. 이의 경문에서는 그 2가지 어느 쪽에도 걸림이 없는 자리를 잘 밝혀주고 있다.

言五對者는 第一對는 根境無礙니 謂觀根入定에 應從根出이어늘 而從境出者는 爲顯根境唯是 一心이며 緣起無二며 理性融通이라 是故로 根入境出耳니 境入根出도 亦然이니라

5對라 말한 것에서 第一對는 육근과 육경에 걸림이 없음이다. 육근이 선정에 들어간 것을 보면 반드시 육근의 선정으로부터 나와야 하는 것인데, 육근의 경계로부터 일어나 나온다는 것은 육근과 육경이 오직 하나의 마음이고 緣起가 둘이 없으며 理·性이 상호 융통함을 밝히고 있다. 이 때문에 육근에서 선정 삼매에 들어갔다가 육경에서 일어나 나온다. 육경에서 선정 삼매에 들어갔다가 육근에서 일어나 나오는 것 또한 그와 같다.

第二對는 理事二定無礙니 謂分別事相인댄 應入事定이어늘 而入理定하고 欲觀性空인댄 應入理定이어늘 而入事定은 以契卽事之理而不動故로 入理가 卽是入事오 制心이 卽理之事而一緣故로 入事가 卽是入理어늘 而經文에 但云入正定이오 不言理事라가 及乎出觀境中에 卽云分別色相은 斯事觀也오 根中에 卽云性空寂者는 卽理觀也니 亦合將根事하야 對於境理하야 以辨無礙니라【鈔_ 第二對者는 卽於入

369

正定中作義오 '分別事相'等者는 緣從色塵中出하야 明知眼根中入이 是其理定이오 欲觀性空者는 緣於眼起等이 是理起오 明知於色塵中入이 是事入이오 '以契卽事之理'下는 二明所以니 唯約事理無礙하야 明所以인댄 於中에 又二라

先成上에 分別事相인댄 應入事定이어늘 而入理定이오

'制心卽理之事'下는 二成上에 欲觀性空인댄 應入理定이어늘 而入事定이오

'而經文'下는 三出二定得名所以하야 顯上入正定所對之文이니 由對觀故니라

'亦合將根事'者는 四結例니 謂合有偈云 '於眼根中에 入正定하고 於色起定이면 心不亂이라 了色無生無有起면 性空寂滅無所作이라 於色塵中에 入正定하고 於眼根中에 三昧起면 分別眼性不思議니 諸天世人莫能知로다'】

第二對는 理·事 2가지의 선정에 걸림이 없음이다. 현상의 事相을 분별한다면 반드시 事에서 선정으로 들어가야 할 것임에도 理에서 선정으로 들어가고, 성품이 공적한 것을 보고자 한다면 반드시 理에서 선정으로 들어가야 할 것임에도 事에서 선정으로 들어간 것이다. 이는 事와 하나가 된 理에 부합하여 다시는 움직임이 없기 때문에 理에서 선정으로 들어간 것이 곧 이 事에서 선정으로 들어간 것이요, 理와 하나가 된 事로써 마음을 다스려 하나의 인연이기 때문에 事에서 선정으로 들어간 것이 곧 이 理에서 선정으로 들어간 것이다.

그러나 경문에서는 단 '바른 선정에 들어간다[入正定].'고 말했을 뿐, 理·事에 대해서는 말하지 않다가 '관에서 나옴[出觀]'에 미쳐 경계 속에서 곧 '색상을 분별한다.'고 말한 부분은 事觀이며, 육근 가운데서 곧 '성품이 공적하다[性空寂].'고 말한 것은 理觀이다. 또한 마땅히 육근의 事를 가지고서 육경의 理를 상대로 하여 걸림이 없음을 논변해야 할 것이다. 【초_ '第二對'란 곧 바른 선정 가운데 들어간 것으로 말한 뜻이다. "현상의 事相을 분별한다[分別事相]." 등이란 반연이 色塵에서 나와 眼根 속으로 들어감을 분명하게 아는 것이 바로 理定이며, "성품이 공적한 것을 보고자 한[欲觀性空]" 것은 반연이 眼塵에 일어난다 등이 바로 '理起'이며, 色塵 속으로 들어감을 분명하게 아는 것이 바로 '事入'이며, "事와 하나가 된 理" 이하는 그 원인이 되는 바로 2가지 모두 밝힌 것이다.

오직 事·理에 걸림이 없는 것으로 그 원인을 밝힌다면 여기에서 다시 2부분으로 나뉜다.

먼저 형성된 상태 위에서 현상의 일을 분별한다면 당연히 현상의 일에서 선정으로 들어가야 함에도 도리어 근본의 理에서 선정으로 들어감이며,

'制心卽理之事' 이하는 둘째, 형성된 상태 위에서 성품이 공적한 것임을 보고자 한다면 반드시 근본의 理에서 선정으로 들어가야 함에도 도리어 현상의 事에서 선정으로 들어감이며,

'而經文' 이하는 셋째, 2가지의 선정에 그러한 이름을 붙이게 된 원인을 말하여, 위에서 '바른 선정에 들어간다.'는 상대의 대상으로

말한 문장의 의의를 밝혀준 것이다. 이는 상대로 보기 때문이다.

'亦合將根事'란 넷째, 끝맺는 예이다. 마땅히 게송에서 이렇게 말했어야 할 것이다.

"眼根에서 바른 선성에 들어가고

色塵에서 일어나면 마음이 산란하지 않다.

색은 생겨남도 없고 일어남도 없다.

성품이 공하고 적멸하여 더 이상 할 일이 없음을 알 수 있다.

色塵에서 바른 선정에 들어가고

眼根에서 일어나면

분별하는 눈의 성품은 불가사의라

모든 하늘과 사람이 도저히 알 수 없다."】

第三對는 事理二觀 無礙니 謂欲分別事相인댄 應從事觀起어늘 而反從理觀하야 起者는 以所觀之境이 旣眞俗雙融이라 法界不二故이며 分別事智 卽是無生之智라 二觀이 唯是一心故니 亦應將境事理하야 對根事理하야 以辨無礙니라【鈔_ 第三對者는 卽約經文從定起하야 對於後半하야 以作義라 疏文有三하니 初正明中에 疏文은 但作初偈오 不作後偈니 若具인댄 應云欲了眞理인댄 應從理觀起어늘 而反從事觀起라하니라 謂前偈에 示現色性은 是事니 則色塵中 三昧起니 義當理觀也오 後偈에 說眼無生無有起는 是理性이니 則前眼根起에 定心不亂이니 義當事觀也라

亦應將境者는 三反例니 此意稍穩이라 先應問言호되 上辨二定할세 但云亦合將根事對於境理어늘 今何雙言將境事理하야 對根理事

오 故로 應答言호되 以上二定이 不能自別일세 要因起觀이라야 方知事理니 如眼入定은 未知何定고 以見塵上에 了色差別은 是其事觀이로되 欲令無礙라 故說根定이 是其理定이라하고 境入根起라 旣了根性空일세 故說境中에 入於事定이라하니 則經文中에 已辨根理 對於境事라 故但合例하야 以將根事定하야 對於境理니라

今此二觀은 不應定別이니 根上境下에 各有二觀이니 謂根入定은 卽於境上에 從理觀起而分別事오 於色入定은 卽於根上에 從事觀起하야 分別於理니 經文에 已有此二오 未於境上에 從事觀起하야 分別於理와 及與根上에 從理觀起하야 分別於事니라

若作偈者인댄 應云於眼根中에 入正定하고 於色塵中에 事觀起하야 說色無生無有起라 性空寂滅無所作이라하며 及於色塵中에 入正定하고 於眼根中에 理觀起하야 分別一切上妙眼이니 諸天世人莫能知라하니 斯則境上事起觀理로 以對根上理起觀事라 故云亦應以境事理로 對根理事하야 以辨無碍也라하니라】

第三對는 事觀·理觀 2가지에 걸림이 없음이다. 현상의 事相을 분별한다면 반드시 事觀으로부터 선정에서 일어나야 함에도 도리어 理觀으로부터 일어난 것은 관하는 대상[所觀]의 경계가 이미 眞·俗이 모두 원융한 터라 법계가 둘이 아니기 때문이며, 사물을 분별하는 지혜가 곧 無生의 근본 지혜라 事觀·理觀이 오직 하나의 마음이기 때문이다. 또한 당연히 육경의 事·理를 가지고서 육근의 理·事를 상대로 하여 걸림이 없음을 논변해야 할 것이다.【초_ '第三對'란 곧 게송의 제1, 2구에서 말한 '선정에서 일어난 부분'을 제

373

3, 4구를 상대로 하여 의의를 삼은 것이다. 청량소에는 3가지가 있다. 처음에 바로 의의를 밝힌 가운데 청량소에서는 "단 첫 게송만을 써야 하고 뒤의 게송을 써서는 안 된다. 만약 구체적으로 말한다면 당연히 다음과 같이 말해야 한다. '진리를 깨달고자 한다면 당연히 理觀에서 일어나야 함에도 도리어 事觀에서 일어난다.'"고 하였다. 앞의 게송에서 보여준 色性은 현상의 事이다. 色塵의 삼매에서 일어나니 그 의의는 당연히 理觀이다. 뒤의 게송에서 "눈은 생겨남도 없고 일어남도 없다."는 것은 理性이다. 곧 앞서 말한 眼根에서 일어나 선정의 마음이 산란하지 않음이니 그 의의는 당연히 事觀이다.

"또한 당연히 육경의 事·理를 가지고서"란 3가지에 대한 반대의 예이다. 이 뜻은 조금 온당하다.

먼저 당연히 이렇게 물어야 한다.

"위에서 事定·理定을 논변할 때에 단 '또한 마땅히 육근의 일을 가지고서 육경의 이치에 상대로 말하였다.'고 했을 뿐인데, 여기에서는 어찌하여 육경의 事·理를 가지고서 육근의 理·事를 상대로 하여 모두 말했을까?"

이 때문에 당연히 이렇게 답해야 한다.

"위에서 말한 事定·理定이 남다른 면을 찾기 어렵기 때문에 반드시 觀에서 일어난 것으로 인해야 비로소 事定·理定을 알 수 있다. 저 눈의 入定은 무슨 定일까? 見塵 위에 색상의 차별을 아는 것은 이 그 事觀이지만 이에 걸림이 없고자 한 까닭에 眼根의 선정이 곧 理定이라 말하고, 六境에 들어가 六根을 일으켜 이미 육근의 성품이 공적한 것임을 알았기에 육경의 속에서 事定에 들어간다고 말하였다. 이는 곧 게송에서 이미 육근의 理가 육경의 事를 상대로 하여 논변한 것이다. 이 때문에 단 예를 종합하여 이로써 육근의 事定을 가지고서 육경의 理를 상대로 말한 것이다.

여기에서 이 理觀·事觀은 당연히 꼭 그렇다고 분별할 수 없다. 六根上과 六境上에 각각 2가지의 觀이 있다. 육근에서의 入定은 곧 육경상에서 理觀으로부터 선정에서 일어나 현상의 일을 분별함이며, 色塵에서의 入定은 곧 육근상에서 事觀으로부터 선정에서 일어나 근본의 理를 분별하는 것이다. 게송에서는 이 2가지만 있고, 육경상에서 事觀으로부터 선정에서 일어나 理를 분별함과 육근상에서 理觀으로부터 선정에서 일어나 事를 분별하는 부분에 대해서는 언급하지 않았다.

만약 구체적으로 게송을 짓는다면 마땅히 이렇게 말했어야 할 것이다.

"眼根에서 바른 선정에 들어가고
色塵 중에서 事觀으로 일어나
색은 생겨남도 없고 일어남도 없다.
성품이 공하고 적멸하여 더 이상 할 일이 없음을 말한다.
色塵에서 바른 선정에 들어가고
眼根 중에서 理觀으로 일어나
일체 가장 훌륭하고 미묘한 눈으로 분별하니

모든 하늘과 사람이 도저히 알 수 없다."

이는 곧 육경상의 事觀에서 理觀을 일으킴으로써 육근상의 理觀에서 事觀을 일으키는 것으로 상대하여 말한 것이다. 이 때문에 또한 마땅히 "육경의 事理로 육근의 理事를 상대로 하여 걸림이 없음을 논변해야 한다."고 말해야 할 것이다.】

第四對는 出入無礙니 以起定이 卽是入定이라 故起定而心不亂이라 若以事理相望인댄 應成四句니 謂事入·事起와 事入·理起等이라 若以根·境相望인댄 又成四句니 謂根事入·境事起等을 一一思之면 皆有所由니라【鈔_ '第四對'者는 卽於經入正定으로 對從定起言과 及起定不亂하야 作義라 若以事理相望下는 句數料揀이라 事理四句는 但出其二하야 等取餘二니 謂三은 理入事起오 四는 理入理起라 上且單說일새 有其四句어니와 若單複相望인댄 應成九句니라 於前四上에 更加五句니 謂事入·事理起와 理入·事理起와 事理入·事起와 事理入·理起와 事理入·事理起라 故爲九句니라

'又成四句'者는 卽根境出入成四니 但擧其一이어니와 若具인댄 應云二는 境事入·根事起오 三은 根理入·境理起오 四는 境理入·根理起니라 若更交絡이면 乃成十句니 謂根事入·境理起, 境事入·根理起, 根理入·境事起, 境理入·根事起, 根事理入·境事理起, 境事理入·根事理起니라 以其事理相望에 屬前事理四句일새 但云四耳니라】

第四對는 출입에 걸림이 없음이다. 선정에서 일어남이 곧 선정으로 들어간 것이다. 이 때문에 선정에서 일어날지라도 마음이 산란하지 않는다. 만일 事와 理를 상대로 말한다면 당연히 4구가 형

성된다. 事의 선정으로 들어갔다가 事의 선정에서 일어남과, 理의 선정으로 들어갔다가 理의 선정에서 일어남 등을 말한다. 만일 육근과 육경을 상대로 말한다면 이 또한 4구가 형성된다. 육근의 事의 선정으로 들어갔다가 육경의 事의 선정에서 일어남 등을 말한다. 나머지는 하나하나 생각하면 모두 유래가 있다.【초_'第四對'는 게송에서 바른 선정으로 들어갔다가 선정에서 일어난다는 말과 선정에서 일어날지라도 마음이 산란하지 않음을 상대로 그 뜻을 말한 것이다.

"만일 事와 理를 상대로 말한다면" 이하는 구절 수로 가려낸 것이다. 事·理 4구에서 단 그중 2가지만을 들추어서 나머지 2가지를 똑같이 취함이니, 셋째는 理의 선정으로 들어갔다가 事의 선정에서 일어남이며, 넷째는 理의 선정으로 들어갔다가 理의 선정에서 일어남이다.

위에서는 單數로 말했기에 4구이지만 만일 단수와 복수를 상대로 말하면 당연히 9구가 형성된다. 앞서 말한 4구의 위에 다시 5구를 더한 것이다. 事入·事理起, 理入·事理起, 事理入·事起, 事理入·理起, 事理入·事理起이다. 이처럼 말한 까닭에 9구가 형성된다.

"또한 4구가 형성된다."는 것은 곧 육근과 육경의 출입이 4구를 형성한 것이다. 단 그 가운데 하나만을 들어 말했지만, 만약 이를 구체적으로 말한다면 마땅히 이렇게 말했어야 할 것이다.

"둘째는 육경의 事의 선정으로 들어갔다가 육근의 事의 선정에서 일어남이며, 셋째는 육근의 理의 선정으로 들어갔다가 육경의

理의 선정에서 일어남이며, 넷째는 육경의 理의 선정으로 들어갔
다가 육근의 理의 선정에서 일어남이다."

만일 이를 다시 서로 연결 지으면 이에 10구가 형성된다.

"육근의 事의 선정으로 들어갔다가 육경의 理의 선정에서 일
어남이다."

"육경의 事의 선정으로 들어갔다가 육근의 理의 선정에서 일
어남이다."

"육근의 理의 선정으로 들어갔다가 육경의 事의 선정에서 일
어남이다."

"육경의 理의 선정으로 들어갔다가 육근의 事의 선정에서 일
어남이다."

"육근의 事理의 선정으로 들어갔다가 육경의 事理의 선정에서
일어남이다."

"육경의 事理의 선정으로 들어갔다가 육근의 事理의 선정에서
일어남이다."

그처럼 事·理로 상대하여 말하면 앞의 事·理에 관한 4구에 속
하기에 이를 단 "4구가 형성된다."고 말했을 뿐이다.】

第五對는 二利와 體用無礙니 謂於眼根起定호되 心不亂은 是體也며
自利也오 而不礙現於廣境은 是用也며 人天不能知는 利他也니 良
以體用無二라 故自利가 卽是利他니라【鈔_ 第五對者는 此有兩重
無礙니 一은 體用無碍오 二는 二利無碍라 下雙牒釋호되 言心不亂
是體者는 全用根起三句하야 以對境起오 中後二句作義면 則根起三

句도 亦爲自利라 謂於眼起定心不亂은 說眼無生無有起라 性空寂滅無所作이어늘 而言不碍現於廣境者는 即取前示現色性不思議여 諸天世人莫能知하야 爲廣境이니 亦全用此二句爲利他오 '良以'下는 以體用無碍로 釋二利無碍니라 然上疏에 但約眼色根境하야 以爲體例니 後五根境도 可知니라】

第五對는 自利와 利他, 본체와 작용에 걸림이 없음이다. 眼根의 선정에서 일어나되 마음이 산란하지 않음은 본체이자 '자리'이며, 광대한 경계가 나타날지라도 걸림이 없음은 작용이며, "사람이나 하늘이 도무지 알 수 없음"은 '이타'이다. 참으로 본체와 작용이 둘이 없는 까닭에 자리가 곧 이타이다. 【초_ '第五對'는 2중으로 걸림이 없음이다. 첫째는 본체와 작용에 걸림이 없고, 둘째는 自利와 利他에 걸림이 없는 것이다. 아래에서 이를 모두 종합하여 뒤이어 해석하면서 "마음이 산란하지 않음은 본체이다."는 것은 모두 "根의 선정에서 일어난다."는 3구절을 인용하여 육경의 선정에서 일어남을 상대로 말함이며, 다음과 그 뒤의 2구절의 뜻을 말하면 "根의 선정에서 일어난다."는 3구절 또한 自利이다.

"眼根의 선정에서 일어나되 마음이 산란하지 않다."는 것은 "눈은 생겨남도 없고 일어남도 없다. 성품이 공하고 적멸하여 더 이상 할 일이 없음을 말해준다."고 했는데, 도리어 "광대한 경계가 나타날지라도 걸림이 없다."는 것은 곧 앞서 말한 "색의 성품이 불가사의함을 보여주니 모든 하늘과 사람이 도저히 알 수 없다."는 뜻을 취하여, '광대한 경계'를 삼은 것이다. 이 또한 모두 2구절을 인용하여 利他를 삼은 것이다.

"참으로 본체와 작용이 둘이 없다." 이하는 본체와 작용에 걸림이 없는 것으로 自利와 利他에 걸림이 없음을 해석하였다. 그러나 위의 칭량소에서는 단 눈과 색[眼色]이라는 육근과 육경을 가지고 體例를 삼은 것이다. 뒤 5가지의 根·境 역시 말하지 않아도 알 수 있다.】

此上十義는 同爲一聚法界緣起하야 相卽自在라 菩薩善達하야 作用無礙니 思之思之어다

又經에 且約根境相對인댄 亦應境境相對니 謂色塵入正受하야 聲香三昧起等이니 此如下童子身中에 入正定等中明이라 復應根根相對니 謂眼根入正受하야 耳根三昧起等과 一塵入正受하야 多根三昧起等이니 竝略不說이라 上來無礙 深妙難思니 始學之流 如何趣入가 今當總結호리니 但能知事理無礙와 根境一如하야 念慮不生이면 自當趣入이리라【鈔_ 上來無碍下는 總示入門이니 先問이오 後'今當'下는 正示라 知事理無碍와 根境一如는 總觀也오 念慮不生은 總止也니 卽禪門大意라】

이상의 10가지 의의가 하나의 '법계의 한 무더기 연기[一聚法界緣起]'가 되어 서로가 서로 하나가 되어 자재하다. 따라서 보살이 이를 잘 통달하면 작용에 걸림이 없다. 이 점을 생각하고 생각해야 한다.

또한 게송에서 육근과 육경을 상대로 말한다면 또한 당연히 경계와 경계가 서로 상대가 된다. 色塵에서 선정에 들어가 聲·香의 삼매에서 일어나는 등을 말한다. 이는 아래의 게송에서 말한 "동자의 몸, 바른 선정에 들어갔다."는 등에서 밝힌 바와 같다.

이 또한 당연히 根과 根이 서로 상대가 된다. 眼根의 선정에 들어갔다가 耳根의 삼매에서 일어나는 등과 한 티끌 속의 선정에 들어갔다가 많은 根의 삼매에서 일어나는 등을 말한다. 이는 아울러 생략하여 말하지 않았다.

위에서 말한 '걸림이 없다.'는 것은 심오하고 미묘하여 불가사의하다. 처음 배우는 이들이 어떻게 들어갈 수 있겠는가. 여기에서 의당 총체로 끝맺고자 한다. 단 事·理에 걸림이 없음과 육근과 육경이 하나로 똑같다는 점을 알고 생각을 일으키지 않으면 절로 들어갈 수 있을 것이다. 【초_ "위에서 말한 '걸림이 없다.'" 이하는 총체로 들어가는 법문을 보여준 것이다. 앞은 물음이며, 뒤의 '今當' 이하는 바로 보여줌이다. "事·理에 걸림이 없음과 육근과 육경이 하나로 똑같다는 점을 안다."는 것은 총체의 관[總觀]이며, "생각을 일으키지 않는" 것은 총체의 지[總止]이다. 이는 곧 禪門의 큰 뜻이다.】

又向云'色性難思'等은 卽色等總持니 是色陀羅尼自在佛等이니 亦應云分別眼性難思도 有眼陀羅尼自在佛等이라 又眼中에 云性空寂滅은 卽眼之度門이니 眼等本淨인댄 亦應云色等度門에 色等本淨이니 不唯取相爲染이오 無心爲淨而已也라

又智論에 三觀束之니 分別色相等은 是假名觀也오 性空寂滅은 是空觀也오 此二不二와 色性難思는 中道觀也라 三無前後하야 皆是一心이라 對此三觀하야 應辨三止니 謂方便隨緣止와 體眞止와 離二邊分別止라 既止觀雙運인댄 亦名一心三止也니 卽一而三이며 卽三而一이라 雙照三一하며 雙遮三一이 是無礙也니 一一釋文을 準思可知니

라【鈔_ 十二入에 約其含攝이면 竝稱總持라하고 約其性空究竟이면 竝稱波羅蜜이라하고 約其性本淸淨이면 皆解脫門이오 約其覺性圓明이면 竝得稱佛이라 故佛名經에 云眼陀羅尼自在佛과 乃至意陀羅尼自在佛 ‘色陀羅尼自在佛'과 乃至法陀羅尼自在佛等이라
'不唯取相爲染'等者는 結彈北宗禪門에 但得一分之義니 謂彼云眼見色에 意同知染法界로되 意不同知淨法界니 不同知는 卽眼陀羅尼自在佛과 眼總持度門等이라하니 今謂亦是一義일세 但得不起心之一義耳니 不同上來十重五對無碍自在等이라】

또한 앞서 '色性은 불가사의'라고 말한 등은 곧 色 등의 總持이다. 이는 色陀羅尼自在佛 등이다. 또한 응당 '분별하는 眼性은 불가사의'라고 말한 것도 眼陀羅尼自在佛 등이다. 또한 눈[眼]에 대해서 "성품이 空하고 적멸하다."고 말한 것은 곧 눈의 바라밀 법문이다. 눈, 귀 등이 본래 청정하나면 또한 당연히 色, 聲 등의 바라밀 법문에 색, 성 등도 본래 청정하다고 말해야 할 것이다. 오직 상을 취한 것으로 雜染을 삼고, 무심으로 청정을 삼아서는 안 된다. 경문의 해석은 여기에 준해 생각하면 말하지 않아도 알 수 있다.

또한 지도론에서는 이를 三觀으로 결속하였다. 分別色相 등은 假觀이며, 性空寂滅은 空觀이며, 이는 둘이면서도 둘이 아니라는 것과 色과 性이 불가사의하다는 것은 中道觀이다. 이 三觀은 전후의 차례가 없다. 모두 하나의 마음일 뿐이다. 이러한 삼관을 상대로 하여 당연히 三止를 논변해야 할 것이다. 三止란 方便遵緣止, 體眞止, 離二邊分別止를 말한다. 이처럼 삼지와 삼관을 모두 들어

운용하면 이 또한 一心三止라 한다. 하나의 마음과 하나가 된 三止이며, 삼지와 하나가 된 하나의 마음이다. 삼지와 하나의 마음을 모두 받아들이고 삼지와 하나의 마음을 모두 버리는 데에 걸림이 없다. 하나하나의 경문 해석을 여기에 준해 생각하면 말하지 않아도 알 수 있다.【초_ 十二入[dvādaśāyatana]에 그 포괄된 존재의 의의로 말하면 아울러 總持라 말하고, 그 성품이 空한 究竟處로 말하면 아울러 바라밀이라 말하고, 그 성품이 본래 청정으로 말하면 모두 解脫門이며, 그 覺性의 圓明으로 말하면 아울러 佛이라 일컫는다. 이 때문에 佛名經에 이르기를 "眼陀羅尼自在佛 내지 意陀羅尼自在佛, 그리고 色陀羅尼自在佛 내지 法陀羅尼自在佛 등이라"고 하였다.

"오직 상을 취한 것으로 雜染을 삼는다." 등이란 北宗 禪門에서는 이에 대해 단 일부분의 의의만을 얻었다는 탄핵으로 결론지었다. 북종선에서 말하기를 "눈으로 색을 보면 意가 똑같이 잡염된 법계만을 알 뿐, 그 意가 똑같이 청정한 법계임을 알지 못한다. 똑같이 알지 못한다는 것은 곧 眼陀羅尼自在佛과 眼總持度門 등이다."고 하였다. 여기에서는 또한 이 하나의 의의이기에 단 '마음이 일어나지 않는다.'는 한 부분의 뜻만을 알았을 뿐, 위의 10重 5對의 無碍自在 등과 똑같지 않음을 모른 것이다.】

此是菩薩圓融功德으로 而自莊嚴하야 觸目對境에 常所行用이니 希心玄趣하야 幸願留神이어다

이는 보살이 원융한 공덕으로 스스로 장엄하여 눈앞에 보이는 모든 경계에 언제나 행하고 사용하는 대상이다. 마음으로 玄趣를

희망하여 그곳에 정신을 쏟을 것을 바라 마지않는다.

▄

二 六頌半은 於他身에 得自在라
　　둘째, 6수 반의 게송은 다른 몸으로의 化現에 자재함이다.

### 經
童子身中入正定하야　　　壯年身中從定出하고
壯年身中入正定하야　　　老年身中從定出하며
　　동자의 몸, 바른 선정에 들어갔다가
　　장년의 몸, 선정에서 일어나고
　　장년의 몸, 바른 선정에 들어갔다가
　　노년의 몸, 선정에서 일어나고

老年身中入正定하야　　　善女身中從定出하고
善女身中入正定하야　　　善男身中從定出하며
　　노년의 몸, 바른 선정에 들어갔다가
　　선녀의 몸, 선정에서 일어나고
　　선녀의 몸, 바른 선정에 들어갔다가
　　선남의 몸, 선정에서 일어나고

善男身中入正定하야　　　比丘尼身從定出하고

**比丘尼身入正定**하야　　　**比丘身中從定出**하며
　　선남의 몸, 바른 선정에 들어갔다가
　　비구니의 몸, 선정에서 일어나고
　　비구니의 몸, 바른 선정에 들어갔다가
　　비구의 몸, 선정에서 일어나고

**比丘身中入正定**하야　　　**學無學身從定出**하고
**學無學身入正定**하야　　　**辟支佛身從定出**하며
　　비구의 몸, 바른 선정에 들어갔다가
　　학무학(學無學)의 몸, 선정에서 일어나고
　　학무학의 몸, 바른 선정에 들어갔다가
　　벽지불의 몸, 선정에서 일어나고

**辟支佛身入正定**하야　　　**現如來身從定出**하고
**於如來身入正定**하야　　　**諸天身中從定出**하며
　　벽지불의 몸, 바른 선정에 들어갔다가
　　여래가 나툰 몸, 선정에서 일어나고
　　여래의 몸, 바른 선정에 들어갔다가
　　모든 하늘의 몸, 선정에서 일어나고

**諸天身中入正定**하야　　　**大龍身中從定出**하고
**大龍身中入正定**하야　　　**夜叉身中從定出**하며

모든 하늘의 몸, 바른 선정에 들어갔다가
큰 용의 몸, 선정에서 일어나고
큰 용의 몸, 바른 선정에 들어갔다가
야차의 몸, 선정에서 일어나고

**夜叉身中入正定**하야　　**鬼神身中從定出**이니라
야차의 몸, 바른 선정에 들어갔다가
귀신의 몸, 선정에서 일어난다

● 疏 ●

此有三義하니 一은 如前眼根入等은 但約見境하야 爲出入耳오 二는 菩薩化現彼身하야 作此轉變速疾也오 三은 菩薩이 以衆生身으로 作自身이니 如下十身相作等이라 是故로 於彼身入하야 此身出호되 而彼不覺知오 唯應度者라야 知得度也니라

여기에는 3가지의 의의가 있다.

(1) 앞서 말한 바와 같이 '眼根의 선정에 들었다.' 등은 단 보이는 경계만을 가지고서 선정에 들고 남을 말함이며,

(2) 보살이 그들의 몸으로 세상에 나타나 전변함이 빠른 것으로 말함이며,

(3) 보살이 중생의 몸으로 자기의 몸을 삼는다. 아래에서 말한 '十身이 서로 작용한다.'와 같은 따위이다.

이 때문에 그들의 몸에 들어갔다가 이런 몸으로 나오지만 그

들이 이를 깨닫지 못하고 오직 제도할 만한 자만이 제도를 받을 줄 아는 것이다.

▬

三二頌은 微細自在라

셋째, 2수 반의 게송은 미세한 데에 자재함이다.

經

**鬼神身中入正定**하야　　**一毛孔中從定出**하고
　귀신의 몸, 바른 선정에 들어갔다가
　한 털구멍의 선정에서 일어나고

**一毛孔中入正定**하야　　**一切毛孔從定出**하며
**一切毛孔入正定**하야　　**一毛端頭從定出**하고
　한 털구멍의 바른 선정에 들어갔다가
　모든 털구멍의 선정에서 일어나고
　모든 털구멍에서 바른 선정에 들어갔다가
　한 털끝의 선정에서 일어나고

**一毛端頭入正定**하야　　**一微塵中從定出**하며
**一微塵中入正定**하야　　**一切塵中從定出**이니라
　한 털끝의 바른 선정에 들어갔다가

한 티끌의 선정에서 일어나고
한 티끌의 바른 선정에 들어갔다가
모든 티끌의 선정에서 일어난다

● 疏 ●

謂毛孔은 約正報니 卽佛及衆生이오 毛頭는 約空處오 微塵은 是色相이니 多約器界니라 竝身在中하야 入定出定은 爲顯三昧純熟하야 隱顯自在故며 亦通觀彼出入定等이 卽於境無礙也라 若唯約身在彼인댄 下十定中에 亦云 無生法中入起이라하니 安有處耶아

모공은 正報를 들어 말하니 곧 부처님 및 중생이며, 털끝은 空處를 들어 말하며, 微塵은 색상이다. 대부분 器世界로 말하였다. 아울러 몸이 그 가운데 있으면서 선정에 들고 남은 삼매가 순숙하여 숨김과 나타냄이 자재함을 밝힌 때문이며, 또한 그 선정에 들고 나는 등은 곧 경계에 걸림이 없음을 전체로 관한 것이다. 오직 몸이 그곳에 있는 것만으로 말한다면, 아래 十定에서도 또한 "無生法에 들어가고 일어난다."고 하였는바, 어찌 들고 나는 곳이 있다고 말할 수 있겠는가.

---

四 四頌半은 器界事中에 周徧入出이니 以明自在라

넷째, 4수 반의 게송은 기세계의 일 속에 두루 들고 나는 것으로 자재함을 밝혔다.

**一切塵中入正定**하야     **金剛地中從定出**하고
**金剛地中入正定**하야     **摩尼樹上從定出**하며

    모든 티끌의 바른 선정에 들어갔다가
    금강 땅의 선정에서 일어나고
    금강 땅의 바른 선정에 들어갔다가
    마니주나무 위의 선정에서 일어나고

**摩尼樹上入正定**하야     **佛光明中從定出**하고
**佛光明中入正定**하야     **於河海中從定出**하며

    마니주나무 위의 바른 선정에 들어갔다가
    부처님 광명의 선정에서 일어나고
    부처님 광명의 바른 선정에 들어갔다가
    바닷물 가운데의 선정에서 일어나고

**於河海中入正定**하야     **於火大中從定出**하고
**於火大中入正定**하야     **於風起定心不亂**하며

    바닷물 가운데의 바른 선정에 들어갔다가
    화대(火大) 가운데의 선정에서 일어나고
    화대의 바른 선정에 들어갔다가
    바람의 선정에서 일어나도 마음이 산란하지 않으며

於風大中入正定하야　　於地大中從定出하고
於地大中入正定하야　　於天宮殿從定出하며

풍대(風大) 가운데의 바른 선정에 들어갔다가

지대(地大) 가운데의 선정에서 일어나고

지대의 바른 선정에 들어갔다가

하늘 궁전의 선정에서 일어나고

於天宮殿入正定하야　　於空起定心不亂이니라

하늘 궁전의 바른 선정에 들어갔다가

허공의 선정에서 일어나도 마음이 산란하지 않는다

◉ 疏 ◉

然菩薩身普徧이 略有四位니 一은 普徧一切十方刹海오 二는 徧彼刹內樹等物中이오 三은 徧一切塵毛等中이니 皆圓徧이오 非分徧이라 是故로 皆全身顯現이오 四는 以是法界身故로 不異不分이로되 恒在此하고 常在彼하야 無有前後니라

그러나 보살의 몸이 두루 한 자리를 간단하게 말하면 4가지이다.

(1) 일체 시방찰토 바다에 널리 두루 존재하며,

(2) 저 국토 내의 나무 등의 물체 속에 널리 두루 존재하며,

(3) 일체 티끌 털 등에 널리 존재하니 모두 원만하게 두루 존재한 것이지 부분적으로 두루 존재한 게 아니다. 이 때문에 모두 온몸이 뚜렷하게 나타난 것이며,

⑷ 법계의 몸이기에 차이가 없고 몸을 나누지 않지만 언제나 여기에 있고 언제나 저기에 있어 전후의 구별이 없다.

▬

第三 一頌은 總結이라

제3부분의 1수 게송은 총체로 끝맺음이다.

### 經

**是名無量功德者**의　　　**三昧自在難思議**니
**十方一切諸如來**가　　　**於無量劫說不盡**이니라

그 이름, 한량없는 공덕을 지닌 분
삼매가 자재하여 불가사의하다
시방세계 일체 모든 여래가
한량없는 겁, 말해도 다할 수 없다

### ● 疏 ●

初句는 以德命人이오 次句는 依人顯德이오 後半은 明說不盡이라
近結第十의 定用無盡하고 遠結前十의 定用無盡이니 以是無盡之法門故니라
十의 寂用無涯三昧門을 竟하다 大科第四의 無方大用을 竟하다

　제1구는 덕으로 사람을 명명하고, 제2구는 사람에 의해 덕을 나타냈고, 제3, 4구는 말로 다할 수 없음을 밝힘이다.

가까이는 제10의 선정의 작용이 그지없음을 끝맺고, 멀리는 앞의 10가지 선정의 작용이 그지없음을 끝맺었다. 이는 그지없는 법문 때문이다.

제10. '작용이 끝이 없는 삼매 법문'을 끝마치다.

그리고 大科 제4단락의 모든 곳에 통하는 大用을 끝마치다.

◉ 論 ◉

從有勝三昧已下에 八十一行頌은 明三昧自在分이라 如此同異無礙自在大方網三昧門에 入出隱現이 同時自在者는 隨衆生業異하야 所見差別이니 諸佛이 得道自在故로 隨衆生業自在故라 然이나 如來心은 無作性故로 智隨影應하야 無去來性而可取捨 如響應聲喩하며 如水潛流에 隨諸卉木하야 各滋生喩하며 如春陽이 生草木喩며 如水養魚龍喩하며 如地所生草木喩하며 如火成食喩하며 如風發生所益衆生長短壽生喩하니 以喩思之하고 以智照之하야 執計情亡하면 任眞之智 本合如是니 爲執計故로 設得一分出世道果라도 亦不能爲大自在故니라

'有勝三昧能出現'으로부터 아래로 81행(40수 반)의 게송은 삼매의 자재를 밝힌 부분이다.

이와 같이 같고 다른 데에 걸림 없이 자재한 大方網 三昧門에 들고 나고 숨기고 나타냄이 동시에 자재한 것은 중생의 업이 다름에 따라서 보는 바가 다른 것이다. 제불이 도를 얻어 자재한 까닭에 중생의 업을 따라 자재하기 때문이다.

그러나 여래의 마음은 조작하는 성질이 없기 때문에 지혜가 그림자를 따라서 응하듯이 오고 가는 성질을 취하고 버릴 게 없다.

이는 마치 음향이 소리에 상응하는 비유와 같다.

물이 보이지 않게 흐르지만 모든 초목을 따라서 각각 살아가는 비유와 같다.

봄의 햇살이 초목을 살려내는 비유와 같다.

물이 물고기와 용을 길러주는 비유와 같다.

땅에서 돋아나는 초목의 비유와 같다.

불이 밥을 지어주는 비유와 같다.

바람이 뭇 생명체에 長短의 형체와 壽夭의 생명을 낳아주는 비유와 같다.

이러한 비유로써 이러한 점을 생각하고, 지혜로써 이러한 점을 비춰서 집착과 분별하여 헤아리는 마음이 사라지면 진리에 맡겨진 지혜가 본래 이와 같을 것이다. 집착과 분별하여 헤아리기 때문에 설령 일부분 출세간의 道果를 얻었을지라도 또한 대자재가 되지 못하는 이유이다.

―

第五一切下는 喩況玄旨分이며 亦名擧劣顯勝分이라 以上所說普賢行德이 窮於佛境이니 蓋是信滿之位 旣越常規하야 乖於視聽이라 滯情封敎하면 取信無由일세 故擧斯近事하야 以鏡玄趣하야 令開悟也니라 七十九頌은 分爲三段이니 初二는 總標喩意오 二 七十六頌은 別顯喩

相이오 三 一頌은 結說顯德이라 今은 初라

　　제5단락 '一切' 이하는 玄旨를 비유한 부분이며, 또한 그 이름을 '용렬함을 들어 수승함을 밝힌 부분'이라고 한다. 이상에서 말한 보현보살의 행실과 공덕이 부처님의 경계를 다하였다. 대체로 십신이 원만한 지위가 이미 여느 사람들이 생각할 수 있는 일상의 법규에서 벗어나 그들이 일찍이 보고 들어왔던 것과는 어긋나는 자리이다. 情에 막히고 가르침에 테두리가 쳐지면 믿으려고 해도 믿을 수 있는 계기가 마련되지 않기 때문에 이처럼 가까운 일들을 들어 이로써 현묘한 뜻을 밝혀, 그들이 이를 깨닫도록 하려는 것이다.

　　79수의 게송은 3단락으로 구분된다.

　　제1부분의 2수 게송은 비유의 뜻으로 총체를 밝힘이며,

　　제2부분의 76수 게송은 개별로 그 뜻을 밝힘이며,

　　제3부분의 1수 게송은 끝맺는 말로 덕을 밝힘이다.

　　이는 제1부분의 총체를 밝힘이다.

**經**

一切如來咸共說하사대　　衆生業報難思議며
諸龍變化佛自在와　　　　菩薩神力亦難思니

　　수많은 여래께서 똑같이 말씀하시되
　　중생의 업보가 불가사의하지만
　　모든 용의 변화와 부처님의 자재하심
　　보살의 신통력 또한 불가사의하니

欲以譬喻而顯示인댄　　終無有喻能喻此어니와
然諸智慧聰達人은　　因於譬故解其義니라

　　비유로 나타내 보이려 해도
　　결국 이를 비유할 수 있는 비유가 없지만
　　그러나 모든 지혜 총명, 달통한 사람은
　　비유로 말미암아 그 뜻을 알 수 있다

◉ 疏 ◉

先一偈半은 明非喻能喻오 後半偈는 借喻通玄이니 今初擧四難思로 되 意在菩薩神力이라 後半中에 然取分喻니 以小喻大하야 令聞喻者 로 忘象領意라 故襃以智者니라【鈔】'然取分喻'者는 由上云無可同 喻인댄 今何喻耶아 故云分喻라하니라

'無可喻'者는 下經에 云三界有無一切法이 不能與佛爲譬喻라하니라 言'分喻'者는 喻有八種하니 一順. 二逆. 三現. 四非. 五先. 六後. 七 者先後. 八者偏喻니 如涅槃說이라 前文已引하야 則有偏喻니 今對偏 喻하야 但取少分이라 如言佛面猶如滿月은 但取圓滿無缺義故니 今 喻亦然이라

'以小喻大'者는 若易中에 射隼于高墉으로 以況天下等이니 其事甚多라 '令聞喻'等者는 易略例에 云'夫象者는 出意者也오 言者는 明象者也 라 盡意는 莫若象이오 盡象은 莫若言이라 言生於象일세 故可尋言以觀 象이오 象生於意일세 故可尋象以觀意니라 意以象盡이오 象以言著라 言者는 所以明象이라 得象而亡言이오 象者는 所以存意라 得意而亡

395

象은 猶罞者는 所以在兔니 得兔而亡罞오 筌者는 所以在魚니 得魚而亡筌이니라 然則言者는 象之罞也오 象者는 意之筌也라 是故로 存言者는 非得象者也오 存象者는 非得意者也니라 象生於意나 而存象焉이면 則所存者는 乃非其象也오 言生於象이나 而存言焉이면 則所存者는 乃非其言也라 然則亡象者라사 乃得意者也오 亡言者라사 乃得象者也니라 得意는 在亡象이오 得象은 在亡言이라 故立象以盡意라사 而象可亡也오 重畫以盡情이라사 而畫可亡也니라 是故로 觸類에 可爲其象이오 合義에 可爲其徵이라하니 今疏에 用此文이라 故令亡象領意니 謂如水現四兵은 是喩是象이니 但知菩薩 無心頓現이면 則水印可亡矣니 諸喩 皆然이라 若能亡象得意면 斯爲智者어니와 執象失意면 乃成愚滯니라 故法華云諸有智者는 以譬喩得解라하니라】

앞의 1수 반의 게송은 이를 비유할 수 있는 비유가 없음을 밝혔고, 뒤의 제2게송 제3, 4구는 비유를 빌려 현묘한 뜻을 통할 수 있음을 말해주고 있다.

제1게송에서 4가지(중생의 업보, 용의 변화, 부처님의 자재, 보살의 신통력)의 불가사의함을 들어 말했지만, 그 본지는 보살의 신통력에 있다.

제2게송 제3, 4구는 부분적인 비유를 취하였다. 작은 것으로 큰 것을 비유하여, 이런 비유를 들은 자들로 하여금 겉모습을 잊고 내면의 뜻을 알도록 한 까닭에 '지혜로운 사람'이라 칭찬하였다.

【초_ "제2게송 제3, 4구는 부분적인 비유를 취하였다."는 것은, 위에서 "이를 비유할 수 있는 비유가 없다."는 말을 따른다면 여기에서 무엇을 비유하여 말하겠는가? 이 때문에 '부분적인 비유'라고

말하였다.

"비유할 수 없다."는 것은 아래 제39 입법계품의 게송에 이르기를 "삼계에 有爲·無爲의 일체 법, 그 어떤 것으로도 부처님과는 비유의 대상 자체가 될 수 없다."고 하였다.

'부분적인 비유[分喩]'라 말한 것은 비유에 8가지가 있다. ① 順으로의 비유, ② 역으로의 비유, ③ 나타난 것으로의 비유, ④ 아니라는 것으로의 비유, ⑤ 앞으로의 비유, ⑥ 뒤로의 비유, ⑦ 선후로의 비유, ⑧ 한쪽만의 비유이다. 이는 열반경에서 말한 바와 같다.

앞의 경문에서 이미 인용한 '한쪽만의 비유[偏喩]'가 있다. 여기에서는 '한쪽만의 비유'를 상대로 단 그 가운데 극히 일부분만을 취하였다. 예컨대 부처님의 얼굴이 보름달과 같다는 말은 단 원만하여 부족함이 없다는 뜻만을 취한 때문이다. 여기에서의 비유 또한 그와 같다.

"작은 것으로 큰 것을 비유한다."는 것은 주역 繫辭傳 下에서 "높다란 담장 위의 매를 쏘아 맞히다."는 비유의 말로써 천하를 다스리는 방법을 비유하는 유이다. 그와 같은 경우는 매우 많다.

"이런 비유를 들으면[슈聞喩]" 등이란 周易略例에서 다음과 같이 말하였다.

"대체로 卦象이란 괘 내면의 뜻을 외적으로 표현한 것이며, 괘에 대한 말이란 괘상의 의의를 밝힌 것이다. 그 뜻을 모두 다 말해주는 것은 괘상만큼 좋은 게 없고, 괘상을 모두 말해주는 것은 말만큼 좋은 게 없다. 말이란 괘상에서 나온 것이기에 말에 담긴 뜻을 찾아서 괘상을 살펴보고, 괘상은 내면의 뜻에서 나온 것이기에 괘상을 찾아서 그 뜻을 살펴보아야 한다.

뜻은 괘상을 통하여 모두 다하였고 괘상은 말을 통하여 나타난 깃이다. 이처럼 말이란 괘상을 밝힌 바이기에 괘상을 얻은 후에는 말을 잊어야 하고, 괘상이란 뜻을 담고 있는 것이기에 뜻을 얻은 후에는 괘상을 잊어야 한다. 토끼그물이란 토끼를 잡으려는 데에 목적이 있다. 따라서 토끼를 잡은 후에는 그물을 잊어야 한다. 통발은 물고기를 잡으려는 데에 목적이 있다. 따라서 물고기를 잡은 후에는 통발을 잊어야 하는 것과 같다.

그렇게 보면 말이란 괘상의 토끼그물이요, 괘상이란 뜻의 통발이다. 이 때문에 말을 끝까지 고수하는 것은 괘상을 얻은 게 아니며, 괘상을 끝까지 고수하는 것은 뜻을 얻은 게 아니다. 괘상은 뜻에서 나왔지만 괘상을 끝까지 고수하면 고수하는 바가 괘상의 본지가 아니며, 말은 괘상에서 나왔지만 말을 끝까지 고수하면 고수하는 바가 그 말의 본지가 아니다.

그렇게 보면 괘상을 잊은 자만이 이에 뜻의 본지를 얻은 자이며, 말을 잊은 자만이 이에 괘상의 본지를 얻은 자이다. 뜻의 본지를 얻는다는 것은 괘상을 잊은 데에 있고, 괘상의 본지를 얻는다는 것은 말을 잊은 데에 있다.

이 때문에 괘상을 내세워 그 뜻을 다 알아야만 괘상을 잊을 수 있고, 괘획을 거듭하여 그 실상을 다 알아야만 괘획을 잊을 수 있다. 이 때문에 유로 접촉해나가면 그 상이 되고, 그 의의에 부합하면 그 증거가 된다.”

이의 청량소에서는 위의 문장을 인용하였기에 象을 잊고 그 내면의 뜻을 알도록 한 것이다. 이는 아래의 게송에서 "깨끗한 물 위에 네 병정의 형상이 나타난 것과 같다."고 말한 것은 비유이자 상징이다. 단 보살의 무심 속에서 갑자기 이처럼 나타남을 비유한 것임을 알았다면 물 위에 비친 병정들의 모습은 잊어야 한다. 모든 비유가 모두 그와 같다. 만일 비유의 상징을 잊고 그 속에 담긴 뜻을 알면 지혜로운 이가 되겠지만, 상에 집착한 나머지 본의를 상실하면 이에 어리석은 이가 된다. 이 때문에 법화경에서 이르기를 "지혜로운 모든 이들은 비유를 통하여 그 뜻을 이해한다."고 하였다.}

二聲聞下의 別辨中에 略顯二十種大喩하야 以況菩薩之德이라

제2부분은 '聲聞' 이하의 개별로 논변한 가운데 20가지의 큰 비유로 간단하게 밝혀 보살의 공덕을 비유하였다.

**經**

聲聞心住八解脫하야　　所有變現皆自在라
能以一身現多身하고　　復以多身爲一身하며

　　성문의 마음은 8가지의 해탈에 머물러
　　가지고 있는 화현의 몸 모두 자재하여
　　하나의 몸에서 많은 몸 나타내고

다시 많은 몸으로써 하나의 몸 되고

於虛空中入火定하고　　　行住坐臥悉在空하며
身上出水身下火와　　　　身上出火身下水를

　　허공 가운데 화정(火定)에 들어
　　행·주·좌·와 모두 허공에 있으며
　　몸 위에선 물을, 아래에선 불을 뿜고
　　몸 위에선 불을, 아래에선 물을 뿜되

如是皆於一念中에　　　　種種自在無邊量하니
彼不具足大慈悲하야　　　不爲衆生求佛道호대

　　이와 같이 모두 한 생각 찰나에
　　가지가지 자재하여 한량없지만
　　그들은 큰 자비를 구족하지 못하여
　　중생 위해 부처님 도 구하지 못한다

尙能現此難思事어든　　　況大饒益自在力가

　　그래도 이것만으로 불가사의 나타내는데
　　하물며 큰 이익의 자재한 힘이야

● 疏 ●

初有三頌半은 明聲聞現通喩니 況菩薩自在益生德이라 先은 明喩오

末偈는 擧劣顯勝이니 不爲衆生無大悲也오 不求菩提는 無大智也오 大饒益者는 具悲智也라

　20가지의 비유 가운데, 제1의 3수 반 게송은 성문의 화현 신통력을 비유로 밝혔다. 보살이 자유자재로 중생에게 이익을 주는 공덕을 비유한 것이다.

　앞에서는 비유로 밝혔고 끝의 게송에서는 용렬함을 들어 수승함을 밝혀주었다. 중생을 위하지 않음은 大悲가 없음이며, 보리를 구하지 않음은 大智가 없기 때문이다. '큰 이익[大饒益]'이란 大悲大智를 모두 갖춤이다.

### 經

譬如日月遊虛空에　　　影像普徧於十方이라
泉池陂澤器中水와　　　衆寶河海靡不現인달하야

　비유하면 해와 달이 허공에 떠 있으면
　그림자가 널리 시방에 두루 하여
　샘, 연못, 큰 연못, 그릇 속의 물과
　온갖 보배의 강과 바다에 나타나지 않음이 없듯이

菩薩色像亦復然하야　　十方普現不思議라
此皆三昧自在法이니　　唯有如來能證了니라

　보살의 색과 형상 또한 그러하여
　시방 널리 나타남이 불가사의하다

이 모두 삼매의 자재한 법이라

오직 여래만이 증득할 수 있다

● 疏 ●

二有二偈는 日月現影喩니 況菩薩普應羣機德이니라

20가지의 비유 가운데, 제2의 2수 게송은 해와 달의 그림자가 나타난 비유이다. 이는 보살이 중생의 근기에 널리 응하는 덕을 비유한 것이다.

經

如淨水中四兵像이　　　各各別異無交雜이라
劍戟弧矢類甚多오　　　鎧冑車輿非一種이어든

깨끗한 물 위에 네 병정의 형상이

제각기 다르지만 서로 섞이지 않아

칼, 창, 활, 화살의 종류 매우 많고

갑옷, 투구, 수레가 한 종류 아니듯이

隨其所有相差別하야　　莫不皆於水中現호대
而水本自無分別인달하야　菩薩三昧亦如是니라

가지고 있는 각기 다른 모양 따라

모두 수면 위에 보이지 않은 게 없지만

물은 본래 분별하려는 마음이 없다

보살의 삼매 또한 이와 같다

● 疏 ●

三有二頌은 水現四兵喩니 喩菩薩海印現像德이라

　20가지의 비유 가운데, 제3의 2수 게송은 수면 위에 나타난 네 병사를 비유하였다. 이는 보살의 海印現像의 공덕을 비유한 것이다.

**經**

海中有神名善音이니　　其音普順海衆生이라
所有語言皆辨了하야　　令彼一切悉歡悅하나니

　　바다 신의 이름은 선음이다
　　그 음성이 바다 중생을 널리 따라서
　　가지고 있는 언어로 모두 잘 말하여
　　그들로 하여금 모두 기쁘게 하나니

彼神具有貪恚癡호대　　猶能善解一切音이어든
況復總持自在力이　　而不能令衆歡喜아

　　바다의 신은 탐진치를 지녔지만
　　그래도 온갖 음성 잘 아는데
　　하물며 또한 총지의 자재한 힘을 지닌 보살이야
　　어찌 중생의 마음에 기쁨 주지 못하랴

● 疏 ●

四有二頌은 善音巧辨喩니 喩菩薩總持巧說德이라

20가지의 비유 가운데, 제4의 게송은 선한 음성으로 잘 말하는 것을 비유하였다. 이는 보살이 總持를 잘 말하는 공덕을 비유한 것이다.

經

有一婦人名辯才니　　父母求天而得生이라
若有離惡樂眞實이면　入彼身中生妙辯하나니

　어느 부인의 이름이 변재인데
　부모가 하늘에 기도하여 얻은 딸이다
　만약 악을 여의고 진실을 좋아하면
　그의 몸에 들어가 미묘한 발재주를 내려준다


彼有貪欲瞋恚癡호대　猶能隨行與辯才어든
何況菩薩具智慧하고　而不能與衆生益가

　그 부인은 탐욕, 성냄, 어리석음이 있지만
　그래도 사람의 행을 따라 변재를 주는데
　하물며 큰 지혜 갖춘 보살이야
　어찌 중생에게 이익 주지 못하랴

● 疏 ●

五二頌은 女授辯才喩니 喩授法益生德이라

　　20가지의 비유 가운데, 제5의 게송은 여인이 변재를 준다는 비유이다. 이는 보살이 법을 전수하여 중생에게 이익을 주는 공덕을 비유한 것이다.

經

譬如幻師知幻法하야　　能現種種無量事라
須臾示作日月歲와　　城邑豊饒大安樂하나니

　　비유하면 요술쟁이가 요술을 알고서
　　가지가지 한량없는 일들을 나타내는지라
　　잠깐 사이에 오랜 세월을 만들고
　　도성과 고을의 풍요한 큰 안락을 보여준다

幻師具有貪恚癡호대　　猶能幻力悅世間이어든
況復禪定解脫力이　　而不能令衆歡喜리오

　　요술쟁이는 탐욕, 성냄, 어리석음이 있지만
　　그래도 요술의 힘으로 세간 중생에게 기쁨 주는데
　　하물며 선정 해탈의 힘을 갖춘 보살이야
　　어찌 중생의 마음에 기쁨 주지 못하랴

● 疏 ●

六二頌은 幻師巧術喩니 喩不思議解脫德이라

20가지의 비유 가운데, 제6의 2수 게송은 요술쟁이의 뛰어난 기술을 비유함이다. 이는 보살의 불가사의한 해탈의 공덕을 비유한 것이다.

經

天阿修羅鬪戰時에　　修羅敗衄而退走하면
兵仗車輿及徒旅를　　一時竄匿莫得見하나니

　하늘과 아수라가 싸울 때
　아수라가 패하여 달아날 적이면
　병장기와 수레와 병사들이
　일시에 사라져 볼 수 없다

彼有貪欲瞋恚癡호대　　尙能變化不思議어든
況住神通無畏法하야　　云何不能現自在리오

　그에게 탐욕, 성냄, 어리석음이 있지만
　그래도 그의 변화는 불가사의한데
　하물며 신통력으로 두려움 없는 법에 머문 보살이야
　어찌 자재하게 현신하지 못하랴

● 疏 ●

七二頌은 修羅隱形喩니 喩勝通隱顯德이라

　20가지의 비유 가운데, 제7의 2수 게송은 아수라가 몸을 숨기는 비유이다. 이는 보살이 몸을 숨기고 나타내는 것을 잘도 통달한 덕을 비유한 것이다.

經

釋提桓因有象王하니　　彼知天主欲行時하야
自化作頭三十二호대　　一一六牙皆具足하며

　석제환인(제석천왕)에게 큰 코끼리 한 마리 있으니
　코끼리는 환인이 어느 곳을 가려는지 미리 알고서
　스스로 32개의 머리로 변화하여 만들어내고
　그 머리마다 낱낱이 여섯 개의 상아를 갖추며

一一牙上七池水가　　清淨香潔湛然滿하고
一一清淨池水中에　　各七蓮華妙嚴飾이어든

　하나하나 상아 위에 일곱 연못의 물이
　청정하고 향기롭고 맑게 가득하고
　하나하나 청정한 연못 속에
　각기 일곱 송이 연꽃으로 미묘하게 장엄하니

彼諸嚴飾蓮華上에　　各各有七天玉女호대

悉善技藝奏衆樂하야　　而與帝釋相娛樂하며
　　장엄한 그 연꽃 송이 위에
　　각각 일곱 명의 하늘 옥녀가
　　모두 좋은 기예로 온갖 음악 연주하면서
　　제석천왕과 함께 모두 즐겼다

彼象或復捨本形하고　　自化其身同諸天에
威儀進止悉齊等이라　　有此變現神通力하니
　　그 코끼리가 간혹 본래 모습을 버리고
　　스스로 제 몸을 모든 하늘의 왕처럼 변화시키니
　　위의와 행동이 모든 천왕과 똑같았다
　　이처럼 변화하는 신통력을 가졌다

彼有貪欲瞋恚癡호대　　尚能現此諸神通이어든
何況具足方便智하고　　而於諸定不自在아
　　그에게 탐욕, 성냄, 어리석음이 있지만
　　그래도 이처럼 모든 신통을 나타내는데
　　하물며 방편 지혜를 구족한 보살이야
　　어찌 모든 선정에 자재하지 않으랴

● 疏 ●

八五頌은 象王隨變喩니 喩定用自在德이라

20가지의 비유 가운데, 제8의 5수 게송은 코끼리가 제석천왕의 뜻을 따라 몸을 변화한다는 비유이다. 이는 보살의 선정 작용이 자재한 공덕을 비유한 것이다.

### 經

**如阿修羅變化身**이 　　**蹈金剛際海中立**에
**海水至深僅其半**이요 　　**首共須彌正齊等**이니

　저 아수라의 변화한 몸이
　금강제(金剛際)를 밟고 바다 한가운데 서니
　바닷물 아무리 깊어도 겨우 그의 몸 절반이며
　그의 머리는 수미산과 나란히 드높았다


**彼有貪欲瞋恚癡**호대 　　**尙能現此大神通**이어든
**況伏魔怨照世燈**이 　　**而無自在威神力**가

　그에게 탐욕, 성냄, 어리석음이 있지만
　그래도 이처럼 큰 신통력을 내는데
　하물며 마군 원수 항복받아 세간의 등불이신 보살이야
　어찌 자재한 위신력이 없으랴


### ● 疏 ●

**九二頌**은 **修羅大身喩**니 **喩法界身雲德**이니 **同於上文**의 **主伴嚴麗**니라
　20가지의 비유 가운데, 제9의 2수 게송은 아수라의 큰 몸을 비

유하였다. 이는 보살의 법계의 몸이 구름과도 같은 공덕을 비유한 것이다.

위 게송에서 말한 주인과 도반이 장엄하고 화려한 것과 같음을 말한다.

### 經

天阿修羅共戰時에　　帝釋神力難思議라
隨阿修羅軍衆數하야　　現身等彼而與敵이어든

 하늘과 아수라가 함께 싸울 때
 제석천왕의 신통력을 사의하기 어려웠다
 아수라 군대의 병정 수를 따라서
 그 수효에 맞춰 몸을 나타내어 대적하는데

諸阿修羅發是念호대　　釋提桓因來向我하야
必取我身五種縛이라하야　　由是彼衆悉憂悴하며

 모든 아수라가 이런 생각을 하였다
 "제석천왕이 우리에게 다가오면
 반드시 우리 몸을 다섯 오랏줄로 결박하리라"
 이 때문에 모든 아수라가 다 걱정하였다

帝釋現身有千眼하야　　手持金剛出火焰하고
被甲持仗極威嚴하야　　修羅望見咸退伏하나니

제석천왕의 현신한 몸에는 1천 개의 눈이 있고
　　손에 쥔 금강보저(金剛寶杵)에서는 화염이 쏟아지고
　　갑옷 입고 갖추신 군장이 지극히 위엄 있어
　　아수라가 바라보고 모두 항복하니

**彼以微小福德力**으로도　　**猶能摧破大怨敵**이어든
**何況救度一切者**가　　**具足功德不自在**리오
　　천왕은 조그마한 복덕의 힘으로도
　　오히려 큰 원수의 적을 격파하는데
　　하물며 일체중생 제도하실 보살이야
　　공덕을 구족하니 어찌 자재하지 못하랴

● 疏 ●
十有四頌은 帝釋破怨喻니 喻降伏衆魔德이라

　20가지의 비유 가운데, 제10의 4수 게송은 제석천왕이 원수를 격파함을 비유하였다. 이는 보살이 수많은 마군을 항복받는 공덕을 비유한 것이다.

經
**忉利天中有天鼓**하니　　**從天業報而生得**이라
**知諸天衆放逸時**하야　　**空中自然出此音**호대
　　도리천에 하늘의 북이 있으니

하늘의 업보 따라 생긴 물건이다

　　모든 하늘 대중이 방일할 때를 알고서

　　허공에서 자연스레 이런 법음을 울려준다

一切五欲悉無常이라　　　如水聚沫性虛僞며
諸有如夢如陽焰이며　　　亦如浮雲水中月이니라

　　"모든 오욕은 다 무상하다

　　물거품처럼 그 자체 헛된 것이다

　　모든 존재는 꿈이요 아지랑이며

　　또한 뜬구름이자 물속의 달이다

放逸爲怨爲苦惱라　　　非甘露道生死徑이니
若有作諸放逸行이면　　　入於死滅大魚口니라

　　방일한 몸과 마음은 원수이자 고뇌이며

　　감로수의 도가 아니라 생사윤회의 길이다

　　만약 모든 방일한 행동을 하면

　　죽음이라는 큰 물고기의 입속에 삼켜지리라

世間所有衆苦本을　　　一切聖人皆厭患이라
五欲功德滅壞性이니　　　汝應愛樂眞實法하라하면

　　세간의 온갖 고뇌의 근본을

　　모든 성인이 다 싫어하신다

다섯 욕망은 공덕을 파괴하는 그 자체이니
너희들은 진실한 법을 사랑하고 즐겨야 한다"

**三十三天聞此音**하고　　　　**悉共來昇善法堂**이어든
**帝釋爲說微妙法**하야　　　　**咸令順寂除貪愛**하나니

　33천이 이러한 법음을 듣고서
　모두가 함께 선법당으로 올라가면
　제석천왕이 그들 위해 미묘한 법 설하여
　적멸을 따르고 탐심과 애욕 없애도록 하나니

**彼音無形不可見**이로대　　　　**猶能利益諸天衆**이어든
**況隨心樂現色身**하고　　　　**而不濟度諸群生**가

　북소리 형상 없어 볼 수 없지만
　그래도 이처럼 하늘 대중에게 이익을 주는데
　하물며 중생의 좋아하는 마음 따라 색신을 나타내는 보살이야
　어찌 모든 중생 제도하지 못하랴

● 疏 ●

**十一六頌**은 **天鼓說法喩**니 **況菩薩以無功用**으로 **現身說法德**이라

　20가지의 비유 가운데, 제11의 6수 게송은 하늘의 북으로 설법함을 비유하였다. 이는 보살이 하는 일 없이 몸을 나타내어 설법하는 공덕을 비유한 것이다.

天阿修羅共鬪時에 　　　諸天福德殊勝力으로
天鼓出音告其眾호대 　　汝等宜應勿憂怖하라하면

　　하늘과 아수라가 함께 싸울 때
　　모든 하늘의 복덕이 수승한 힘으로
　　하늘의 북이 소리 내어 대중에게 일러주되
　　"너희는 근심하거나 두려워하지 마라"고 하네


諸天聞此所告音하고 　　悉除憂畏增益力일세
時阿修羅心震懼하야 　　所將兵眾咸退走하나니

　　모든 하늘이 이러한 음성 들으면
　　모든 근심과 두려움 사라지고 더욱 힘이 솟구친다
　　그때 아수라는 마음 떨리고 두려워
　　거느린 병정들이 모두 달아난다


甘露妙定如天鼓하야 　　恒出降魔寂靜音이라
大悲哀愍救一切하야 　　普使眾生滅煩惱니라

　　감로의 미묘한 선정 삼매, 하늘의 북과 같아
　　항상 마군 항복받는 고요한 소리 내어서
　　대자비로 불쌍히 여겨 일체중생 구제하여
　　널리 중생의 번뇌를 없애준다

● 疏 ●

十二有三頌은 天鼓安慰喻니 況菩薩慈音除惱德이라

　20가지의 비유 가운데, 제12의 3수 게송은 하늘의 북으로 위안을 준다는 비유이다. 이는 보살이 자비의 음성으로 번뇌를 없애 준다는 비유이다.

經

帝釋普應諸天女의　　　　　九十有二那由他하야
令彼各各心自謂호대　　　　天王獨與我娛樂이라하며

　제석천왕이 천상의 여인을 널리 상대하여
　그 수효 92나유타라 끝없이 많지만
　여인들로 하여금 제각기 마음속으로
　'제서천왕은 유독 나만을 좋아한다'고 생각하게 한다


如天女中身普應하야　　　　善法堂內亦如是호대
能於一念現神通하야　　　　悉至其前爲說法하나니

　수많은 여인 두루 상대하듯이
　선법당에 모인 대중 또한 그와 같이
　제석천왕 한 생각에 신통력 나타내어
　모든 대중 앞에 각각 이르러 그를 위해 설법한다


帝釋具有貪恚癡호대　　　　能令眷屬悉歡喜어든

415

況大方便神通力이　　　而不能令一切悅가

　　제석천왕은 탐욕, 성냄, 어리석음이 있지만
　　그래도 권속에게 모두 기쁨 주는데
　　하물며 큰 방편과 신통력 지닌 보살이야
　　어찌 일체중생에게 기쁨 주지 못하랴

◉ 疏 ◉

十三有三頌은 天王普應喩니 喩普應悅機德이라

　　20가지의 비유 가운데, 제13의 3수 게송은 천왕이 널리 응한다는 비유이다. 이는 보살이 널리 응하여 근기에 따라 기쁨을 준다는 비유이다.

經

他化自在六天王이　　　於欲界中得自在일세
以業惑苦爲罥網하야　　繫縛一切諸凡夫하나니

　　타화자재 여섯 천왕이
　　욕계에서 자재한 위력 있어
　　업보, 미혹, 고통으로 그물을 삼아
　　일체 모든 범부를 옭아 묶는다

彼有貪欲瞋恚癡호대　　猶於衆生得自在어든
況具十種自在力하고　　而不能令衆同行가

그에게 탐욕, 성냄, 어리석음이 있지만
그래도 중생에게 자재한 힘이 있는데
하물며 10가지의 자재한 힘이 구족한 보살이야
어찌 대중이 다 함께 수행토록 못 할 턱이 있으랴

◉ 疏 ◉

十四二頌은 魔繫愚夫喻니 喻攝生同行德이라

   20가지의 비유 가운데, 제14의 2수 게송은 마왕이 어리석은 이를 묶는다는 비유이다. 이는 보살이 중생을 이끌어 들여 함께 수행한다는 비유이다.

經

三千世界大梵王이　　　一切梵天所住處에
悉能現身於彼坐하야　　演暢微妙梵音聲하나니

   삼천세계의 대범왕이
모든 범천이 머무는 곳이면
모두 그들 앞에 그 몸을 나타내어 앉아
미묘한 범음으로 연설한다


彼住世間梵道中호대　　禪定神通尙如意어든
況出世間無有上하고　　於禪解脫不自在아

   범왕은 세간의 범도(梵道)에 머물면서도

417

선정과 신통이 이처럼 마음대로이거늘
하물며 세간을 벗어나 위없는 보살이야
어찌 선정과 해탈에 자재하지 않으랴

● 疏 ●

十五二頌은 梵王殊現喩니 況菩薩解脫自在德이라

  20가지의 비유 가운데, 제15의 2수 게송은 범왕이 달리 몸을 나타내는 비유이다. 이는 보살의 해탈 자재의 공덕을 비유한 것이다.

經

摩醯首羅智自在하야　　大海龍王降雨時에
悉能分別數其滴하야　　於一念中皆辨了하나니

  마혜수라는 지혜가 자재하여
  큰 바다의 용왕이 비를 내릴 때면
  그 빗방울 수효를 모두 분별하여
  한 생각의 찰나에 모두 알아챈다

無量億劫勤修學하야　　得是無上菩提智어니
云何不於一念中에　　　普知一切衆生心가

  한량없는 억겁에 부지런히 닦고 배워
  이처럼 위없는 보리지혜 얻은 보살이야
  어찌 한 생각의 찰나에

일체중생의 마음을 널리 알지 못하랴

◉ 疏 ◉

十六二頌은 自在數滴喻니 況菩薩一念普知德이라

20가지의 비유 가운데, 제16의 2수 게송은 마혜수라가 자유자재로 빗방울의 숫자를 모두 셀 수 있다는 비유이다. 이는 보살이 한 생각으로 모두 앎을 비유한 것이다.

經

衆生業報不思議라　　以大風力起世間의
巨海諸山天宮殿과　　衆寶光明萬物種하며

　중생의 업보 하도 많아 불가사의다
　큰 바람의 힘으로 세간의
　큰 바다, 모든 산, 하늘 궁전
　온갖 보배 광명, 만물을 일으키며

亦能興雲降大雨하고　　亦能散滅諸雲氣하며
亦能成熟一切穀하고　　亦能安樂諸群生하나니

　또한 구름 일으켜 큰비 내려주고
　또한 모든 구름 흩어 말끔히 없애기도 하고
　또한 모든 곡식을 익게 하고
　또한 모든 중생 안락하게도 한다

風不能學波羅蜜하고　　　亦不學佛諸功德호대
猶成不可思議事어든　　　何況具足諸願者아

　　바람은 바라밀을 배우지 않았고
　　또한 부처님의 모든 공덕 배우지 않았지만
　　그래도 이처럼 불가사의한 일 이루는데
　　하물며 모든 서원을 구족한 보살이야


◉ 疏 ◉

十七三頌은 大風成事喻니 喻大願宿成德이라

　　20가지의 비유 가운데, 제17의 3수 게송은 큰 바람이 일을 성취해준다는 비유이다. 이는 보살이 큰 서원을 전생에 성취했다는 공덕을 비유한 것이다.


經

男子女人種種聲과　　　一切鳥獸諸音聲과
大海川流雷震聲도　　　皆能稱悅衆生意어든

　　남자와 여인의 가지가지 음성
　　온갖 새, 짐승의 모든 음성
　　큰 바다, 하천의 물소리, 우렛소리도
　　모두 중생의 마음에 맞춰 기쁨 주는데

況復知聲性如響하고　　　逮得無礙妙辯才하야

普應衆生而說法이어니 　　而不得令世間喜아
　　하물며 소리 성품이 메아리와 같음을 알고서
　　걸림 없는 미묘한 변재 얻어
　　널리 중생에 맞도록 설법하니
　　세간 중생 그 누가 기뻐하지 않을 수 있으리

◉ 疏 ◉

十八二頌은 衆聲悅意喻니 喻四辯悅機德이라

　　20가지의 비유 가운데, 제18의 2수 게송은 사람들의 수많은 음성이 마음을 기쁘게 해준다는 비유이다. 이는 보살이 4가지의 말재주로 중생의 근기 따라 기쁨을 준다는 공덕을 비유한 것이다.

### 經

海有希奇殊特法하야 　　能爲一切平等印이라
衆生寶物及川流를 　　普悉包容無所拒하나니
　　바다에는 희귀하고 특별한 법이 있어
　　일체에 평등한 도장[印]이다
　　중생의 보물과 하천의 물줄기를
　　널리 포괄하여 마다하지 않는다

無盡禪定解脫者의 　　爲平等印亦如是하야
福德智慧諸妙行을 　　一切普修無厭足이니라

그지없는 선정과 해탈한 보살의
일체 평등한 도장 또한 이와 같다
복덕, 지혜, 모든 미묘한 행을
일체 널리 닦아 싫어함이 없다

◉ 疏 ◉

十九二頌은 大海包含喩니 喩禪慧普修德이라

   20가지의 비유 가운데, 제19의 2수 게송은 큰 바다가 모든 것을 받아들인다는 비유이다. 이는 보살이 선정 지혜를 널리 수행한 공덕을 비유한 것이다.

經

大海龍王遊戱時에　　　普於諸處得自在하야

  큰 바다의 용왕이 노닐 때에
  널리 모든 곳에 자재하여

◉ 疏 ◉

二十 大海龍王下에 有二十四頌半은 龍王遊戱喩니 喩菩薩遊戱神變德이라

文分爲二니 初 二十二頌半은 明龍王大用不同이오 後二頌은 正明擧劣顯勝이니 前中에 初半偈는 總標라

   20가지의 비유 가운데, 제20의 '大海龍王' 이하 24수 반의 게송

은 용왕이 유희하는 비유이다. 이는 보살의 유희 신통변화의 공덕을 비유한 것이다.

이의 문장은 2부분으로 나뉜다.

첫 22수 절반의 게송은 용왕의 큰 작용이 똑같지 않음을 밝혔고, 뒤의 2수 게송은 바로 용렬함을 들어 수승함을 밝히고 있다.

앞의 절반 게송은 총체로 밝힘이다.

**經**

**興雲充徧四天下**에  **其雲種種莊嚴色**이라

구름 일으켜 사방 천하 두루 충만하니
그 구름 가지가지로 장엄한 빛깔이네

**第六他化自在天**엔  **於彼雲色如眞金**이며
**化樂天上赤珠色**이요  **兜率陀天霜雪色**이며

제6 타화자재천에는
구름의 색상이 황금과 같고
화락천의 구름은 붉은 구슬 빛깔이며
도솔타천의 구름은 서리와 눈의 빛깔이며

**夜摩天上琉璃色**이요  **三十三天瑪瑙色**이며
**四王天上玻瓈色**이요  **大海水上金剛色**이며

야마천의 구름은 유리 빛깔이며

33천의 구름은 마노 빛깔이며

사왕천의 구름은 파려 빛깔이며

큰 바다 물 위의 구름은 금강 빛깔이며

緊那羅中妙香色이요　　諸龍住處蓮華色이며
夜叉住處白鵞色이요　　阿修羅中山石色이며

긴나라의 구름은 미묘한 향기 빛깔이며

모든 용이 머무는 곳의 구름은 연꽃 빛깔이며

야차가 머무는 곳의 구름은 흰 거위 빛깔이며

아수라의 구름은 산의 돌 빛깔이며

鬱單越處金焰色이요　　閻浮提中靑寶色이며
餘二天下雜莊嚴이니　　隨衆所樂而應之니라

울단월처의 구름은 황금 불꽃 빛깔이며

염부제의 구름은 푸른 보배 빛깔이며

나머지 두 천하의 구름은 잡색의 장엄이다

중생이 좋아하는 마음 따라 이처럼 응하였다

● 疏 ●

餘頌은 別顯이라 於中四니 初四偈半은 雲色不同이니 喩菩薩身雲各異니라

나머지 22수의 게송은 개별로 밝힌 것이다. 여기에는 다시 4부

분으로 나뉜다.

개별로 밝힌 4부분 가운데, 첫째 4수 반의 게송은 구름의 색상이 똑같지 않음을 말하였다. 이는 보살의 身雲이 각기 다름을 비유한 것이다.

**經**

又復他化自在天엔　　雲中電曜如日光이며
化樂天上如月光이요　兜率天上閻浮金이며

　또한 타화자재천에는
　구름 속에 치는 번개, 햇빛과 같고
　화락천에 치는 번개, 달빛과 같고
　도솔천에 치는 번개, 염부금 빛이며

夜摩天上珂雪色이요　三十三天金焰色이며
四王天上衆寶色이요　大海之中赤珠色이며

　야마천에 치는 번개, 하얀 눈 빛이며
　33천에 치는 번개, 황금 불꽃 빛이며
　사왕천에 치는 번개, 온갖 보배 빛이며
　큰 바다에 치는 번개, 붉은 구슬 빛이며

緊那羅界琉璃色이요　龍王住處寶藏色이며
夜叉所住玻瓈色이요　阿修羅中瑪瑙色이며

긴나라 세계에 치는 번개, 유리 빛이며

용왕이 머무는 곳에 치는 번개, 보배 창고 빛이며

야차가 머무는 곳에 치는 번개, 파려 빛이며

아수라에 치는 번개, 마노 빛이며

**鬱單越境火珠色**이요　　**閻浮提中帝靑色**이며
**餘二天下雜莊色**이니　　**如雲色相電亦然**이니라

울단월 경계에 치는 번개, 불구슬의 빛이며

염부제에 치는 번개, 제청의 빛이며

나머지 두 천하에 치는 번개, 잡색의 장엄이다

구름의 색상 다르듯이 번개 또한 그와 같다

◉ 疏 ◉

次有四頌은 電光差別이니 喩菩薩光明等殊라
第三偈云寶藏色者는 梵云室利揭娑니 此云勝藏이라 勝藏은 卽寶名
也라 閻浮提中帝靑色者는 梵云天帝火焰摩尼色이니 亦珠寶名也라

　개별로 밝힌 4부분 가운데, 둘째 4수의 게송은 번갯불의 광명이 똑같지 않음을 말하였다. 이는 보살의 광명 등등이 각기 다름을 비유한 것이다.

　이의 제3게송에서 '寶藏色'이라 말한 것은 범본에서는 '室利揭娑'라 하였다. 중국 말로는 '勝藏'이라는 뜻이다. 勝藏이란 곧 보배 구슬의 명칭이다.

제4게송에서 말한 "염부제에 치는 번개, 제청의 빛"이란 범본에서는 "제석천왕의 화염마니주의 빛깔[天帝火焰摩尼色]"이라고 말했는바, 이 또한 보배 구슬의 명칭이다.

### 經

他化雷震如梵音이요   化樂天中天鼓音이며
兜率天上歌唱音이요   夜摩天上天女音이며

　타화천의 우렛소리, 범음과 같고
　화락천의 우렛소리, 하늘의 북 소리며
　도솔천의 우렛소리, 노랫소리며
　야마천의 우렛소리, 천녀의 음성이며

於彼三十三天上엔    如緊那羅種種音이요
護世四王諸天所엔    如乾闥婆所出音이며

　저 33천의 우렛소리,
　긴나라의 가지가지 음성과 같고
　세상을 보호하는 사천왕의 모든 하늘의 우렛소리,
　건달바가 울려내는 음악 소리와 같고

海中兩山相擊聲이요   緊那羅中簫笛聲이며
諸龍城中頻伽聲이요   夜叉住處龍女聲이며

　바다의 우렛소리, 두 산이 부딪치는 소리며

긴나라의 우렛소리, 퉁소 소리며

모든 용의 성 우렛소리, 가릉빈가 소리며

야차가 머무는 곳의 우렛소리, 용녀의 소리며

**阿修羅中天鼓聲**이요　　　**於人道中海潮聲**이니라

아수라의 우렛소리, 하늘의 북 소리며

인간세계의 우렛소리, 조수 소리다

◉ 疏 ◉

三有三頌半은 雷聲不等이니 喻菩薩三昧多種이라

개별로 밝힌 4부분 가운데, 셋째 3수 반의 게송은 우렛소리가 똑같지 않음을 말하였다. 이는 보살의 삼매가 여러 가지임을 비유한 것이다.

**經**

**他化自在雨妙香**과　　　**種種雜華爲莊嚴**하고
**化樂天雨多羅華**와　　　**曼陀羅華及澤香**하며

타화자재천에 내린 빗방울, 미묘한 향수와

가지가지 장엄한 온갖 꽃을 내려주고

화락천에 내린 빗방울, 다라꽃과

만다라꽃과 택향(澤香)을 내려주고

兜率天上雨摩尼와　　　　具足種種寶莊嚴과
髻中寶珠如月光과　　　　上妙衣服眞金色하며

　　도솔천에 내린 빗방울, 마니주
　　가지가지 구족한 보배 장엄
　　상투 가운데 달빛과 같은 보배 구슬
　　가장 미묘한 황금 색상 의복을 내려주고


夜摩中雨幢旛蓋와　　　　華鬘塗香妙嚴具와
赤眞珠色上妙衣와　　　　及以種種衆妓樂하며

　　야마천에 내린 빗방울, 깃대와 깃대 덮개
　　꽃다발, 바르는 향수, 미묘한 장엄 도구
　　붉은 진주 빛깔의 가장 미묘한 옷
　　가지가지 온갖 기악 내려주고


三十三天如意珠와　　　　堅黑沈水栴檀香과
鬱金雞羅多摩等과　　　　妙華香水相雜雨하며

　　33천에 내린 빗방울, 여의주
　　견고하고 검은 침향, 전단향
　　울금, 계라다마 등
　　미묘한 꽃과 향수 섞여 내려주고


護世城中雨美饍의　　　　色香味具增長力하고

亦雨難思衆妙寶하니　　悉是龍王之所作이니라
　　세상을 보호하는 성에 내린 빗방울, 좋은 반찬 내려주어
　　빛깔, 향기, 맛 갖추어 더욱 힘을 키워주고
　　또한 불가사의 온갖 미묘한 보배 내려주니
　　이 모두 용왕이 그처럼 한 일들이다


又復於彼大海中엔　　霆雨不斷如車軸하며
復雨無盡大寶藏하고　　亦雨種種莊嚴寶하며
　　또한 저 크나큰 바다에
　　수레바퀴처럼 큰 빗방울의 장맛비 끊임없이 내리고
　　또한 그지없는 큰 보배 창고 쏟듯이 내려주고
　　또한 가지가지 장엄 보배도 내려주고


緊那羅界雨瓔珞과　　衆色蓮華衣及寶와
婆利師迦末利香과　　種種樂音皆具足하며
　　긴나라 세계에 내린 빗방울, 영락이며
　　온갖 빛깔 연꽃의 옷과 보배
　　그리고 파리사가며 말리향이며
　　가지가지 음악 모두 넉넉히 내려주고


諸龍城中雨赤珠하고　　夜叉城內光摩尼하며
阿修羅中雨兵仗하야　　摧伏一切諸怨敵하며

모든 용의 성에 내린 빗방울, 붉은 구슬을
야차 성에 내린 빗방울, 빛나는 마니주를
아수라에 내린 빗방울, 병장을 내려주어
모든 원수와 적을 꺾어 항복시키고

**鬱單越中雨瓔珞**하고　　**亦雨無量上妙華**하며
**弗婆瞿耶二天下**엔　　　**悉雨種種莊嚴具**하며

울단월에 내린 빗방울, 미묘한 영락에다가
또한 한량없는 가장 미묘한 꽃 내려주고
불바, 구야 두 천하에 내린 빗방울,
모두 가지가지 장엄 도구 내려주고

**閻浮提雨淸淨水**호대　　**微細悅澤常應時**하야
**長養衆華及果藥**하고　　**成熟一切諸苗稼**니라

염부제에 내린 빗방울, 깨끗한 물 내려서
미세한 기쁨의 비, 항상 때에 맞춰
온갖 꽃이며 과일, 약초 길러주고
일체 모든 곡식 익게 하였다

● 疏 ●

四有十頌은 所雨不一이니 喻菩薩說法多門이라
言曼陀羅者는 此云悅意오 澤香은 卽塗香也라 鷄羅多摩者는 鷄羅

는 此云華蘂오 多摩는 此云天上華니 謂此香이 是天華蘂所作故也니라 婆利師迦者는 此云雨時生華오 '末利香'은 卽華名이니 其色猶黃金이라

　개별로 밝힌 4부분 가운데, 넷째 10수의 게송은 내린 빗방울이 똑같지 않음을 말하였다. 이는 보살의 설법이 여러 법문임을 비유한 것이다.

　제1게송에서 말한 曼陀羅는 중국 말로 '悅意'라는 뜻이며, 澤香은 곧 바르는 향수[塗香]이다.

　제4게송에서 말한 鷄羅多摩의 鷄羅는 중국 말로 '꽃술[華蘂]'이라는 뜻이며, 多摩는 중국 말로 '하늘에 피는 꽃[天上華]'이라는 뜻이다. 이 향기는 하늘에 피는 꽃송이의 꽃술에 의해 이뤄진 것이기 때문이다.

　제7게송에서 말한 婆利師迦란 중국 말로 '비 내릴 때에 피는 꽃[雨時生華]'이라는 뜻이며, 말리향은 꽃 이름이다. 그 색깔이 황금빛과 같다.

### 經

**如是無量妙莊嚴**과　　**種種雲電及雷雨**를
**龍王自在悉能作**호대　**而身不動無分別**이니

　　이와 같은 한량없는 묘한 장엄과
　　가지가지 구름과 번개와 우레와 비를
　　용왕이 자재하여 다 능히 짓되

몸은 움직이지도 않고 분별도 없나니

**彼於世界海中住**로대  **尙能現此難思力**이어든
**況入法海具功德**하고  **而不能爲大神變**가

그런 세계 바다에 머물러도
오히려 이처럼 불가사의한 신통력을 나타내는데
하물며 법의 바다에 들어가 공덕을 갖춘 보살이야
어찌 큰 신통변화 부리지 못하랴

◉ **疏** ◉

第二二頌은 正擧劣顯勝이라 謂娑竭羅龍이 於六欲天等의 總十五處에 現斯作用호되 而身不動搖하고 心無分別이오 但由業報之力하야 現斯自在니 菩薩亦爾라 住無功用하야 不動不思하고 於十方界에 應現多種호되 亦以菩薩功德之力으로 隨機現殊라 此就喩意니 顯勝可知니라

뒤의 2수 게송은 용렬함을 들어 수승함을 밝히고 있다.

娑竭羅 용왕이 六欲天 등 총 15곳에서 이런 작용을 나타내 보이면서도 그 몸은 꼼짝하지 않고 마음에는 분별심이 없다. 단 업보의 힘에 의하여 이처럼 신통력을 자유자재로 나타낸 것이다.

보살 또한 그와 같다. 더 이상 할 일이 없는 자리에 머물면서 움직이지 않으며 생각하지도 않은 채, 시방세계에 여러 가지의 모습으로 몸을 나타내되 또한 보살이 지닌 공덕의 힘으로써 중생의 근기를 따라 각기 달리 그 몸을 나타내는 것이다. 이는 비유의 뜻

으로 말한 것인바 보살의 훌륭함을 밝힌 부분임을 말하지 않아도 알 수 있다.

第三一頌은 結說難思라
　제3부분의 1수 게송은 불가사의함에 대한 말을 끝맺음이다.

經
彼諸菩薩解脫門을　　一切譬喻無能顯일세
我今以此諸譬喻로　　略說於其自在力이로라
　저 모든 보살의 해탈문은
　그 어떤 비유로도 밝힐 수 없다
　내, 여기에서 이러한 모든 비유로
　간단하게 그 자재한 힘을 설하였다

● 疏 ●
前半은 非喻能喻요 後半은 結上略說이라 引諸喻者는 略有二意니 一은 顯菩薩自在不同이오 二는 貴令衆生起信이라 且江南之人은 不信千人氈帳하고 河北之者는 多疑萬斛之舟하니 皆耳目不曁故耳니라 所以或舉目擊하고 或據具縛之人도 自在若斯니 菩薩之用은 固當無惑이어늘 今猶疑者는 豈不傷哉아
大科第二의 三百四十六偈半에 正說勝德分을 竟하다

제1, 2구는 그 어떤 비유로도 비유할 수 있는 대상이 아님을 말했고,

제3, 4구는 위에서 간단하게 말한 부분을 끝맺음이다.

여러 가지의 비유를 인용한 것은 간단히 2가지의 의의로 말할 수 있다.

⑴ 보살의 자재한 신통력이 똑같지 않음을 밝힌 것이며,

⑵ 중생으로 하여금 신심을 일으키도록 하는 것을 귀중히 여김이다.

또한 강남의 사람들은[14] 하북의 사람이 사용하는, 1천 명이 한꺼번에 들어갈 수 있는 유목민들의 천막[氈帳]을 믿지 않는가 하면, 반대로 하북의 사람들은 대부분 만 섬이나 싣는 큰 배가 있을까? 의심을 한다. 그것은 모두 그들의 귀와 눈으로 직접 보거나 듣지 못했기 때문이다.

이 때문에 보살은 어떤 데에서는 그들이 보았던 것을 들어 비유하였고, 어떤 데에서는 속박을 당한 사람도 이와 같이 자재할 수 있다는 점을 증거로 들어 말해주었다. 보살의 작용은 참으로 의심할 게 없음에도 오늘날 오히려 의심하는 자가 있다는 것은 어찌 슬픈 일이 아니겠는가.

大科 2. 346수 반의 게송에서 말한 '바로 수승한 공덕을 말한 부분'을 끝마치다.

----------

**14** 강남의 사람들은: 이는 顔之推의 가훈, 歸心篇에서 나온 고사이다.

## 一

大文第三에 第一智慧下 九頌은 校量勸持分이라 此廣大用은 人皆有分호되 見而不習이 誠爲自欺라 故中人可勸而進也니라

大文(大科) 3. 첫째 '智慧' 이하 9수의 게송은 '헤아려서 이를 지니도록 권면한 부분'이다.

이처럼 광대한 작용은 모든 사람마다 모두 할 수 있는 본분이 있지만, 이를 보고 익히지 않는 것은 참으로 자신을 속이는 일이다. 이 때문에 중등의 사람들은 권면하여 닦아나가도록 할 수 있다.

### 經

第一智慧廣大慧와 眞實智慧無邊慧와
勝慧及以殊勝慧인 如是法門今已說호니

으뜸가는 지혜, 넓고 큰 지혜
진실한 지혜, 끝없는 지혜
수승한 지혜, 가장 수승한 지혜
이와 같은 법문을 말해주었다

### ● 疏 ●

於中에 分二니 初一頌은 結前所說이니 略就六慧結之라 第一者는 上無加故오 二 廣大者는 語其分量이 超二乘故오 三 眞實者는 明其體性이 內證無虛故오 四 無邊者는 有二義하니 一은 量智普知故오 二는 離種種二邊故니 卽中道慧也오 五 勝者는 超地位故오 六 殊勝者는

同普賢故니라

3. 9수의 게송은 2단락으로 나뉜다.

9수의 게송 가운데, 제1단락 첫 게송은 앞에서 말한 바를 끝맺음이다. 간단하게 6가지의 지혜로 끝을 맺었다.

(1) '第一智慧'는 더 이상 더할 수 없기 때문이며,

(2) '廣大慧'는 그 분량이 二乘을 뛰어넘었음을 밝힌 때문이며,

(3) '眞實智慧'는 그 체성이 내면의 증득으로 결코 공허한 것이 아님을 밝힌 때문이며,

(4) '無邊慧'는 2가지의 의의가 있다. ① 量智로 널리 알기 때문이다. ② 가지가지의 有·無, 眞·俗 등 二邊을 여읜 때문이다. 이는 곧 中道의 지혜이다.

(5) '勝慧'는 지위를 초월하였음을 밝힌 때문이며,

(6) '殊勝慧'는 보현보살과 같은 지혜이기 때문이다.

### 經

**此法希有甚奇特**이라　　**若人聞已能忍可**하야
**能信能受能讚說**하면　　**如是所作甚爲難**이니라

이 법은 희유하고 매우 기특하다

만약 사람이 듣고서 인가하여

믿고 받아들이고 찬탄하여 설법하면

이렇게 하는 일을 매우 어려운 일이라 한다

● 疏 ●

二八頌은 明信受難得이라 於中初一은 總顯이오 餘七은 別明이라 前中 希有者는 佛出懸遠하야 已難可遇어늘 唯初成頓說일새 故希有也니라 奇는 謂初能具後오 特은 謂迴出諸乘이니 此句는 讚也오 下文은 勸耳라 聞은 謂遇經이오 忍可는 謂信因이오 信은 則心淨이오 受는 謂領文領義 라 讚은 乃通言通筆이오 說唯約言이니 上은 皆所作이오 總說皆難이라

9수 게송 가운데, 제2단락 8수의 게송은 믿고 받아들이기 어려움을 밝힌 것이다.

그중에 첫 1수의 게송은 총체로 밝힘이며, 나머지 7수 게송은 개별로 밝힘이다.

이 게송 제1구에서 '希有'라 말한 것은 부처님이 세간에 나오시는 일이 아득히 머나먼 세월이어서 부처님을 만나기 어렵다. 그러나 오직 처음 正覺을 성취하고서 단번에 이를 말씀하신 까닭에 希有라 말한 것이다. '甚奇特'의 奇는 첫 부분에서 뒤의 부분을 갖추고 있음을 말하고, 特이란 여타의 乘에서 멀리 벗어남을 말한다.

이처럼 제1구는 찬탄이며, 아래의 3구는 권면이다.

제2구[若人聞已能忍可]에서 말한 聞이란 부처님의 경전을 만나게 됨을 말하였고, 忍可는 신심의 원인[信因]을 말하였다.

제3구[能信能受能讚說]에서 말한 信이란 곧 마음이 청정함이며, 受는 경전의 문장도 이해하고 그 뜻도 이해함을 말한다. 讚은 이에 말에도 통하고 기록에도 통함이며, 說은 오직 말하는 것만을 들어 말한다.

위의 제1~3구는 모두 하는 일을 말하였고, 아래 제4구는 모두 어려운 일임을 총체로 말하였다.

### 經

**世間一切諸凡夫**가　　　**信是法者甚難得**이어니와
**若有勤修淸淨福**인댄　　**以昔因力乃能信**이니라

　세간의 일체 모든 범부로서
　이 법을 믿는 자 매우 얻기 어렵지만
　만약 청정한 복을 부지런히 닦으면
　옛 인연의 힘으로 믿게 되리라

### ◉ 疏 ◉

後別明中에 三이니 初二偈半은 明難信이오 次半偈는 況出餘行이오 後四偈는 擧事校量이라
前中初一偈는 明人天之器 信爲甚難이라 若爾인댄 今或能信何耶아 由二力故니 一은 現修淨福하야 稱所求故오 二는 昔因聞熏으로 今發種故니 今不信者는 願少聽聞이어다 爲毒塗鼓하야 終成堅種이니라【鈔_爲毒塗鼓者는 卽涅槃第九 如來性品에 云復次善男子여 譬如有人이 以雜毒藥으로 用塗大鼓하야 於衆人中에 擊之發聲이면 雖無心欲聞이나 聞之皆死오 唯除一人不橫死者라하니 鼓는 合涅槃이오 死는 喻滅惑이오 不橫死者는 喻一闡提오 終成堅種者는 卽出現品이니 如上頻引이라】

제2단락 8수의 게송 가운데, 나머지 7수 게송의 개별로 밝힌 부분은 또다시 3부분으로 나뉜다.

첫째, 2수 반의 게송은 믿기 어려움을 밝혔고,

둘째, 질반의 게송은 나머지 행을 비유한 것이며,

셋째, 4수 게송은 해당 일을 들추어 헤아려보는 것이다.

첫째의 2수 반 게송 가운데, 첫 1수의 게송은 人天의 그릇을 지닌 사람으로서는 이를 믿기 매우 어려움을 밝힌 것이다.

만일 그렇다면 이런 와중에서도 간혹 믿을 수 있는 것은 무엇 때문일까? 아래 2가지의 힘에 의한 때문이다.

(1) 현세에 청정한 복덕을 닦아 추구하는 바에 맞춰졌기 때문이며,

(2) 전생 인연에 이를 듣고 훈습한 업으로 금생에 그 종자가 돋아났기 때문이다.

지금 믿지 않은 이들에게 바라건대 적게나마 이러한 법을 들어야 한다. 毒藥을 鼓에 塗함이 되어서 마침내 堅種을 이룬다. 【초_ '毒塗鼓'란 열반경 제9 如來性品에 이르기를 "또한 선남자여, 비유하면 어느 사람이 여러 가지의 독약을 큰북에 발라서 대중이 모인 곳에서 두들겨 소리를 내면 아무리 마음속으로 듣지 않으려 해도 들으면 모두 죽는다. 오직 한 사람만은 이처럼 뜻밖의 죽음에서 벗어날 수 있다."고 하였다. 북이란 열반에 맞춰 말했으며, 죽음이란 滅惑을 비유함이며, 뜻밖의 죽음에서 벗어날 수 있다는 것은 하나의 闡提를 비유함이며, 마침내 견고한 종자를 이룬다는 것은 곧 여

래출현품에서 말한 것으로 위에서 자주 인용한 바와 같다.】

### 經
**一切世間諸群生**이　　　**少有欲求聲聞乘**하며
**求獨覺者轉復少**하고　　**趣大乘者甚難遇**라

　　일체 세계의 모든 중생 가운데
　　성문승을 구하고자 하는 이는 조금 있고
　　독각을 구하는 자는 더욱 적으며
　　대승에 나아가는 자는 매우 만나기 어렵다

**趣大乘者猶爲易**이어니와　　**能信此法倍更難**이어든

　　대승에 나아가는 자는 그래도 쉽겠지만
　　이 법을 믿음이 곱절이나 또한 어려운 일인데

### ◉ 疏 ◉

後一偈半은 擧三乘之信이 展轉難得하야 況於一乘이니 明文昭然하야 權實有據니라

　　첫째의 2수 반 게송 가운데, 뒤의 1수 반 게송은 三乘에 대한 신심이란 갈수록 더욱 어렵다는 점을 一乘에 비유하였다. 문장이 명백하게 분명하여 權實이 근거가 있다.

### 經

況復持誦爲人說하야　　如法修行眞實解아

하물며 또한 법을 지니고 외우고 남을 위해 설하며
여법하게 수행하고 진실하게 아는 사람이야

### ⊙ 疏 ⊙

第二半偈는 況出餘行中에 信忍尚難이온 況具餘行이 難中之難也로
다 眞實解者는 亦有說行이나 而不信圓融之旨는 非眞實解也니 願諸
學者는 善擇知見이어다

　둘째, 절반의 게송은 나머지 행을 비유한 것이다. 이 가운데 信
忍도 오히려 어려운 일인데, 하물며 나머지의 行을 모두 갖춘 자야
오죽하겠는가. 어려움 속에 더욱 어려운 일이다.
　'眞實解'란 또한 설법하고 행함이 있을지라도 원융한 종지를
믿지 않으면 그것은 진실하게 아는 것이 아니다. 바라건대 모든 학
인은 지견을 잘 가려야 한다.

### 經

有以三千大千界로　　　頂戴一劫身不動이라도
彼之所作未爲難이어니와　信是法者乃爲難이니라

　삼천대천세계를
　머리에 이고서 한 겁 동안 몸을 꼼짝하지 않을지라도
　그처럼 하는 것은 어렵지 않거니와

이 법을 믿음이 참으로 어렵다

**有以手擎十佛刹**하고　　　**盡於一劫空中住**라도
**彼之所作未爲難**이어니와　**能信此法乃爲難**이니라

  손 위에 열 불찰 세계를 들고서
  한 겁이 다하도록 허공에 머물지라도
  그처럼 하는 것은 어렵지 않거니와
  이 법을 믿음이 참으로 어렵다

**十刹塵數衆生所**에　　　**悉施樂具經一劫**이라도
**彼之福德未爲勝**이어니와　**信此法者爲最勝**이니라

  열 세계 티끌 수의 수많은 중생 있는 곳에
  즐길 거리 보시하며 한 겁을 지낼지라도
  그와 같은 복덕은 수승하지 않거니와
  이 법을 믿음이 가장 훌륭하다

◉ 疏 ◉

第三四頌은 擧事校量이라 初三은 校量難信이니 初二는 擧二難하야 以況信難이오 後一은 擧福勝하야 以彰信勝이라

 셋째, 4수 게송은 해당 일을 들추어 헤아려보는 것이다.
 첫 제1~3게송은 믿기 어려움을 비교하여 헤아림이다.
 제1~2게송은 2가지의 어려운 점을 들어 신심이 더욱 어려움

을 비유하였고, 뒤의 제3게송은 복덕이 수승함을 들어 신심이 더욱 훌륭함을 밝히고 있다.

**經**

十刹塵數如來所에　　悉皆承事盡一劫이라도
若於此品能誦持하면　　其福最勝過於彼니라

　　열 세계 티끌 수의 여래께서 계신 곳에서
　　모두 받들어 섬기며 한 겁을 지낼지라도
　　만약 이 품을 외우고 지니면
　　그 복이 가장 훌륭하여 그것보다 더하리라

● 疏 ●

後一은 挍量餘行之難에 唯明誦持오 餘略不說이니 亦顯修行眞解는 非可挍量也라 此之四事는 後後過於前前하야 巧辨深勝이라

　　뒤의 1수 게송은 나머지의 行을 모두 갖추기 어려운 점을 비교하면서 오직 외우고 지닌 것만을 밝혔을 뿐, 나머지는 생략하여 말하지 않았다.
　　또한 수행의 참다운 이해는 그 어느 것으로도 비교하여 헤아릴 수 있는 게 아님을 밝혀주었다. 이 4가지의 일은 뒤로 가면 갈수록 앞의 앞보다 훨씬 더 훌륭하다는 점을 잘 말해주었다.

一

大段 第三時賢首下는 顯實證成分이라

　대단의 제3. '時賢首' 이하는 실상을 밝혀 성취를 증명해주는 부분이다.

經

時에 賢首菩薩이 說此偈已하신대 十方世界가 六反震動하야 魔宮이 隱蔽하고 惡道가 休息이라 十方諸佛이 普現其前하사 各以右手로 而摩其頂하고 同聲讚言하사대 善哉善哉라 快說此法이여 我等一切가 悉皆隨喜라하시니라

　그때 현수보살이 이러한 게송을 모두 읊고 나자, 시방세계가 여섯 가지로 진동[震·吼·擊, 動·湧·起]하여 마군의 궁전은 가려서 보이지 않고 악도의 고통은 모두 멈췄으며, 시방의 모든 부처님이 그 앞에 나타나 각각 오른손으로 그 이마를 만져주며 똑같이 한 소리로 칭찬하였다.

　"잘하고 잘한다. 통쾌하게 이러한 법을 설함이여, 우리 모두가 다 따라서 기뻐하노라."

◉ 疏 ◉

於中에 有四니 一 動世界는 大機發故오 二 蔽魔宮은 唯佛境故오 三 息惡道는 利樂深故오 四 佛現證은 契佛心故니 於中에 摩頂·讚善·隨喜는 卽三業皆證하야 勸物信行이니라

第二會를 竟하다

이의 경문에는 4부분이 있다.

(1) 시방세계가 진동함은 大機가 일어난 때문이며,

(2) 마군의 궁전이 이에 가려서 보이지 않음은 오직 부처님의 경계만이 있기 때문이며,

(3) 악도의 고통이 멈춘 것은 이익과 쾌락이 깊기 때문이며,

(4) 부처님이 화현하여 증명해준 것은 부처님의 마음에 하나가 되었기 때문이다.

그 가운데 이마를 만져주고[身] 선을 찬탄하고[語] 따라 기뻐함[意]은 곧 삼업으로 모두 그의 성취를 증명하여 중생이 이를 믿고 행하도록 권면한 것이다.

제2법회를 끝마치다.

현수품 제12-2 賢首品 第十二之二

화엄경소론찬요 제28권 華嚴經疏論纂要 卷第二十八

# 화엄경소론찬요 제29권
華嚴經疏論纂要 卷第二十九

◉

## 승수미산정품 제13
升須彌山頂品 第十三

將釋此品에 四門分別이라

初는 來意라

이 품의 해석은 4분이(來意·釋名·宗趣·釋文)로 나뉜다.

1. 유래한 뜻

● 疏 ●

來意者는 先辨會來니 前信此解 義次第故며 又答十住問이라 總有二段하니 前信은 是住之方便이오 此는 明正位라 故次來也니라 二는 品來니 前品은 說信究竟이오 此品은 趣後說住라 故次來也니라

유래한 뜻이란 먼저 법회의 유래를 논변하였다. 앞 품에서 말한 신심과 본 품에서 말한 이해가 경문의 의의에 따른 차례이기 때문이며, 또한 十住의 물음에 대한 답이다.

모두 2단락이 있다.

(1) 앞 품에서 말한 신심은 십주의 방편이며, 본 품은 正位를 밝힌 까닭에 다음의 품에 쓰게 된 것이다.

(2) 품의 유래이다. 앞 품에서는 십신의 究竟處를 말하였고, 본 품은 그 뒤에 나아가 머무는 자리를 말한 까닭에 그다음에 쓰게 된 것이다.

二 釋名
## 2. 품명을 해석하다

● 疏 ●

釋名者는 亦先辨會名이니 約處인댄 名忉利天會요 約人인댄 名法慧菩薩會요 約法인댄 名十住會니 皆依主釋이라

二는 品名이니 須彌는 正云蘇迷盧요 此云妙高라 如來 以自在力으로 不起覺樹코 應機現彼라 故云升也요 表位漸增하야 不處人間이니 顯位淸淨이라 故居天也니라

若天表淨인댄 何獨妙高요 妙有十義하니 如於法故니라

一者는 體妙니 謂四寶所成이요 二者는 相妙니 謂八方四級이요 三者는 色妙니 謂四正色이니 北金東銀이요 南吠瑠璃며 西頗胝迦라 一切草木鳥獸等物이 隨所至處하야 則同其色하야 自常不變이요 四者는 德妙니 謂八方猛風이라도 不能令動이요 五는 眷屬妙니 謂七金山 七重圍繞와 及七香海 海印旋流요 六은 依持妙니 唯天依住하야 得通者 居요 七은 作業妙니 不離本處而鎭四洲하고 映蔽日月而成晝夜요 八은 生果妙니 謂波利質多하야 能益天衆이요 九는 爲首妙니 於四洲地에 最在先成이요 十은 堅固妙니 於輪圍中에 最在後壞니라

高者는 高八萬四千由旬이라 入水亦爾요 下據金剛하고 上隣空界하야 頂上縱橫이 量亦如之로되 獨出九山이라 故稱高也니라【鈔_ 謂波利者는 波利는 此云徧也요 亦曰周匝이라 質多羅는 此云間錯莊嚴이니

謂此樹衆色雜華 周匝莊嚴이오 或云圓妙莊嚴이 卽俱舍園生樹也라 故俱舍에 云東北園生樹오 西南善法堂이라하니 論釋에 云其園生樹하야 盤根이 深廣五十踰繕那오 聳幹上升하고 枝條旁布하야 高廣量이 等百踰繕那오 挺葉開華에 妙香芬馥하야 順風에 薰滿百踰繕那오 若逆風薰이라도 猶徧五十이라 是諸天衆遊樂之所니 餘文可知니라】

품명을 해석한다는 것 또한 먼저 법회의 이름을 논변하였다. 처소로 말하면 忉利天 법회라 하고, 사람으로 말하면 法慧菩薩 법회라 하고, 법으로 말하면 十住 법회라 한다. 이는 모두 법주를 위주로 해석한 것이다.

2. 품명의 해석이다. 須彌는 범어로는 '蘇迷盧'이며, 중국 말로는 '妙高'라는 뜻이다. 여래께서 자재하신 힘으로 보리수 아래에서 몸을 일으키지 않고서도 중생의 근기에 따라 그곳에 몸을 나타내신 것이다. 이 때문에 '오르셨다[升]'고 말하며, 지위가 차츰차츰 높아져서 인간세계에 거처하지 않으시니 지위의 청정함을 나타내고자 '하늘에 거처하신다[居天]'고 말한 것이다.

만약 하늘의 청정함을 나타내고자 한다면 어찌하여 유독 '妙高'일까? '妙' 자에는 10가지의 의의가 있다. 법과 같기 때문이다.

(1) 體妙. 4가지 보배(寂然不動, 稱本心地, 湛然不遷, 合本性淨)로 장엄을 성취하신 몸을 말한다.

(2) 相妙. 팔방의 4층계를 말한다.

(3) 色妙. 사방의 정색을 말한다. 북쪽은 금색, 동쪽은 은색, 남쪽은 폐유리색, 서쪽은 파지가색이다. 일체 초목과 조수 등 만물이

이르는 곳에 따라 그 색깔을 똑같이 갖추어서 스스로 영원히 변치 않는 색상을 말한다.

(4) 德妙. 팔방에서 불어오는 맹렬한 바람이라도 흔들 수 없음을 말한다.

(5) 眷屬妙. 7개의 金山이 7겹으로 에워싸고 있는 것과 7곳의 향수바다에 海印이 휘감아 흐르는 것을 말한다.

(6) 依持妙. 오직 하늘에 의지하여 머물면서 통달한 자만이 거처함을 말한다.

(7) 作業妙. 근본자리에서 떠나지 않고서도 四大洲를 다스리고 해와 달을 가리고서도 낮과 밤을 이루어냄을 말한다.

(8) 生果妙. 두루[波利] 하고 사이사이 장엄[質多羅]하여 하늘의 대중에게 이익을 줌을 말한다.

(9) 爲首妙. 四大洲의 땅에서 가장 먼저 성취된 곳임을 말한다.

(10) 堅固妙. 輪圍의 가운데서 가장 뒤에 무너짐을 말한다.

'妙高'의 高란 높이 8만 4천 由旬이다. 바닷물 속으로 들어간 깊이 또한 그 높이와 같다. 아래로는 금강을 의지하고 위로는 허공계를 이웃하여 수미정상의 가로세로의 크기 또한 높이와 같지만 유독 9곳의 산보다도 높기 때문에 '높다[高]'고 말한 것이다. 【초_
'(8) 生果妙에서 말한 波利質多'의 波利는 중국 말로는 '두루[徧]'라는 뜻이며, 또한 '빙 둘러[周匝]'라는 뜻이다. 質多羅는 중국 말로는 '사이사이 뒤섞어 장엄하다[間錯莊嚴].'의 뜻이다. 이는 나무의 수많은 색상과 온갖 꽃들이 두루 장엄함을 말한다.

혹자는 다음과 같이 말하였다.

"원융하고 미묘한 장엄이 곧 구사론에서 말한 '동산의 나무'들이다. 이 때문에 구사론에서 말하기를 '동북쪽 동산에는 나무숲이 있고 서남쪽에는 善法堂이 있다.'고 하였다."

이에 대해 다음과 같이 논하여 해석하였다.

그 동산에 서 있는 나무는 뿌리 둘레의 크기로 말하면 깊이와 너비가 50유선나이며, 큰 줄기는 위로 솟구치고 곁가지는 사방으로 펼쳐져 있어 높이와 너비의 크기가 1백 유선나이며, 잎이 돋고 꽃이 피면 미묘한 향기가 물씬대어 순풍에는 1백 유선나의 거리에 가득하고 역풍이 불지라도 그래도 50유선나에 가득하다. 이는 여러 하늘의 대중이 노닐면서 즐기는 장소이다. 나머지 문장은 말하지 않아도 알 수 있다.】

十住之行도 亦復如是니라
聞·思·修·解로 而爲妙體하고
四德八聖으로 以爲妙相하고
四辯爲色하야 令物解同하며
雖同衆音이나 自智不變이오 八法不動으로 而爲妙德하고
七支奉戒에 金山圍繞하고 七識流轉으로 而爲海印하고
第一義天으로 依持而住하니 可以神會오 非情能升이며
不離本處호되 徧應十方하고
映蔽佛日과 及菩薩月호되 而成涅槃生死晝夜하고 生敎行果하야 而爲妙樹하고

世界初成에 菩薩先出하야 爲衆生現種種資具하고
世界將壞에 菩薩後沒하야 爲說上定하야 令免三災니라
高者는 具成八萬四千諸度法門하고 自在障外에 爲衆生故로 入生死海하야 亦具八萬四千諸度法門하야 據金剛性하고 隣勝義空하며 又智入佛慧하야 必窮其底하고 德超方便하야 逈出羣峯하야 爲顯十住功德妙高라 是故로 須升妙高山頂이니라
四王處半에 旁而非正은 表住不退오 異信은 輕毛라 故越彼天하야 居妙高頂이니 善財童子 於妙峯山頂에 見德雲者도 亦表斯位니 彌顯有由니라 然上所釋은 皆圓敎意라 故下發心品에 云應知此人이 卽與三世諸佛同等이며 與三世佛功德平等하야 得如來一身無量身이라 纔發心時에 卽爲十方一切諸佛共所稱歎이오 不可同於方便敎說이니라 若觀心妙高者는 謂三昧須彌니 寂然不動하야 無思無心하고 不收不攝하고 任性而定에 稱本心地하고 入佛智海하야 湛然不遷하나니 是妙法樂이라 觸境自在하야 合本性淨이라 是四德寶而自莊嚴이니 斯則本覺如來 升法須彌之頂이니라

十住의 行 또한 이와 같다.

(1) 聞·思·修·解로 미묘한 몸을 삼고,

(2) 4가지의 공덕, 8가지의 슬기로 미묘한 모습을 삼고,

(3) 四辯으로 색상을 삼아 중생들과 이해를 함께하고,

(4) 비록 수많은 음성과 함께하면서도 스스로의 지혜는 변치 않으며, 8가지의 법에 흔들리지 않는 것으로 미묘한 덕을 삼고,

(5) 七支로 계를 받듦에 金山이 에워싸고 七識의 流轉으로 海印

을 삼고,

⑹ 第一義의 하늘에 의지하여 머무니 정신으로 알 수 있는 것이지 情識으로 오르는 것이 아니며, 근본자리에서 벗어나지 않고서도 두루 시방세계에 응하고,

⑺ 부처님의 태양과 보살의 달을 가리면서도 열반과 생사의 주야를 이루고,

⑻ 敎行의 과일을 맺는 것으로 미묘한 나무를 삼고,

⑼ 세계가 처음 만들어질 때에 보살이 맨 먼저 나와 중생을 위해 가지가지 필요한 도구를 보여주고,

⑽ 세계가 장차 무너지려 할 때에 보살이 가장 뒤에 죽으면서 최상의 선정을 설법하여 三災를 면하도록 한다.

높이에는 8만 4천 모든 바라밀의 법문을 모두 갖추고 自在障 밖에서 중생을 위한 까닭에 생사의 바다에 들어가 또한 8만 4천 모든 바라밀의 법문을 모두 갖추어 금강의 본성에 의거하고 수승한 이치의 空을 이웃하며, 또한 지혜는 부처님의 지혜에 들어가 반드시 그 밑바닥까지 다하고 덕은 방편을 초월하여 저 멀리 수많은 봉우리 밖에 벗어나 十住 공덕의 미묘하고 드높음을 나타내기 위하여 반드시 妙高山 정상에 오르는 것이다.

四王이 반쯤 거처하되 正方이 아닌 間方에 있는 것은 不退地에 머문 것을 나타냄이며, 남다른 신심은 가벼운 털처럼 저 하늘을 건너 묘고산 정상에 거처하는 것이다. 선재동자가 妙峯山 정상에서 德雲비구를 만나는 것 또한 이런 지위를 나타내려는 것이니, 더욱

그 유래를 밝혀준 것이다.

그러나 위에서 해석한 것은 모두 圓敎의 뜻을 따른 것이다. 이 때문에 아래의 發心品에서 다음과 같이 말하였다.

"마땅히 알아야 한다. 이런 사람이 곧 삼세 제불과 똑같으며 삼세 제불의 공덕과 똑같아 여래의 한량없는 몸을 얻는다. 바로 발심할 때에 곧바로 시방 일체 모든 부처님이 칭찬하는 바이며, 방편의 가르침과는 똑같지 않다."

觀心이 미묘하고 높은 것을 三昧須彌라 말한다.

고요하여 움직이지 않아서 생각이 없고 마음이 없으며(제1寶),

거둬들이지 않고 이끌어 들이지 않고 성품에 맡겨 선정에 들어 본심의 자리에 하나가 되며(제2寶),

부처님의 지혜바다에 들어가 담담하여 옮기지 않으니 이는 미묘한 법의 즐거움이라(제3寶),

모든 경계에 자재하여 본성의 청정함에 부합된다(제4寶).

이는 4가지 덕의 보배로 스스로 장엄함이니, 이는 本覺如來께서 법의 수미산 정상에 오르심이다.

---

三 宗趣

3. 종취

◉ 疏 ◉

宗趣者는 先約會니 以十住行德으로 爲宗하고 攝位得果로 爲趣니라 二品은 以嚴處請佛赴感으로 爲宗하고 根緣契合說法으로 爲趣니라

　　종취는 먼저 법회로 말하였다. 十住의 行德으로 宗을 삼고, 지위에 따른 업과를 얻음으로 趣를 삼는다. 2품은 장엄한 곳에 부처님을 청하여 감응함으로 종을 삼고, 근본 인연에 계합한 설법으로 취를 삼는다.

◉ 論 ◉

此十住位中에 有六品經하니 一은 升須彌頂品이오 二는 頂上偈讚品이오 三은 十住品이오 四는 梵行品이오 五는 發心功德品이오 六은 明法品이니 如是六品이 共成十住法門이라
將釋此品에 義分爲三호리니 一은 釋品來意오 二는 以處表法이오 三은 隨文釋義니라

　　十住位에는 6품이 있다.

　　(1) 升須彌頂品, (2) 頂上偈讚品, (3) 十住品, (4) 梵行品, (5) 發心功德品, (6) 明法品이다.

　　이와 같은 6품이 모두 十住 법문을 이루고 있다.

　　본 품을 해석함에 있어서는 간단하게 3부분으로 나뉜다.

　　(1) 본 품의 유래한 뜻을 해석함이며,

　　(2) 본 품의 처소로써 법을 밝혔고,

　　(3) 경문을 따라 그 뜻을 해석함이다.

一은 釋品來意者는 明前於普光明殿人間地上엔 成十信之心已終이오 此妙峯之頂엔 明從十信入十住하야 入位之升進故로 此品이 須來니라

(1) 본 품의 유래한 뜻을 해석한다는 것은 앞의 보광명전과 인간 지상에서 十信의 마음을 성취하여 이미 끝마쳤고, 이 미묘한 봉우리의 정상은 十信으로부터 十住에 들어가는, 지위에 따라 위로 나아가는 바를 밝힌 까닭에 이 품을 반드시 여기에 쓰게 된 유래이다.

二는 以處表法者는 明此山이 於七重金輪圍山과 七重大海之內에 出水高 八萬四千由旬이오 縱橫도 亦爾며 四寶所成이라 東面은 黃金이오 西는 白銀이오 南은 吠琉璃오 北은 瑪瑙며 上有四埵어든 埵有八輔天衆하니 四八이 三十二오 中心은 名妙高頂이어든 天帝釋이 在其上하야 居寶宮殿이라 通爲帝釋天이니 三十三天이 總以帝釋爲主라 帝釋은 有四名하니 一은 名天帝釋이오 二는 名憍尸迦오 三은 名釋提桓因이오 四는 名因陀羅라 人意 名能土니 爲能爲諸天作主故라 此妙峯山은 四寶合成이어든 諸天寶宮殿이 在上莊嚴일새 故爲妙峯山이오 此山之外에 七重金山과 及七重大海는 廣量이 金翅鳥兩翼相去 三百三十六萬里어든 迅疾能飛하야 一鼓翼에 萬萬九千里로대 七日七夜라야 方至其頂이라 其山이 在大海之中호대 形如腰鼓하고 崒然高聳하야 非以手足攀攬之所能登이니 爲表此十住法門이 創生如來智慧之家하야 爲眞佛子에 不可以有生滅의 尋思觀察과 及多聞心想의 攀攬所得故로 以妙峯山하야 用況表之하야 令後人倣學이라 山者는 高勝義故니 像此十住 住佛所住法身妙智慧海故로 是出世高勝義故라 妙峯山者는 不動義오 諸天所居는 妙樂義며 莊嚴義니 像此位菩薩

이 以方便三昧로 寂然不動하야 無思無心하며 不收不攝코 任性而定에 稱平等理하야 與法身合이라가 忽然妙慧 從此定生에 無始無明이 總無所得하야 住佛妙慧하며 都無所依하야 得法妙樂일새 智慧莊嚴이 出過情見하야 諸佛所說解脫微妙經典을 無不解了하며 爲生在如來智慧家故로 三界無明이 一時頓盡이오 唯有習氣煩惱일새 漸漸以法治之니라

(2) 본 품의 처소로써 법을 밝혔다는 것은, 수미산은 7겹의 金輪圍山과 7겹의 큰 바다 속에 물줄기가 솟구치는 높이가 8만 4천 由旬인데, 가로세로 또한 그와 같으며, 4가지의 보배로 이뤄져 있으니, 동쪽은 황금, 서쪽은 하얀 은, 남쪽은 폐유리, 북쪽은 마노이다. 위에 4곳의 언덕이 있는데, 언덕마다 8명의 보필하는 天衆이 있다. 천중은 4×8 32인이다. 그 중심을 妙高 정상이라 말하는데, 제석천왕이 그 위의 보배 궁전에 거처하고 있다. 이를 모두 帝釋天이라 한다. 33天이 모두 제석천왕을 주재로 삼는다.

제석천왕은 4명이 있다. (1) 天帝釋, (2) 憍尸迦, (3) 釋提桓因, (4) 因陁羅이다. 그 명칭의 대의는 '能主'이다. 모든 하늘의 주재가 되기에 가능한 분이기 때문이다.

妙峯山은 4가지의 보배로 종합하여 만들어졌다. 모든 하늘의 보배 궁전이 위에 있어 장엄한 까닭에 '미묘한 봉우리'라는 뜻으로 묘봉산이라 한다. 이 산의 밖에 7겹의 金山 및 7겹의 큰 바다의 너비는 금시조의 두 날개와 336만 리의 거리만큼 넓다. 그런 금시조는 워낙 빨리 날아서 한 번 날개를 치면 만만 9천 리를 날아가는

데, 이레 밤낮을 꼬박 날아가야 비로소 묘봉산 정상에 다다르게 된다. 묘봉산은 큰 바다 한가운데 있지만 산허리의 모습은 북통처럼 생겼는데 너무 드높아서 도저히 사람의 손발로는 휘어잡아 오를 수 있는 곳이 아니다.

이는 十住 법문이 처음 여래 지혜의 집안에 태어나 참 佛子이기에 有爲의 생멸에 의한 생각이나 관찰 및 견문이 많은 마음의 생각으로는 오를 수 없는 경지임을 나타내고자 함이다. 이 때문에 이를 묘봉산으로 비유하여 후인으로 하여금 이를 본받아 배워야 할 대상임을 나타낸 것이다. 산이란 높고 수승하다의 뜻이 있기 때문이다. 十住는 부처님이 머무는 곳인 법신의 미묘한 지혜에 머무는 자리이다. 이는 출세간이 높고 수승하다의 의의와 같기 때문이다.

묘봉산이란 움직이지 않는다는 뜻이며, 모든 하늘이 거처하는 곳은 미묘하고 즐겁다의 의의이자 장엄하다의 뜻이다. 이런 지위의 보살이 방편 삼매로써 고요하여 움직이지 않아 생각이 없고 마음이 없으며 거둬들이지 않고 이끌어 들이지도 않는다. 성품에 맡겨 선정에 들어 평등한 이치에 하나가 되어 법신과 부합하다가 갑자기 미묘한 지혜가 그 선정으로부터 나와, 시작도 없는 그 오래전의 無明을 전혀 지닌 바가 없어 부처님의 미묘한 지혜에 머물며, 온통 의지한 바가 없어 법의 미묘한 즐거움을 얻은 바 있다. 이 때문에 지혜장엄이 情識의 견해에서 벗어나 여러 부처님이 말씀하신 해탈의 미묘한 경전을 이해하지 않음이 없으며, 여래 지혜의 집안에 태어나기 때문에 삼계의 無明이 한꺼번에 모두 다하고 오직 습기번뇌만이 남아 있기에 차츰차츰 법으로 이처럼 다스려나가야 한다.

如下十住品에 云佛子야 菩薩住處 廣大하야 與法界虛空等이니 佛子야 菩薩이 住三世諸佛家故라하며 又如初發心功德品에 云應知此人은 即與三世諸佛同等이며 即與三世諸佛如來境界平等이며 即與三世諸佛如來功德平等일세 得如來一身無量身과 究竟平等眞實智慧하야 纔發心時에 即爲十方一切諸佛의 所共稱歎하야 乃至震動一切世界하며 及一切世界中에 示現成佛等이라하시니 如文廣明이라 不可同於三乘方便敎에 說地前三賢菩薩이 得折伏現行無明하고 地上見道니 爲此經法敎門은 依一切諸佛根本不動智하야 而發心故며 以乘如來一切智乘하야 而發心故며 於此十住位中에 能與如來同智慧故로 不同三乘의 但將三空觀하야 且折伏現行이라 於此經中에 發心之者는 從佛不動智하야 而發菩提心일세 設有餘習이라도 還以無依住智로 治之하면 還是根本智하야 不伏不斷이니 爲本寂用自在故로 無體可斷故며 無可伏故오 設修三昧라도 任性淨故로 亦無收攝이며 亦不伏捺故오 任自淨故로 設行分別이라도 任性智慧隨事用爲일세 亦無取捨故니 如是任法하야 調治習氣일세 使稱理智하야 令慣習增明하며 如佛願行하야 而隨事世間하며 成長大悲하야 不出不沒故니 以心境이 一眞에 無出沒故라 是故로 經中에 以阿修羅王等으로 表之하야 處大海而不出不沒等喩니라

아래 제15 십주품에 이르기를 "불자여, 보살의 머문 곳이 넓고 커서 법계와 허공과도 같다. 불자여, 보살이 삼세 제불의 집안에 머물기 때문이다."고 하며, 또한 초발심공덕품에 이르기를 "알아야

한다. 그 사람은 곧 삼세 제불과 똑같으며, 삼세 제불여래의 경계와 똑같으며, 삼세 제불여래의 공덕과 똑같다. 여래의 '하나의 몸', '한량없는 몸'과 결국에는 평등한 진실 지혜를 얻어 겨우 발심할 때에 곧바로 시방 일체 제불이 모두 함께 칭찬하여, 심지이는 일체 세계가 진동하며, 일체 세계에 成佛을 보여준다." 등을 말하였다. 이는 해당 문장에서 자세히 밝힌 바와 같다.

삼승의 방편 가르침에 "地前 삼현 보살이 현행 無明을 꺾고 地上에 見道한다."고 말한 것과 혼동해서는 안 된다. 화엄경의 법문은 일체 제불의 根本不動智에 의하여 발심하기 때문이며, 여래의 一切智乘을 타고서 發心하기 때문이며, 이 십주위에서 여래와 그 지혜가 똑같다. 이 때문에 단 3가지의 空觀만을 가지고서 현행의 무명만을 꺾은 삼승과는 똑같지 않다.

화엄경에서 발심한 자는 부처님의 부동지로부디 보리심을 일으키기에, 설령 남은 습기가 있을지라도 또한 의지하거나 머묾이 없는 지혜[無依住智]로 다스리면 이 또한 근본지혜인 터라 조복하지도 않고 끊지도 않는다. 본래 고요의 본체와 움직임의 작용이 자재하다. 이 때문에 끊을 것도 없고 조복할 것도 없다. 설령 삼매를 닦을지라도 청정한 성품에 맡기기에 또한 거둬들이거나 받아들일 것도 없으며, 또한 조복하거나 억누를 것도 없기 때문이다.

스스로의 청정에 맡긴 까닭에 설령 분별을 행할지라도 성품에 맡긴 지혜로 일에 따라 작용하기에 또한 취할 것도 버릴 것도 없기 때문이다. 이와 같이 법에 맡겨 습기를 다스리기에 理智와 하나가 되어 관습을 더욱 밝게 만들며, 부처님의 願行처럼 하는 일마다 세간을 따르며 大悲를 키워나가되 태어나지도 않고 죽지도 않기 때문이다. 이로써 마음과 경계가 一眞法界라 태어날 것도 없고 죽을 것도 없기 때문이다. 이 때문에 경문에서는 아수라왕 등을 들어서 큰 바다에 거처하되 태어나지도 않고 죽지도 않는다 등을 비유하였다.

問曰何故로 不升四天王宮하고 而超至帝釋宮이니잇고 答曰爲四天王은 在妙峯山半傍住니 非是可表升法頂處에 至相盡現智慧莊嚴하야 住不退故라 善財童子 於妙峯山에 得憶念諸佛智慧光明門이 同此位故니 准例可知니라 以超情塵之迹일새 以山表之오 非要登山也며 已入如來智慧일새 於衆中에 堪爲主導故오 非要爲帝釋也라

"무슨 까닭으로 사천왕 궁에 오르지 않고 제석천왕의 궁으로 건너뛰어 오른 것일까?"

이에 대한 답은 다음과 같다.

사천왕은 묘봉산 정상의 반쯤 되는 곁에서 머물고 있다. 이는 법의 정상에 올라 相이 다한 極處에 이르러 지혜장엄을 나타내어 不退地에 머물렀다고 말할 수 없기 때문이다. 선재동자가 묘봉산에서 憶念諸佛智慧光明門을 얻음은 이런 지위와 같기 때문이다. 이러한 예로 보면 더 이상 말하지 않아도 알 수 있다.

세간 情塵의 자취를 벗어났기에 이를 묘봉산 그 자체로 밝혔을 뿐 산을 올라가는 과정을 필요로 한 게 아니다. 이미 여래의 지혜에 들어갔기에 대중 속에서 주도의 역할을 감당할 수 있기 때문이며, 제석천왕이 됨을 필요로 한 게 아니다.

三은 釋文如下라

(3) 경문을 따라 그 뜻을 해석함은 아래와 같다.

---

四 釋文者는 此會六品은 分爲二分이라 初二品은 方便發起요 後四品은 當會正說이라

前中 初之一品은 唯是由致로되 偈讚一品은 義有兩兼이니 一은 是方便이니 謂前品은 化主赴機요 後品은 助化讚佛이니 主伴圓備라야 方演法故니라 二는 是所依니 謂三天說法이 各有偈讚은 欲顯三賢이 皆依佛智하야 有差別故며 離如來智코 無自體故로 獨爲方便하야 甚抑讚辭니 行·向 二會는 同此科判이라

今初一品은 長分十段이니 一은 本會齊現이오 二는 不離齊升이오 三은 各見佛來오 四는 各嚴殿座오 五는 皆來請佛이오 六은 俱時入殿이오 七은 樂音竝止오 八은 各念昔因이오 九는 同讚如來오 十은 殿皆廣博嚴淨也니라 今은 初라【鈔_ 十段科中에 皆有皆·俱·齊等言者는 以約結通周法界故니라】

4. 경문을 해석하다

이 법회의 6품은 2부분으로 나뉜다.

첫 2품은 방편으로 일으킴이며,

뒤의 4품은 해당 법회에 대해 바로 말함이다.

앞의 첫 2품은 오직 이러한 품을 불러들인 유래이지만, 제14 수미정상게찬품은 2가지의 뜻을 겸하고 있다.

⑴ 방편이다. 앞의 현수품은 化主가 중생의 근기에 따라 달려감이며, 뒤의 수미정상게찬품은 화주를 도와 부처님을 찬탄함이다. 주인과 도반이 원만하게 갖춰져 있어야 바야흐로 법을 연설하기 때문이다.

⑵ 의지의 대상이다. 三天의 설법에 각각 게송의 찬탄이 있는 것은 三賢이 모두 부처님의 지혜를 의하여 차별이 있기 때문이며, 여래의 지혜를 여의고 그 자체가 없음을 나타내고자 한 까닭에 홀로 방편을 삼아 심히 찬사를 억누름이다. 십행·십회향의 2會도 이의 科判과 같다.

이의 첫 품은 10단락으로 크게 나눌 수 있다.

제1. 본회에 똑같이 나타냄이며,

제2. 떠나지 않고 똑같이 올라감이며,

제3. 각각 모두 부처님이 오심을 본 것이며,

제4. 각각 모두 궁전의 사자법좌를 장엄함이며,

제5. 모두 찾아와 부처님을 청함이며,

제6. 동시에 묘승전에 들어감이며,

제7. 음악 소리가 한꺼번에 멈춤이며,

제8. 각각 옛 인연을 생각함이며,

제9. 다 함께 여래를 찬탄함이며,

제10. 궁전이 모두 드넓고 장엄 청정함이다.

이는 제1. 본회에 똑같이 나타냄이다. 【초_ 10단락의 과판에서 모두 '다[皆]'·'함께하다[俱]'·'똑같이[齊]' 등이라 말한 것은 법계에

두루 함을 전체로 끝맺음을 말한 때문이다.】

### 經

爾時에 如來威神力故로 十方一切世界一一四天下閻浮提中에 悉見如來가 坐於樹下어시든 各有菩薩이 承佛神力하고 而演說法하야 靡不自謂恒對於佛이러시니라

그때 여래의 위신력으로 시방의 일체 세계 하나하나 4천하 염부제 가운데, 모두 여래께서 나무 아래 앉아 계시는데 각기 보살이 부처님의 신통력을 받들어 법을 연설하면서 스스로 "항상 부처님을 마주하였다."고 말하지 않은 이가 없음을 볼 수 있었다.

### ◉ 疏 ◉

言爾時者는 卽前二會時니 主伴齊徧하야 演前二會之法也니라 何須擧此오 欲明前會不散하고 成後會故며 後必帶前하야 合成法界無礙會故며 一一諸會 無休息故며 後後諸會 皆同時故로 若散前會인댄 卽無後故니라 所以唯約覺樹會者는 此爲本故며 得佛處故니라 理實第二도 亦同此徧이니 若同時徧이면 何有九會前後며 若有前後면 何名同時아 應云卽用之體라 同時頓徧이오 卽體之用이라 不壞前後 猶如印文이니라

'爾時'라 말한 것은 곧 앞의 2법회 때이다. 법주와 도반이 나란히 함께하여 앞 2법회에서의 설법을 말한다.

어찌하여 이를 들어 말했는가.

앞의 법회가 해산되지 않은 채 뒤의 법회가 이뤄졌기 때문이며, 뒤의 법회가 반드시 앞의 법회를 이어서 법계의 걸림 없는 법회를 합하여 이뤄졌기 때문이며, 하나하나의 모든 법회가 쉼이 없기 때문이며, 뒤 뒤의 모든 법회가 모두 동시에 이뤄진 까닭에 만일 앞의 법회가 해산되었다면 그것은 곧 뒤의 법회가 없음을 밝히고자 한 때문이다. 하지만 유독 보리수 아래에서 정각을 이룬 뒤에 열린 법회만을 들어 말한 것은 이 법회가 근본이 되기 때문이며, 부처를 얻을 수 있는 도량이기 때문이다.

이치로 말하면 실로 제2義諦 또한 이 법회에서의 두루 나타남과 같다. 만일 동시에 두루 한꺼번에 나타난 것이라면 어떻게 九會의 전후 차이가 있으며, 만일 전후의 차이가 있다면 어찌 동시라고 말할 수 있겠는가. 이는 응당 "작용과 하나 되는 본체라 동시에 모두 나타나며, 본체에 하나 되는 작용이라 전후의 차이가 없음이 마치 도장을 찍은 것과 같다."고 말했어야 할 것이다.

第二는 明不離覺樹코 各升釋天이라

제2. 보리수 아래에서 떠나지 않고서도 각각 제석천에 오름을 밝히다

爾時에 世尊이 不離一切菩提樹下하고 而上升須彌하사 向

帝釋殿하신대

그때 세존께서 일체 보리수 아래를 떠나지 않으시고도 수미산에 오르시어 제석천의 궁전으로 향하셨다.

● 疏 ●

問이라 動靜相違하고 去住懸隔이어늘 旣云不離인댄 何得言升고 古有多釋하니 一云'本釋迦身이 不起道樹코 別起應化하야 以升天上이라하고 一云'不起 是報오 升天 是化라하고 一云'不起 是法身이오 升天 是化用이라하니 竝非文意니라 以此文中에 俱是毘盧遮那十身雲故니라 【鈔_ 古有多釋下는 次敍昔順違니 昔有五義로되 而文三節이니 初는 幷敍三師오 二는 敍第四오 三은 敍第五니라 以初三師는 竝約三身일세 義類大同하니 欲幷破故로 先敍於昔이라 竝非文意下는 二 辨違라 通有二違하니 一은 違現文이니 去住皆是遮那佛故오 二는 違經宗이니 十身은 非三身故니라 彼는 卽是後二會오 此는 卽今文也니라】

"동함과 고요함이 서로 어긋나고 오감이 큰 차이가 있는 법이다. 앞서 '보리수 아래를 떠나지 않으셨다.'고 하면 어떻게 수미산에 올랐다고 말할 수 있을까?"

옛 스님은 이에 대해 여러 가지로 해석하였다.

일설은 "본래 석가모니불의 몸은 보리수 아래에서 일어나지 않고서도 별도 應化의 몸을 일으켜 제석천궁에 오르셨다."고 하며,

일설은 "보리수 아래에서 일어나지 않은 몸은 報身이며, 제석천궁에 오르신 몸은 化身이다."고 하며,

일설은 "보리수 아래에서 일어나지 않은 몸은 법신의 본체이며, 제석천궁에 오르신 몸은 化身의 妙用이다."고 한다. 그러나 이는 모두 문장의 본의가 아니다. 이의 경문에서 말한 것은 모두 비로자나불의 10가지 몸이기 때문이다.【초_ "옛 스님은 이에 대해 여러 가지로 해석하였다." 이하는 차례로 옛 스님의 말들에 대한 옳고 그름을 서술하였다. 옛 스님의 말은 본래 5가지의 의의로 말했으나 문장은 3節이다. ① 세 분 스님의 말을 함께 서술한 것이며, ② 제4의 설을 서술함이며, ③ 제5의 설을 서술한 것이다.

① 세 분 스님의 말을 함께 서술한 것은 아울러 부처님의 법신·보신·화신으로 말한 까닭에 크게는 같은 말이다. 이를 모두 타파하고자 옛 스님의 말을 먼저 서술하였다. "그러나 이는 모두 문장의 본의가 아니다[竝非文意]." 이하는 '② 제4의 설'에 대한 잘못을 논변하였다. 여기에는 전체로 2가지의 잘못이 있다. 첫째는 현재 경문의 뜻과 어긋난다는 점이다. 오가는 것이 모두 비로자나불이기 때문이다. 둘째는 경문의 종지와 어긋난다는 점이다. 十身은 단순한 법신·보신·화신이 아니기 때문이다. 저 옛 스님[彼]의 말은 뒤의 二會를 말하고, 이는 곧 현 경문을 말한다.】

一云'以去卽非去라 故名不起오 非去卽去라 是以升天이니 如不來相而來等이 若爾라하니 但是升相離故오 非是樹下別有不起之身이라 故不可也니라【鈔_ '一云以去'者는 二敍第四師니 以不分三身이오 但就一身論性相故니 卽是事理無礙宗中之意라 不違大體로되 不順今文이니라】

일설은 "떠나감이 곧 떠나감이 아닌 까닭에 '보리수 아래에서 일어나지 않았다[不起].'고 명명하고, 떠나지 않는 것이 곧 떠나감이기에 이를 '제석천궁에 올랐다[升天].'고 말하니 '오지 않는 모습으로 온다.'는 등의 말과 같다."고 한다.

만일 그와 같다면 단 '제석천궁에 올라간' 모습만을 여의었을 뿐이며, '보리수 아래에서 일어나지 않은' 별도의 일어나지 않은 몸이 있는 게 아니다. 이 때문에 그의 말은 옳지 않다. 【초_"일설은 '떠나감이⋯'"란 '② 제4의 설'을 서술한 것이다. 법신·보신·화신을 구분하지 않고 단 하나의 몸에서 性·相을 논하였기 때문이다. 이는 곧 事理無礙宗에서 말하는 뜻이다. 대체로 보면 어긋나는 점이 없으나 이의 경문에 맞지 않다.】

有云 此佛神通 同體業用은 卽住是去오 去卽是住니 住是體徧이오 去是用應이라 應是體應일새 雖升後而不離前하고 體是應體일새 雖不離前而升後라하니 若爾인댄 何殊第三師 不起是法이 又以住釋於不起하야 而言住是體徧인댄 何得獨住菩提樹耶아 升天인들 何得非體徧耶아 菩提樹下인들 寧非用耶아

혹자는 이르기를 "부처님의 신통력이 본체는 같지만 하는 일에 따라 작용하는 것은 그 자리에 머무는 것이 곧 떠나감이며, 떠나감이 곧 그 자리에 머문 것이다. 그 자리에 머무는 것은 본체가 두루 함이며, 떠나가는 것은 작용의 감응이다. 작용의 감응이 본체의 감응이라 비록 뒤에 제석천궁에 올랐으나 앞의 보리수를 여의지 않았고, 본체가 감응 작용의 본체라 비록 앞의 보리수를 여의지 않았

으나 뒤에 제석천궁에 올랐다."고 한다.

만일 그와 같다면 '③ 제5의 설'의 보리수 아래에서 일어나지 않은 몸이 법신이라고 말하는 것과 그 무엇이 다르겠는가.

또한 그 자리에 머문 것으로써 보리수 아래에서 일어나지 않은 몸을 해석하여, 그 자리에 머무는 것이 곧 본체가 두루 함이라 말한다면 어찌하여 보리수 아래에 홀로 머물렀으며, 제석천궁에 올라간 것인들 어찌 본체가 두루 함이 아니며, 보리수 아래인들 어찌 작용이 아니겠는가.

今顯正義라 然佛得菩提에 智無不周오 體無不在로되 無依無住하고 無去無來라 然以自在卽體之應으로 應隨體徧에 緣感前後하야 有住有升하고 閻浮有感에 見在道樹하고 天宮有感에 見升天上하나니 非移覺樹之佛而升天宮이라 故云'不離覺樹而升釋殿'이라하니라
法慧偈云佛子여 汝應觀 如來自在力하라 一切閻浮提에 皆言佛在中이라하니 此不離也오 '我等今見佛 住於須彌頂은 此而升也니 文理有據니라 更以喩顯호리라 譬猶朗月이 流影徧應이니 且澄江一月을 三舟共觀이라가 一舟는 停住하고 二舟는 南北에 南者는 見月千里隨南하고 北者는 見月千里隨北이어니와 停舟之者는 見月不移니 是爲此月不離中流코 而往南北이라 設百千共觀이라가 八方各去라도 則百千月이 各隨其去하나니 諸有識者는 曉斯旨焉이어다

이의 경문에서는 바른 뜻을 밝혀주고 있다. 그러나 부처님이 보리를 얻어 지혜가 두루 하지 않음이 없고 본체가 있지 않음이 없으나, 의지함도 없고 머무는 자리도 없으며 떠나가는 곳도 없고 오

는 곳도 없다.

그러나 자재한 본체와 하나가 된 감응의 작용으로써 감응의 작용이 본체를 따라 두루 함에 인연이 전후에 감응하여 머무는 자리도 있고 올라간 곳도 있다. 염부제에 감응의 작용이 있으면 보리수 아래에 있음을 보고, 제석천궁에 감응하는 몸이 있으면 천상에 올라가는 몸을 보았다. 보리수 아래에서 일어나지 않은 부처님이 제석천궁에 오른 까닭에 "보리수를 여의지 않고서 제석천궁에 올랐다."고 말하였다.

법혜보살의 게송에서 "불자여, 그대들은 여래의 자재하신 힘을 보라. 일체 염부제에 모두 부처님이 그곳에 계신다."는 것은 그 자리를 여의지 않음이며, "우리들이 지금 부처님께서 수미산 정상에 계신 것을 보았다."는 것은 천궁으로 올라간 것이다. 이처럼 명백한 文理의 증거가 있다.

다시 이를 비유로 밝히고자 한다. 비유하자면 밝은 달의 그림자가 모든 곳을 두루 비춰주는 것과 같다. 또한 맑은 강물 위, 하나의 달을 세 척의 배에 탄 사람들이 똑같이 보다가 한 척의 배는 그 자리에 멈춰 있고 나머지 두 척의 배는 남북으로 떠나갈 때에, 남쪽으로 가는 사람은 달이 천 리 멀리 남쪽을 따라가는 것을 보게 되고 북쪽으로 가는 사람은 달이 천 리 멀리 북쪽을 따라가는 것을 보게 되지만, 그 자리에 멈춰 선 그 배에 타고 있는 사람은 달이 그대로 있는 것을 볼 수 있다. 이는 그 달이 강물 위를 여의지 않고 남북으로 떠나간 것이다. 설령 백 명, 천 명이 함께 보다가 사방팔방으로 각기 떠나가도 백 개, 천 개의 달은 각각 그들의 발길을 따라 함께 떠나가는 것이다. 식견이 있는 모든 사람은 이러한 뜻을 잘 알 수 있을 것이다.

古德이 釋此 略有十義하니

一은 約處相入門이니 以一處中에 有一切處故라 是故로 此天宮等이 本在樹下일새 故不須起나 然是用彼라 故說升也니라

二는 亦約相入門이니 以一處 入一切處故로 樹徧天中일새 亦不須起로되 欲用天宮하야 表法升進이라 故云升也니라

三은 由一切卽一故로 天在樹下니라

四는 由一卽一切하야 樹在天上이니 不起等은 準前이라

五는 約佛身이니 謂此樹下身이 卽滿法界하야 徧一切處면 則本來在彼일새 不待起也로되 機熟令見이라 故云升也니라 是故로 如來 以法界身으로 常在此 卽是在彼니라

六은 約佛自在不思議解脫이니 謂坐卽是行住等이며 在此卽在彼니 皆非下位測量故也니라

七은 約緣起相由門이오

八은 約法性融通門이오

九는 約表示顯法門이오

十은 約成法界大會門이라

然此十解에 前五는 玄門이오 次四는 所以오 後一은 總意니 欲成十義하야 相參而立이니 雖似雜亂이나 不違經宗일새 竝可用也니라

　　옛 스님이 이에 대해 10가지의 뜻으로 간단하게 해석하였다.

(1) 처소가 서로 함께 들어가는 법문[處相入門]으로 말하였다. 어느 한 곳에 있는 것이 모든 곳에 있기 때문이다. 이런 까닭에 제석천궁에 오른 것 등이 본래 보리수 아래에 있는 것이기에 굳이 일어남을 추구하지 않는다. 그러나 이는 제석천궁에 있음에 따라 '올라갔다'고 말한 것이다.

(2) 또한 서로 함께 들어가는 법문[相入門]으로 말하였다. 어느 한 곳에 있는 것이 모든 곳에 들어간 것이기 때문에 보리수가 제석천에 두루 존재한 것이다. 이 또한 굳이 일어남을 추구하지 않는다. 그러나 이는 제석천궁에 있음에 따라 '法의 올라감[升進]'을 나타내고자 '올라갔다'고 말한 것이다.

(3) 모든 것이 곧 하나이기 때문이다. 그러므로 제석천이 보리수 아래에 있다.

(4) 하나가 곧 일체인 까닭에 보리수가 제석전 위에 있다. 일어서지 않았다 등은 앞의 이러한 측면에 준한다.

(5) 부처님의 몸으로 말하였다. 보리수 아래에 있는 몸이 곧 법계에 가득하여 모든 곳에 두루 하다면 본래 그곳에 있기에 일어날 필요가 없으나 근기가 성숙하여 그들에게 보여주기 위해서 제석천에 오른 것이다. 이 때문에 여래가 법계에 충만한 몸으로 언제나 여기에 있는 몸이 곧 그곳에 있다.

(6) 부처님의 자재한 불가사의의 해탈로 말하였다. 앉아 있는 것이 곧 걷고 멈추고 등이며, 여기에 있는 것이 곧 그곳에 있는 것이다. 모두 아래 지위에 있는 사람으로서는 헤아릴 수 있는 바가

아니기 때문이다.

⑺ 연기가 서로 연유하는 법문[緣起相由門]으로 말하였다.

⑻ 현상의 법과 본체의 성품이 융통하는 법문[法性融通門]으로 말하였다.

⑼ 표시하여 법을 나타내는 법문[表示顯法門]으로 말하였다.

⑽ 법계의 대법회를 성취하는 법문[成法界大會門]으로 말하였다.

그러나 이러한 10가지의 해석에 있어 앞의 5가지는 현묘한 법문[玄門]이며, 다음 4가지는 그에 대한 까닭[所以]이며, 뒤의 하나는 총체의 의의이다. 10가지의 의의를 이루고자 서로 함께 내세운 것이다. 비록 뒤섞이고 어지러운 것 같으나 경문의 종지에 어긋나지 않기에 아울러 모두 이를 인용한 것이다.

問이라 '帶前起後에 事理應齊이어늘 何故三賢에 獨有斯旨오' 答이라 顯異義故니 謂初二會는 相隣接故로 不假帶前이어니와 此三은 人天隔越이라 故須連帶오 又此三會에 同詮賢位니라 六已入證이라 不假帶前이오 第七은 卽位中普賢이라 居然不假오 第八은 頓彰五位라 體用已融이오 第九는 唯明證入이라 體用一味일세 故竝皆不假니라

"앞의 문장을 이어 쓰면서 뒤의 문장을 일으킴에 있어 事理가 마땅히 똑같을 것인데 무슨 까닭에 三賢에게만 유독 이런 종지가 있는 것일까?"

위의 물음에 대한 답은 아래와 같다.

異義를 밝히기 위한 때문이다. 처음 제1~2의 두 법회는 서로 인접한 까닭에 앞의 문장을 이어 쓰는 것을 빌리지 않았지만, 三賢

은 여느 사람, 여느 하늘과는 훨씬 뛰어난 분들이기에 연이어 써야 할 필요성이 있으며, 또 제3~5의 세 법회[三會]는 똑같이 삼현의 지위를 말하여 밝힌 것이다.

제6법회는 이미 증득하여 들어간 자리라 앞의 문장을 뒤이어 쓸 필요가 없고,

제7법회는 지위가 보현보살이기에 그대로 빌릴 게 없고,

제8법회는 五位를 한꺼번에 밝히는 부분이라 본체와 작용이 이미 원융하고,

제9법회는 오직 증득함을 밝힌 터라 본체와 작용이 하나이기에 아울러 모두 빌리지 않았다.

第三은 明各見佛來니라

제3. 각각 부처님이 오심을 본 것에 대하여 밝히다

經

時에 天帝釋이 在妙勝殿前이라가 遙見佛來하고

그때 제석천왕이 묘승전 앞에 있다가 멀리 부처님이 오시는 것을 보고서,

● 疏 ●

約佛인댄 則用從體起오 約機인댄 則境從心現이니 隣而未卽이라 故云

遙見이니라

부처님으로 말하면 작용이 본체에서 일어남이며, 機緣으로 말하면 경계가 마음으로부터 나타남이다. 이웃하였을 뿐 하나가 아니기에 멀리서 바라보았다고 말한다.

---

第四는 各嚴殿座라
제4. 각각 궁전의 사자법좌를 장엄하다

**經**
卽以神力으로 莊嚴此殿하고 置普光明藏師子之座하니 其座가 悉以妙寶所成이라 十千層級으로 迴極莊嚴하고 十千金網으로 彌覆其上하고 十千種帳과 十千種蓋로 周廻間列하고 十千繪綺로 以爲垂帶하고 十千珠瓔으로 周徧交絡하고 十千衣服으로 敷布座上하고 十千天子와 十千梵王이 前後圍繞하고 十千光明이 而爲照曜라

곧 신통력으로 궁전을 장엄하고 '보광명장 사자좌'를 마련해두었다.

그 사자좌는 모두 미묘한 보배로 이뤄졌다.

십천 층으로 아득히 장엄을 다하였고,

십천 겹의 황금 그물로 그 위를 덮고,

십천 가지의 휘장, 십천 가지의 덮개로 사이사이 두루 벌려놓

앉으며,

　　십천의 비단으로 띠를 드리우고,
　　십천의 진주걸이로 두루 얽었으며,
　　십천의 의복으로 사자좌 위에 펼쳐놓았으며,
　　십천의 천자와 십천의 범왕이 앞뒤로 둘러싸고
　　십천의 광명이 비쳐 찬란하였다.


● 疏 ●

表嚴根欲之殿하야 爲法器故니라 置師子座는 表十住之法門故니라 文有十句하니 初總餘別이라 總云 普光明藏者는 此是解位니 智照法空하야 含衆德故오 從信始入일새 故有置言이니라 別中初句는 約體오 餘竝顯嚴이라 皆云 十千者는 萬行因感故오 言 層級者는 萬行熏成故니라 金網防護와 慈悲帳蓋로 以育以覆하고 四攝繒綺로 以爲周垂하고 圓融行願으로 交絡萬善하고 柔忍慚愧로 以覆法空 第一義天하고 淸淨梵行으로 繞斯法體하고 一一智照라 故曰光明이니 於生死中에 遣長夜暗이니라 擧斯果德하야 令物行因이니 下行向中에 約位漸增이나 表法無異니라

　　육근 정욕[根欲]의 궁전(**육신의 비유**)을 장엄하여 法器로 삼음을 밝힌 때문이다. 사자법좌를 안치한다는 것은 十住의 법문을 밝힌 때문이다.
　　이의 경문에 10구가 있다.
　　첫 구절은 총체이며, 나머지 9구는 개별로 밝힌 것이다.

첫 구절의 총체에서 '普光明藏'이라 말한 것은 이는 解位이다. 지혜로 법이 공함을 관조하여 많은 덕을 함유한 때문이며, 十信으로부터 처음 들어갔기 때문에 '置(置普光明藏師子之座)'라 말한 것이다.

나머지 9구는 개별로 밝힌 가운데, 제1구는 본체로 말한 것이며, 나머지는 모두 장엄을 나타낸 것이다.

모두 '十千'이라 말한 것은 萬行의 원인으로 얻은 때문이며, '層級'이라 말한 것은 만행의 熏成이기 때문이다.

황금 그물의 방호막과 자비의 휘장과 덮개로써 길러주고 덮어주며, 사섭법(布施, 愛語, 利行, 同事)의 비단으로 빙 둘러치고, 원융의 行願으로 수많은 선을 서로 연결 짓고, 유화와 인욕의 부끄러운 마음으로 法空의 第一義天을 뒤덮고, 청정한 梵行으로 法體를 두루 하고, 하나하나 지혜가 비춰주기에 이를 光明이라 하니 생사의 가운데 기나긴 밤의 어둠을 내보내는 것이다. 이러한 果德을 들어 중생으로 하여금 因을 행하도록 함이다. 아래의 십행·십회향에 그 지위가 점차 더해가는 것으로 말했으나 법을 나타내는 것도 이와 다를 바 없다.

第五請佛居殿

제5. 부처님을 초청하여 궁전에 머물도록 하다

經

爾時에 帝釋이 奉爲如來하야 敷置座已에 曲躬合掌하고 恭

479

敬向佛하야 而作是言호대 善來世尊이시여 善來善逝시여 善來如來應正等覺이시여 唯願哀愍하사 處此宮殿하소서

그때 제석천왕이 여래를 받들어 사자좌를 펴놓고서 허리를 굽혀 합장하고 공경하는 마음으로 부처님을 향하여 이렇게 말하였다.

"잘 오셨습니다. 세존이시여,

잘 오셨습니다. 선서시여,

잘 오셨습니다. 여래·응공·정등각이시여,

오직 원하옵건대 불쌍히 여기시어 이 궁전에 계시옵소서."

● 疏 ●

於中에 三業崇敬으로 以爲請儀니 言善來者는 應機來故며 不來相而來故며 帶法界會來故니라 三稱善者는 喜之至故오 擧三號者는 略歎德故오 願哀處者는 希仗勝田하야 生大福故니라

여기에서는 신·구·의 삼업으로 높이 공경하면서 법문을 청하는 의식을 삼은 것이다.

善來라 말한 것은 機緣에 부응하여 찾아온 때문이며, 오지 않은 모습으로 찾아온 때문이며, 법계의 법회를 수반하여 찾아온 때문이다.

'잘 오셨다'고 3차례나 말한 것은 환희의 마음이 지극한 때문이며, 부처님의 별호를 3차례(① **세존**, ② **선서**, ③ **여래·응공·정등각**)나 들어 말한 것은 간단하게 부처님의 덕을 찬탄한 때문이다.

"원하옵건대 불쌍히 여겨 달라"고 말한 것은 수승한 복전을 의지하여 큰 복덕을 낳아주기를 바라기 때문이다.

一

第六는 俱時入殿이라

　　제6. 동시에 묘승전에 들어가다

經

爾時에 世尊이 卽受其請하사 入妙勝殿하시니 十方一切諸世界中에도 悉亦如是하니라

　　그때 세존께서 곧 제석천왕의 청을 받고서 묘승전에 들어가시니 시방 일체 모든 세계 또한 모두 이와 같았다.

◉ 疏 ◉

謂根緣契合에 成益不虛니라 十方如是는 通上六段이니 入殿事訖이라 故一結通이라 下四段文은 殿中之事니라

　　육근의 반연이 계합함에 이익의 성취가 공허함이 아님을 말한다.

　　'十方如是'는 위의 6단락을 통하여 말한 것이다. 묘승전에 들어간 일을 모두 마쳤기에 여기에서 전체로 끝맺은 것이다.

　　아래 4단락의 경문은 묘승전 내에서의 일이다.

一

第七은 樂音止息이라

　　제7. 음악 소리가 멈추다

481

### 經

爾時에 帝釋이 以佛神力으로 諸宮殿中所有樂音이 自然止息하고

그때 제석천왕이 부처님의 신통력으로 모든 궁전에 울려오던 음악 소리가 절로 멈췄으며,

### ●疏●

謂攝散歸靜 得定益故니라

산란한 주변 환경을 수습하여 정숙하게 귀결 지어 선정의 이익을 얻은 때문이다.

---

第八은 各念昔因獲智益也니라

제8. 각각 옛 인연으로 지혜를 얻게 된 이익을 생각하다

### 經

卽自憶念過去佛所에 種諸善根하야 而說頌言호대

곧 과거에 부처님 계신 곳에서 모든 선근을 심었던 것을 스스로 기억하여 이를 게송으로 말하였다.

### ●疏●

散緣旣止하고 勝德現前에 寂然無思하야 發宿住智니라 種善根者는 卽

下十佛曾入此殿할새 聞法供養故며 亦表見自心性을 同昔佛故니라

산란한 반연이 이미 멈췄고 수승한 덕이 앞에 나타남에 고요하여 아무런 생각이 없어 宿住智를 일으킨 것이다. "선근을 심었다種善根."는 것은 곧 아래의 열 부처님이 일찍이 묘승전에 들어가 법을 듣고 공양한 때문이며, 또한 자기의 마음과 성품을 옛 부처님과 똑같이 보았음을 밝힌 때문이다.

第九는 同讚如來니라

제9. 다 함께 여래를 찬탄하다

**經**

迦葉如來具大悲하시니  諸吉祥中最無上이라
彼佛曾來入此殿이실새  是故此處最吉祥이니이다

가섭여래께서 큰 자비를 구족하시니
많은 길상 가운데 가장 높으시다
가섭불 일찍이 이 궁전에 오셨기에
이곳이 가장 길상의 도량이나이다

● 疏 ●

然三世諸佛이 皆於此處說十住法이어늘 獨讚十者는 表說十住와 及無盡故니라 所以讚者는 義乃有四니 一은 十佛曾處니 則殿勝可居오

二는 互擧一德하야 例讚本師요 三은 敍昔善根으로 慶遇堪受요 四는 昔佛同說로 表法常恒이니 文中에 先明此界요 後辨結通이라
今初十頌은 各上半標名讚德이니 上句는 別이요 下句는 通이며 下半은 以人結處니 唯初一句는 諸佛不同이라 然佛別名은 多因德立이니 讚者取德하야 以釋上名이라
初迦葉者는 此云飮光이니 若從姓立인댄 示生彼族이어니와 若就佛德인댄 一者는 身光 蔽餘光故요 二者는 悲光 飮蔽邪光故니라

그러나 삼세 제불이 모두 이곳에서 십주법을 설하셨는데, 유독 열 분의 부처님만을 찬탄한 것은 십주를 설했던 것과 그지없음을 밝히기 위한 때문이다.

이의 찬탄에는 4가지 의의가 있다.

(1) 열 분의 부처님이 일찍이 이곳에 머물렀는데, 이는 곧 궁전이 훌륭하여 거주하기에 좋기 때문이며,

(2) 하나의 복덕을 서로 들어 本師를 똑같이 찬탄함이며,

(3) 옛 숙세에 선근으로 만남을 경사로 여겨 받아들일 수 있음을 서술함이며,

(4) 옛 부처님이 똑같은 말씀으로 법의 영원함을 밝혀주었다.

게송에서 먼저 이 세계를 밝히고, 뒤에서 시방을 통틀어 끝맺음을 논변하였다.

첫 부분 10수 게송에서 각각 제1, 2구는 부처님의 명호를 밝히고 덕을 찬탄함이니 제1구는 개별의 뜻이고, 제2구는 전체로 통하며, 제3, 4구는 그 사람으로 도량을 끝맺고 있다. 오직 제1구가 여

러 부처님의 각기 다른 차이이다.

그러나 부처님의 別名은 대부분 그 복덕으로 인하여 그 명호를 붙인 것이다. 찬탄한 자가 그 복덕을 취하여 위의 명호를 해석하였다.

맨 처음 가섭불이란 중국 말로는 '飮光'이라는 뜻이다. 만일 성씨를 따라 부처님의 명호를 세운다면 그를 낳아준 집안을 나타낸 것이지만, 만일 부처님의 덕으로 말한다면 첫째는 몸의 광명이 워낙 찬란하여 나머지 광명을 가리기 때문이며, 둘째는 자비의 광명이 삿된 광명을 머금고 가려버리기 때문이다.

### 經

拘那牟尼見無礙하시니　　諸吉祥中最無上이라
彼佛曾來入此殿이실새　　是故此處最吉祥이니이다

　구나모니께서는 보는 데에 걸림 없으시니
　많은 길상 가운데 가장 높으시다
　구나모니불 일찍이 이 궁전에 오셨기에
　이곳이 가장 길상의 도량이나이다

### ◉ 疏 ◉

拘那牟尼는 舊日金仙이며 亦云金寂이니 寂故無礙오 金故明見이니라

　구나모니는 옛 번역에서는 '金仙' 또는 '金寂'이라 한다. 고요하기 때문에 걸림이 없고 황금이기 때문에 밝게 나타난 것이다.

**經**

迦羅鳩馱如金山하시니　　諸吉祥中最無上이라
彼佛曾來入此殿이실새　　是故此處最吉祥이니이다

　가라구타께서는 금산과 같으시니
　많은 길상 가운데 가장 높으시다
　가라구타불 일찍이 이 궁전에 오셨기에
　이곳이 가장 길상의 도량이나이다

● 疏 ●

迦羅鳩馱者는 具云迦羅鳩村馱니 此云所應斷已斷이니 如金已淨하고 如山不動이라 亦可見無礙者는 是此佛德이오 如金山者는 是前佛德이라

　가라구타란 구체석으로 말한다면 迦羅鳩村馱이다. 중국 말로는 '당연히 끊어야 할 것을 이미 끊었다[所應斷已斷].'는 뜻이다. 황금과 같이 청정하고, 산처럼 움직이지 않음이다.

　또한 "보는 데에 걸림 없다."는 것은 가라구타불의 덕이며, "금산과 같다."는 것은 앞 구나모니불의 덕이다.

**經**

毘舍浮佛無三垢하시니　　諸吉祥中最無上이라
彼佛曾來入此殿이실새　　是故此處最吉祥이니이다

　비사부불께서는 3가지의 때가 없으시니

많은 길상 가운데 가장 높으시다

비사부불 일찍이 이 궁전에 오셨기에

이곳이 가장 길상의 도량이나이다

● 疏 ●

毘舍浮者는 亦云毘濕婆部니 毘濕婆者는 此云徧一切也라 部者는 自在也오 亦云徧勝이니 無三垢故로 無不自在而超勝也니라 三垢는 現·種·及習이라

비사부란 또한 '비습바부'라고도 말한다. '비습바'란 중국 말로는 '일체에 두루 하다[徧一切].'라는 뜻이며, '部'란 '自在' 또는 '徧勝'이라는 뜻이다. 3가지의 때[三垢]가 없기 때문에 자재하여 그 무엇보다 훌륭하지 않음이 없다. '3가지의 때'란 현행, 종자 및 습기이다.

經

尸棄如來離分別하시니  諸吉祥中最無上이라
彼佛曾來入此殿이실새  是故此處最吉祥이니이다

시기여래께서는 분별을 여의셨으니

많은 길상 가운데 가장 높으시다

시기불 일찍이 이 궁전에 오셨기에

이곳이 가장 길상의 도량이나이다

● 疏 ●

尸棄는 亦云式棄那니 此云持髻오 亦云有髻니 無分別智 最爲尊上
이라 處心頂也며 又髻中明珠가 卽無分別也니라

尸棄는 또한 '式棄那'라고도 말한다. 중국 말로는 '持髻' 또는 '有髻'라는 뜻이다. 분별없는 지혜[無分別智]가 가장 존귀하고 으뜸이어서 마음의 정상에 처하여 있고, 또한 상투 한가운데 구슬이 곧 분별이 없는 것이다.

經

毘婆尸佛如滿月하시니  諸吉祥中最無上이라
彼佛曾來入此殿이실새  是故此處最吉祥이니이다

    비바시불께서는 보름달과 같으시니
    많은 길상 가운데 가장 높으시다
    비바시불 일찍이 이 궁전에 오셨기에
    이곳이 가장 길상의 도량이나이다

● 疏 ●

毘婆尸者는 此翻有四니 謂淨觀·勝觀·勝見·徧見이니 如月圓智滿은
是徧見也오 魄盡惑亡은 是淨觀也오 旣圓且淨은 是勝觀勝見也니라

    비바시란 4가지의 뜻으로 번역된다.
    淨觀·勝觀·勝見·徧見을 말한다.
    달이 둥글고 지혜가 원만함은 徧見이며,

넋이 다하여 미혹이 사라지는 것은 淨觀이며,
이미 원만하고 또 청정함은 勝觀이자 勝見이다.

**經**
弗沙明達第一義하시니　　諸吉祥中最無上이라
彼佛曾來入此殿이실새　　是故此處最吉祥이니이다

　불사여래께서는 제일의를 밝게 통달하셨으니
　많은 길상 가운데 가장 높으시다
　불사불 일찍이 이 궁전에 오셨기에
　이곳이 가장 길상의 도량이나이다

● 疏 ●
弗沙는 亦云勃沙니 此云增盛이니 明達勝義 是增盛也니라

　불사는 또한 勃沙라고도 말한다. 중국 말로는 '增盛'이라는 뜻이다. 수승한 의의를 밝게 통달함이 增盛이다.

**經**
提舍如來辯無礙하시니　　諸吉祥中最無上이라
彼佛曾來入此殿이실새　　是故此處最吉祥이니이다

　제사여래께서는 변재가 걸림 없으시니
　많은 길상 가운데 가장 높으시다
　제사불 일찍이 이 궁전에 오셨기에

이곳이 가장 길상의 도량이나이다

◉ 疏 ◉

提舍는 亦云底沙니 西域訓字에 底는 邏那니 此云度也오 沙는 是皤沙니 此云說也니 謂說法度人이라 或但云說이니 辯才無礙者는 卽能說也니라

提舍는 또한 底沙라고도 말한다. 서역 글자의 訓詁에 의하면 底는 邏那이고, 중국 말로는 '度'라는 뜻이다. '沙'는 皤沙이고, 중국 말로는 '說'이라는 뜻이다. 설법하여 사람을 제도한다는 말이다. 혹자는 단 '說'이라고만 말한다. "변재가 걸림 없다[辯才無礙]."는 것은 곧 설법을 잘한 것이다.

### 經

波頭摩佛淨無垢하시니　　諸吉祥中最無上이라
彼佛曾來入此殿이실새　　是故此處最吉祥이니이다

　　파두마불께서는 청정하여 때가 없으시니
　　많은 길상 가운데 가장 높으시다
　　파두마불 일찍이 이 궁전에 오셨기에
　　이곳이 가장 길상의 도량이나이다

◉ 疏 ◉

波頭摩者는 云赤蓮華니 身心如蓮華라 淨無塵垢니라

파두마란 붉은 연꽃을 말한다. 몸과 마음이 연꽃과 같아서 청정하여 때가 없음이다.

### 經

**然燈如來大光明**이시니    **諸吉祥中最無上**이라
**彼佛曾來入此殿**이실새    **是故此處最吉祥**이니이다

    연등여래는 큰 광명이시니
    많은 길상 가운데 가장 높으시다
    연등불 일찍이 이 궁전에 오셨기에
    이곳이 가장 길상의 도량이나이다

### ◉ 疏 ◉

然燈者는 智論에 云 此佛從初現生으로 乃至成佛히 擧身常光이 如然燈故로 身智光明이 普周稱大니라 然十中後七은 乃過去劫佛이어늘 如何賢劫에 曾入殿耶아 古釋에 有二하니 一은 約時劫이니 相卽入故오 二는 約其處니 有麤細故니라 麤隨劫壞어니와 細者常存이니 如法華에 天人見燒로되 我土不毁와 又梵王見淨이로되 身子見穢니라 今此天帝는 是大菩薩이라 同梵王見이며 亦佛加故니라

    然燈이란 지도론에 이르기를 "이 부처님이 처음 태어남으로부터 성불에 이르기까지 온몸에서 언제나 빛나는 광명이 등불처럼 켜놓은 것과 같기 때문에 몸의 지혜 광명이 널리 두루 하여 '크다[大]'고 말한 것이다."고 하였다.

그러나 10가지 가운데 뒤의 7가지는 과거겁의 부처님이신데 어찌하여 賢劫에 일찍이 그 궁전에 들어갔을까?

옛사람의 해석에는 2가지가 있다.

(1) 時劫으로 말하였다. 서로가 서로의 시간에 들어가기 때문이다.

(2) 그 처소로 말하였다. 거칠고 미세함이 있기 때문이다. 거친 것은 겁을 따라 무너지거니와 미세한 것은 항상 존재한다. 법화경에서 天人은 불에 타지만 우리의 국토는 훼손되지 않는 것과, 또한 범왕은 청정하게 보이지만 몸은 더럽게 보이는 것과 같다. 여기에서 이 天帝는 대보살이기에 범왕의 견해와 같으며, 또한 부처님의 가호 때문이다.

### 經

**如此世界中忉利天王**이 **以如來神力故**로 **偈讚十佛所有功德**하야 **十方世界諸釋天王**도 **悉亦如是**하야 **讚佛功德**하니라

이 세계 가운데 도리천왕이 여래의 신통력으로 열 부처님의 공덕을 게송으로 찬탄했던 것처럼 시방세계의 모든 제석천왕도 모두 또한 이와 같이 부처님의 공덕을 찬탄하였다.

### ● 疏 ●

二는 結通十方을 可知니라

뒷부분에서 시방을 통틀어 끝맺었음을 말하지 않아도 알 수 있다.

一

第十은 殿皆廣博이니 卽示如意相이라

제10. 궁전이 모두 드넓다. 곧 如意相을 보임이다

**經**

爾時에 世尊이 入妙勝殿하사 結跏趺坐하시니 此殿이 忽然廣博寬容하야 如其天衆의 諸所住處라 十方世界도 悉亦如是하니라

그때 세존께서 묘승전에 들어가시어 가부를 맺고 앉으시자, 궁전이 갑자기 넓어져서 그 하늘 대중들의 모든 머무는 곳과 같았으며, 시방세계도 또한 이와 같았다.

● 疏 ●

廣殿同處로 以遣局情이니 亦表廓大慈悲 等衆生界니라 又如來入殿은 卽覺智現前이오 忽然廣博은 則身心無際니라 '十方已下'는 通結無盡이로되 唯結後四니 前已結故니라

드넓은 궁전에 모든 이들이 함께 거처한다는 것으로 국한된 마음을 떨쳐버린 것이다. 또한 크게 툭 트인 자비의 마음이 중생계와 같음을 밝힌 것이다. 또한 여래께서 궁전에 들어가심은 곧 깨달음의 지혜가 앞에 나타남이며, 궁전이 갑자기 넓어진 것은 곧 몸과 마음이 끝이 없음이다. "시방세계도 또한" 이하는 끝이 없음을 전체로 끝맺은 것이지만, 오직 뒤의 4가지만을 끝맺음이다. 앞의 6가

지는 이미 끝맺었기 때문이다.

● 論 ●

隨文釋義者는 云不離菩提樹者는 明菩提體 無去來遠近處所의 可離可到故며 又如來智身이 無表裏하야 體徧周故며 又法界 非大小라 毫刹相容故며 又心境이 無二相하야 無中邊方所故며 又諸法이 無自性하야 一多恒圓滿故라

帝釋이 遙見佛來者는 有二義하니 一은 事오 二는 表法이라 一은 事者는 爲如來 於無去來性에 示去來之相일세 故言遙見이오 二는 表法者는 明帝釋이 示同未悟에 不見如來의 智身徧周하야 與心一體일세 故言遙見佛來라 又信解 爲遙見이오 自心入位 爲佛來라

帝釋이 卽以神力으로 莊嚴此殿者는 亦有二義하니 一은 事오 二는 表法이니 其事는 可知오 二에 表法者는 自加行也라

　경문을 따라 그 뜻을 해석함에 있어 "보리수 아래를 여의지 않고"라고 말한 것은 보리의 본체가 오고 가는 곳, 멀고 가까운 곳을 여읠 것이나 다다를 것이 없음을 밝힌 때문이며,

　또한 여래의 지혜 몸이 안팎이 없어서 본체가 두루 존재하기 때문이며,

　또한 법계는 큰 것도 작은 것도 아니다. 하나의 털끝과 드넓은 국토가 서로 용납하기 때문이며,

　또한 마음과 경계가 2가지의 모양이 없어 중앙이나 변방이라는 곳이 없기 때문이며,

또한 모든 법이 자성이 없어 하나이든 많은 것이든 언제나 원만하기 때문이다.

제석천왕이 멀찌감치 서서 부처님 오신 것을 바라본 것에는 2가지의 의의가 있다.

(1) 현상의 일[事]이며,

(2) 법의 이치를 나타낸 것이다.

'(1) 현상의 일'이란 여래께서 오고 감이 없는 근본 성품의 자리에서 오고 감이 있는 몸의 모양을 보여준 것이기에 멀찌감치 서서 부처님 오신 것을 바라봄으로 말하였다.

'(2) 법의 이치를 나타냄'이란 제석천왕이 깨닫지 못한 것처럼 보였다. 이에 여래의 지혜 몸이 법계에 두루 존재하여 마음과 일체임을 아직 보지 못했음을 밝힌 까닭에 멀찌감치 서서 부처님 오신 것을 바라본다고 말한 것이다. 또한 신심과 이해는 멀리서 바라보는 것이 되고, 자기의 마음이 그 법좌의 자리에 들어가는 것이 곧 부처님이 오신 자리이다.

제석천왕이 신통력으로 묘승전을 장엄한 것 또한 2가지의 의의가 있다.

(1) 현상의 일[事]이며,

(2) 법의 이치를 나타낸 것이다.

'(1) 현상의 일'에 관해서는 말하지 않아도 알 것이며, '(2) 법의 이치를 나타냄'이란 스스로 더욱 정진하여 행함을 말한다.

安置普光明師子之座者는 亦有二義하니 一은 約位置座요 二는 約帝

釋의 自德根堪이라 一은 約位置座者는 約此十住位中法位也니 爲十住中에 得一切諸佛智慧光明之藏하야 於一切法에 自在無畏일새 故置此座故니라 如十行位中엔 於夜摩宮中에 化作寶蓮華師子之座는 此約行位니 在一切生死하야 具大悲行萬行호대 以理智體로 得無染故라 以是義故로 以蓮華로 爲座體어니와 在此十住位中하야는 以得一切諸佛智慧光明하야 普照萬法故로 安置普光明藏師子之座라 此十住中에 安置其座十千層級하고 十行中엔 化作百萬層級師子之座는 爲十住位中엔 初始入位일새 明須彌之上이 猶連地居니 明心有所得하야 從信創會見法之報라 以此義故로 師子座를 須有安置며 又方便三昧 是安置故어니와 十行位中엔 約十住位中理智妙慧功成일새 卽十行位中에 以妙用而化其座며 又約行從空而立일새 還約位在夜摩空居之天이라 云座十千層級과 又百萬層級과 及帝釋天宮과 夜摩天은 總明隨位升進行相이어니와 若也止人法智慧流인댄 不出毫塵코 徧諸刹海니 其座 乃至十廻向十地히 高下嚴飾이 各各隨位不同은 准例知之라

보광명장 사자법좌를 안치한 것은 또한 2가지의 의의가 있다.

(1) 지위를 가지고 법좌를 안치함이며,

(2) 제석천왕 그 자신의 복덕과 감당할 만한 근기로 말한 것이다.

'(1) 지위를 가지고 법좌를 안치함'이란 十住位의 法位로 말한다. 십주 가운데 일체 제불의 지혜 광명 창고를 얻어 일체 법에 자재하고 두려움이 없기에 사자법좌를 안치하게 된 이유이다. 十行位 가운데 야마천 궁중에서 보배 연꽃의 사자좌[寶蓮華師子座]를 변

화하여 만들어낸 것은 십행위로 말한다. 일체 생사에 있어 大悲의 마음을 갖춰 모든 행을 행하되 理智의 본체로써 더러움에 물듦이 없기 때문이다. 이런 의의 때문에 연꽃으로 법좌의 본체를 삼았지만, 十住位에 있어서는 일체 제불의 지혜 광명을 얻어서 모든 법을 널리 비춰보는 까닭에 '보광명장 사자좌'를 안치한 것이다.

十住에서의 사자법좌는 십천 층을 안치하고, 十行에서는 백만 층 사자좌를 변화하여 만들어낸 것은 십주위에서는 처음 그 지위에 들어가는 것이기에 수미산의 정상도 오히려 땅과 연결되어 있음을 밝힌 것이다. 마음에 얻은 바가 있어 신심으로부터 처음 이해한 見法의 과보임을 밝힌 것이다.

이런 의의 때문에 반드시 사자좌를 안치하는 것이며, 또한 방편 삼매가 이런 사자법좌를 안치하는 이유이다. 十行位에서는 앞서 十住位에서 이뤄진 理智妙慧를 가지고서 十行位의 妙用을 삼아 그와 같은 사자법좌를 만들어낸 것이며, 또한 行이 空으로부터 세워진 것으로 말하면 또한 그 지위가 야마천 허공에 있는 하늘을 가지고 말한 것이다.

사자법좌의 십천 층과 또는 백만 층 및 제석천궁과 야마천을 말한 것은 모두 지위에 따라 위로 올라가는 양상을 밝힌 것이지만, 만일 법을 증득하여 들어간 지혜의 流라면 미세한 털끝과 티끌에서 벗어나지 않고 모든 세계바다에 두루 존재하는 것이다. 그 법좌가 이에 십회향과 十地에 이르기까지 높낮이와 장엄의 수식이 각각 지위를 따라 똑같지 않음은 이에 준하면 말하지 않아도 알 수 있다.

其座上莊嚴이 皆十千者는 明萬行報得故니 令發心入位菩薩로 識果行因하야 無疑惑故라 從曲躬已下는 明帝釋이 於如來에 致敬하야 請佛入宮이니 明行謙行也오 如來受請은 明從信入住니 如文可知라

그 사자법좌 위의 장엄이 모두 '십천'인 것은 萬行의 과보로 얻은 것임을 밝혀주기 위한 때문이다. 처음 발심하여 그 지위에 들어가는 보살로 하여금 결과를 알고 원인을 행하여 의혹이 없도록 하기 위한 때문이다.

'몸을 굽히다[曲躬].'로부터 아래는 제석천왕이 여래께 공경하는 마음을 다하여 부처님을 청하여 궁중에 들었음을 밝힘이니 겸손한 행동으로 행하였음을 밝힌 것이며, 여래께서 제석천왕의 청을 받아들임은 십신으로부터 십주에 들어갔음을 밝힌 것이다. 이는 경문에서 보는 바와 같이 말하지 않아도 알 수 있다.

帝釋이 得宿念力하야 於過去佛所에 種善根으로 說頌歎佛者는 明以三昧力으로 自見身心體性이 同古今佛智慧善根故오 已下十佛은 是當位之功用이 合古也니

前之三佛은 是此今賢劫中佛이오 後之七佛은 是前劫中佛이니 以明創入十住之門에 古今法則이 相會니 明古佛今佛이 法不異故로 入此位者 會同不別故라 言吉祥者는 歎此山頂이 是福善之處故니 明升進者 以三昧力으로 身心不動이 如山王하야 總會古今諸佛로 同智慧故라

제석천왕이 宿念力을 얻어 과거불의 도량에서 선근을 심었기에 게송을 설하여 부처님에게 찬탄하게 되었음을 밝힌 것이다. 이

는 삼매의 힘으로 스스로 몸과 마음의 體性이 고금 제불의 지혜선근과 똑같다는 도리를 깨달았음을 밝힌 때문이며, 이하 十佛은 해당 지위의 작용이 옛 부처님과 부합된 것이다.

앞의 三佛은 지금 賢劫의 부처님이며, 뒤의 七佛은 前劫의 부처님이다. 이로써 처음 十住의 법문에 들어가자 고금의 법칙이 모두 회통함을 밝힌 것이다. 옛 부처님과 지금의 부처님의 법이 다르지 않기 때문에 이 지위에 들어간 자가 똑같아 다르지 않다는 점을 밝힌 때문이다.

'吉祥'이라 말한 것은 수미산 정상이 福善의 장소임을 찬탄한 때문이다. 지위에 따라 위로 올라가는 자가 삼매의 힘으로써 몸과 마음이 흔들리지 않는다. 이는 마치 큰 산과 같다. 이 모두가 고금의 모든 부처님 지혜와 똑같음을 알았다는 점을 밝히기 위한 때문이다.

如此世界中忉利天已下에 有四行經은 於中에 義分爲四호리니 一은 擧此世界에 歎佛功德이오 二는 總擧十方이 同然이오 三은 爾時已下는 明如來入殿하사 升座而坐오 四는 明其殿이 忽然廣博하야 普容諸天住處라 此는 明約如來無自他之德이 合然하야 令大衆得見이니 以明令大衆으로 入位同此라

'如此世界中忉利天' 이하의 4줄 경문은 그 의의를 4가지로 나눌 수 있다.

(1) 이 세계에서 부처님의 공덕 찬탄을 들어 말하였고,

(2) 시방세계가 똑같음을 총체로 들어 말하였고,

(3) '爾時' 이하는 여래께서 묘승전에 들어가 사자법좌에 올라앉

음을 밝힌 것이고,

(4) 묘승전이 갑자기 드넓어져 널리 모든 하늘의 대중을 받아들여 머물 곳이 있음을 밝힌 것이다. 이는 여래의 나와 남이 없는 덕이 당연히 그와 같다는 점을 가지고서 대중으로 하여금 이를 보도록 하기 위함을 밝힌 것인바, 이로써 대중으로 하여금 그 지위에 들어가 이와 같게 함을 밝힌 것이다.

已上은 釋升須彌品竟이니 大約 此는 明以三昧力으로 正入定時에 身心이 蕩然하야 稱法界性無表裏니 光明朗徹이 是忽然廣博義며 亦是普光明藏師子之座義오 智慧現前이 是佛來義니 一一如是會理修行이오 不可但逐名言也니라 升須彌山頂品 竟하다

이상은 승수미산정품의 해석을 끝마침이다. 대략 이는 삼매의 힘으로써 바로 선정에 들어갈 때에 몸과 마음이 툭 트여 法界性에 부합되어 안팎의 차이가 없다. 광명이 밝게 빛남이 '묘승전이 갑자기 드넓어졌다.'는 의의이며, 또한 '보광명장 사자좌'의 의의이며, 지혜가 앞에 나타남이 '부처님이 오신다.'는 의의이다. 하나하나 이와 같이 이치를 이해하고서 수행해야 할 것이며, 단 명제와 언어를 따라서는 안 된다.

승수미산정품을 끝마치다.

승수미산정품 제13 升須彌山頂品 第十三
화엄경소론찬요 제29권 華嚴經疏論纂要 卷第二十九

# 화엄경소론찬요 제30권
華嚴經疏論纂要 卷第三十

●

## 수미정상게찬품 제14
須彌頂上偈讚品 第十四

一

釋此品에 四門分別이라

初는 來意라

이 품의 해석은 4분야(來意·釋名·宗趣·釋文)로 나뉜다.

1. 유래한 뜻

◉疏◉

來意者는 旣明化主赴感이라 今辨助化讚揚이니 將演住門하야 先陳體性이라 性은 卽佛智니 先讚如來라 故品來也니라

유래한 뜻이란 앞서 화주의 감응을 밝힌 바 있다. 여기에서는 교화를 도와 찬양함을 논변하였다. 장차 다음 품에서 十住 법문을 연설하고자, 먼저 본체의 성품을 서술하였다. 성품이란 곧 부처님의 지혜이다. 먼저 여래를 찬탄한 까닭에 본 품을 여기에 쓰게 된 것이다.

二 釋名

2. 품명을 해석하다

◉疏◉

釋名者는 須彌約處하야 讚稱佛德이니 依處有讚일세 故立此名이라 亦頂上之讚이니 揀餘處也니라

품명을 해석한다는 것은 수미산이라는 곳을 들어 부처님의 높은 덕을 비유하여 찬탄한 것이다. 드높은 곳으로 비유하여 찬탄한 까닭에 이런 품명을 세운 것이다. 또한 정상에 의한 찬탄이니 나머지 다른 곳과는 차이가 있다.

## 三宗趣
### 3. 종취

● 疏 ●

宗趣者는 以集衆放光偈讚으로 爲宗하고 爲成正說로 爲趣며 又顯佛德으로 爲宗하고 令知住體로 爲趣니라

宗趣는 대중의 모임, 방광, 게송의 찬탄으로 宗을 삼고, 바른 설법의 성취로 趣를 삼으며, 또한 부처님의 공덕을 나타내는 것으로 종을 삼고, 하여금 십주의 본체를 알도록 하는 것으로 취를 삼는다.

● 論 ●

將釋此品에 約作四門分別호리니 一은 釋品名目이오 二는 釋品來意오 三은 都會此十住六品之經意오 四는 隨文釋義라

장차 본 품을 해석함에 있어 간단하게 4부분으로 나뉜다.

(1) 본 품의 명제를 해석함이며,

(2) 본 품의 유래한 뜻을 해석함이며,

(3) 十住에 관한 6품의 경문에 언급된 모든 의의를 회통함이며,

(4) 경문을 따라 그 뜻을 해석함이다.

一은 釋品名目者는 以法慧等十箇菩薩이 各以自己當位隨位進修之法으로 還自以偈讚之하야 令信終菩薩로 倣之悟入故로 此品이 名爲偈讚品이니 明古今諸佛이 同會此智殿悲宮하야 俱會古今之佛일세 自身是未來之佛이 與古佛道合故라

(1) 본 품의 명제를 해석한다는 것은 법혜보살 등 십대 보살이 각각 자신의 해당 지위에서 지위에 따라 닦아왔던 법을 또한 스스로 게송으로 찬탄하여 十信을 끝마친 보살로 하여금 이를 본받아 깨달아 그 지위에 들어오도록 마련해준 까닭에 이 품을 수미정상게찬품이라 명명하였다. 고금의 모든 부처님이 똑같이 지혜와 자비의 마음이 충만한 궁전에 모여 다 함께 고금 부처님의 공덕을 회통하였기에 자신이 바로 미래의 부처님으로 옛 부처님의 도와 하나가 됨을 밝힌 때문이다.

二는 釋品來意者는 明前已創升須彌에 帝釋이 以偈歎佛이어니와 此品은 明十住位當位菩薩이 將當位法門하야 以偈讚之하야 令信心者로 得入位故라 故此品이 須來니 初歎過去佛이오 次歎今現在佛이오 未來佛者는 卽入此位者 是也라 是故로 經中에 不云未來니 十佛이 是過去佛이오 盧舍那 是現在佛이오 修行始入位者 是未來佛이라

(2) 본 품의 유래한 뜻을 해석한다는 것은 앞에서 이미 처음 수미산 정상에 오르심에 제석천왕이 게송으로써 부처님을 찬탄한 사실을 밝혔지만, 이 품에서는 十住位에 해당하는 보살이 해당 지위

의 법문을 가지고서 게송으로써 찬탄하여 신심이 있는 이들로 하여금 십주를 얻어 그 지위에 들어가도록 주선했음을 밝히고 있기 때문이다. 이 때문에 이 품을 반드시 여기에 쓸 수밖에 없는 것이다.

처음에는 과거불을 찬탄하였고, 다음에는 오늘날의 현재불을 찬탄하였고, 미래불이란 곧 이 지위에 들어갈 사람이 바로 여기에 해당된다. 이 때문에 경문에서는 미래불을 말하지 않았다. 十佛은 과거불, 비로자나불은 현재불, 수행하여 처음 십주위에 들어간 자는 미래불이다.

三은 都會十住之內須彌之上에 說六品經意者는 一은 升須彌品은 明信終升進이오 二는 須彌頂上偈讚品은 明偈讚當位之法하야 勸修升進之理오 三은 說十住品은 明當位所行之行이오 四는 說梵行品은 明總十住之中所持無相之性戒오 五는 發心功德品은 明於十住之中에 發心所得功德之量이오 六은 明法品은 卽明當位之法이 升進하야 向十行之因이니 此六品은 明當位之修行因果와 及向十行之因이라

(3) 十住 법문에 관해 수미산 정상에서 설법한 6품의 경문의 의의를 모두 회통한다는 것은 다음과 같다.

① 제13 승수미산정품은 十信을 끝마치고 한 단계 위로 올라감을 밝힘이며,

② 제14 수미정상게찬품은 해당 지위의 법을 게송으로 찬탄하여 위로 올라가는 이치를 닦도록 권면함을 밝힘이며,

③ 제15 십주품을 말한 것은 해당 지위에서 수행할 바를 행해야 함을 밝힘이며,

④ 제16 범행품을 말한 것은 십주의 지위에 지녀야 할 無相의 性戒를 총괄해야 함을 밝힘이며,

⑤ 제17 발심공덕품은 십주의 지위에서 발심하여 얻었던 공덕의 양을 밝힘이며,

⑥ 제18 명법품은 십주의 지위의 법이 한 단계 더 위로 올라가 十行으로 지향해야 하는 원인을 밝힌 것이다.

이처럼 6품은 십주의 지위의 수행인과 및 십행으로 지향해야 하는 원인을 밝혀주고 있다.

四는 隨文釋義니 如文具明이라

(4) 경문을 따라 그 뜻을 해석함이다. 이는 경문에서 구체적으로 밝힌 바와 같다.

第四 釋文은 總爲三分이니 第一은 集衆分이오 第二는 放光分이며 第三은 偈讚分이라

今은 初라

4. 경문을 해석하다

이는 모두 3단락으로 구분된다.

제1. 대중이 모여드는 부분이며,

제2. 여래께서 방광하는 부분이며,

제3. 게송으로 찬탄하는 부분이다.

이는 제1. 대중이 모여드는 부분이다.

### 經

爾時에 佛神力故로 十方各有一大菩薩이 一一各與佛刹微塵數菩薩로 俱하사 從百佛刹微塵數國土外諸世界中하야 而來集會하시니라

其名曰法慧菩薩과 一切慧菩薩과 勝慧菩薩과 功德慧菩薩과 精進慧菩薩과 善慧菩薩과 智慧菩薩과 眞實慧菩薩과 無上慧菩薩과 堅固慧菩薩이오

所從來土는 所謂因陀羅華世界와 波頭摩華世界와 寶華世界와 優鉢羅華世界와 金剛華世界와 妙香華世界와 悅意華世界와 阿盧那華世界와 那羅陀華世界와 虛空華世界라 各於佛所에 淨修梵行하시니 所謂殊特月佛과 無盡月佛과 不動月佛과 風月佛과 水月佛과 解脫月佛과 無上月佛과 星宿月佛과 淸淨月佛과 明了月佛이리

是諸菩薩이 至佛所已에 頂禮佛足하고 隨所來方하야 各化作毘盧遮那藏師子之座하사 於其座上에 結跏趺坐하시니라 如此世界中須彌頂上에 菩薩來集하야 一切世界도 悉亦如是하야 彼諸菩薩의 所有名字와 世界佛號가 悉等無別하니라

그때 부처님의 위신력으로 시방세계에 각각 한 분의 큰 보살이 있었는데, 하나하나 큰 보살들은 각각 불국토에 미진수만큼 수많은 보살들과 함께 묘승전에 이르렀으니, 백 불찰 미진수의 국토 밖에 있는 모든 세계에서 찾아와 모여든 보살들이다.

그 이름은 법혜보살, 일체혜보살, 승혜보살, 공덕혜보살, 정진

혜보살, 선혜보살, 지혜보살, 진실혜보살, 무상혜보살, 견고혜보살이다.

큰 보살들이 찾아왔던 국토는 이른바 인다라[帝釋]화 세계, 파두마[赤蓮]화 세계, 보화 세계, 우발라[靑蓮]화 세계, 금강화 세계, 묘향화 세계, 열의화 세계, 아로나[日出]화 세계, 나라타[人持]화 세계, 허공화 세계이다.

큰 보살들이 각각 부처님 계신 곳에서 깨끗하게 범행을 닦았다. 이른바 수특월 부처님, 무진월 부처님, 부동월 부처님, 풍월 부처님, 수월 부처님, 해탈월 부처님, 무상월 부처님, 성수월 부처님, 청정월 부처님, 명료월 부처님이다.

이 모든 보살들이 부처님 계신 묘승전에 이르러 부처님의 발에 이마를 대고서 절을 올리고, 보살들이 왔던 방위를 따라 각기 비로자나장 사자좌를 변화하여 만들고, 그 자리 위에 가부를 맺고 앉았다.

이 세계의 수미산 정상에 보살들이 찾아와 모인 것처럼 나머지 일체 세계 또한 모두 그와 같았다. 그 모든 보살들의 명호, 그리고 세계, 부처님 명호도 모두 똑같아 차별이 없었다.

● 疏 ●

文有十同이오 義兼三異니 謂五六七이라

一은 集因同이니 皆佛力故니 亦同前會時오

二十方下는 主首同이오

三一一各下는 眷屬數同이오

四從百佛下는 來處量同이라 前十此百은 位已增故오
五其名下는 表法名同이니 慧卽十解니 能見法故니라 菩薩名異는 至偈釋之오
六所從來下는 世界名同이니 同名華者는 位相創開에 無著感果故니라 別卽次第 配於十住니 亦可別明十住勝進十法이니 思之可知오
七各於下는 所事佛同이니 同名月者는 表位中佛果니 智明暗息과 恩益清涼과 應器周故니라 別名은 卽十住自分十法之果니라【鈔 智明暗息等者는 月有四德이 合佛三法이니 明은 是智德이오 暗息은 斷德이오 清涼은 恩德이며 應器周故도 亦是恩德이라 又具上三德일새 故能徧應이라 別名卽十住者는 前釋 配勝進故오 此配自分이니 具如下文이라】
一은 以十難得法이 可謂殊特이오 二는 發十大心이 不可窮盡이오 三은 觀於空等이 不可傾動이오 四는 了知業行 生死涅槃을 如風不住오 五는 饒益安樂一切衆生이 如水普潤이오 六은 聞十種法코 心定不動이라 故得解脫이오 七은 聞十不退 可謂無上이오 八은 三業無失이 如星明淨이오 隨意受生이 燦然滿空하며 神足自在 若依空運轉이오 九는 善知煩惱 現起習氣일새 故得清淨이오 十은 觀察無數衆生根欲·智慧·心境을 餘不能知오 唯自明了니 以此十因으로 成茲十佛이니라
上且隨要相屬하야 以爲此釋이어니와 委明其相은 如十住文이라 八是諸已下는 申禮敬同이오 九隨所來下는 威儀住同이오 十如此下 結十方同이라 又上十方 從東次第는 如名號品이라
問호되 準此結通컨대 卽於十方盡空世界에 皆有菩薩而來集會者니 且如東方過百刹塵土外하야 亦有衆集인댄 未知케라 彼因陀羅華世

界는 爲在何處오 餘界亦爾니라 答이라 如名號品하다【鈔_ 如名號品者는 不欲繁文이라 故令尋彼니 但遠近而異로되 義理合同이라 若刹若人이 皆徧法界하야 重重無盡이라】

경문에는 10가지의 같은 점이 있지만, 그 의의는 3가지의 차이점을 겸하고 있다. '(5) 보살의 명호', '(6) 차례로 十住에 배대함', '(7) 10가지 법의 결과'를 말한다.

(1) 묘승전 법회에 찾아와 모임이 똑같다. 이는 모두 부처님의 위신력 때문이다. 또한 앞의 법회 때와 똑같다.

(2) '十方' 이하는 주된 대보살이 똑같다.

(3) '一一各各' 이하는 권속의 수효가 똑같다.

(4) '從百佛' 이하는 찾아온 찰토의 크기가 똑같다. 앞의 十佛刹이 여기에서 百佛刹이 된 것은 이의 지위가 벌써 앞의 지위보다 더욱 훌륭하기 때문이다.

(5) '其名' 이하는 법을 나타내는 보살의 명호가 똑같다. 명호에 쓰인 慧는 곧 10가지의 지혜[十慧]를 말한다. 이는 보살들이 법을 잘 보았기 때문이다. 그러나 보살의 명호에 똑같이 '慧' 자를 쓰고 있지만 각기 명호가 다른 것은 게송 부분에서 해석하겠다.

(6) '所從來' 이하는 세계의 이름이 똑같다. 똑같이 '꽃[華]'이라 명명한 것은 그 지위에 따른 모습이 처음 꽃피어나 집착이 없는[無着] 것으로 결과를 얻었기 때문이다. 그러나 차이점으로 말한다면 곧 차례로 十住에 배대하였다. 또한 十住에 의해 차례로 나아가는 10가지의 법을 개별로 밝힌 것이다. 이는 생각하면 말하지 않아도

알 수 있다.

(7) '各於' 이하는 섬긴 부처님이 똑같다. 하나로 똑같이 부처님의 명호에 '…月'이라 명명한 것은 그 지위에 따른 佛果를 나타낸 것이다. '달'이란 지혜의 밝음, 어둠의 종식, 은혜의 이익, 시원함, 근기에 따라 두루 응하기 때문이다. 그러나 부처님의 명호가 같으면서도 각기 다른 것은 곧 十住의 해당 부분에 의한 10가지 법의 결과이다. 【초_ "지혜의 밝음, 어둠의 종식" 등이란 달이 지닌 4가지의 공덕이 부처님의 3가지 법에 부합된다. '밝음'은 지혜의 공덕이며, '어둠의 종식'은 결단의 공덕이며, '시원함'은 은혜의 공덕이며, '근기에 따라 두루 응함' 또한 은혜의 공덕이다. 또한 위의 3가지 공덕이 구족한 까닭에 두루 응할 수 있다. "부처님의 명호가 같으면서도 각기 다른 것은 곧 十住의 해당 부분"이란 앞의 찰토보다 한 걸음 더 앞으로 나가면서 짝한 때문이니, 이는 해당 지위의 부분에 의한 配對인바 아래의 경문과 같다.】

① '殊特'月佛: 10가지의 얻기 어려운 법을 '殊特'이라 말할 만하다.

② '無盡'月佛: 10가지의 큰마음을 일으킴이 끝이 없음을 말한다.

③ '不動'月佛: 空을 관하는 등이 기울거나 흔들리지 않음을 말한다.

④ '風'月佛: 業行의 생사열반을 아는 것이 멈추지 않는 바람과 같기 때문이다.

⑤ '水'月佛: 일체중생에게 이익을 주고 안락하게 함이 마치 물

이 만물을 널리 적셔주는 것과 같기 때문이다.

⑥ '解脫'月佛: 10가지의 법문을 듣고서 마음이 안정되어 흔들리지 않은 까닭에 해탈을 얻음이다.

⑦ '無上'月佛: 10가지의 뒤로 물러서지 않는 법문을 들은 것이 無上이라 말할 만하다.

⑧ '星宿'月佛: 신구의 삼업에 잘못이 없어 청정함이 마치 반짝이는 별처럼 초롱초롱하고, 마음 가는 대로 태어날 수 있음이 마치 찬란한 별들이 허공에 가득 찬 것과 같고, 神足의 자재함이 마치 허공을 의지하여 운전하는 것과 같기 때문이다.

⑨ '淸淨'月佛: 번뇌에 의해 현재 일어나는 습기를 잘 알기에 청정을 얻은 때문이다.

⑩ '明了'月佛: 무수한 중생의 根欲, 지혜, 心境을 관찰하는 공덕을 남들은 도저히 알 수 없고 오직 자신만이 분명하게 알기 때문이다.

위의 이러한 10가지 원인[十因]으로써 이처럼 열 분의 부처님이 성취된 것이다.

위에서는 잠시 중요한 부분만을 따라 서로 연결 지어 이를 해석하였지만, 자세히 그 위상을 밝히는 것은 십주품에서 말한 바와 같다.

(8) '是諸已' 이하는 공경하는 마음으로 頂禮를 올리는 것이 똑같다.

(9) '隨所來' 이하는 위의를 갖춰 법좌에 앉은 모습이 똑같다.

⑽ '如此' 이하는 시방세계가 똑같음을 끝맺은 것이다.

또한 위에서 말한 시방세계가 동쪽으로부터 시작하는 차례는 여래명호품에서 말한 바와 같다.

묻기를 "이처럼 전체를 끝맺은 부분에 준해 보면 곧 시방의 盡空世界에 모든 보살이 법회에 찾아와 운집한 것이다. 또한 저 동방에 百刹塵上의 밖을 벗어나서도 또한 대중이 운집한 것이라면, 알 수 없다. 저 因陀羅華世界는 어느 곳에 있는 것일까? 나머지 세계 또한 그와 같다."고 하였다. 이에 대한 답은 여래명호품에서 말한 바와 같다.【초_ "여래명호품에서 말한 바와 같다."는 것은 번잡하게 문장을 쓰지 않고자 여래명호품에서 찾아보도록 말한 것이다. 단 遠近의 차이는 있으나 그 뜻은 모두 똑같다. 이처럼 찰토와 이처럼 대중이 모두 법계에 두루 충만하여 거듭거듭 된 세계에 끝이 없기 때문이다.】

第二는 如來放光分이라

제2. 여래께서 방광하는 부분

經

爾時에 世尊이 從兩足指하야 放百千億妙色光明하사 普照十方一切世界須彌頂上帝釋宮中佛及大衆하야 靡不皆現이시니라

그때 세존께서 두 발가락 사이에서 백천억 가지의 미묘한 색깔의 광명을 쏟아내어, 널리 시방의 일체 세계와 수미산 정상 제석

궁전 가운데 계시는 부처님과 대중들을 비추시니, 모든 곳에 이런 광명이 나타나지 않은 데가 없었다.

◉ 疏 ◉

文義有六니 一時, 二主, 三處, 四數, 五相, 六業이라 處는 謂兩足指니 足指距地라야 得住有力하고 成位不退라야 而行有恒이라 數는 位過前일세 加於千也니라 相은 表解顯일세 故云妙色이라 普照十方하야 顯佛衆會는 一光照於一切니 則一切亦爾나 重疊無礙하야 無不互見하야 爲一法界圓明大會니라

경문의 뜻에는 6가지가 있다.

(1) 시간, (2) 법주, (3) 장소, (4) 수효, (5) 모습, (6) 하신 일이다.

방광의 '장소[處]'는 두 발가락 사이를 말한다. 발가락이 땅바닥에 닿아야 서 있는 데에 힘이 있듯이 뒤로 물러서지 않는 지위[不退位]를 성취해야만 행하는 바가 영원하여 장구할 수 있다.

방광의 '수효[數]'는 지위가 앞에서 성취했던 것보다 더 뛰어났기에 광명의 수효에 千을 더하여 '百千億妙色'이라 말하였다.

방광의 '모습[相]'은 뚜렷이 알 수 있는 것을 나타내는 까닭에 '미묘한 색깔[妙色]'이라 말한 것이다.

'널리 시방세계를 비춰준다.'고 말하면서도 '부처님과 대중의 법회' 자리를 밝힌 것은 하나의 광명이 일체 세계를 비춰주는 것이라면 일체 세계 또한 그와 같다. 거듭거듭 걸림이 없어 서로가 서로 나타나지 않음이 없어 하나의 법계 속에 원만하게 밝은 대법회

515

[一法界圓明大會]가 성립되는 것이다.

● 論 ●

已上菩薩名과 世界名과 十箇佛果는 總是此十住之中 隨位進修因果之號라 約隨方而表法이며 約入法而成名이니 所配可知니라

　이상에서 말한 보살의 명호, 세계의 명칭, 10가지의 佛果는 모두 十住位에서 그 지위에 따라 닦아나가는 인과의 호칭들이다.

　동서남북 등 방위를 따라 법을 나타냈고, 법에 들어가는 순으로 명호를 붙인 것이니, 위에 配對한 바와 같이 이는 더 이상 말하지 않아도 알 수 있다.

──

第三 偈讚分中에 十菩薩說은 卽爲十段이니 初一은 是總이오 餘九는 爲別이라 以法慧는 是說法主故로 總敍此會本末事義하고 總顯佛德이며 餘九는 歎佛差別之德이니 總別共顯如來無礙之會니라 此十菩薩名은 亦表十住오 其所說法은 表位勝進이라 勝進有二하니 一은 趣後位오 二는 趣佛果니 今約佛果라

今初는 東方法慧菩薩이라

　제3. 게송으로 찬탄하는 부분

　여기에서 열 분의 보살이 말한 게송은 모두 10단락이다.

　첫 제1단락은 총체로 말하였고, 나머지 9단락은 개별로 말하였다.

법혜보살은 이의 설법주이기 때문에 이 법회의 시작부터 끝까지의 일들과 그 의의를 총체로 서술했고 부처님의 공덕을 총체로 밝혔으며, 나머지 아홉 보살은 부처님의 각기 다른 공덕을 개별로 찬탄하였다. 이는 총체와 개별로 모두가 여래의 걸림 없는 법회를 밝혀주고 있다.

십대 보살의 명호는 또한 十住를 나타낸 것이며, 보살들이 말한 법문은 십주의 지위에 따라 앞으로 나아가는 바를 밝힌 것이다. 앞으로 나아가는 데에는 2가지가 있다. 첫째는 뒤의 지위로 나아가는 것이며, 둘째는 佛果에 나아가는 것이다. 여기에서는 佛果로 말하였다.

제1 동방 법혜보살

### 經

爾時에 法慧菩薩이 承佛威神하사 普觀十方하고 而說頌曰
하사대

그때 법혜보살이 부처님의 헤아릴 수 없는 영묘하고도 불가사의한 힘을 받들어 시방 중생을 살펴보고서 게송으로 말하였다.

| 佛放淨光明하시니 | 普見世導師가 |
| 須彌山王頂의 | 妙勝殿中住로다 |

부처님께서 청정 광명 놓으시니
모두들 보았다. 세간을 인도하신 부처님께서

수미산 최고의 정상

묘승전에 계시는 그 모습을…

◉ 疏 ◉

總了佛法이라 故勝進中에 云欲令菩薩로 於佛法中에 心轉增廣이라하
니 文中에 觀佛現用과 及與往修 皆周徧故니라 十頌은 分三이니 初五는
敍因佛光하야 見多盛事라

初一은 敍此品放光이라

    총체로 불법을 통달하여 알고 있었기에 앞으로 나아가는 과정 가운데 이르기를 "보살로 하여금 불법의 가운데 마음이 전전하여 더욱 광대하게 하고자 한다."고 하였다. 게송에서 부처님의 현재 작용 및 지난 수행이 모두 다 두루 거쳤음을 보았기 때문이다.

    10수의 게송은 3부분으로 나뉜다. 첫 5수의 게송은 부처님의 방광으로 인하여 수많은 성대한 일을 보게 됨을 서술한 것이다.

    제1게송은 이 품의 방광을 서술하고 있다.

**經**

一切釋天王이 　　　　請佛入宮殿하야
悉以十妙頌으로 　　　稱讚諸如來로다

    모든 제석천왕이
    부처님께 궁전으로 들어오시기를 청하여
    모두 열 수의 미묘한 게송으로

모든 여래 찬탄하네

◉ 疏 ◉

次一은 敍前品請讚이라

제2게송은 앞의 품에서 부처님을 청하여 게송으로 찬탄한 부분을 서술하였다.

經

彼諸大會中에　　　　所有菩薩衆이
皆從十方至하야　　　化座而安坐로다

　그 모든 대법회에
　계시는 보살 대중이
　모두 시방세계로부터 찾아와
　변화한 법좌에 편히 앉아 있다

彼會諸菩薩이　　　　皆同我等名이며
所從諸世界도　　　　名字亦如是로다

　그 법회에 모인 모든 보살이
　모두 함께 나와 같은 이름이며
　찾아온 곳의 모든 세계도
　그 이름 또한 같다네

本國諸世尊도　　　　　　名號悉亦同하시니
各於其佛所에　　　　　　淨修無上行이로다

　　본 국토의 모든 세존께서도
　　명호 또한 모두 같으시니
　　각각 부처님 계신 곳에서
　　위없는 행을 깨끗이 닦으셨다


◉ 疏 ◉

餘三은 重敍此品이라

　　나머지 3수(제3~5) 게송은 이 품을 거듭 서술하고 있다.


經

佛子汝應觀　　　　　　　如來自在力하라
一切閻浮提에　　　　　　皆言佛在中이로다

　　불자여, 그대들은 보라
　　여래의 자재하신 힘을…
　　일체 세계 염부제 중생들이
　　모두 '이 땅에 부처님 계신다'고 말들 한다


我等今見佛이　　　　　　住於須彌頂하시며
十方悉亦然하니　　　　　如來自在力이로다

　　우리도 지금 보니 부처님께서

수미산 정상에 계시는데
시방세계 모두 또한 그처럼 계시니
여래의 자재하신 힘이시다

◉ 疏 ◉

次二는 勸觀佛力하야 更發勝心이니 卽前品不起而升이니라【鈔_ 二頌 勸觀下는 前品이 成於四句도 亦從此生이라 謂前一偈半은 卽指上文이 니 是不起一切處而升一處며 後十方도 悉亦然이며 單取十方須彌頂도 亦然이라 卽是不離一切處로되 而升一切處라 取上一閻浮提하야 對此 면 則是不離一處而升一切處오 取上一閻浮하야 對我等今見佛이 住 於須彌頂이면 卽不離一處而升一處니 如來自在力은 通於四句니라】

다음 2수(제6~7) 게송은 부처님의 자재한 힘을 보고서 더욱 수승한 마음을 일으키도록 권면한 것이다.

자재한 힘이란 곧 앞의 품에서 말한, 보리수 아래에서 몸을 일으키지 않았음에도 도솔천궁에 오른 일이다. 【초_ "다음 2수 … 일으키도록 권면한 것이다." 이하는 앞의 품에서 4구를 형성한 것 또한 여기에서 나온 것이다. 앞 제6게송과 제7게송의 제1, 2구는 곧 위의 경문을 가리키는 것이다. 이는 일체 모든 곳에서 몸을 일으키지 않아도 어느 한 곳에 오르며, 뒤에서 말한 시방세계 또한 모두 그러하며, 단 시방과 수미산 정상만을 들어 말하여도 또한 그와 같다. 이는 일체 모든 곳을 여의지 않고서도 일체 모든 곳에 오른 것이며, 위에서 말한 하나의 염부제를 취하여 "우리도 지금 보니 부처님께서 수미산 정상에 계신다."는 것을 상대로 살펴보면 어느 한 곳을 여의지 않고서도 어느 한 곳으로 올라간 것이다. 여래의 자재하신 힘은 4구에 모두 통한다.】

經

一一世界中에　　　　發心求佛道하시니
依於如是願하야　　　修習菩提行이로다

　하나하나 모든 세계에서
　발심하여 부처님의 도를 구하시니
　이러한 서원에 의하여
　보리행을 닦으셨다

佛以種種身으로　　　遊行徧世間하사대
法界無所礙하시니　　無能測量者로다

　부처님께서 가지가지 몸으로
　세간에 두루 노니시되
　법계에 걸린 곳 없으시니
　이를 가늠할 사람이 없다

慧光恒普照하사　　　世暗悉除滅하시니
一切無等倫이라　　　云何可測知리오

　지혜의 빛을 항상 널리 비추어

세간의 어두움 모두 없애주시니

모든 사람 그 누구도 짝할 이 없는데

어떻게 그 경계를 알 수 있으랴

◉ 疏 ◉

後三은 擧因結果니 初一은 擧因이오 後二는 結果라 由因中行願을 刹刹齊修일세 故果位身智 徧應徧斷이라

뒤의 3수(제8~10) 게송은 원인을 들어 결과를 끝맺음이다. 제8게송은 원인을, 뒤의 제9~10게송은 결과를 들어 말하였다. 원인 가운데 行願을 모든 세계에서 똑같이 닦아온 까닭에 果位의 몸과 지혜가 두루 응하고 두루 결단이 있다.

第二. 南方一切慧菩薩

제2 남방 일체혜보살

經

爾時에 一切慧菩薩이 承佛威力하사 普觀十方하고 而說頌言하사대

그때 일체혜보살이 부처님의 헤아릴 수 없는 영묘하고도 불가사의한 힘을 받들어 시방 중생을 살펴보고서 게송으로 말하였다.

假使百千劫에　　　　常見於如來라도
不依眞實義하야　　　而觀救世者인댄

　　설령 백천 겁 동안
　　항상 여래를 친견할지라도
　　진실한 뜻을 따르지 않고
　　세상을 구원하는 자를 보면

是人取諸相하야　　　增長癡惑網하며
繫縛生死獄하야　　　盲冥不見佛이로다

　　그 사람은 모든 모양에 집착하여
　　어리석고 미혹한 그물만 키워나가며
　　생사의 지옥에 얽매여서
　　눈이 멀어 부처님을 보지 못하리라

● 疏 ●

一切慧者는 了一切法眞實之性하야 淨心地故니라 頌意는 爲顯於諸衆生增長大悲하야 以稱實而觀救世者故니라
十頌은 分六이니 初二는 違理觀佛이 非見佛이오 次四는 了法眞性이 眞見佛이오 三有一偈는 迷性取法이 不見佛이오 四一偈는 佛卽同法이 爲眞佛이오 五一偈는 引已了法이 爲見佛이오 六一偈는 推功有本이 了眞佛이라
初中前偈는 出其妄觀이니 假設長時하야 以況暫見이오 後偈는 明其有

524

損이니 由上不依眞實이면 則取相乖眞이니 但長集網하야 繫於苦獄하고 盲無慧眼하야 冥然不見佛之法身이라 然此遮取相일세 故假設長時하야 無有多劫이며 全不了義니 以見如來하야 增智慧故니라

'一切慧'란 일체 법 진실의 본성을 깨달아 마음의 자리를 청정하게 하기 때문이다.

게송에서 말한 뜻은 모든 중생에게 자비의 마음을 키워나가 실상의 이치에 부합하는 것으로 세간 중생을 구제하는 부처님을 보도록 함을 밝히고 있기 때문이다.

10수의 게송은 6단락으로 구분된다.

제1단락의 2수(제1~2) 게송은 진리에 어긋난 것으로 부처님을 보는 것은 부처님을 보는 것이 아님을 말하였다.

제2단락의 4수(제3~6) 게송은 법의 참다운 근본자리인 성품을 깨닫는 것이 참다운 부처님을 보는 것임을 말하였다.

제3단락의 제7게송은 근본자리인 성품을 알지 못하고서 법을 취함은 부처님을 보는 것이 아님을 말하였다.

제4단락의 제8게송은 부처님이 곧 법과 같음을 깨달음이 참다운 부처님을 보는 것임을 말하였다.

제5단락의 제9게송은 자신이 깨달은 법으로 인도하는 것이 부처님을 보는 것임을 말하였다.

제6단락의 제10게송은 근본자리로 그 공로를 미루는 것이 참다운 부처님에 대해 깨달음임을 말하였다.

제1단락의 2수 게송 가운데, 제1게송은 잘못된 관점을 말한 것

으로, 장기간의 친견을 가설하여 잠깐 친견하는 것과 같음을 비유했고, 제2게송은 손해를 입게 됨을 밝힌 것으로, 위의 게송에서 말한 바와 같이 "진실한 뜻을 따르지 않는다." 하면 그것은 겉모습만을 취하여 진리에 어긋난 것이다. 단 번뇌를 모으고 쌓아가는 그물만을 키워서 고통의 옥에 갇히고 지혜 없는 눈으로 맹인이 되어 까마득히 부처님의 법신을 보지 못할 것이다. 그러나 이는 겉모습만을 취하는 데에 가려진 까닭에 장기간의 세월을 가설하여 그것은 많은 세월이랄 수 없으며, 전혀 그 이치를 깨닫지 못한다. 여래를 제대로 보아야만 지혜를 키워나갈 수 있기 때문이다.

## 經

**觀察於諸法**컨댄  **自性無所有**니
**如其生滅相**하야  **但是假名說**이로나

    모든 법을 자세히 살펴보면
    그 자체가 있는 게 없다
    그 생멸하는 모양처럼
    단 거짓 이름만 말할 뿐이다

**一切法無生**이며  **一切法無滅**이니
**若能如是解**하면  **諸佛常現前**이로다

    모든 법은 생겨나지도 않고
    모든 법은 사라지지도 않는다

만약 이와 같이 알면

모든 부처님이 항상 그 앞에 계시리라

**法性本空寂**하야　　　　　**無取亦無見**이니
**性空卽是佛**이라　　　　　**不可得思量**이로다

법의 본성은 본래 공적하여

취할 수도 없고 또한 볼 수도 없다

본성이 공적한 자리가 곧 부처이다

생각한다거나 헤아릴 수 없다

**若知一切法**이　　　　　**體性皆如是**면
**斯人則不爲**　　　　　**煩惱所染著**이로다

만약 모든 법의

그 자체 성품이 모두 이런 줄 알면

이 사람은 곧

번뇌에 물들지 않으리라

● 疏 ●

第二四偈는 了法眞性眞見佛이라 於中에 前二는 眞觀이오 後二는 眞止라 前中初二句는 空觀이니 緣生無性故오 次一句는 假觀이니 隨俗假名故오 次二句는 中觀이니 由前生滅一切諸法이 卽無性故로 相體卽是不生滅也오 後二句는 觀益이니 諸法如는 卽是佛如오 無生滅은

527

佛體本常이오 觀稱於如는 則佛常現이온 況三觀一心이라 則佛之體用이 無不現矣니라【鈔_ 初二句空觀'等者는 約三觀釋이니 皆初牒經標觀이오 後句는 取經意釋成이라 中觀疏釋成中에 有二義釋하니 一云'由觀前生滅一切諸法卽無性故'者는 一切法故로 非無오 卽無性故로 非有니 由前但觀無性是空과 '但觀假名是假'하야 今二相卽이라 故非空非假니 是中道義니 此는 約卽緣生法하야 以明中道니라 二云 '相體卽是不生滅也'者는 約三性義하야 以辨中道니라

然'無生'多義나 略有二種하니 一은 事無生이니 緣生之相이 卽無生故오 二는 理無生이니 圓成實體이 本不生故니라 今旣經言該一切法하야 不揀相性이면 則相體皆無生矣니 則徧計無生은 是空觀이오 緣生假有는 是假觀이오 緣生無生과 及圓成無生은 皆中道觀이라 則性相二宗은 三觀皆具나 然此二偈는 亦可但爲性空觀이면 則初二句는 正辨性空이라 故言自性無所有오 次假觀은 二句通妨이니 謂有難言호되 現見生滅인댄 那言無生이 故釋云隨世假說'이라하니라 次二句 中觀은 正示不生之理라 依此釋者는 極順常解三論中意로되 而未得於龍樹玄旨라 故疏取論三觀釋之니라】

　　제2단락의 4수(제3~6) 게송은 법의 참 본성자리를 깨닫는 것이 참답게 부처님을 보는 것임을 말해주고 있다.

　　4수 게송 가운데, 제3~4게송은 참답게 보는 것[眞觀]이며, 제5~6게송은 참답게 그치는 것[眞止]이다.

　　제3게송의 제1, 2구는 空觀이다. 인연으로 생겨난 것이 자성이 없기 때문이다. 다음 제3구는 假觀이다. 세속의 모든 일들은 假名

을 따르기 때문이다.

다음 제4게송의 제1, 2구는 中觀이다. 앞에서 말한 생겨나고 사라지는 일체 모든 법이 자성이 없기 때문에 현상으로 나타나는 체성이 곧 생겨나고 사라짐이 없음을 따른 것이다. 제3, 4구는 관의 이익[觀益]이다. 모든 법의 如如함은 곧 부처님의 여여함이며, 생겨나고 사라짐이 없는 것은 부처님의 본체가 본래 영원함이며, 觀이 여여함에 부합되면 부처님이 언제나 그 앞에 나타나는데, 하물며 3가지의 관[三觀: 空, 假, 中觀]이 하나의 마음이야 어떠하겠는가. 곧 부처님의 본체와 작용이 나타나지 않음이 없다.【초_ "제3게송의 제1, 2구는 空觀" 등이란 空, 假, 中觀으로 해석한 것이다. 모두 첫 구절은 경문을 이어서 관을 내세운 것이며, 뒤 구절은 경문의 뜻을 취하여 해석하고 끝맺은 것이다.

中觀으로 해석하고 끝맺은 데에는 2가지의 의의로 해석하였다.

① "앞에서 말한 생겨나고 사라지는 일체 모든 법이 자성이 없기 때문이다."는 것은 일체 법이라 말한 것으로 보면 그것은 '없다[無]'는 게 아니며, 곧 '자성이 없'기 때문에 '있다[有]'는 것도 아니다. 앞서 말한 "단 자성이 없다는 것만을 관하면 이는 공이다[但觀無性是空]."와 "단 가명만을 관하면 이는 거짓이다[但觀假名是假]."는 말을 따라 여기에서는 이 2가지가 서로 하나이다. 이 때문에 空도 아니요 假도 아니다. 이것이 中道라는 의의이다. 이는 인연 따라 생겨나는 법을 가지고서 중도를 밝힌 것이다.

② "현상으로 나타나는 체성이 곧 생겨나고 사라짐이 없다."는

것은 三性, 즉 依他起性, 遍計所執性, 圓成實性으로 중도를 논변하였다. 그러나 '無生'에는 여러 가지의 뜻이 있지만 간단하게 말하면 2가지이다.

① '事無生'이다. 인연으로 생겨나는 현상의 모습이 곧 無生이기 때문이다.

② '理無生'이다. 圓成의 실체가 본래 생겨남이 없기 때문이다.

이의 경문에서 앞서 말하기를 "모든 법을 갖추고서 현상의 모습과 근본의 체성을 구별하지 않는다면 현상과 본체는 모두 생겨남이 없는 자리이다."고 하였다.

이로 보면 遍計所執性의 無生은 空觀이며, 인연으로 생겨나는 假有는 假觀이며, 인연으로 생겨나는 것은 생겨남이 없다는 것과 圓成實性의 無生은 모두 中道觀이다. 性宗·相宗에서는 三觀을 모두 갖추고 있다. 그러나 이 2게송 또한 性空觀일 뿐이라고 말한다면 제3게송의 제1, 2구는 바로 性空을 논변한 것이다. 이 때문에 "자성이 없다."고 말한 것이다.

다음 제3구에서 말한 假觀은 2구의 논란을 통하여 말한 것이다. 어떤 사람이 논란하여 말하기를 "현재 생겨나고 사라지는 것을 보았다면 어떻게 無生이라 말할 수 있을까?"라고 하였다. 이 때문에 이를 해석하여 "세속의 모든 假名을 따랐다."고 말한 것이다.

다음 제3게송의 제1, 2구는 中觀이라는 것은 바로 생겨나지 않는다는 이치를 보여준 것이다.

이러한 해석을 따른 자는 으레 三論으로 해석하는 뜻을 지극히 따른 것이지만 龍樹보살이 말한 현묘한 종지를 얻은 것은 아니다. 이 때문에 청량소에서 三觀을 취하여 이를 해석한 것이다.】

後二는 眞止中에 以觀觀法에 能所紛動이라 故須寂之니 初句는 牒前法性이오 次句는 泯其能所니 法性本空이라 非觀之使空일세 故無所取어니 何有能見이리오 次二句는 心冥性佛이라 故止絶思求니라【鈔_ 法性本空者는 此以性空門으로 顯無所取오 次云'何有能見'者는 卽以相待門으로 遣其能見이니 此中語略이라 合云若有所取인댄 則有能取어니와 旣無所取라 故無能取오 能因於所而得立故로 亦曰相因門이라 하니라 然取與見은 皆通能所어늘 今所取中에 則存於取로되 略無能取오 於能見中에 略無所見하니 所見이 卽所取故일세니라】

 "제5~6게송은 참답게 그치는 것[眞止]이다."는 가운데 觀으로써 법을 관하면 주체와 대상이 분분하게 흔들리는 까닭에 반드시 이를 고요하게 한 것이다.

 제5게송의 제1구는 앞서 말한 法性을 이어서 말하였고, 제2구는 주체와 대상을 없애는 것이다. 법성이 본래 공허한 것이지, 觀을 통하여 공하게 만든 것이 아니다. 이 때문에 취할 바가 없는데 어떻게 이를 볼 수 있겠는가. 다음 제3, 4구는 마음이 본성의 부처와 보이지 않게 부합된 까닭에 생각이나 추구함이 모두 끊어진 것이다.【초_ "법성이 본래 공허하다."는 것은 性空門으로 취할 바 없음을 밝혔고, 다음으로 "어떻게 이를 볼 수 있겠는가."라고 말한 것은 곧 相待門으로 볼 수 있는 것을 떨쳐버린 것이다. 이의 말은 중간에 생략되었다. 이는 마땅히 이처럼 말해야 할 것이다.

"만약 취한 바가 있다면 취할 수 있는 주체가 있는 것이지만, 이미 이처럼 취할 대상이 없다. 이 때문에 취하는 주체가 없으며, 주체는 대상으로 인해서 성립되기 때문에 이를 또한 相因門이라고 말한다."

그러나 취함과 보는 것은 모두 주체와 대상에 통하는 것인데, 여기에서 취하는 대상 가운데 취함이 있으나 조금도 취하는 주체가 없고, 볼 수 있는 주체 가운데 조금도 보는 대상이 없다. 보는 대상이 곧 취하는 대상이기 때문이다.】

又上來에 空以遣有하고 假以遣空이며 如는 則雙遣空假하야 形奪兩亡이라【鈔_ '又上來'者는 此別爲一釋이니 不分止觀하고 四偈相躡하야 總爲遣病이니 則四偈中에 初二句는 以空遣有오 次二句는 以假遣空이오 次二句는 以如不生滅로 雙遣空假오 次二句는 且結觀益이오 第三偈는 卽遣雙非니라】

또한 위에서 空으로써 有를 떨쳐버리고 假로써 空을 떨쳐버리며, 如는 곧 空·假를 모두 떨쳐버려 2가지가 사라짐이다.【초_ "또한 위에서"라는 것은 개별로 하나의 해석을 하였다. 止觀을 구분하지 않고 4수의 게송을 서로 뒤이어서 총체로 병폐를 버리고자 함이다.

4수 게송 가운데, 첫째 제3게송의 제1, 2구는 空으로써 有를 떨쳐버림이며,

제3, 4구는 假로써 空을 떨쳐버림이며,

다음 제4게송의 제1, 2구는 생멸이 없는 如로써 空·假를 모두 떨쳐버림이며,

제3, 4구는 관의 이익[觀益]을 끝맺음이다.

셋째 제5게송은 곧 雙非를 보냄이다.】

若謂雙非인댄 還成戲論이라 故起心皆妄이오 絶念方眞이니 念本自無라 斯絶亦滅이니라 故中論에 云如來寂滅相은 分別有亦非며 如是性空中에 思惟亦不可라하니 用斯文也니라

後一은 顯觀益이니 心冥體性이어니 惑何由生이리오 亦含三止意也니라【鈔_ 亦含三止者는 上云心冥性佛은 卽停止止니 心安正理故오 止絶思求는 卽止息止오 今偈疏文에 卽心冥體性은 停止止也오 惑何由生은 止息止也며 直就經文하야 體性皆如는 卽是對不止止也니 謂法性은 非止·非不止어늘 而冥性爲止라 故云對不止止라하니라】

만일 모두가 아니라고 말하면 이 또한 유희의 말장난이다. 이 때문에 마음이 일어나면 모두 잘못된 허망한 생각이다. 따라서 허망한 생각을 끊어야만 비로소 참다운 이치임을 논변한 것이다. 생각이 본래 스스로 없다. 끊으려는 그 자체 또한 없다. 이 때문에 中論에 이르기를 "여래의 적멸한 모습은 있다고 분별하는 것 또한 잘못이며, 이와 같은 性空의 가운데 思惟하는 것도 또한 안 된다."고 하였다. 이 문장을 인용한 것이다.

뒤의 제6게송은 관의 이익[觀益]을 나타냄이다. 마음이 體性에 보이지 않게 부합했는데 미혹이 그 무엇에 의해 일어날 수 있겠는가. 이 또한 三止의 뜻을 포함하고 있다.【초_ "또한 三止의 뜻을 포함하고 있다."는 것은, 위에서 말한 "마음이 본성의 부처와 보이지 않게 부합했다."고 말한 것은 곧 '停止의 止'이다. 이는 마음이

533

바른 이치에 안주한 때문이다. "생각하거나 추구함이 끊어졌다."는 것은 곧 '止息의 止'이다.

이의 게송에 관해 청량소에서 "마음이 體性에 보이지 않게 부합했다."는 것은 '停止의 止'이며, "미혹이 그 무엇에 의해 일어날 수 있겠는가."는 '止息의 止'이며, 바로 경문에서 "體性이 모두 여여하다."는 것은 곧 '不止의 止'를 상대로 말한 것이다. 법성이란 그친 것도 아니요, 그치지 않은 것도 아니다. 본성에 보이지 않게 부합하여 그친 까닭에 "不止의 止를 상대로 말한다."고 하였다.】

又亦通結止觀이니 稱上而觀에 見惑性空하야 卽同佛性이어니 何能染哉아

또한 止·觀을 통하여 끝맺음이다. 위의 게송에 맞추어서 살펴보면 見惑의 자체가 공하여 곧 佛性과 같은데 어떻게 이를 물들일 수 있겠는가.

凡夫見諸法에  但隨於相轉하고
不了法無相일세  以是不見佛이로다

범부가 모든 법을 보면
단 겉모습을 따라 전전하고
법의 모양이 없는 줄을 알지 못하여
이 때문에 부처님을 보지 못한다

◉ 疏 ◉

第三一偈는 迷性中에 上半은 取法이오 次句는 迷性이오 末句는 結過니라

　　제3단락의 제7게송은 미혹의 자성 가운데, 제1, 2구는 법으로 말하였고, 다음 제3구는 미혹의 자성이며, 제4구는 잘못을 끝맺음이다.

經

牟尼離三世하사　　　　諸相悉具足하시며
住於無所住하사　　　　普徧而不動이로다

　　석가모니불께서 삼세를 여의시고
　　모든 용모 모두 구족하시며
　　머무는 바 없이 머무시어
　　널리 두루 하면서도 움직이지 않으신다

◉ 疏 ◉

第四一偈는 佛卽同法如니 謂同空法故로 離三世오 同假法故로 相具足이오 同雙遣故로 無住無著이오 同如體故로 徧不動搖이니라

　　제4단락의 제8게송은 부처님이 곧 여여한 법과 같다. 공한 법과 같은 까닭에 삼세를 여의고, 假法과도 같은 까닭에 원만하신 용모가 구족하고, 모두 다 떨쳐버림과 같은 까닭에 머무는 것이나 집착한 바가 없고, 여여한 본체와 같은 까닭에 두루 응하면서도 움직이지 않는다.

**經**

我觀一切法하고 　　皆悉得明了하니
今見於如來에 　　決定無有疑로다

　　내, 모든 법을 살펴보고
　　모두 다 분명하게 알았으니
　　이제 여래를 친견함에
　　결코 의심이 없다

● **疏** ●

第五 一偈는 引已中에 此親自證하야 希衆無惑이라
　　제5단락의 제9게송은 자기의 몸을 인용한 가운데 몸소 스스로 증득하여 대중까지도 미혹이 없기를 바라는 마음이다.

**經**

法慧先己說 　　如來眞實性일세
我從彼了知 　　菩提難思議로다

　　법혜보살이 나보다 먼저
　　여래의 진실한 성품을 말하시니
　　나는 그를 따라서
　　불가사의한 보리지혜를 알았다

● 疏 ●

第六 一偈 推功有本者는 非師心也라 亦謙己推人이 異乎凡情하야 令法鉤鎖하며 殊塗同致니 下八은 準之니라

 제6단락의 제10게송에서 말한 "근본자리로 그 공로를 미루는 것"이란 자신의 마음을 스승으로 삼아 자신을 내세워서는 안 된다. 또한 자기의 몸을 낮추고 남들을 올려 세우는 것이 여느 사람의 마음과 달라서 법으로 묶어두고 길은 달라도 그 뜻이 똑같다. 아래의 여덟 보살의 게송은 이에 준한다.

第三 西方 勝慧菩薩

 제3 서방 승혜보살

經

爾時에 勝慧菩薩이 承佛威力하사 普觀十方하고 而說頌言하사대

 그때 승혜보살이 부처님의 헤아릴 수 없는 영묘하고도 불가사의한 힘을 받들어 시방 중생을 살펴보고서 게송으로 말하였다.

如來大智慧가 　　希有無等倫하시니
一切諸世間이 　　思惟莫能及이로다

 여래처럼 큰 지혜를 지니신 분

이 세상에 드물어 짝할 이 없다
일체 모든 세간 중생의
생각으로는 도저히 미칠 수 없다

● 疏 ●

西方勝慧는 以解佛勝智 隨空心淨일새 故以爲名이라 頌意는 爲顯欲令菩薩智慧明了니 卽大智了如 及佛性故니라
十頌은 分四니 初一은 讚智爲迷悟本이오 次四는 正顯迷悟오 次四는 喩前得失이오 後는 推功有在라 今初는 由難思故迷니 難則容有思者라 故有悟니라【鈔_ 約此偈 明隨空心淨은 卽表位中義라 故彼文에 云 所謂觀一切法無常・一切法苦・一切法空等이라 故云 隨空心淨이라하니라 下七菩薩初釋名中에 皆有二意니 細尋準此니라】

　서방의 승혜보살은 부처님의 수승한 지혜가 공한 마음을 따라 청정하게 됨을 알기에 이런 명호를 얻은 것이다.
　게송의 뜻은 보살의 지혜로 이를 명백하게 알도록 하기 위해 밝힌 것이다. 곧 큰 지혜로 여여함 및 佛性을 깨달아 통달하기 위한 때문이다.
　10수의 게송은 4단락으로 구분된다.
　제1단락은 지혜가 혼미와 깨달음의 근본이 됨을 찬탄함이며,
　제2단락의 4수 게송은 바로 혼미와 깨달음을 나타냄이며,
　제3단락의 4수 게송은 앞서 말한 잘잘못을 비유함이며,
　제4단락은 존재가 있음에 그 공을 미뤄주는 것이다.

제1단락은 불가사의한 연유로 혼미한 것이다. 불가사의하면 도리어 간혹은 생각하는 자가 있다. 이 때문에 깨달음이 있다. 【초_ 이 게송으로 해석한 것이며, 공한 마음을 따라 청정하게 됨은 곧 지위의 의의를 나타낸 것이다. 이 때문에 그 경문에 이르기를 "이른바 모든 법의 무상함, 모든 법의 괴로움, 모든 법의 空 등을 보았다."고 한 까닭에 "공한 마음을 따라 청정하다."고 말한 것이다.

아래 일곱 보살의 첫째 게송에서 명호를 해석하는 가운데 모두 2가지의 뜻이 있다. 자세히 살펴 이를 준해 보아야 한다.】

### 經

凡夫妄觀察하야 　　取相不如理하나니
佛離一切相이라 　　非彼所能見이로다

　범부는 헛되이 관찰하여
　겉모양만 취하고 이치와 같지 못하니
　부처님은 모든 모양을 여의었기에
　그들이 볼 수 없는 일이다

迷惑無知者는 　　妄取五蘊相하야
不了彼眞性하나니 　　是人不見佛이로다

　미혹하여 앎이 없는 자는
　헛되이 오온의 모양만을 취하여
　그 참된 본성을 알지 못하니

그런 사람은 부처님을 볼 수 없다

● 疏 ●

次四는 迷悟中에 初二는 迷오 後二는 悟니 迷中初一은 心外取境하야 生想違理라 故不能見無相之佛이오 後偈는 取內蘊相하야 不了蘊性이라 故不見心佛이니 亦是愚法小乘일세 故名無知者니라

제2단락의 4수 게송은 혼미와 깨달음의 가운데, 첫 2수(제2~3) 게송은 혼미를, 뒤의 2수(제4~5) 게송은 깨달음을 말하고 있다.

혼미를 말한 제2게송은 마음 밖의 경계를 취하여 망상을 내어 이치를 어긴 까닭에 모양이 없는 부처님을 보지 못하며, 제3게송은 안으로 오온의 모양만을 취하여 오온의 성품을 알지 못한 까닭에 마음의 부처를 보지 못한다. 이 또한 愚法의 소승이기에 그들을 '無知者'리 명명한 것이다.

經

了知一切法이             自性無所有니
如是解法性하면         則見盧舍那로다

　알아야 한다. 모든 법이
　그 자성은 있는 바가 없다는 것을…
　이와 같이 법성을 이해하면
　곧 비로자나불을 친견하리라

因前五蘊故로　　　　　後蘊相續起하나니
於此性了知하면　　　　見佛難思議로다

　　앞의 오온을 인한 까닭에
　　뒤의 오온이 서로 뒤이어 일어나니
　　이런 오온의 자성을 알면
　　불가사의한 부처님을 친견하리라

● 疏 ●

後二悟中에 前明倒想은 內外俱妄이오 今有了因은 內外皆悟니라 初偈는 翻前外取니 謂了一切法이 卽心自性이라 性亦非性하야 情破理現이면 則見舍那하야 稱於法性하야 無內外也니라【鈔_ 謂了一切法等者는 卽心自性은 此是表詮이니 由一切法無性故로 卽我心之實性이니라 言'性亦非性'者는 此是遮詮이니 卽上眞性이 以無性爲性也라 卽心自性은 如圓成性이오 性亦非性은 如勝義無自性性이니 以偈但云一切法自性 無所有故라 故復遣性이니라】

　　뒤의 2수(제4~5) 게송에서 깨달음을 말한 가운데, 앞에서는 전도된 망상이란 안팎이 모두 허망한 것이지만, 이제 원인을 알면 안팎이 모두 깨달음임을 밝힌 것이다.

　　제4게송은 앞의 제2게송에서 말한 "밖의 경계를 취하여 망상을 낸다."는 점을 뒤집은 것이다. 모든 법이 곧 마음의 자성이다. 마음의 자성 또한 자성이 아님을 통달하여 妄情이 타파되고 진리가 나타나면 곧 비로자나불을 친견하여 법성에 하나 되어 내외의 차이가 없다. 【초_ "모든 법이 … 통달" 등에서 "곧 마음의 자성"이라는 것은 알기 쉬운 表詮이다. 모든 법이 자성이 없는 까닭에 곧 내 마음의 實性이다. "마음의 자성 또한 자성이 아니다."고 말한 것은 알기 어렵게 뒤집어서 말한 遮詮이다. 이는 곧 위에서 말한 "眞性이란 자성이 없는 것으로 자성을 삼음"이다. "곧 마음의 자성"은 원성실성과 같고, "마음의 자성 또한 자성이 아니다."는 것은 勝義無自性의 性과 같다. 게송에서 단 "모든 법이 그 자성은 있는 바가 없다."고 말한 때문이다. 이런 이유에서 다시 자성까지 떨쳐버리는 것이다.】

後偈는 翻前內取하야 了蘊性相이면 則見自心之佛이 與盧舍那로 非一非異라 故難思議니라 然此一偈는 文含多意니 一은 但是蘊縛이라 無有我人이면 則破前凡夫取我相也오 二는 前後因依하야 相續無性이니 則破凡小取法相也니라【鈔_ '一但是蘊縛'等者는 卽涅槃 二十九에 師子吼難云如佛所說처럼 一切法이 有二種因하나니 一者는 正因이오 二者는 緣因이라 以是二因으로 應無縛解어니 是五陰者는 念念生滅이라 如其生滅인댄 誰縛誰解오 世尊이시여 因此五陰하야 生後五陰인댄 此陰自滅하야 不至彼陰이어니 雖不至彼나 能生彼陰이 如子生芽에 子不至芽로되 而能生芽인달 衆生亦爾니 云何縛解이릿가 下에 佛牒以爲答호되 引蠟印印泥면 印壞文成喩하니 意云'生時諸根이 有具不具하니 具者는 見色이면 則生於貪이니 生於貪故로 則名爲愛오 狂故生貪이니 是名無明이오 貪愛無明 二因緣故로 所見境界 皆悉顚倒하야 無常見常하고 無我見我하고 無樂見樂하고 無淨見淨이라 以四

倒故로 作善惡行하야 煩惱作業하고 業作煩惱일세 是名繫縛이니 以是
義故로 名五陰生이라하니 此中意는 云雖復生滅이나 不妨繫縛이라 故
今用云'但是蘊縛이라 無有我人이라하니라】

제5게송은 앞의 제3게송에서 말한 "안으로 五蘊相을 취한다."
는 점을 뒤집어서, 오온의 性相을 알면 곧 자기 마음의 부처님이
비로자나불과 하나로 똑같은 것도 아니요 다른 것도 아님을 볼 수
있기에 불가사의하다.

그러나 이 게송의 경문에는 많은 뜻을 함축하고 있다.

⑴ 단 오온의 속박이라 나와 남의 차별이 없으면 앞서 말한 범
부가 취한 我相을 타파할 수 있다.

⑵ 전후하여 서로 연이어서 이어지는 자성이 없으면 범부가 취
한 法相을 타파할 수 있다. 【초_ "⑴ 단 오온의 속박" 등이란 열반
경 29에 다음과 같이 적고 있다.

사자후보살이 여쭈었다.

"부처님께서 말씀하신 바처럼 모든 법에는 2가지의 원인이 있
습니다. 첫째는 바른 원인[正因]이며, 둘째는 반연의 원인[緣因]입니
다. 이 2가지의 원인으로써 당연히 속박과 해탈이 없을 것입니다.
五陰이란 한 생각 한 생각의 찰나에 생겨나고 사라지는 것이라, 만
일 그처럼 생겨나고 사라진다면 그 무엇이 속박하고 그 무엇이 해
탈입니까?

세존이시여, 이 오음을 인하여 뒤의 오음을 낸다면 이 오음이
절로 사라져 그 오음에 이르지 않을 것입니다. 비록 그 오음에 이

르지 않을지라도 그 오음을 만들어내는 종자가 새싹을 돋아낼 때에 그 종자가 새싹에 이르지 않을지라도 새싹을 돋아내는 것처럼 중생 또한 그러하니 그 무엇이 속박하고 그 무엇이 해탈입니까?"

아래에 부처님께서 그의 물음을 뒤이어 답하셨다.

"밀랍으로 만든 도장을 진흙 위에 찍으면 도장은 부서지지만 도장 자국이 만들어진다."

이런 비유를 인용한 뜻은 다음과 같다.

사람이 태어날 때에 六根이 모두 갖춰진 자와 갖춰지지 않은 자가 있다. 육근이 갖춰진 자는 여색을 보면 탐심을 내게 된다. 탐심을 내기에 곧 그 이름을 애욕이라 하고, 미치광이의 마음 때문에 탐심을 내기에 곧 그 이름을 無明이라 한다. 貪愛와 無明, 2가지의 인연 때문에 보는 대상의 경계가 모두 전도되어 영원하지 않은 것을 영원하다고 보며, 자아가 없는 것을 사아로 보며, 즐거움이 없는 것을 즐겁다고 보며, 청정함이 없는 것을 청정하다고 본다. 이처럼 4가지의 전도망상 때문에 선악의 행을 범하여 번뇌로 업을 짓고 업으로 번뇌를 짓는다. 이를 명명하여 繫縛이라 한다. 이런 의의 때문에 그 이름을 '五陰生'이라 한다.

위에서 말한 뜻은 비록 또한 생겨나고 사라짐이 있으나 옭아 묶는 데에는 아무런 방해나 장애를 받지 않는다. 이 때문에 여기에서 이를 인용하여 "단 오온의 속박이라 나와 남의 차이가 없다."고 말하였다.】

此性은 卽第一義空이오 第一義空이 卽是佛性이라 又上性無所有는 正

因性也ㅇ 前解此了는 皆了因性이라【鈔_ '又上性'下는 別示諸因이니 先指經以明이라 性無所有者는 卽前偈自性無所有니 內外雖異나 皆是第一義空이라 故指前偈니 亦卽此偈於此性也니라 旣以第一義空으로 爲正因佛性이라 故性無所有 卽正因也라 前解此了者는 前偈云 如是解法性이라 故云前解ㅇ 此偈云於此性了知라 故云此了니라 竝是了因이니 明知一切衆生이 雖有第一義空智慧之性이나 若無般若等爲了因者는 終不成佛이니 上通二偈하야 以出正了니라】

이 본성은 곧 第一義의 空이요, 제일의의 공이 곧 佛性이다.

또한 위에서 말한 "자성은 있는 바가 없다[性無所有]."는 것은 正因의 자성이요, 앞의 해석과 이를 아는 것은 모두 了因의 자성이다.【초_ "또한 위에서 말한 '자성은 있는 바가 없다.'" 이하는 모든 원인을 개별로 보여준 것이다. 먼저 경문을 가리켜 이를 밝혔다.

"자성은 있는 바가 없다."는 것은 곧 앞의 게송에서 말한 "자성은 있는 바가 없다[自性無所有]."는 것이다. 안팎의 차이가 있으나 이는 모두 第一義의 空이기에 앞의 게송을 말한다. 이 또한 이 게송에서 말한 '於此性了知'이다. 이미 제일의의 공으로써 正因佛性을 삼은 까닭에 "자성은 있는 바가 없다."는 것이 곧 正因이다.

"앞의 해석과 이를 아는 것[前解此了]"이란 앞의 게송에서 "이와 같이 법성을 이해하면[如是解法性]"이라고 말한 까닭에 '앞의 해석[前解]'이라 하며, 이 게송에서 "이런 오온의 자성을 알면[於此性了知]"이라고 말한 까닭에 '이를 아는 것[此了]'이라 하였다. 이는 모두 了因이다.

분명히 알아야 할 점이 있다. 일체중생에게 비록 제일의의 공한 지혜의 본성이 있으나, 만일 반야지혜 등으로 了因을 삼음이 없으면 마침내 성불할 수 없다. 위에서는 2수 게송을 통하여 '바른 이해[正了]'를 말한 것이다.】

**經**

譬如暗中寶를　　　　　無燈不可見인달하야
佛法無人說이면　　　　雖慧莫能了로다

　　비유하면 어둠 속의 보배를
　　등불 없이 볼 수 없듯이
　　부처님 법도 말해주는 사람이 없으면
　　아무리 지혜가 있더라도 알지 못하리라


亦如目有瞖에　　　　　不見淨妙色인달하야
如是不淨心이면　　　　不見諸佛法이로다

　　또한 눈에 백태가 끼면
　　깨끗하고 미묘한 빛을 볼 수 없듯이
　　이처럼 마음도 청정하지 못하면
　　부처님의 법을 보지 못하리라


又如明淨日을　　　　　瞽者莫能見인달하야
無有智慧心이면　　　　終不見諸佛이로다

또한 밝고 빛나는 태양을
소경은 볼 수 없듯이
지혜의 마음이 없으면
끝내 부처님을 보지 못하리라

**若能除眼瞖**하고　　　　**捨離於色想**하야
**不見於諸法**이면　　　　**則得見如來**로다

만약 백태를 벗겨냈을지라도
색법(色法)과 상음(想陰)을 여의어
오온의 모든 법을 공하여 가리지 않아야
곧 여래의 법신을 보리라

● 疏 ●

第三四偈 喻前得失者는 前三은 喻失이오 後一은 喻得이라 前中二니 初二는 喻內取失이니 於中初一은 顯無緣了라 不見正因이라 '暗中寶'者는 正因性也니 圓滿可貴일새 所以稱寶오 居於無明五陰室內일새 如在暗中이라 燈은 喻緣了之因이라 下半은 法合이니 '無人說'者는 闕於緣因이라 '雖慧莫了'는 義含二意니 一은 慧即正因이라 合上寶也니 闕於緣因일새 故不能了오 二는 佛法即寶니 以闕緣因이라 雖內有慧나 不成了因일새 不見眞性이니라【鈔_ 初正釋本文中에 '下半法合下는 釋合이라 然有二解하니 解'雖慧莫能了'니 前義는 但有二法成見이니 謂寶與燈이 以成正因·緣因이오 後義는 則三法成見이니 應須加眼하

야 以喩於慧니라 此中法喩 應各四句니 謂一은 有眼無燈이면 不見이오 二는 無眼有燈이라도 不見이오 三은 無眼無燈이면 不見이오 四는 有眼有燈이면 則見이니 則眼爲因이오 燈爲緣이라 因緣合故로 方得見寶오 因緣逌闕이면 則不成見이라 以喩善友爲緣如燈이오 有慧爲因如眼이라 因緣具故로 方見이니라 亦有四句하니 一者는 有慧라도 無友면 不見이오 二는 無慧면 遇友라도 不見이오 三은 無慧無友면 不見이오 四는 有慧有友면 則見이라 其第四句는 卽是得人이니 因緣和合이라야 方成了因이니 今喩前失일세 故無此句니라】

제3단락의 4수(제6~9) 게송은 앞서 말한 잘잘못을 비유함이란 앞의 3수(제6~8) 게송은 잘못을, 뒤의 제9게송은 잘한 점을 비유한 것이다.

앞의 3수(제6~8) 게송은 다시 2부분으로 나뉜다. 앞의 제6~7게송은 내면으로 오온을 취한 잘못을 비유하였다.

그중에서도 앞의 제6게송은 반연의 了達[緣了]이 없음에 따라 正因을 보지 못한 잘못을 밝히고 있다.

제1구의 暗中寶란 正因의 자성이다. 원만하고 고귀한 까닭에 이를 '보배[寶]'라 말하였고, 無明의 五陰室이라는 그 안에 간직되어 있음이 '어둠 속[暗中]'에 있는 것과 같다. 등불[燈]이란 緣了의 원인을 비유한 것이다.

제3, 4구는 법에 부합하여 말함이니 "부처님 법도 말해주는 사람이 없다[無人說]."는 것은 반연의 원인[緣因]이 없음을 말한다.

아무리 지혜가 있을지라도 알지 못한 데에는 2가지의 의의를 함축하고 있다.

⑴ 지혜가 곧 正因이다. 이는 위에서 말한 '보배'에 부합된다. 반연의 원인이 없기 때문에 아무리 지혜가 있을지라도 알지 못한 것이다.

⑵ 불법이 곧 보배이다. 반연의 원인이 없기 때문에 아무리 내면에 지혜가 있을지라도 알 수 있는 원인을 성취하지 못하기에 眞性을 보지 못한 것이다. 【초_ 처음 바르게 해석한 본문에서 "제3, 4구는 법에 부합한다[下半法合]." 이하는 법에 부합되는 부분으로 해석하였다. 그러나 여기에는 2가지의 해석으로 "아무리 지혜가 있을지라도 알지 못함"을 해석하였다. 앞서 "⑴ 지혜가 곧 正因이다."는 것은 단 2가지의 법이 있어야 부처님을 볼 수 있다. 보배와 등불이 正因과 緣因을 이루기 때문이다. 뒤의 "⑵ 불법이 곧 보배이다."는 것은 3가지의 법이 있어야 부처님을 볼 수 있다. 마땅히 보배와 등불에다가 눈[眼]을 더하여 이로써 지혜를 비유하였다.

눈과 지혜에 대한 비유는 당연히 각각 4구씩이 있다.

① 눈이 있을지라도 등불이 없으면 볼 수 없고,

② 눈이 없으면 등불이 있을지라도 볼 수 없고,

③ 눈도 없고 등불도 없으면 볼 수 없고,

④ 눈도 있고 등불도 있어야 볼 수 있다.

이는 곧 눈이란 주체의 원인[因]이 되고, 등불이란 보조의 반연[緣]이 된다. 이처럼 因·緣 2가지가 종합된 까닭에 비로소 보배를 볼 수 있고, 因·緣이 없으면 볼 수 없다. 착한 벗이 보조의 반연이 되는 것은 마치 등불과 같고, 지혜의 주체적인 원인은 눈과 같아서 因·緣 2가지가 모두 갖춰져야만 비로소 부처님을 볼 수 있음을 비유한 것이다.

또한 지혜에 대한 4구는 다음과 같다.

① 지혜가 있을지라도 벗이 없으면 볼 수 없고,

② 지혜가 없으면 벗을 만날지라도 볼 수 없고,

③ 지혜도 없고 벗도 없으면 볼 수 없고,

④ 지혜도 있고 벗도 있어야 볼 수 있다.

그중에 "④ 지혜도 있고 벗도 있어야 볼 수 있다."는 것은 곧 사람을 얻음이다. 因·緣이 화합해야 비로소 알 수 있는 원인이 성취되는 것이다. 여기에서는 앞서 말한 잘못을 비유한 부분이기에 '④' 구가 없다.】

然則緣因은 卽是了因이이니와 了因은 未必是於緣因이니 有親疎故니라 善友는 是於緣因이로되 而必是了어니와 佛性을 名爲了因이라 未必是緣이니 此約智慧性故니라 若以第一義空으로 爲佛性者인댄 唯是正因이오 而非了因이니 但爲了因所了오 而非生因所生이며 若以智慧爲佛性者인댄 卽是了因이오 若以五蘊爲佛性者인댄 名爲正因이오 亦名生因이라 然復生必對了오 正必對緣이니라【鈔_ '然則緣因下는 第二揀定二因이라 於中에 有二하니 先은 標二別이라 有親疎者는 總示別義니 疎者는 是了 亦是緣因이오 親者는 是了 非是緣因이라

'善友是於下는 出其二相이니 善友는 是疎라 亦緣亦了니 如酵暖等이 是酪了因이오 亦是緣因이라

佛性名爲下는 顯上了因未必是緣이니 以是親因故니라
言智慧性故者는 亦是了相이니 以無漏智性이 本自具足하야 本有眞實識知와 徧照法界義故로 當體名了니라 又約行性인댄 居然是了니라 又上所引生了二因中에 云六度阿耨多羅三藐三菩提는 是名生因이오 佛性阿耨多羅三藐三菩提는 是名了因이라하니 六度는 能生菩提라 故爲菩提生因이오 佛性은 能了菩提니라 明知佛性之體는 卽是了因이니라

若以第一義空等者는 揀異智慧性也라 然涅槃에 云佛性者는 名第一義空이오 第一義空은 名爲智慧라하니 此二不二 以爲佛性이니라 然第一義空은 是佛性性이오 名爲智慧는 卽佛性相이니 第一義空이 不在智慧면 但名法性이오 由在智慧일새 故名佛性이니라 以性從相이면 則唯衆生 得有佛性이니 有智慧故오 牆壁瓦礫은 無有智慧일새 故無佛性이어니와 若以相從性이면 第一義空이 無所不在니 則牆壁等도 皆是第一義空이어니 云何非性이리오 故下經에 云知一切法이 卽心自性이라하며 論云 以色性이 卽智性故로 色體無形을 說名智身이오 以智性卽色故로 說名法身이 徧一切處이라하니 明體本均이어늘 今分性相일새 故分二義니라

若以智慧者는 結成上義하고 生下五蘊이 是正是生이라 不得名了니라 五蘊名生者는 能生諸法이라 故名生因이니 今因五蘊하야 能得菩提어니 豈非生因이리오 如乳生酪이며 如穀生芽하야 皆生因故니라

然復生必對了者는 以疏參用하야 爲順今經이라 依涅槃明인댄 義有一對니 竝如上引이라】

이로 보면 '반연의 원인[緣因]'은 곧 '알 수 있는 원인[了因]'이 되지만, '알 수 있는 원인'은 반드시 '반연의 원인'만을 말한 것은 아니다. 여기에는 親疎가 있기 때문이다. 착한 벗은 보조가 되는 '반연의 원인'이 되지만 반드시 그를 통하여 알아갈 수 있다. 그러나 정작 佛性은 알고 통달할 수 있는 원인[了因]이다. 따라서 불성은 반드시 인식의 주체이지 보조의 반연[緣] 대상이 아니다. 이는 지혜의 근본자리 그 자체이기 때문이다.

만일 第一義空으로 불성을 삼는다면 오직 그것은 正因이지 了因이 아니다. 단 了因으로서의 알아야 할 대상이지 生因으로서의 생겨나는 대상이 아니다.

만일 지혜로써 불성을 삼는다면 이는 了因이며, 오온으로써 불성을 삼는다면 正因이라 하고 또한 生因이라고도 말한다. 그러나 다시 生因은 반드시 了因을 상대로 하고 正因은 반드시 緣因을 상대로 한다. 【초_ "이로 보면 '반연의 원인'" 이하는 제2의 2가지 원인을 가려서 확정 지은 것이다.

그 가운데 다시 2가지가 있다. 먼저 2가지의 차별을 밝히고자 한다.

"親疎가 있다."는 것은 차별의 의의를 총체로 보여준 것이다. 소원함이란 알아가는 것 또한 반연의 원인이며, 친근함이란 알아가는 것이 반연의 원인 때문이 아니다.

"착한 벗은" 이하는 2가지의 양상을 말하였다. 착한 벗은 소원한 남이기에 또한 보조의 반연이며, 또한 알아가는 것이다. 마치

효소와 따뜻한 기온 등이 타락[酪]을 만들어주는 了因이자, 또한 보조가 되는 반연의 원인임과 같다.

 "정작 佛性은 알고 통달할 수 있는 원인[佛性名爲了因]" 이하는 위에서 말한, 알고 통달할 수 있는 원인이란 반드시 보조의 역할인 반연[緣]이 아님을 밝힌 것이다. 이는 자아가 주체가 되는, 가까운 원인[親因]이기 때문이다.

 "지혜의 근본자리 그 자체이기 때문[智慧性故]"이라 말한 것은 또한 알고 통달한 모습[了相]이다. 無漏智의 자성이 본래 스스로 구족하여 본래 진실한 앎과 법계를 두루 비춰준다는 의의가 있기 때문에 본체자리[當體]를 了라 말하였다. 또한 行의 자체로 말한다면 분명 이는 알고 통달한 것이다. 또한 위에서 인용한 '生了二因' 가운데서 "6바라밀아뇩다라삼먁삼보리는 生因이요, 불성아뇩다라삼먁삼보리는 了因이다."고 하였다. 6바라밀은 보리지혜를 내어주는 까닭에 보리의 生因이라 하고, 불성은 보리지혜를 알고 통달할 수 있다. 이로 보면 불성의 본체가 바로 了因임을 분명히 알아야 한다.

 "만일 第一義空으로 불성을 삼는다면" 등은 智慧性과 다른 점을 구별하는 것이다. 그러나 열반경에 이르기를 "불성이란 그 이름을 第一義空이라 하고, 第一義空은 그 이름을 지혜라 한다."고 하였다. 이 2가지는 2가지가 아닌 것으로 이를 불성이라 한다. 그러나 '제일의공'이란 불성의 자성이며, "그 이름을 지혜라 한다."는 것은 불성의 모습이다. '제일의공'이 지혜에 있지 않을 때에는 단 法性이라 말하고, 지혜에 있음을 따라서 불성이라고 말한다. 불성의

553

자성으로써 불성의 모습을 따르면 오직 중생에게만 불성이 있다. 이는 지혜가 있기 때문이다. 담장 기와 부스러기 따위는 지혜가 없기 때문에 불성이 없지만, 만약 불성의 모습으로써 그 자성을 따르면 기와 부스러기 따위도 '제일의공'이 있지 않은 바가 없다. 이처럼 기와 부스러기 따위도 모두 '제일의공'이라 하는데 어떻게 불성이 아니라고 말할 수 있겠는가.

이 때문에 아래의 경문에 이르기를 "모든 법이 곧 마음의 자성임을 알아야 한다."고 하며, 논에 이르기를 "色性이 곧 지혜의 자성이기 때문에 색성의 본체인 형상이 없는 것을 智身이라 말하고, 智性이 곧 色인 까닭에 법신이 모든 곳에 두루 존재한다."고 말하였다. 본체로 말하면 본래 평등하지만 여기에서는 性·相을 구분 지어 말한 까닭에 2가지의 의의로 구분 지어 밝힌 것이다.

'若以智慧'란 위에서 말한 의의를 끝맺고, 아래의 오온이 正因이며 生因이기에 了因이라 말할 수 없음을 말해주는 것이다.

'오온을 生因이라 명명'한 것은 모든 법을 낳아주기 때문에 生因이라 명명한 것이다. 여기에서는 오온을 인하여 보리를 얻는데, 어떻게 生因이 아니라고 말할 수 있겠는가. 우유가 타락을 만들어내는 것과 같고 곡식 종자가 싹을 돋아내는 것과 같다. 이는 모두 生因이기 때문이다.

"그러나 다시 生因은 반드시 了因을 상대로 한다."는 것은 청량소를 참고로 인용하여 이 경문의 뜻에 거슬리지 않는다. 여기에서 열반경을 따라 밝힌다면 그 의의에는 하나의 상대가 있다. 아울

러 위에서 인용한 바와 같다.】

今燈一喩는 雙喩緣了오 暗中之寶는 雙喩正了니 義意包含하야 具如涅槃二十六七所辨이라 今此經宗은 宗於法性이라 故以法性而爲佛性이니 則非內非外로되 隨物迷悟하야 强說升沈이라 佛性要義 不可不知니 廣如別章과 及涅槃師子吼品等說이라【鈔_ 今此經宗下는 結示正宗이라 於中有二니 先結正義라 宗於法性者는 以無障碍法界爲宗이면 則法性이 即佛性일새 知一切法이 即心自性이라 若以心性으로 爲佛性者는 無法非心性이니 則不隔內外로되 而體非內外라 內外屬相하고 性不同相이어니 何有內外아 然迷一性而變成外나 外既唯心이어니 何有非佛가 所變無實이라 故說牆壁하야 言無佛性이어니와 以性該相에 無非性矣니 如烟因 火에 烟即是火로되 而烟鬱火하고 依性起相하야 相翳於性이로되 而相即性이며 如水成 波에 波即是水오 境因心變에 境不異心이니 心若有性이면 境寧非有아 況心與境이 皆即眞性이라 眞性不二어니 心境豈乖아 若以性從相이면 不妨內外어니와 若以外境而例於心이면 令有覺知하야 修行作佛이 即是邪見外道之法이라 故須常照 不即不離와 不一不異이면 無所惑矣니 故云則非內非外나 隨物迷悟하야 强說升沈이라하니라】

여기에서 예시한 등불의 비유는 緣因·了因을 모두 들어 비유함이며, '어둠 속의 보배'는 正因·了因을 모두 들어 비유한 것이다. 이러한 의의를 포괄하여 구체적으로 열반경 26, 27에서 논변한 바와 같다.

이의 경문 종지는 法性을 종주로 말한 것이다. 이 때문에 법성으로써 불성을 삼은 것인바, 내면도 아니요 외면도 아니다. 그러나 중생의 혼미와 깨달음의 차이에 따라서 오르내림을 억지로 말한 것이다. 불성에 관한 주요 의의를 알아야 할 필요성이 없지 않다. 이는 別章 및 열반경 사자후품 등에서 자세히 말한 바와 같다.
【초_ "이의 경문 종지" 이하는 正宗을 끝맺어 보여줌이다. 여기에는 2가지의 뜻이 있다. 먼저 正義를 끝맺음이다.

"法性을 종주로 말하였다."는 것은 걸림이 없는 법계로 종주를 삼으면 곧 법성이 불성이기에 모든 법이 곧 마음의 자성임을 알 수 있다. 만일 心性으로써 불성을 삼으면 법마다 마음의 성품 아닌 게 없는바, 안팎으로 막힘이 없지만 본체만큼은 안팎의 구분이 없다. 안팎의 구분이 있다는 것은 현실의 차별 양상에 속하고 근본 성품의 자리는 현실의 양상과는 똑같지 않은데 어찌 안팎의 구분이 있겠는가.

그러나 하나의 본성을 알지 못하여 혼미한 까닭에 본성이 변질되어 외적인 존재로 형성하는 것이지만, 외적인 존재는 이미 오직 마음의 자리인데 어찌 불성 아닌 게 있겠는가. 변질된 것은 실상이 없기 때문에 담장 기와 부스러기 등을 말하여 불성이 없다고 말하지만, 불성의 내적 자성이 불성의 외적 양상을 갖추어 불성 아닌 게 없다.

마치 연기는 불로 인해서 일어나는 것이니 연기가 곧 불이지만 연기는 불을 가리듯이, 본성에 의해 현상이 일어나 현상이 본성을 가지지만 현상이 곧 본성이다. 또한 물이 물결을 일으킴에 물결이 곧 물이며, 경계가 마음으로 인해서 변하여 일어남에 경계가 마음과 다르지 않다. 마음에 만약 본성이 있으면 그 어떤 경계인들 어찌 본성이 있지 않으랴. 하물며 마음과 경계가 모두 眞性이다. 진성이란 오직 하나의 자리로 둘이 아닌데 마음과 경계가 어찌 어긋나겠는가.

만일 근본 성품으로써 현실의 양상을 따른다면 안팎에 장애가 없겠지만, 만약 모두 바깥 경계로써 마음을 준한다면 그것은 알음알이로 수행하여 성불을 하려는 것이니 곧 삿된 견해요, 이단 외도의 법이다. 이 때문에 가까이하는 것도 아니요 여의지도 않으며, 하나도 아니요 다른 것도 아님을 언제나 관조하면 미혹당할 바가 없을 것이다. 이 때문에 "내면도 아니요 외면도 아니다. 그러나 중생의 혼미와 깨달음의 차이에 따라서 오르내림을 억지로 말한 것이다."고 말하였다.】

後偈에 '目有翳'者는 此喩了因이 與惑俱故로 見不淸淨이라 以不淨故로 不見佛法이니 佛法이 卽是佛性이라 故涅槃云 '佛性二種이니 一者는 是色이오 二者는 非色이라 色者는 諸佛菩薩이오 非色者는 一切衆生이니 色者는 名爲眼見이오 非色者는 名爲聞見이라 佛性者는 非內非外니 雖非內外나 然非失壞라 하니 故名衆生이 悉有佛性이라 하니라【鈔】'此喩了因'者는 翳喩於惑이오 眼喩了因이니 但見有垢이오 非全不見이라 然昇空華에 無而謂有니 不見於無가 卽不見法이라 故涅槃下는 引證이니 卽二十八經이니 但初云 '善男子여 佛性復有二種'이라 하니라 '一者是色'下는 疏全是經이니 直至 '然非失壞'一段하야 終畢이라 然有二意니 一은 以非內非外나 然不失壞로 證强說升沈이오 二는 證可見이니 謂佛菩薩見之了了 如眼見色이라 言 '非色'者는 以未證如코 聞他說故

557

니 故云聞見이라】

앞의 3수(제6~8) 게송 가운데, 뒤 2수(제7~8) 게송의 첫째 제7게송의 제1구에서 말한 "눈에 백태가 끼다[目有翳]."란 了因이 미혹과 함께한 까닭에 보는 것이 밝지 못함을 비유한 것이다. 그렇듯이 청정하지 못한 까닭에 불법을 보지 못하는 것이다. 불법이 곧 불성이다. 이 때문에 열반경에 이르기를 "불성에는 2가지의 의의가 있다. 첫째는 色이며, 둘째는 색이 아니다. 색이란 제불보살이며, 색이 아니라는 것은 일체중생이다. 색이란 '자신의 눈으로 보는 것'이라 이름하고, 색이 아니라는 것은 '남의 말을 귀로 들어 보는 것[聞見]'이라고 한다. 불성이란 내면도 아니요 외면도 아니다. 비록 안팎의 차이가 없으나 잘못되거나 무너짐이 아니다."고 하였다. 이 때문에 중생이 모두 불성이 있다고 말한다. 【초_ '此喩了因'이란 백태는 미혹을, 눈은 了因을 비유한 것이다. 단 어른어른 본다는 것이지, 전혀 보지 못한다는 것은 아니다. 그러나 어른거리는 허공의 꽃을 볼 때에 없는 것을 있는 것처럼 말한다. 없는 존재를 보지 못함이 곧 법을 보지 못한 것이다.

"이 때문에 열반경" 이하는 인증이다. 이는 열반경 28을 말한다. 단 첫 부분에서 "선남자여, 불성에는 2가지의 의의가 있다."고 하였다.

"첫째는 色" 이하는 청량소에서 모두 열반경을 인용하여 "그러나 잘못되거나 무너짐이 아니다."는 단락에 이르러서 끝마치고 있다. 그러나 2가지의 의의가 있다.

① 내면도 아니요 외면도 아니지만 "그러나 잘못되거나 무너짐이 아니다."는 단락으로써 "중생의 혼미와 깨달음의 차이에 따라서 오르내림을 억지로 말한다."는 점을 증명하였다.

② 볼 수 있는 것으로 증명하였다. 제불보살을 또렷이 볼 수 있는 것은 마치 눈으로 물체를 보는 것과 같다.

"색이 아니다[非色]."고 말한 것은 스스로 여여함을 증득하지 못하고 남의 말을 들은 때문이다. 이 때문에 귀로 들어 보는[聞見] 것이라고 말한다.】

二一偈는 喩上外取之失이니 瞽는 謂全無於目이 如鼓皮故니 則全不見이라 佛無垢障하야 爲明淨日이니 取相은 是識이라 非智慧眼일세 故不見也니라

앞의 3수(제6~8) 게송 가운데, 뒤 2수(제7~8) 게송의 둘째 제8게송은 위 제2게송에서 말한 "밖의 경계를 취하여 망상을 낸" 데에 대한 잘못을 비유하였다. 맹인[瞽]이란 전혀 눈이 없어 마치 두꺼운 북 가죽이 덮인 것처럼 조금도 보지 못하는 자이다. 부처님은 때와 장애가 없어 밝고 빛나는 태양과 같다. 겉모습만을 보는 것은 알음알이의 지각일 뿐 지혜의 눈이 아니기에 이를 보지 못한 것이다.

三一偈는 喩前悟中에 抉去取相之瞖하고 捨於空華之像하야 絶見契如면 則見如佛이라

제3단락의 제6~9게송 가운데, 뒤의 제9게송은 앞의 제4게송에서 말한 깨달음 가운데 현실의 차별 양상을 취하는 백태를 도려내고 어른거리는 허공 꽃의 허상을 버려서 육체의 눈으로 보는 것을 끊고

眞如에 하나가 되면 곧 여여하신 부처님을 본 것임을 비유하였다.

경

一切慧先說　　　　諸佛菩提法일세
我從於彼聞하고　　　得見盧舍那로다

일체혜보살이 맨 먼저
모든 부처님의 보리법을 말하시니
나는 그의 설법을 듣고서
비로자나불을 친견하였다

◉ 疏 ◉

第四一偈는 推功有在니 準上可知니라
　제4단락의 제10게송은 이처럼 성공할 수 있었던 것은 그만한 이유가 있다. 위를 준해 보면 이는 말하지 않아도 알 수 있다.

第四 北方 功德慧菩薩
　제4 북방 공덕혜보살

경

爾時에 功德慧菩薩이 承佛威力하사 普觀十方하고 而說頌言하사대

560

그때 공덕혜보살이 부처님의 헤아릴 수 없는 영묘하고도 불가사의한 힘을 받들어 시방 중생을 살펴보고서 게송으로 말하였다.

**諸法無眞實**이어늘 　　**妄取眞實相**일세
**是故諸凡夫**가 　　　**輪廻生死獄**이로다

모든 법에 진실이 없는데
헛되이 진실한 모양을 취하여
이 때문에 모든 범부의
생사윤회가 끊이지 않는다

● **疏** ●

功德慧者는 生在佛家하야 善解佛德故니라 此頌意는 顯於三世中에 心得平等하야 了知自心하야 窮法空故니라
十頌은 分四니 初四는 明凡小妄覺이오 次四는 示其眞覺이오 三有一偈는 佛覺雙圓이오 後一偈는 推功有本이라
今初는 分二니 初一偈는 說凡迷緣起之無性하야 執著相而輪廻니라

功德慧란 부처님 집안에 태어나 부처님의 공덕을 잘 알기 때문에 붙여신 명호이다. 따라서 이 게송에서 말한 의의는 三世 중에 평등한 마음을 얻어 스스로 마음을 깨달아 앎으로써 法空을 다했음을 밝히기 위한 때문이다.

10수의 게송은 4단락으로 구분된다.

제1단락의 4수 게송은 범부와 소인의 妄覺을 밝힘이며,

제2단락의 4수 게송은 그 眞覺을 보임이며,

　　제3단락의 1수 게송은 부처님의 깨달음과 중생을 깨우쳐주심이 모두 원만함이며,

　　제4단락의 1수 게송은 성공할 수 있었던 그 근본의 유래를 추대함이다.

　　제1단락의 4수 게송은 다시 2부분으로 나뉜다.

　　제1게송은 오직 범부가 자성이 없는 緣起를 알지 못하여 집착한 나머지 생사의 고해에 윤회하게 됨을 말하였다.

### 經

言詞所說法을　　　　　小智妄分別일세
是故生障礙하야　　　　不了於自心이로다

　　말로 설명한 법을
　　작은 지혜로 잘못 분별하여
　　이 때문에 장애 생겨나
　　자기의 마음을 알지 못한다


不能了自心이어니　　　云何知正道리오
彼由顚倒慧하야　　　　增長一切惡이로다

　　자기의 마음을 알지 못하고서
　　어떻게 바른 도를 알겠는가
　　저 전도된 지혜로 말미암아

온갖 악을 키워나간다

**不見諸法空**하야      **恒受生死苦**하나니
**斯人未能有**      **淸淨法眼故**로다

모든 법이 공함을 보지 못하여

길이 생사의 고통을 받음은

이 사람이 가지지 못한

청정한 법의 눈 때문이다

● 疏 ●

後三頌은 通凡小라 初一은 辨迷執이니 隨言作解 可謂小智오 心外取法이 爲妄分別이라 餘二偈는 明過失이니 初二句는 曲徑趣寂하야 迷一直道오 次半은 有常等倒하야 長世間惡하며 有無常等하야 長無明惡이오 次半은 不見二空하야 受二死苦오 後半은 無實諦觀이어니 何有法眼이리오 三乘은 縱有나 亦不名諦라【鈔_ 初二句等者는 迷一直道는 凡小俱迷오 曲徑趣寂은 唯是小乘이라 若超卓大方하야 不歷二乘하고 速成正覺이면 名爲直道어니와 若先證二乘하고 後方入大면 名爲曲徑이니 曲徑은 謂其迂迴오 趣寂은 明其沈滯라 入無餘依는 權敎不迴어니와 若實敎中이면 終竟發意하야 但動經八萬호되 耽三昧酒故니라

次半有常等者는 以上言通凡小니 故此說凡惡이오 下說小乘之惡이라 三乘縱有者는 二乘은 不見法空일세 居然不淨이오 權大는 謂事理不融이니 亦未爲淨이니라】

제1단락의 4수 게송 가운데, 뒤의 3수(제2~4) 게송은 범부와 소인을 전체로 말한 것이다.

첫 제2게송은 혼미의 집착을 논변하였다. 말을 따라 견해를 일으킴을 '작은 지혜[小智]'라 하고, 마음의 밖에 법을 취함을 '잘못된 분별[妄分別]'이라 한다.

나머지 2수(제3~4) 게송은 잘못을 밝힘이다.

제3게송의 제1, 2구는 굽은 길[曲徑]을 따라 空寂으로 달려나가 하나의 곧은길[直道]을 알지 못함이며, 제3, 4구는 범부의 전도망상으로 세간의 악을 키워나가고, 無常 등이 있어 無明의 악을 키워나감을 말한다.

제4게송의 제1, 2구는 人空과 法空을 보지 못하여 두 죽음[二死: 分段死, 變易死]¹⁵의 고통을 받음이며, 뒤의 제3, 4구는 實諦觀마저도 없는데 어떻게 法眼이 있겠는가. 삼승은 비록 법안이 있다고 말할 수는 있지만 그들 또한 '청정한 법안'이라고는 말할 수 없다.

【초_ "제3게송의 제1, 2구" 등이란 "하나의 곧은길을 알지 못함"은 범부와 소인이 모두 혼미함이며, "굽은 길을 따라 空寂으로 달려나간다."는 것은 오직 소승만을 말한다. 만일 大方을 초월하여 二乘을 거치지 않고 빠르게 正覺을 성취한다면 이를 直道라 말할 수 있지만, 만일 먼저 이승을 증득한 후에야 비로소 들어간다면 이를

---

**15** 두 죽음[二死: 分段死, 變易死]: 分段死란 육체적 죽음으로 거짓된 중생의 죽음을 말하며, 變易死란 불가사의한 변화로서의 죽음으로 아라한·벽지불·大力보살의 意生身이다.

'굽은 길[曲徑]'이라고 말한다.

'굽은 길'이란 우회하는 길을 말하고, '空寂으로 달려나감[趣寂]'은 昏沈에 빠져 있음을 밝힌 것이다. 남음이 없는 데에 의하여 들어가는 權敎는 우회하지 않지만 만일 實敎의 입장에서 본다면 경계에 반연하여 마음을 일으켜 단 8만 겁을 지날지라도 三昧酒만을 즐겼기 때문이다.

"제3, 4구는 범부" 등이란 이상의 말이 범부와 소인에 모두 통하기 때문이다. 이는 범부의 악을 말하고 아래는 소승의 악을 말한다.

"삼승은 비록 법안이 있다고 말할 수는 있지만"이란 이승은 法空을 보지 못한 까닭에 분명 청정하지 못한 것이며, 권교대승[權大]은 사법계와 이법계가 원융하지 못함을 말한다. 그들 또한 청정이라고 말할 수 없다.】

### 經

我昔受衆苦는　　　　　由我不見佛이니
故當淨法眼하야　　　　觀其所應見이로다

　내가 옛적에 온갖 고통을 받은 것은
　내, 일찍이 부처님을 보지 못한 때문이니
　당연히 청정한 법안으로
　꼭 친견해야 할 부처님을 보리라

若得見於佛이면　　　　其心無所取니

**此人則能見**      **如佛所知法**이로다

    만약 부처님을 친견했으면
    그 마음에 집착이 없어야 한다
    이와 같은 사람은 볼 수 있다
    부처님이 아셨던 법과 똑같이…


**若見佛眞法**이면      **則名大智者**니
**斯人有淨眼**하야      **能觀察世間**이로다

    부처님의 진실한 법을 봤다면
    큰 지혜를 지닌 자라 말하리라
    그는 청정한 법안이 있어
    세간을 관찰하리라


**無見卽是見**이라      **能見一切法**이니
**於法若有見**이면      **此則無所見**이로다

    볼 수 없음이 곧 본 것이니
    모든 법을 보리라
    모든 법을 보면
    그것은 곧 볼 대상이 없는 자리이다


◉ **疏** ◉

次四는 示其眞覺中에 初偈는 引己之損하야 勸物成益이라 次偈는 教

其眞見이니 謂見佛無取卽是見如니 如는 卽佛所知也라
次偈는 教其了俗이니 上半은 躡前證眞이오 下半은 方能了俗이라
後偈는 拂前二見하야 以成眞見이니 謂上半은 取眞俗之見忘이라야 方見眞俗之正理오 下半은 反釋이니 謂有眞俗之可見이면 不能見眞俗之眞源이라 故智論에 云若人見般若면 是則爲被縛이라하니 下半意也오 若不見般若면 是則得解脫이니 上半意也니라

제2단락의 4수(제5~8) 게송에서 참다운 깨달음[眞覺]을 보인 가운데, 첫째 제5게송은 자신이 겪었던 어려움을 인용하여 중생을 권하여 이익을 성취토록 한 것이다.

다음 제6게송은 참답게 보는 도리[眞見]를 가르쳐주고 있다. 부처님을 본 뒤에 집착이 없어야 곧 眞如를 볼 수 있다. 진여는 곧 부처님이 아신 부분이다.

다음 제7게송은 세간의 일을 알아야 함을 가르쳐주고 있다. 제1, 2구는 앞서 말한 참다운 깨달음과 참답게 보는 도리를 뒤이어서 말하였고, 제3, 4구는 바야흐로 세간의 일을 잘 아는 것이다.

뒤의 제8게송은 앞서 말한 '부처님의 친견'과 '참답게 보는 도리' 즉 2가지의 보는 법[二見]을 모두 떨쳐버리고서 참답게 보는 것[眞見]을 성취하였다. 제1, 2구는 眞·俗의 차별에 집착하는 견해를 잊어야 바야흐로 眞·俗의 바른 진리를 볼 수 있고, 제3, 4구는 반대로 해석한 부분이다. 眞·俗의 차별에 집착하여 보면 眞·俗의 참 근원[眞源]을 볼 수 없다. 그러므로 지도론에서 말한 "만일 어느 사람이 반야를 보면 곧 반야에 얽매이게 된다."는 것은 제3, 4구의

뜻이며, "만약 반야에 집착하여 보지 않으면 곧 해탈을 얻는다."는
것은 제1, 2구의 뜻이다.

經

**一切諸法性**이　　　　　　**無生亦無滅**이니
**奇哉大導師**여　　　　　　**自覺能覺他**로다

　　일체 모든 법성은
　　생겨남도 또한 사라짐도 없나니
　　신기하다, 큰 도사이신 부처님이여
　　스스로 깨닫고 남들을 깨우쳐주셨다

第三一偈는 顯佛二覺雙圓이니 不可覺中而自覺故로 是曰奇哉라하니
라 知無衆生而能覺他가 大導師也니라

　　제3단락의 1수 게송은 부처님이 스스로 깨닫고 중생을 깨우쳐
주심이 모두 원만함을 밝힌 것이다. 깨달을 수 없는 가운데서 스스
로 깨달음을 얻은 까닭에 '신기하다'고 감탄한 것이다. 중생이 깨달
을 수 없음을 알지만 그런 그들을 깨우쳐주셨기에 위대한 인도자,
큰 스승이라고 말한다.

經

**勝慧先已說**　　　　　　**如來所悟法**일세

**我等從彼聞**하고  **能知佛眞性**이로다

　승혜보살이 나보다 먼저
　여래께서 깨달으신 법을 말하시니
　나는 그에게서 듣고서
　부처님의 참된 성품을 알았다

◉ 疏 ◉

第四는 可知니라
　제4단락의 제10게송은 말하지 않아도 알 수 있다.

---

第五. 東北方 精進慧菩薩
　제5 동북방 정진혜보살

經

**爾時**에 **精進慧菩薩**이 **承佛威力**하사 **觀察十方**하고 **而說頌言**하사대

　그때 정진혜보살이 부처님의 헤아릴 수 없는 영묘하고도 불가사의한 힘을 받들어 시방 중생을 살펴보고서 게송으로 말하였다.

**若住於分別**이면   **則壞淸淨眼**이라
**愚癡邪見增**하야   **永不見諸佛**이로다

만약 분별심에 집착하면
청정한 눈을 파괴하고
어리석고 삿된 소견만 더하여
영원히 부처님을 친견하지 못하리라


**若能了邪法**하야　　　　　**如實不顚倒**하며
**知妄本自眞**하면　　　　　**見佛則淸淨**이로다

　만약 삿된 법인 줄 알고서
　진여실상으로 전도되지 않고
　허망의 근본 그 자체가 진여인 줄 알면
　부처님을 친견하는 곧 청정법안일 터이다


**有見則爲垢**라　　　　　　**此則未爲見**이니
**遠離於諸見**하야사　　　　**如是乃見佛**이로다

　견해 망상 있으면 곧 진구(塵垢)라
　이는 제대로 본 게 아니다
　모든 견해 망상을 멀리 여의어야
　이처럼 부처를 보리라


　　　● 疏 ●

精進慧는 以勤觀眞理하야 集無量善호되 俱無住故니라 頌意는 爲顯欲
令其心으로 轉復精進無所染著이니 文中에 由離分別如實見故니라

十頌은 分二니 前九는 觀法이오 後一은 推功이라 前中三이니 初三은 所
執無相觀이니 於中初一은 擧分別過니라【鈔_ 初三所執無相觀者는
然此中 明於三性上에 修三無性觀이니 言三性者는 一은 徧計所執
性이오 二는 依他起性이오 三은 圓成實性이라 三無性者는 一은 相無自
性性이오 二는 生無自性性이오 三은 勝義無自性性이니 三性之義는 已
見上文이어니와 今疏科文에 名中에 一一含二니 今言所執無相觀者는
所執이 卽徧計所執이오 無相은 卽相無自性觀이라
次三 緣起無生者는 緣起는 卽依他起性이니 古經論中에 亦名緣起性
이어늘 今疏文從簡이라 故云緣起오 言無生者는 卽生無自性性觀이라
後三 圓成無性者는 圓成이 卽圓成實性이오 言無性者는 卽勝義無
自性性이니 偏言無性者는 向眞性上 說無性故니라 亦是古名이니 竝
從簡耳라
又皆雙明者는 以其三性이 卽三無性故니라 故唯識에 云卽依此三性
하야 說彼三無性이니 初는 則相無性이오 次는 無自然性이오 後는 由遠
離前所執我法性이라 故二種三性이 不相去離라하니라
然法相宗은 三性則有性이오 三無則無性이니 有無義殊라 故彼偈에
云故佛密意로 說一切法無性이라하니 意云旣言密意說인댄 三無性은
則不礙於二有性也라 若法性宗인댄 此二의 三性이 有無無礙하야 互
奪雙忘하야 皆悉自在니라
初擧分別過者는 分別은 卽徧計所執也니 古謂爲分別性이라하야늘 今
疏從簡이라 亦欲辨起心動念이 皆成分別이라 故竝成過니 故云以心
分別이면 一切法이 邪오 不以心分別이면 一切法이 正이라하니라 故信心

銘에 云 ˝大道는 無難이라 唯嫌揀擇이라 但不憎愛면 洞然明白이라하니라】

정진혜보살은 부지런히 眞理를 관찰하여 한량없는 선을 모아 쌓으면서도 집착한 바가 없기 때문에 이런 명호를 얻은 것이다. 게송에서 말한 뜻은 그 마음을 전전하여 다시 정진하여 더러움에 물들거나 집착하는 바가 없고자 함을 밝히기 위함이다. 게송에 분별망상의 견해를 여읨에 의하여 진여실상을 보았다는 내용을 적고 있기 때문이다.

10수 게송은 2단락으로 구분된다. 제1단락의 9수 게송은 법을 관찰함이며, 제2단락의 1수 게송은 그 공을 추대함이다.

제1단락의 9수 게송은 다시 3부분으로 나뉜다.

첫 부분의 3수 게송은 所執無相觀이다.

첫 부분의 3수 게송 가운데, 첫째 제1게송은 분별망상의 잘못을 들어 말하였다. 【초_ ˝첫 부분의 3수 게송은 所執無相觀˝이란, 그러나 여기에서는 三性의 측면에서 3가지의 無性觀을 닦아야 함을 밝힌 것이다.

三性이란 ① 遍計所執性, ② 依他起性, ③ 圓成實性이다.

三無性이란 ① 相無自性性, ② 生無自性性, ③ 勝義無自性性이다.

三性의 의의는 이미 위의 경문에 밝힌 바 있다. 그러나 이의 청량소의 科文 명제에는 하나하나가 모두 2가지의 뜻을 가지고 있다. 여기에서 말한 所執無相觀에서 所執은 곧 遍計所執이며, 無相은 곧 相無自性觀을 말한다.

"다음 3수(제4~6) 게송의 緣起無生觀"에서 緣起는 곧 依他起性이다. 옛 경론에서는 또한 '緣起性'이라 이름 붙였는데, 이의 청량소에서는 문장의 간결함을 따른 까닭에 緣起라 줄여 말하였고, 無生이란 곧 生無自性性觀이다.

"뒤의 3수(제7~9) 게송의 圓成無性觀"에서 圓成은 곧 圓成實性이며, 無性이란 곧 勝義無自性性觀이다. 단 無性이라 줄여 말한 것은 眞性의 자리를 지향하여 無性을 말한 때문이다. 이 또한 옛 명칭이며, 아울러 문장의 간결함을 따른 것이다.

또한 모두 쌍으로 밝힌 것은 三性이 곧 三無性이기 때문이다. 이 때문에 유식론에 이르기를 "이 三性에 의하여 저 三無性을 말하니, 첫째는 곧 相無性이며, 다음은 無自然性이며, 마지막은 앞서 말한 집착하는 我法性을 멀리 여읨으로 말미암은 것이다."고 하였다. 이 때문에 그 게송에서 이르기를 "이 때문에 2가지의 三性이 서로 떠나지 않는다."고 하였다.

그러나 法相宗에서 말한 三性은 곧 有性이요, 三無性은 곧 無性이다. '있다' '없다'의 의의가 다른 까닭에 그 게송에서 이르기를 "이 때문에 부처님이 비밀스러운 뜻으로 모든 법이 자성이 없음을 밀히 았다."고 한다. 그 뜻은 "이처럼 비밀스러운 뜻을 말했다면 三無性이 곧 三有性에 걸리지 않음"을 말한다. 만일 法性宗의 입장에서 말한다면 이 2가지의 三性이 有無에 걸림이 없으며 서로 압도하고 둘 다 잊어 모두 자재하다.

"첫째 제1게송은 분별망상의 잘못을 들어 말하였다."에서 分別

이란 곧 변계소집이다. 옛사람이 이를 '分別性'이라고 말하였다. 그러나 청량소에서는 문장의 간결함을 따른 것이다. 또한 마음을 일으키고 생각을 움직이는 것이 모두 분별망상을 이룬 까닭에 아울러 잘못이 이뤄진 것임을 논변하고자 함이다. 이 때문에 이르기를 "마음으로써 분별하면 모든 법이 삿되고, 마음으로써 분별하지 않으면 모든 법이 바르다."고 하였다. 이 때문에 신심명에서 이르기를 "대도는 어려움이 없다. 오직 가리는 것을 꺼린다. 단 증오와 사랑의 마음을 가지지 않으면 툭 트여 명백하다."고 하였다.】

後二는 顯無相觀이라 一은 離所取라 上半은 知於情有오 下半은 知於理無니라 如迷木見鬼라 知鬼是迷有는 名如實知鬼오 知鬼本無하야 擧體是木은 名爲見木이니라【鈔_ 二顯無相觀者는 止修三無性中에 初無性也라 '一離所取'者는 謂二偈中에 初一偈 所取는 卽徧計所執也오 '上半 知於情有'者는 卽徧計中二義니 謂情有理無라 今知情有卽是理無인댄 則知此性이 卽無相也니라

'如迷木'者는 擧喩以明이니 如人夜行에 雲月朦朧이어늘 見一机木코 以無月光으로 情懷怖畏하야 而生鬼想이라 衆生도 亦爾라 行生死夜에 妄想浮雲이 蔽於慧月이어늘 觀緣生法하고 不了性空코 謂有定性이 如生鬼想이니 鬼는 喩徧計오 木은 喩依圓이라 若了知鬼 是因迷有면 則知所執定性之法이 皆由妄情이니 是人은 名爲實識所執故로 名悟人이니라

如實知鬼는 此釋上半이오 知鬼本無者는 釋下半也라 約法云'知妄所執이 理本是無면 但是依圓이오 爲擧體是木이면 則見依圓이라 故名見木이니라 故知妄本自眞이면 則鬼是木이오 見佛則淸淨은 名爲見

木이니라】

첫 부분의 3수 게송 가운데, 뒤의 2수(제2~3) 게송은 無相觀을 밝혀주었다.

뒤의 2수 게송 가운데, 첫째 제2게송은 취할 대상을 여읨이다.

제1, 2구는 '현상의 有[情有]'를 앎이며, 제3, 4구는 '진리의 무[理無]'를 안 것이다. 마치 나무를 잘못 알고서 귀신으로 착각했다가 귀신은 자신의 혼미에 의해 생겨난 사실을 아는 것을 '如實하게 귀신을 알았다.'고 말하며, 귀신이란 본래 없는 것으로 온통 모든 나무라는 사실을 아는 것을 '제대로 나무를 봤다.'고 말한다.【초_ "제2~3게송은 無相觀을 밝혔다."는 것은 바로 三無性을 닦는 가운데 첫째 無性이다.

"첫째 제2게송은 취할 대상을 여의었다."는 것은 제2~3게송 가운데 첫째 제2게송에서 말한 '취할 대상[所取]'이란 곧 변계소집이다. "제1, 2구는 '현상의 有[情有]'를 안다."는 것은 곧 변계에서 말한 2가지의 의의인바 '현상의 有[情有]', '진리의 무[理無]'를 말한다. 여기에서 '현상의 有'가 곧 '진리의 무[理無]'임을 알면 이 자성이 곧 無相임을 안 것이다.

"마치 나무를 잘못 알고"라는 것은 비유를 들어 밝힌 말이다. 어느 사람이 밤길을 가는데 구름이 달을 가려 어둠침침할 때, 한 그루 나무의 그루터기를 보고서 달빛이 없는 어둠 때문에 두려움과 공포의 생각을 따라 귀신이 나온 것으로 착각하는 것처럼, 중생 또한 그와 같다. 생사의 어두운 밤길을 걷다가 妄想의 뜬구름이

지혜의 달을 가리면 반연을 따라 생겨나는 법을 보고서 근본 자성이 공한 줄을 알지 못한 나머지 반드시 일정한 자성이 있다고 생각하는 것이 마치 귀신이 나온 것으로 착각하는 것과 같다. 귀신이란 변계소집성을, 나무는 의타기성과 원성실성을 비유하였다. 만일 귀신이라는 착각이 나의 혼미로 인해 생겼다는 사실을 알면 곧 내가 고집하여 반드시 그런 것이라고 결정한 법들이 모두 허망한 情識에 의한 것임을 알 수 있다. 이런 사람은 妄識에 의해 집착하지 않기 때문에 그를 '깨달은 사람[悟人]'이라고 말한다.

"如實하게 귀신을 알았다."는 것은 아래 제1, 2구를 해석함이며, "귀신이란 본래 없다."는 것은 아래 제3, 4구를 해석함이다. 법으로 말한다면 망상분별에 의한 집착이란 그 이치가 본래 없었던 것을 잘못 일으켰다고 바르게 알면 단 이는 의타기성과 원성실성이다.

"온통 모든 나무라는 사실을 안다."면 곧 의타기성과 원성실성을 본 것이다. 이 때문에 이를 "제대로 나무를 봤다."고 말한다. 여기에서 반드시 알아야 할 점이 있다. "허망의 근본 그 자체가 진여"라면 곧 귀신이 나무이며, "부처님을 친견하는 곧 청정법안"은 "제대로 나무를 봤다."고 말할 만하다.】

二는 離能取니 以所取空故니라 上半은 擧失이니 如若見鬼면 卽不見木이오 下半은 顯得이니 離於鬼見이라야 方爲見木이니라【鈔_ 如若見鬼者는 有妄執之見이 如若見鬼라 故則爲垢니라 不見依圓은 名不見木이오 執有定性하야 不見依圓之實은 名未爲見이니라 下半 離於鬼見者는 謂離於定性執見이면 則見圓成之實이니 方名爲見木이니라】

뒤의 2수 게송 가운데, 둘째 제3게송은 취하는 주체[能取]를 여읨이다. 이는 취할 대상이 공한 때문이다. 제1, 2구는 잘못을 들어 말하였다. 만일 귀신을 착각하여 본다는 것은 곧 제대로 나무를 보지 못함이다. 제3, 4구는 얻은 결과를 밝힌 것으로, 귀신의 착각을 여의어야 비로소 제대로 나무를 볼 수 있다. 【초_"만일 귀신을 착각하여 본다."는 것은 망상분별의 집착에 의한 견해인바, 마치 귀신이 있는 것처럼 착각하여 본 것이다. 이 때문에 이는 塵垢의 번뇌가 된다. 의타기성과 원성실성을 보지 못한 것은 제대로 나무를 보지 못함이며, 반드시 결정된 자성이 있다고 집착한 나머지 의타기성과 원성실성의 실상을 보지 못한 것을 "제대로 본 게 아니다."고 말한다. 제3, 4구에서 "귀신의 착각을 여의었다."는 것은 결정된 자성에 의한 집착의 견해를 여의면 그것은 곧 원성실성의 실상까지 모조리 떨쳐버린 것이다. 바로 이럴 때 "제대로 나무를 봤다."고 말한다.】

世間言語法을　　　　　衆生妄分別하나니
知世皆無生이면　　　　乃是見世間이로다

　세간의 언어로 말하는 법을
　중생이 망령되이 분별한다
　세간의 모든 일이 생겨남이 없음을 알면
　비로소 세간을 보게 되리라

若見見世間이면　　　　見則世間相이니
如實等無異라야　　　　此名眞見者로다

　　만약 보이는 것으로 세간을 보면
　　보는 것마다 세간의 모양이다
　　실상과 똑같이 차이가 없어야
　　그를 참으로 본 자라고 말한다


若見等無異하야　　　　於物不分別이면
是見離諸惑하야　　　　無漏得自在로다

　　만약 평등하게 차이가 없음을 보고서
　　모든 존재를 분별하지 않으면
　　그처럼 보는 눈은 모든 의혹을 여의어
　　번뇌 없이 자재하리라


● 疏 ●

次三은 明緣起無生觀이니 一은 遣所緣이라 然依他二意니 一者는 幻有 從分別生이니 卽是上半이오 二者는 無性이니 卽是下半이라【鈔_ 然依他二意者는 三性이 各二義니 依他二者는 一은 幻有오 二는 無性이라 從分別生은 釋依他義니 依他因緣而得有故며 分別卽他故니라 唯識에 云依他起自性은 分別緣所生이라하니라 今言世間語言法은 卽所起之法이오 衆生妄分別은 卽是能生이니 且順三性義釋이라도 亦可諸世間法이 各無定性이로되 但是衆生妄心分別로 謂有實耳니라 '二

者無性者는 知世皆無生이니 無生이 卽無性也니라】

제1단락의 9수 게송 가운데, 다음 3수(제4~6) 게송은 緣起無生觀을 밝힘이다.

다음 3수 게송 가운데, 첫째 제4게송은 반연의 대상을 말끔히 떨쳐버림이다. 그러나 의타기성에는 2가지의 뜻이 있다. (1) 幻有란 분별심에 의해 생겨남이니 이는 제1, 2구의 의의이다. (2) 자성이 없음이니 이는 제3, 4구의 의의이다. 【초_ "그러나 의타기성에 2가지의 뜻이 있다."에서 三性에는 각각 2가지의 뜻이 있다. 의타기성에는 2가지의 뜻이 있는바, ① 幻有, ② 자성이 없음이다.

"분별심에 의해 생겨남"이란 의타기성의 의의를 해석한 것이다. 타에 의한 인연으로 얻어지기 때문이며, 분별심이 곧 他이기 때문이다. 유식론에 이르기를 "依他起自性은 분별심의 인연으로 생겨나는 것이다."고 하였다. 제4게송의 제1구에서 "세간의 언어로 말하는 법[世間言語法]"이라 말한 것은 곧 일어난 대상의 법이며, 제2구의 '衆生妄分別'은 곧 만들어내는 주체이다. 이 또한 三性의 의의로 해석해도 또한 모든 세간의 법이란 각각 일정한 자성이 없지만 단 중생이 거짓 잘못된 마음의 분별로 실상이 있다고 말한다.

"(2) 자성이 없음"이란 세간의 모든 법이 모두 스스로 생겨남이 없다는 것을 앎이다. 無生이 곧 無性이다.】

二는 泯能緣이라 上半은 牒前生過니 有無生見이 同世非實이오 下半은 見等無生이 名眞見者니라【鈔_ 有無生見者는 由上云知世皆無生하야 今牒此言하야 云若見見世間이니 謂見世無生이라 旣有此見이

면 見卽是生이라 故同世間이니 非眞實也니라 故古人云 '無生終不住
니 萬象徒流布라 若作無生解면 還被無生顧'라하니 卽其義也라 '下半
見等者는 以經文言호되 若見等無異라하니 謂見等所見이 同無生故로
能所兩忘을 名眞見者니라】

　　다음 3수 게송 가운데, 둘째 제5게송은 반연의 주체까지 없애
는 것이다. 제1, 2구는 앞서 말한 '잘못을 만들어낸다.'는 부분을
뒤이어 말한 것이다. 無生의 견해가 남아 있다는 것은 실상이 아닌
세간의 법과 같다. 제3, 4구는 보는 것 등등까지 만들어내지 않는
것이 "참으로 본 자"라고 말한다. 【초_ "無生의 견해가 남아 있다."
는 것은 위에서 이르기를 "세간의 모든 일이 생겨남이 없음을 안
다."고 말한 부분을 연유하여, 여기에서 이 말을 뒤이어서 "만약 보
이는 것으로 세간을 보면"이라고 말하였다. 이는 세간에 모든 것이
스스로 발생한 게 없음을 본 것으로 말한다. 이미 이러한 견해가 있
으면 그런 견해는 곧 망상과 차별을 만들어내는 것이다. 이 때문에
세간의 일과 같아서 근본의 진실이 아니다. 이 때문에 옛사람이 말
한 "無生에도 마침내 머물지 마라. 삼라만상은 한낱 펼쳐 있을 뿐
이다. 만일 無生이라는 견해를 지으면 도리어 無生을 뒤돌아봄으
로써 집착을 당한다."고 함이 바로 그런 의의이다.

　　"제3, 4구는 보는 것 등등"이란 경문에 이르기를 "만약 평등하
게 차이가 없음을 본다."고 하니, 보는 것 등과 보는 대상이 똑같이
생겨남이 없기 때문에 주체와 대상을 모두 잊음을 "참으로 본 자"
라고 말한다.】

三은 辨觀益이라

다음 3수 게송 가운데, 셋째 제6게송은 관의 이익을 논변함이다.

**經**

諸佛所開示　　　　一切分別法을
是悉不可得이니　　彼性淸淨故로다

　모든 부처님이 보여주신
　모든 분별 법을
　모두 얻을 수 없다
　그 자성이 청정한 까닭이다


法性本淸淨하야　　如空無有相일세
一切無能說이니　　智者如是觀이로다

　법의 성품은 본래 청정하여
　허공처럼 모양이 없기에
　그 어떤 것으로도 말할 수 없다
　지혜 있는 이는 이와 같이 보리라


遠離於法想하야　　不樂一切法하면
此亦無所修니　　　能見大牟尼로다

　법이란 생각까지 멀리 여의어

581

모든 법을 탐착하지 않으면
이 또한 닦을 바 없나니
위대하신 석가모니불을 뵈리라

● 疏 ●

後三은 明圓成無性觀이라 一은 牒前二無니 謂能所分別을 皆不可得者는 卽圓成性淨故오 二는 正顯眞性이니 初句는 體有오 次句는 相無니 此二融卽이라 故無能說이니라 【鈔_ 初句體有者는 圓成有二義니 一은 體有오 二는 相無라 法性本淸淨일세 故是體有오 如空無相일세 故是相無니라 體有는 卽是相無오 相無는 卽是體有라 本自相融이어니 何能說之리오 欲言其有나 卽相無故오 欲言其無나 卽性有故니라】

제1단락의 9수 게송 가운데, 뒤의 3수(제7~9) 게송은 圓成無性觀을 밝힘이다.

뒤의 3수 게송 가운데, 첫째 제7게송은 앞서 말한 2가지의 無를 이어서 말한 것이다. 주체와 대상의 분별심(徧計·依他)을 모두 얻을 수 없는 것은 곧 원성실성의 자성이 청정하기 때문이다.

뒤의 3수 게송 가운데, 둘째 제8게송은 바로 眞性을 밝힘이다. 제1구는 본체가 있음[體有]이며, 제2구는 모양이 없음[相無]이다. 體·相의 有·無 2가지가 서로 원융하여 하나가 된 까닭에 말로 할 수 없다. 【초_ "제1구는 본체가 있음"이란 원성실성에 2가지의 의의가 있다. ① 본체가 있음이며, ② 모양이 없음이다. 법성이 본래 청정한 까닭에 본체가 있으며, 허공처럼 모양이 없기 때문에 모양이 없다. 본체가 있음은 곧 모양이 없음이며, 모양이 없음은 곧 본체가 있음이다. 본래 스스로 서로 원융한데 어떻게 말할 수 있겠는가. 그것을 있다고 말하고자 하나 곧 모양이 없기 때문이며, 그것을 없다고 말하고자 하나 곧 본성이 있기 때문이다.】

三은 觀成利益이라

뒤의 3수 게송 가운데, 셋째 제9게송은 관으로 이익을 성취함이다.

經

如德慧所說하야　　　此名見佛者니
所有一切行이　　　　體性皆寂滅이로다

덕혜보살이 말한 것처럼 행해야
그를 부처님을 친견한 자라 말할 것이다
세간에 있는 모든 행이란
자체의 성품이 모두 적멸이다

● 疏 ●

第二는 推功이니 文並可知니라

제2단락의 제10게송은 그 공로를 미루어 말한 것으로, 게송의 문장은 아울러 말하지 않아도 알 수 있다.

## 一
### 第六 東南方 善慧菩薩
### 제6 동남방 선혜보살

**經**

**爾時**에 **善慧菩薩**이 **承佛威力**하사 **普觀十方**하고 **而說頌言**하사대

그때 선혜보살이 부처님의 헤아릴 수 없는 영묘하고도 불가사의한 힘을 받들어 시방 중생을 살펴보고서 게송으로 말하였다.

**希有大勇健**하신 　　　**無量諸如來**여
**離垢心解脫**하사 　　　**自度能度彼**로다

　희유하고 아주 용맹스럽고 힘차신
　한량없는 모든 여래여
　때를 여의고 마음이 해탈하여
　자신을 제도하고 남들도 제도하셨다

**我見世間燈**의 　　　**如實不顚倒**가
**如於無量劫**에 　　　**積智者所見**이로다

　내가 보니 세간의 등불이신 부처님
　실상과 같아 전도되지 아니하고
　한량없는 겁에

지혜를 쌓은 이들이 우러러보는 분이시다

● 疏 ●

善慧菩薩은 成就般若하야 慧鑑不動하니 可謂善矣라 此頌은 爲顯欲令其心으로 轉復增進하야 得不退轉無生法忍이니 文中에 離垢解脫이 無體性故니라

十頌은 分四니 初二는 見佛이오 次三은 見法이오 次三은 觀成利益이오 後二는 推見有依니라 今初 前偈는 讚所見이니 上半은 標讚이오 下半은 釋成이니 智離所知하고 心脫煩惱하야 兼二利故오 二障難除하고 衆生難度어늘 自強不息이 爲希有勇健이니라【鈔_ 智離所知者는 下半初句는 明離二障이니 言離垢者는 離所知障이니 是慧解脫이라 故言智離所知니라

言心解脫者는 是離煩惱障이니 是心解脫이라 故云心脫煩惱니 解脫之義는 通二解脫이라

言兼二利者는 卽第四句自度能度彼니 以自度二障하고 亦令他人脫二障故니 則俱度苦海也니라

二障難除下는 總擧下半하야 釋成初句니 二障難除어늘 則難斷能斷하고 今難度能度니 爲自強不息이니 是希有勇健義也니라】

선혜보살은 반야를 성취하여 밝은 지혜가 흔들리지 않으니 선안 지혜라 말할 만하다. 이의 게송은 그 마음을 전전하여 다시 한 걸음 더 나아가 뒤로 물러서지 않는 無生法忍을 얻고자 함을 밝혀주기 위해 쓴 것이다. 게송에서 말한 離垢解脫이 體性이 없기 때문이다.

10수의 게송은 4단락으로 구분된다.

제1단락의 2수 게송은 부처님을 친견함이며,

제2단락의 3수 게송은 법을 봄이며,

제3단락의 3수 게송은 觀이 이익을 성취함이며,

제4단락의 2수 게송은 이렇게 보기까지는 일찍이 의지했던 곳이 있다고 미루어 사양함이다.

제1단락의 2수 게송 가운데, 앞의 제1게송은 바라보는 대상으로서의 부처님을 찬탄함이니, 제1, 2구는 찬탄을 밝혀주었고, 제3, 4구는 위에서 말한 의의를 해석하여 끝맺음이다. 지혜는 所知障을 여의었고 마음은 煩惱障에서 해탈하여 自利와 利他를 겸한 때문이다. 소지장과 번뇌장이란 없애기 어렵고, 중생이란 제도하기 어려운 일임에도 스스로 강하여 그침이 없는 것이 "희유하고 아주 용맹스럽고 힘차신" 일이나. 【초_ "지혜는 所知障을 여의었다."는 것은 제3구에서 소지장과 번뇌장을 여의었음을 밝힌 것이다. '離垢'란 소지장을 여읜 것으로, 이는 지혜의 해탈이기에 "지혜는 所知障을 여의었다."고 말하였다. '心解脫'이란 번뇌장을 여읜 것으로, 이는 마음의 해탈이기에 "마음은 번뇌장에서 해탈하였다."고 말하였다. 해탈의 뜻에는 지혜와 마음 2가지를 통하여 말한다.

"자리와 이타를 겸했다."고 말한 것은 제4구의 '自度能度彼'이다. 소지장과 번뇌장에서 자신을 제도하였고 또한 남들에게 소지장과 번뇌장에서 해탈하도록 마련해주었기 때문이다. 이는 곧 생사의 고해를 함께 건넌 것이다,

'二障難除' 이하는 아래 제3, 4구를 모두 들어서 제1구에서 말한 의의를 해석하여 끝맺음이다. 소지장과 번뇌장이란 없애기 어려운 일임에도 이제 끊기 어려운 일을 잘 끊었고, 또한 제도하기 어려운 중생을 잘 제도한 일이 스스로 강하여 그침이 없는 것이다. 이런 점이 바로 "희유하고 아주 용맹스럽고 힘차다."는 의의이다.】

後偈中能見은 謂我如實見이 如大菩薩見이라【鈔_ 如大菩薩見者는 大菩薩은 卽於無量劫積智之者니라】

제1단락의 2수 게송 가운데, 뒤의 제2게송에서 말한 부처님을 볼 수 있는 주체[能見]는 여실하게 보는 나의 견해가 대보살의 견해와 같음을 말한다.【초_ "대보살의 견해와 같다."는 것은 대보살이란 한량없는 겁에 지혜를 쌓은 자이다.】

### 經

一切凡夫行이　　　　莫不速歸盡하나니
其性如虛空일세　　　故說無有盡이로다

    모든 범부의 행동은
    빨리 다하는 대로 돌아가지만
    그 자성은 허공과 같아
    이 때문에 다함이 없다고 말한다

智者說無盡이나　　　此亦無所說
自性無盡故로　　　　得有難思盡이로다

지혜로운 이는 다함이 없다고 말하나
그것 또한 말할 대상이 아니다
그 자체가 다함이 없기에
불가사의한 다함이 있다

**所說無盡中**에　　　　**無衆生可得**이니
**知衆生性爾**하면　　　**則見大名稱**이로다

　다함이 없다고 말한 데에는
　중생의 자성도 얻을 수 없다
　중생의 자성이 그런 줄 알면
　큰 명성 지니신 부처님을 보리라

● 疏 ●

次三見法中에 約衆生說이라 初偈는 正顯盡卽有爲니 諸行無常하야 速起滅故오 有爲之性이 湛若虛空이 便是無爲니 體常徧故니라【鈔_ 盡卽有爲者는 淨名第三에 '香積世界諸菩薩이 欲還本土하사 以求少法하야 當念如來어늘 佛告諸菩薩하사대 有盡無盡法門을 汝等當學이니 何謂有盡고 謂有爲法이니라 何謂無盡고 謂無爲法이니라 如菩薩者는 不盡有爲하고 不住無爲니라 何謂不盡有爲오 謂不離大慈하고 不捨大悲等이니라 何謂不住無爲오 謂修學空호되 不以空爲證하며 修學無相無作호되 不以無相無作爲證等이니라

諸行無常者는 釋成盡是有爲之義라 故涅槃云諸行無常하야 是生

滅法이라하니라

速起滅者는 刹那不住故니라

有爲之性者는 釋其性如虛空故일새 說無有盡이니 其性은 卽上有爲性故니라 其性之言은 略有二義니 一은 但約無性之性이니 以有爲法이 緣生性空이라 緣生性空이 卽同無爲니 竪窮三際를 曰常이오 橫無不周를 曰徧이라 故是無爲니 則上淨名에 但明不盡有爲와 不住無爲라 二相猶別일새 未能顯爲卽無爲矣어니와 今明卽性之相이 是名有爲오 卽相之性이 便是無爲라 故是玄矣니라 二者는 其性如虛空은 卽如來藏性이 體離斷常이라 故如虛空이니라】

제2단락의 3수 게송은 법을 봄에 있어 중생을 들어 말하였다.

이의 첫째 제3게송은 바로 '다함[盡]'이 곧 有爲임을 밝힌 것이다. 모든 것은 무상하여 빠르게 생겨나고 빠르게 사라지기 때문이며, 有爲의 자체가 담담하여 허공과 같음이 곧 無爲이다. 그 본체가 두루 언제나 존재하기 때문이다. 【초_ "다함[盡]이 곧 有爲이다."는 것은 유마경 제3에 이르기를 "향적세계의 많은 보살이 본토에 돌아가고자 할 때에 부처님에게 적은 법이라도 구하여 떠나가려는 생각을 하자, 부처님이 많은 보살에게 말씀하셨다.

너의들은 有盡·無盡의 범주를 배워야 한다. 그 무엇을 有盡이라 말하는가. 有爲法을 말한다. 그 무엇을 無盡이라 말하는가. 無爲法을 말한다. 보살이란 유위를 다하지도 않고 무위에 머무르지도 않는다. 무엇을 유위를 다하지도 않음이라 말하는가. 大慈의 마음을 여의지 않으며 大悲의 마음을 버리지 않는 등을 말한다. 무엇

589

을 무위에 머무르지도 않음이라 말하는가. 空을 닦고 배우되 공으로 증득을 삼지 않으며, 형상이 없고 작위가 없는 것을 닦고 배우되 형상이 없고 작위가 없는 그 자체를 증득으로 삼지 않는 등을 말한다.'"고 하였다.

"모든 것은 무상하다[諸行無常].'"는 것은, '다함[盡]'이란 有爲의 뜻을 해석하여 끝맺음이다. 이 때문에 열반경에 이르기를 "모든 것은 무상하다. 이것이 生滅法이다.'"고 하였다.

"빠르게 생겨나고 빠르게 사라진다[速起滅].'"는 것은 찰나의 순간에도 머물지 않기 때문이다.

"有爲의 자체"란 그 자성이 담담하여 허공과 같기에 이로써 "다함이 없다고 말한다[說無有盡].'"는 점을 해석하였다. 그 자성은 곧 위에서 말한 '有爲의 自性'이기 때문이다.

"그 자성[其性]"이란 말에는 간단하게 말하면 2가지의 의의가 있다.

① 단 자성이 없다는 자성으로 말함이다. 有爲法이 반연으로 생겨나는 자성이 공한 것이다. 반연으로 생겨나는 공한 자성이 곧 無爲와도 같다. 시간의 縱으로는 과거 현재 미래[三際]를 다하는바 이를 '영원[常]'하다 말하고, 공간의 횡으로는 두루 존재하지 않은 곳이 없는바 이를 '두루[徧]'라고 말한다. 이 때문에 無爲라 한다. 이는 곧 위에서 인용한 유마경에서는 단 "유위를 다하지도 않고 무위에 머무르지도 않는다."고 밝혔을 뿐 2가지의 양상은 개별로 다른 것이다. 有爲가 곧 無爲임을 밝히지 않았지만, 여기에서는 근본의

성품과 하나가 된 현실의 차별 양상을 有爲라 하고, 현실의 차별상과 하나가 된 근본 성품이 곧 無爲임을 밝힌 까닭에 이처럼 현묘한 것이다.

② 그 자성이 담담하여 허공과 같다는 것은 곧 如來藏性의 본체는 空無의 斷見과 實有의 常見을 모두 여의었기에 허공처럼 담담한 것이다.】

次二偈는 拂迹入玄이니 上半은 拂前無爲니 謂旣如虛空인댄 何有無爲之相가 次四句는 拂前有爲니 謂旣約自性하야 論無盡인댄 則不壞於盡이라 故曰難思오 盡卽無盡이라 故無衆生也니라 後二句는 觀成利益이니 見法身也

제2단락의 3수 게송 가운데, 둘째 제4~5게송은 有無의 자취를 말끔히 떨쳐버리고 현묘한 자리에 들어감이다.

제4게송의 제1, 2구는 앞서 말한 無爲를 말끔히 떨쳐버림이다. 이미 허공과 같다면 어떻게 無爲의 모습이 남아 있겠는가.

다음 4구는 앞서 말한 有爲를 말끔히 떨쳐버림이다. 이미 자성을 들어 無盡함을 논했는바 이는 곧 '다함[盡]'을 무너뜨리지 않음이다. 이 때문에 "불가사의하다."고 말한 것이며, '다함[盡]'이 곧 다함이 없는 것이기에 중생의 차별이 없는 것이다.

제5게송의 제3, 4구는 觀이 이익을 성취함이다. 이는 법신을 보았기 때문이다.

無見說爲見이오　　　無生說衆生이니
若見若衆生을　　　了知無體性이로다

　　본 것이 없는데 보았다 말하고
　　생겨남이 없는데 중생이라 말하니
　　보는 것과 중생이
　　그 자체의 성품이 없음을 알 수 있다


能見及所見의　　　見者悉除遣하고
不壞於眞法하면　　此人了知佛이로다

　　볼 수 있는 주체와 바라보는 존재의 대상
　　그리고 보는 이까지 모두 떨쳐버리고
　　진실한 법을 무너뜨리지 않으면
　　이런 사람이야말로 부처님을 알리라


若人了知佛과　　　及佛所說法하면
則能照世間을　　　如佛盧舍那로다

　　만약 어떤 사람이 부처님과
　　부처님이 말씀하신 법을 알면
　　세간을 비춰줌이
　　비로자나불과 같으리라

◉ 疏 ◉

次三觀成中에 初偈는 顯法空이니 由下半에 了能所見 緣成無性故로 上半의 能所之見 自忘이라 次二句는 顯我空이니 能所之法도 尙空이어니 誰爲能見之者리오 後二句는 顯實이니 但除上病이언정 不除眞法이니 二空之體와 及所顯圓成이 卽眞佛也니라 三一偈는 雙結知佛法益이니 文顯可知니라

제3단락의 3수 게송은 觀이 이익을 성취한 가운데, 첫째 제6게송은 法空을 밝힘이다. 제3, 4구에서 말한 "보는 주체와 바라보는 대상이 반연으로 이뤄져 자성이 없음을 안다."는 점에서 연유한 까닭에 제1, 2구에서는 보는 주체와 바라보는 대상을 절로 잊은 것이다.

둘째 제7게송의 제1, 2구는 我空을 밝힘이다. 보는 주체와 바라보는 대상의 법마저도 오히려 공했는데, 그 어디에 이를 볼 수 있는 주체의 존재가 있겠는가. 제3, 4구는 실상을 밝힘이다. 단 위에서 말한 병폐는 없애야 하겠지만 참다운 법까지 없애서는 안 된다. 我空 法空의 본체 및 나타나는 대상으로서의 圓成이 곧 참 부처님[眞佛]이다.

셋째 제8게송은 불법을 아는 이익을 2가지로 끝맺고 있는데 경문의 뜻이 분명하여 이는 말하지 않아도 알 수 있다.

正覺善開示하사 　　一法淸淨道하시고
精進慧大士가 　　　演說無量法하시니

정각 이루신 부처님께서 잘도

일승(一乘)의 불법, 청정한 도를 보여주시고

정진혜보살이

한량없는 법을 연실하였다

若有若無有  　　彼想皆除滅하면
如是能見佛이　　安住於實際로다

다함이 있다거나 없다는

그런 생각을 모두 없애면

이처럼 했을 때에 부처님께서

실상의 진리에 안주하심을 보리라

◉ 疏 ◉

四有二偈는 推見有依者는 謂佛說一道淸淨일세 故能遣有오 進慧演無量門일세 復能遣無니 想滅理現이라야 方知如來 乃住無有無之際也니라 又智論에 云法性爲實이오 證實爲際니 凡夫有實이오 未能證也일세니라

　제4단락의 2수 게송에서, 이렇게 보기까지는 일찍이 의지했던 곳이 있다고 미루어 사양했다는 것은 부처님이 一乘의 청정한 도를 말씀하신 까닭에 有를 떨쳐버릴 수 있고, 정진혜보살이 한량없는 법문을 연설하여 또한 無를 떨쳐버린 것이다. 망상이 사라지고 진리가 나타나야만 비로소 여래께서 有·無가 없는 실상의 진리 자

리에 안주하심을 알 수 있다. 또한 지도론에 이르기를 "법성이 실상[實]이며, 실상을 증득함이 진리의 자리[際]이다. 범부는 법성의 실상만 있을 뿐이지 실상의 진리를 증득하지는 못한다."고 하였다.

---

### 第七 西南方 智慧菩薩
제7 서남방 지혜보살

**經**

**爾時**에 **智慧菩薩**이 **承佛威力**하사 **普觀十方**하고 **而說頌言**하사대

그때 지혜보살이 부처님의 헤아릴 수 없는 영묘하고도 불가사의한 힘을 받들어 시방 중생을 살펴보고서 게송으로 말하였다.

**我聞最勝敎**하고　　　　**卽生智慧光**하야
**普照十方界**하야　　　　**悉見一切佛**이로다

　　나는 가장 훌륭한 가르침 듣고
　　지혜 광명 얻어
　　널리 시방세계 비추어
　　모든 부처님 다 보았다

● 疏 ●

智慧者는 決斷不動이라 所以名智니라 頌意는 爲顯於一切法에 皆能出離니 文中生死涅槃을 皆善離故니라
十頌은 分二니 初一은 引己勵衆이라

지혜보살은 결단하여 흔들림이 없기에 이런 명호를 붙인 것이다. 게송에서 말한 뜻은 모든 법에서 모두 벗어나고 여의어야 함을 밝혀주기 위함이다. 게송에서 말한 생사와 열반을 모두 잘 여의었기 때문이다.

10수의 게송은 2단락으로 구분된다.

제1단락의 1수 게송은 자기의 몸을 이끌어 중생을 권면함이다.

經

此中無少物이오　　　但有假名字니
若計有我人이면　　　則爲入險道로다

　여기에는 작은 그 어떤 존재도 없고
　단 거짓 이름만이 있다
　나와 남이 있다고 생각하면
　험한 길에 떨어지리라

● 疏 ●

餘偈는 希衆同己라 於中亦二니 前六은 示迷요 後三은 啓悟라 前中도 亦二니 初一은 人執이니 理實無人이어늘 橫計成險이라

제2단락의 나머지 9수(제2~10) 게송은 대중에게 나처럼 닦아가기를 바라는 것이다.

제2~10게송은 또한 2부분으로 나뉜다. 앞의 6수(제2~7) 게송은 혼미를 보여줌이며, 뒤의 3수(제8~10) 게송은 깨달음을 열어준 것이다.

앞의 6수(제2~7) 게송은 또다시 2부분으로 나뉘는데, 첫째 제2게송은 나와 남에 대한 집착이다. 진리의 자리에는 나와 남이 없는데 부질없는 생각으로 험한 삼악도를 만들어내는 것이다.

**經**

**諸取着凡夫**가　　　　　　**計身爲實有**하나니
**如來非所取**라　　　　　　**彼終不得見**이로다

　집착하는 모든 범부들이
　제 몸이 실제 있다고 생각한다
　여래는 집착한 바 없는데
　그들이 끝까지 보지 못한 것이다


**此人無慧眼**하야　　　　　**不能得見佛**일세
**於無量劫中**에　　　　　　**流轉生死海**로다

　이런 사람은 지혜의 눈이 없어
　부처님을 볼 수 없기에
　한량없는 겁을 거치면서

생사의 바다에 돌고 돈다

● 疏 ●

餘皆法執이니 於中에 初二는 執世法이오 後三은 雙執世出世라 今初에 初二句는 明執이니 謂計蘊爲實하야 不能觀身實相이오 餘皆明過니 次二句는 執實乖理하야 不見佛이오 次二句는 無慧不見佛이오 後二句는 但益流轉이라

제2~7게송 가운데, 앞의 1수를 제외한 나머지 5수(제3~7) 게송은 모두 법에 대한 집착을 말하고 있다. 그중에서도 앞의 2수(제3~4) 게송은 세간의 법에 대한 집착을, 뒤의 3수(제5~7) 게송은 세간과 출세간의 법에 대한 모든 집착을 말하고 있다.

이의 제3게송의 제1, 2구는 집착을 밝힌 것이다. 오온의 몸을 실제의 존재로 잘못 생각하여 봄의 實相을 보지 못함이다. 나머지 게송에서는 모두 이와 같은 잘못을 밝히고 있다. 제3, 4구는 실상이라 집착하여 진리에 어긋나 부처님을 보지 못함을 말해주고 있다.

다음 제4게송의 제1, 2구는 지혜가 없어 부처님을 보지 못함을, 제3, 4구는 단 생사의 윤회를 더하여 말하고 있다.

經

有諍說生死요　　　　　無諍卽涅槃이니
生死及涅槃을　　　　　二俱不可得이로다

다툼(번뇌)이 있으면 생사라 하고

다툼이 없으면 곧 열반이다
생사와 열반이란
두 가지 모두 얻을 수 없다

**若逐假名字**하야　　　　**取着此二法**하면
**此人不如實**이라　　　　**不知聖妙道**로다

　만약 거짓 이름을 따라서
　두 가지 법에 집착하면
　그 사람은 실상의 도리가 아니다
　성인의 미묘한 도 알지 못하리라

● 疏 ●

後三은 雙執中에 亦分爲二이니 初二는 執法이오 後一은 執佛이라 前中에 亦二니 一은 立理오 二는 起執이라
初中上半은 假立이니 謂待前流轉生死하야 以立涅槃이라 煩惱名諍은 觸動善品하야 損害自他라 故名爲諍이니 此有漏法에 諍隨增故로 名爲有諍이라 有彼諍故니라 故生死者는 有漏爲體니 無彼煩惱라 故稱涅槃이니라 下半은 雙非니 謂生死涅槃이 俱因煩惱하야 假立其名이니 何有眞實이리오 又二互相待故로 俱空이오 二互相奪故로 皆寂이라 後偈는 起執이니 上半은 執이오 下半은 損이라

　뒤의 3수(제5~7) 게송은 세간과 출세간의 법에 대한 모든 집착 가운데, 이는 또다시 2부분으로 나뉜다. 앞의 2수(제5~6) 게송은 법

599

에 대한 집착을, 뒤의 1수, 제7게송은 부처에 대한 집착을 말하고 있다.

앞의 2수(제5~6) 게송 가운데, 또다시 2부분으로 나뉘는데, 첫째 제5게송은 이치를 세움이며, 둘째 제6게송은 집착을 일으킴이다.

첫째 제5게송의 제1, 2구는 假立이다. 앞에서 말한 '생사의 윤회'를 상대로 하여 열반을 내세운 것이다. 번뇌를 '다툼[諍]'이라 명명한 것은 좋다는 것[善品]으로 충동질하여 나와 남에게 손해를 끼친 까닭에 '다툼[諍]'이라 명명하게 된 것이다. 有漏法에는 '다툼'이 뒤따라 더욱 증가하는 까닭에 '有諍'이라 말하니 그 다툼이 있기 때문이다. 이 때문에 생사란 有漏로 체성을 삼는다. 그와 같은 번뇌가 없기에 열반이라고 말한다. 제3, 4구는 모두 잘못되었음을 말한다. 생사와 열반이 모두 번뇌를 인하여 그런 명제가 임시로 세워진 것인바, 어떻게 참다운 실상이라고 할 수 있겠는가. 또한 생사와 열반이란 서로 상대하는 존재이기에 모두 공한 것이며, 생사와 열반이란 서로 압도하는 까닭에 모두 적멸이다.

둘째 제6게송은 집착을 일으킴이니 제1, 2구는 집착을, 제3, 4구는 손실을 말하고 있다.

**若生如是想**호대  **此佛此最勝**이라하면
**顚倒非實義**라  **不能見正覺**이로다

　　만약 이처럼 생각하여

부처님이 가장 수승하다 집착하면
전도되어 실상의 이치가 아니어서
정각을 보지 못하리라

⦿ 疏 ⦿

後一은 執佛中에 亦上半執이오 下半損이라 執有三義하니 一은 佛佛相望이오 二는 三身等相望이오 三은 心佛相望이라 【鈔_ 一佛佛相望者는 如云'阿彌陀佛은 有四十八願하야 能攝衆生이어니와 餘則不能이니 禮於此佛이면 滅罪則多오 禮於彼佛이면 滅罪則少'라하야 不知諸佛의 行願功德이 無不平等이나 隨根遊緣하야 說有優劣이라 故爲顚倒니라
二三身等相望者는 謂念化身이면 功德則少하고 乃至法身은 功德則勝等이라 而言'三身等'者는 等取四身·五身·十身·無量身故니라 以不知三身體融하며 十身無礙하고 謂有優劣이라 故爲顚倒니라
三心佛相望者는 謂佛門成道라 功德難思어니와 我心妄惑이라 則名爲劣이라하면 雖無叨濫이나 不了眞源에 心·佛·衆生이 三無差別이라 故爲顚倒니라】

제5~7게송 가운데, 뒤의 제7게송은 부처에 대한 집착을 말하는네, 그친 게1, 2구는 집착을, 제3, 4구는 손실을 말하고 있다. 집착에는 3가지의 의의가 있다.

(1) 부처님과 부처님을 서로 대조함이며,

(2) 三身 등을 서로 대조함이며,

(3) 마음과 부처를 서로 대조함이다. 【초_ "(1) 부처님과 부처님

을 서로 대조함"이란 어떤 사람이 이르기를 "아미타불은 48서원으로 중생을 이끌어 들였지만 나머지 부처님은 그렇지 못하였다. 따라서 아미타불에게 절을 올리면 죄업의 소멸이 많고 다른 부처님에게 절을 올리면 죄업의 소멸이 적다."고 하여, 여러 부처님의 行願과 공덕이 평등하지 않음이 없으나 중생의 근기를 따르고 인연을 따라서 설법하는 데에 우열이 있다는 사실을 알지 못하였다. 이 때문에 전도된 것이다.

"⑵ 三身 등을 서로 대조함"이란 어떤 사람이 이르기를 "화신을 염불하면 공덕이 적고 내지 법신을 염불하면 공덕이 크다."는 등이다. '三身 등'이라 말한 것은 四身·五身·十身·無量身 등을 들어 말한 때문이다. 이는 三身의 몸이 원융하고 十身이 서로 걸림이 없다는 사실을 알지 못하면서 우열이 있다고 말한 까닭에 전도된 것이다.

"⑶ 마음과 부처를 서로 대조함"이란 어떤 사람이 이르기를 "부처님은 진즉 성도하신 분이어서 그 공덕이 불가사의하지만 나의 마음은 허망하고 미혹한 터라 용렬하다고 말한다."고 하면 비록 부처님에게 외람된 점은 없지만, 진여의 본원자리에 마음과 부처와 중생, 이 3가지가 차별이 없음을 알지 못한 것이다. 이 때문에 전도된 것이다.】

能知此實體의　　　　寂滅眞如相하면

**則見正覺尊**이 　　　　**超出語言道**로다

　이런 실상의 본체가 되는

　적멸 진여의 모습을 알면

　바른 깨달음을 얻으신 세존께서

　언어의 길에서 벗어남을 보리라


**言語說諸法**이면 　　　　**不能顯實相**이오
**平等乃能見**이니 　　　　**如法佛亦然**이로다

　언어로써 모든 법을 말하면

　진여의 실상을 밝힐 수 없고

　평등해야 실상을 보나니

　법과 같이 부처님 또한 그러하다


● 疏 ●

後三啓悟中에 亦二니 初二는 順理之得이오 後一은 擧佛釋成이라 前中亦二니 半偈는 明順理而知오 餘顯順知之益이라 益中에 亦二니 半偈는 標오 一偈는 釋이라 云何超言고 若取知能知寂이면 未免於言이니 有所緣故오 若自知知면 亦非無緣이라 故須能所平等이니 等不失照일새 故無知之知 不同木石이라 故云能見이니라【鈔_ 若取知能知寂者는 此則用於禪宗知識之偈라 偈中에 具云若以知知寂이라도 此非無緣知니 如手執如意에 非無如意手오 若以自知知라도 亦非無緣知니 如手自作拳에 非是不拳手니라 亦不知知寂이오 亦不自知知라도 不

可謂無知니 自性了然故로 不同於木石이며 手不執如意하고 亦不自作拳이라도 不可謂無手니 以手安然故로 不同於木石이라하니 斯爲禪宗之妙라 故今用之나 而復小異니 以彼但顯無緣眞智로 以爲眞道어니와 若奪之者인댄 但顯本心不隨妄心이오 未有智慧照了心源이라 故云故須能所平等이니 等不失照가 爲無知之知라하니 此知 知於空寂無生如來藏性이라야 方爲妙耳니라】

10수 게송 가운데, 뒤의 3수(제8~10) 게송은 깨달음을 말해주고 있는바, 여기에는 또다시 2부분으로 나뉜다. 앞의 제8~9게송은 順理로 얻음이며, 뒤의 제10게송은 부처님을 들어 해석하면서 끝맺음이다.

앞의 제8~9게송은 또다시 2부분으로 나뉜다. 제8게송의 제1, 2구는 이치를 따라 아는 것을 밝혔고, 나머지 게송은 이치를 따라 아는 데에서 얻어지는 이익을 밝히고 있다. 이익이 되는 가운데에는 또다시 2부분으로 나뉜다. 제8게송의 제3, 4구는 이익의 뜻을 내세워 밝혔고, 제9게송은 이에 대한 해석이다.

어떻게 하면 언어를 초월하는가. 만일 아는 것만을 가지고서 적멸이 그 어떤 것인 줄 알면 그것은 언어를 면하지 못한 것이다. 반연의 대상이 있기 때문이며, 알고 있는 것을 스스로가 알고 있다고 아는 것 또한 반연이 없는 것이 아니다. 이 때문에 반드시 주체와 대상이 평등해야 한다. 평등하면서도 觀照를 잃지 않았기에 이와 같은 無知의 知는 목석과는 다른 것이다. 이 때문에 진여실상을 볼 수 있다고 말한 것이다. 【초_ "만일 아는 것만을 가지고서 적멸이 그 어떤 것인 줄 알면"이란 곧 선종에서 말한 知識에 관한 게송을 인용한 것이다. 게송에 구체적으로 말하였다.

"만일 지식으로써 적멸의 도리를 안다고 할지라도 그것은 반연이 없는 지혜[無緣知]가 아니다. 제 손 위에 여의주를 들고 있으면 '여의주 손[如意手]'이 없지 않은 것과 같다. 만일 스스로 알고 있는 것을 안다는 그 자체 또한 반연이 없는 지혜가 아니다. 손을 가지고서 스스로 주먹을 쥐면 '주먹 손'이라 하지 않을 수 없는 것과 같다.

또한 지식으로써 적멸의 도리를 알 수 없고, 또한 스스로가 지닌 지식을 그가 지녔는지 모른다 할지라도 無知라고 말할 수 없는 것이다. 自性이 분명한 까닭에 무지한 목석과는 근본적으로 다르다. 손으로 여의주를 들지 않았다거나 또한 스스로 주먹을 쥐지 않았을지라도 손이 없다고는 말하지 못할 것이다. 손은 그대로 그 자리에 있기에 꼼짝하지 못하는 목석과는 다르다."

이는 선종의 현묘한 종지이다. 이 때문에 이를 인용했지만 여기에는 또한 작은 차이점이 있다. 선종에서는 단 반연이 없는 참지혜[無緣眞智]로써 참다운 도[眞道]를 삼는다는 뜻을 밝혔지만, 만일 또 다른 측면에서 말한다면 단 本心이 妄心을 따르지 않음을 밝힌 것이다. 따라서 정작 지혜가 마음의 근본자리를 비춰준다는 점은 찾아볼 수 없다. "이 때문에 반드시 주체와 대상이 평능해야 하나. 평등하면서도 觀照를 잃지 않았기에 無知의 知라 한다."고 하였다. 이러한 지식은 空寂無生한 如來藏性의 자리를 알았을 때에 비로소 미묘함이 된다.}

**正覺過去世**와　　　**未來及現在**하사
**永斷分別根**이실새　　**是故說名佛**이로다

　　과거 세계, 미래 세계
　　현재 세계를 바르게 깨달아
　　분별심의 뿌리를 영원히 끊었기에
　　그 이름을 부처님이라 한다

● 疏 ●

後偈擧佛釋者는 上云佛然이라하니 佛云何然고 釋云 覺於三世하야 離分別故니 種習斯亡이 爲斷根也며 又亦無心 捨於分別이 名爲斷根이라

　맨 뒤의 제10게송에서 부처님을 들어 해석하였다는 것은 제9게송 제4구에 "부처님 또한 그러하다[佛亦然]."고 말한 바 있다. 부처님은 어찌하여 그러한 것일까? 이에 대해 해석하면 다음과 같다.
　"과거 현재 미래의 세계를 깨달아 분별하는 마음을 여읜 때문이다. 종자와 습기가 사라짐이 곧 그 뿌리를 자른 것이며, 또한 無心으로 분별하는 마음을 버리는 것을 뿌리를 잘랐다고 말한다."

---

第八 西北方 眞實慧菩薩
　제8 서북방 진실혜보살

##

**爾時**에 **眞實慧菩薩**이 **承佛威力**하사 **普觀十方**하고 **而說頌言**하사대

그때 진실혜보살이 부처님의 헤아릴 수 없는 영묘하고도 불가사의한 힘을 받들어 시방 중생을 살펴보고서 게송으로 말하였다.

**寧受地獄苦**하야　　　　**得聞諸佛名**이언정
**不受無量樂**하야　　　　**而不聞佛名**이로다

　차라리 지옥의 고통을 받으면서
　부처님의 명호를 들을지언정
　한량없는 쾌락 누리며
　부처님 명호 아니 듣는 일은 하지 않으리라

**所以於往昔**에　　　　**無數劫受苦**하야
**流轉生死中**은　　　　**不聞佛名故**로다

　지난 옛날 옛적에
　수없는 겁 동안 고통받으며
　생사고해에 돌고 돈 것은
　부처님 명호 듣지 못한 까닭이다

● 疏 ●

眞實慧菩薩은 心不顚倒 是眞實慧라 頌意는 爲顯欲令增進하야 於

一切法에 皆得善巧니 文言'於法不顚倒하고 如實覺了라하니 是善
巧義라
十頌은 分二니 前二는 明依實立名이니 名能益物이오 後八은 顯名下
之實하야 辨益所由니라 今初 前頌은 明損益이니 受苦聞名에 速解脫
故오 受樂不聞에 反沈淪故니라 後頌은 敍昔하야 以成今說이라

　진실혜보살은 마음이 전도되지 않아 진실혜라는 명호를 붙인
것이다. 게송에서 말한 뜻은 중생으로 하여금 더욱 증진하여 모든
법에 잘하도록 하고자 함을 나타내기 위함이다. 게송에서 말한 "법
에 전도되지 아니하고 여실하게 깨닫는다."는 것이 모든 법에 잘한
의의이다.
　10수의 게송은 2단락으로 구분된다.
　제1단락의 2수(제1~2) 게송은 진여실상을 의거하여 부처님의
명호가 세워졌음을 밝힌 것이다. 부처님의 명호 그 자체가 중생에
게 이익을 주는 것이다.
　제2단락의 8수(제3~10) 게송은 부처님의 명호에 담긴 실상을
밝혀 이익이 되는 연유를 말하였다.
　제1단락의 2수 가운데, 앞의 제1게송은 손해와 이익을 밝힘이
다. 고통을 받을지언정 부처님의 명호를 들을 수만 있다면 빠르게
해탈할 수 있기 때문이며, 쾌락을 누리면서 부처님의 명호를 듣지
않으면 도리어 생사의 고해에 빠져 허우적대기 때문이다.
　뒤의 제2게송은 전생의 일을 서술하여 여기에서 말한 논조를
성립한 것이다.

於法不顚倒하고　　　　　如實而現證하야
離諸和合相하면　　　　　是名無上覺이로다

　　법에 전도되지 아니하고
　　여실하게 밝히고 증득하여
　　모든 거짓의 화합한 모양 여의면
　　이를 위없는 깨달음의 도라 말한다


現在非和合이며　　　　　去來亦復然하니
一切法無相이　　　　　　是則佛眞體로다

　　현재는 화합한 것이 아니며
　　과거 미래 또한 그러하니
　　모든 법에 모양 없는 그것이
　　부처님의 참된 진리체이다


若能如是觀　　　　　　　諸法甚深義하면
則見一切佛의　　　　　　法身眞實相이로다

　　만약 이와 같이
　　모든 법의 깊은 뜻을 관찰하면
　　모든 부처님
　　법신의 진실한 모양 보리라

● 疏 ●

後八中에 分三이니 初三은 覺妄證實이니 是覺察義오 次一은 雙覺二諦니 是覺照義오 後四는 非覺而覺이니 是妙覺義니라【鈔_ 初覺妄等者는 顯其三覺이니 一 覺察者는 如睡夢覺이며 亦如人覺賊에 賊無能爲니 妄卽賊也라 二 覺照者는 卽照理事也며 亦如蓮華開하야 照見自心一眞法界恒沙性德이며 如其勝義覺諸法故니라 三 妙覺者는 卽上二覺이 離覺所覺이라 故爲妙耳오 非更別覺이라 故楞伽云一切無涅槃이오 無有涅槃佛이며 無有佛涅槃하야 遠離覺所覺이라하니 若有若無라 故爲妙覺이니라 故起信云 又心起者는 無有初相可知로되 而言知初相者는 卽謂無念이라하니 此明非覺而覺也니라】

제2단락의 8수(제3~10) 게송은 다시 3부분으로 나뉜다.

(1) 3수(제3~5) 게송은 幻妄을 깨달아 실상을 증득함이니 이는 覺察의 의의이며,

(2) 1수의 제6게송은 眞諦와 俗諦를 모두 깨달음이니 이는 覺照의 의의이며,

(3) 4수(제7~10) 게송은 깨달음이 아닌 것으로 깨달음이니 이는 妙覺의 의의이다.【초_ "(1) 幻妄을 깨달음" 등이란 3가지의 覺을 밝힘이다.

① 覺察이란 깊은 꿈속에서 잠을 깨는 것과 같으며, 또한 남들이 도둑을 알아채면 도둑이 도둑질을 할 수 없음과 같다. 幻妄이 곧 도둑이다.

② 覺照란 곧 理事法界를 모두 관조함이며, 또한 연꽃이 피는

것과 같아 자기 마음의 一眞法界에 항하의 모래알처럼 헤아릴 수 없는 性德을 비춰 봄이며, 그 수승한 이치와 같아서 모든 법을 깨닫기 때문이다.

③ 妙覺이란 곧 위에서 말한 覺察·覺照 2가지가 깨달음[覺] 그 자체와 깨달음의 대상[所覺]을 여읜 까닭에 미묘하다는 것이지, 또한 별다른 깨달음을 말한 것은 아니다.

이 때문에 능가경에 이르기를 "일체가 열반이 없고 涅槃佛이 없으며 부처님의 열반도 없어 깨달음 그 자체와 깨달음의 대상을 멀리 여의었다."고 하였다. 있기도 하고 없기도 한 까닭에 이를 妙覺이라 한다.

이 때문에 기신론에 이르기를 "마음이 일어난 것은 처음 양상을 알 수 없지만, 처음 양상을 안다고 말한 것은 곧 無念을 말한다."고 하였다. 이는 깨달음이 아닌 것으로 깨달음임을 밝힌 것이다.】

今은 初也니 初偈는 證實立名이라 初句는 揀似比量이니 無常計常하고 常計無常等이 是顚倒法이라 名似比量이니라 次句는 證眞現量이니 如眼見故오 次句는 揀似現量하야 顯眞現量이니 謂男女天地等에 見一合相이 名似現量이니 一合相은 相不可得故라 故名爲離니 非唯所覺離合이니 亦無如外之智도 與如合也라 下句는 結名이라【鈔_ 初句揀似比量者는 然準因明컨대 總有八義어니와 今此有四라 故彼論云能立與能破와 及似唯悟他이오 現量與比量과 及似唯自悟라 하니 謂能立·能破·現量·比量인 此之四義 各有眞似라 故成八耳라
言八義者는 一은 對敵申量할세 三分圓明하야 開曉於賓이라 故名能立

611

이오 二는 斥量非圓하며 彈支有謬하야 示悟於主라 故名能破오 三은 對敵申量할세 三支闕謬하야 非曉於敵이라 故名似立이오 四는 妄斥非圓하며 彈支有謬하야 不悟於主라 故名似破오 五는 於色等義에 有正智生하야 自相處轉이라 故名現量이오 六은 謂藉衆相而觀於義하야 相應智起라 故名比量이오 七은 有分別智가 於義異轉하야 了甁衣等을 名似現量이오 八은 以似因智로 於似所比에 相違解起를 名似比量이니 廣如彼說이라

今疏云'無常計常'은 卽是第八이니 如色是無常에 知從緣生하야 刹那滅故니라 故是無常이니 此藉因緣相應智起일세 是眞比量이어늘 今以相續覆故로 卽似因智 起하고 計之爲常에 卽相違解起하니 名似比量이라 故爲顚倒어니와 今云於法不顚倒故로 是揀似比量이라 謂男女天地者는 此卽第七이라

一合相者는 衆緣和合故니 攬衆微以成於色하고 合五陰等以成於人을 名一合相이니 如是見者는 是有分別智가 於義異轉이라 故名似現이라 '一合相'下는 顯眞現量이니 '不可得'者는 卽金剛經云'如來 說一合相은 卽非一合相이라하니 以從緣合하야 卽無性故니라 無性之性은 是所證理니 如是知者는 是正智生이며 是自相處轉일세 名眞現量이라 上來는 離於所覺和合之相이니 已爲現量이어니와 '非唯'已下는 又拂能所證迹으로 爲眞現量이니 謂若有如外之智 與如合者인댄 猶有所得일세 非眞實證이오 能所兩亡이라야 方爲眞現이라 故唯識云'若時於所緣에 智都無所得이면 爾時住唯識하니 離二取相故니라 故下經에 云 '無有智外如가 爲智所入이오 亦無如外智가 能證於如라하니 如是라야

612

方爲眞現量也라 是故로 經云離諸和合相이라하니라】

(1) 3수 게송 가운데, 첫째 제3게송은 실상을 증득한 것으로 부처님의 명호를 내세운 것이다.

제1구는 似比量[16]과 다름을 말하였다. 無常한 것을 영원하다 생각하고 영원한 것을 무상하다고 헤아리는 등등은 顚倒法이다. 이를 似比量이라 한다.

제2구는 眞現量[17]을 증득함이다. 눈으로 바로 보는 것처럼 사실의 왜곡이 없기 때문이다.

제3구는 似現量의 잘못을 구별 지어 眞現量을 밝힌 것이다. 남녀와 천지 등에 대해 여러 가지 법이 하나의 종합체로 만들어진 양상[一合相]으로 보는 것을 似現量이라 한다. 一合相이란 相으로 볼 수 있는 게 아니기 때문이다. 이 때문에 여의어야 할 대상으로 규정지은 것이다. 깨달음의 객관 대상을 여의어야 할 부분으로 규정했을 뿐 아니라, 또한 진여 밖의 지혜도 진여와는 합할 수 없다.

제4구는 부처님의 명호에 대해 끝맺음이다. 【초_ "제1구는 似比量과 다름을 말하였다."는 것은, 그러나 인명론에 준해 보면 이에

---

[16] 似比量: 比量이란 우리가 이미 알고 있는 사실을 가지고 비교해서 아직 알지 못하는 사실을 추측하는 것이다. 예를 들면 연기가 피어오르는 것을 보고서 그 아래에 불이 있는 줄을 미루어 아는 따위이다. 그러나 似比量은 比量과 비슷하지만 그릇된 것을 말한다. 즉 사이비 비량인 셈이다. 예를 들면 안개를 연기인 줄 잘못 알고서 거기에 불이 있다고 여기는 따위이다.

[17] 眞現量: 진현량은 환상이나 착각이 없는 상태에서 마음대로 분별하지 않고서 있는 그대로의 진실을 바로 아는 직접 경험이다. 似現量은 환상이나 착각으로 중생의 분별심이 개입함으로써 있는 그대로의 진실을 왜곡하여 제대로 알지 못하는 것이다.

관하여 8가지 의의가 있는데, 여기에서는 4가지뿐이다. 이 때문에 인명론에 이르기를 "能立과 能破 및 似能立·似能破[18]는 오직 남들을 납득시키기 위함이며, 現量과 比量 및 似現量·似比量은 오직 자신의 깨달음을 위한 것이다."고 한다. 能立·能破·現量·比量 이 4가지 의의에는 각각 眞과 似가 있다. 이 때문에 8가지 의의가 형성된다.

8가지 의의라 말한 것은 아래와 같다.

① 상대를 마주하여 現量·比量을 펼칠 때에 宗·因·喩가 圓明하여 남들을 이해시켜주기 때문에 자신의 주장을 표현하고 상대방을 납득시키는 能立이라 한다.

② 상대방의 現量·比量이 원명하지 못한 부분을 배척하고 宗·因·喩의 오류가 있는 부분을 탄핵하여, 논을 펼쳤던 論主를 깨우쳐주기 때문에 이를 能破라 한다.

..........
18 能立과 能破 및 似能立·似能破: 불교사전에 의하면 다음과 같다. 신인명의 주요 내용은 크게 能立과 能破에 대한 2부분으로 구성되는데, 그것은 다시 眞能立과 似能立·眞能破와 似能破·眞現量과 似現量·眞比量과 似比量, 8부분으로 나누어진다. 능립이란 宗·因·喩를 논리적으로 사용하여 자신의 주장을 표현하고 상대방을 납득시키는 논증식을 말하는데, 이때 종·인·유는 진능립이고 似宗·似因·似喩는 사능립이다. 宗이란 상대방이 반대하거나 부정하는 것과는 관계없이 자신의 주장을 세우는 것을 말한다. 因이란 자신의 주장을 인정하도록 만드는 근거와 이유인데, 여기에는 同品有와 異品有·동품유와 異品非有 등 9가지 경우가 있다. 그리고 喩란 명제의 정당성을 논증하기 위하여 구체적인 예를 드는 것을 말한다. 이러한 능립과 사능립은 다른 사람을 납득시키기 위한 것으로써 논증에 관한 것이다. 그리고 현량과 비량은 그러한 논증의 기초가 되는 자신의 깨달음을 위한 것이다. 그러나 만약 올바르게 능립의 과실을 드러낸다면 이를 능파라고 한다. 과실이란 능립의 결함과 과오 등을 말한다. 만약 실로 능립의 허물을 드러내지 못한다면 이를 사능파라고 한다. 원만한 능립에 대하여 결함을 드러내려고 하는 말과 같다.

③ 상대를 마주하여 現量·比量을 펼칠 때에 宗·因·喩의 부분에 누락과 오류가 있어 제대로 상대를 깨우쳐주지 못하였기 때문에 이를 似能立이라 한다.

④ 원명하지 못한 부분을 잘못 배척하고 宗·因·喩의 누락과 오류가 있는 부분을 잘못 탄핵하여, 논을 펼쳤던 논주를 깨우쳐주지 못하였기 때문에 이를 似能破라 한다.

⑤ 色 등의 의의에 대해 바른 지혜[正智]가 생겨나 절로 보는 곳을 따라 사실대로 전변하기 때문에 이를 現量이라 한다.

⑥ 수많은 양상을 빌려서 그 의의를 보면서 여기에 상응하는 지혜가 일어나기 때문에 이를 比量이라 한다.

⑦ 사물의 차이점이나 특징을 인식하는 分別智로 정작 그 본의와는 달리 이해하여 舍宅 車乘 甁衣 등을 잘못 알기 때문에 이를 似現量이라 한다.

⑧ 잘못된 근거와 이유를 제시하는 似因[19]智로써 잘못된 비유 대상과 서로 어긋난 이해를 일으키기에 이를 似比量이라 한다.

나머지는 구체적으로 인명론에서 말한 바와 같다.

이 청량소에서 말한 "무상한 것을 영원한 것으로 생각"한 것은 곧 '⑧의 잘못된 근거와 이유를 제시하는 似因智'이다. 저 色이 無常하여 반연으로 생겨났다가 찰나에 사라지기 때문이다. 이런 니

..........

19 似因: 마치 아지랑이가 물과 비슷하기는 하지만 실제로는 물이 아닌데 이것을 논하는 자가 말을 꾸며서 물이라고 하는 것과 같다. 잘못된 근거와 이유를 말한다.

유로 무상하다. 이는 인연에 상응하는 지혜를 빌려 일어난 것이기에 이를 眞比量이라 한다. 그러나 여기에서 서로 이어 뒤덮인 까닭에 곧 잘못된 근거와 이유를 제시하는 似因智가 일어나게 되고, 무상한 것을 잘못 계교하여 영원함을 삼음으로써 곧 그 존재와 인식에 서로 어긋나는 견해[相違解]가 일어나게 된다. 이를 似比量이라 말한다. 이 때문에 전도망상이 이뤄지는 것이지만, 이의 게송에서 "법에 전도되지 않다[於法不顚倒]."고 말하였다. 그러므로 이 게송 구절은 似比量과는 다른 것이다.

'男女 天地'라 말한 것은 곧 '⑦ 似現量'이다. '一合相'이란 수많은 인연이 화합한 때문이다. 수많은 미묘한 것을 가지고서 色을 이루고, 五陰 등이 합하여 사람이 이뤄지는 것을 一合相이라 한다. 이와 같이 보는 자는 사물의 차이점이나 특징을 인식하는 分別智로 정작 그 본의와는 달리 이해한 까닭에 이를 似現量이라 한다.

'一合相' 이하는 眞現量을 밝힌 것이다. "相으로 볼 수 없다[不可得]."는 것은 곧 금강경에 이르기를 "여래께서 일합상을 말한 것은 곧 일합상이 아니다."고 하였다. 인연들이 합하여 곧 자성이 없기 때문이다. 자성이 없는 자성이 곧 증득해야 할 대상의 이치이다. 이와 같이 아는 것은 바른 지혜가 생겨난 것이며, 스스로 보는 곳을 따라서 상응한 까닭에 이를 眞現量이라 한다.

위에서는 깨달음의 대상이 되는 和合의 相을 여의었는바 이미 現量이라 하겠지만 '非唯所覺離合' 이하는 또한 증득할 주체와 대상의 자취를 모두 떨쳐버리는 것으로 眞現量을 삼았다. 만일 진여

밖의 지혜가 진여와 합함이 있다면 오히려 얻어야 할 대상이 남아 있기에 이는 참다운 實證이 아니다. 주체와 대상을 모두 버려야만 비로소 眞現量이라 한다.

이 때문에 유식론에 이르기를 "만일 때로 반연의 대상에 지혜로서 도무지 얻을 바가 없으면 그때에 유식에 머물게 된다. 주체와 대상이라는 二取의 相을 여읜 때문이다."고 하였다. 이 때문에 아래의 경문에 이르기를 "지혜 밖의 진여가 지혜에 들어갈 바가 없고, 또한 진여 밖의 지혜가 진여를 증득함도 없다."고 하였다. 이와 같아야만 비로소 眞現量이라 말할 수 있다. 이 때문에 게송에서 "모든 和合相을 여의었다."고 말하였다.】

次偈는 例去來이오 後偈는 成現觀이라【鈔_ 後偈成現觀者는 及前眞現量也라 現觀有六이니 十地當釋호리니 今通前三이라】

둘째 제4게송은 오고 감으로 예시하였고,

셋째 제5게송은 眞現量을 끝맺음이다.【초_ "셋째 제5게송은 眞現量을 끝맺었다."는 것은 곧 앞서 말한 眞現量이다. 現觀에는 6가지가 있다. 이는 十地에서 해석하겠다. 이는 앞의 3가지와 통한다.】

### 經

**於實見眞實**하고　　**非實見不實**하야
**如是究竟解**일세　　**是故名爲佛**이로다

　실상의 자리에서 진실상을 보고
　진실상이 아닌 데서 진실상 아님을 보아

이와 같이 끝까지 이해하였기에
이 때문에 그 이름을 부처님이라 한다

● 疏 ●

次一覺照者는 眞諦名實이니 無和合故오 俗諦非實이니 假和合故오 互融無雜이 名究竟解니라 夫見實者는 尙不見實이온 何況非實이 見非實者는 知其卽實이라 故中論에 云一切法眞實이며 一切法非實이며 亦實亦非實이며 非實非非實이라 是名諸佛法이라하니라【鈔_ 夫見實者는 卽淨名經 入不二法門品에 樂實菩薩曰 實不實爲二니 實見者는 尙不見實이온 何況非實가 所以者는 何오 非肉眼所見이오 慧眼이라야 乃能見이로되 而此慧眼은 無見無不見이니 是爲入不二法門이라하니 此明實者는 眞實之理오 非實者는 緣生假合이라 今尙不得所證之如온 豈況如外假有之法가

'見非實'者는 卽諸經意니 云若見非實卽眞이면 名見非實이라 下引中論은 卽是法品이니 前光明覺品에 已廣引竟이라 然實有二意니 且就一相이니 理實爲實이오 事相非實이니 卽眞俗二諦라 俗則一切皆俗이니 佛亦隨俗立名이오 眞則一切皆眞이니 知妄本自眞故니라 雙照면 爲俱有오 互奪이면 卽雙寂이라】

(2) 1수의 제6게송에서 말한 覺照란 眞諦를 실상이라 말하는데 그것은 화합이 없기 때문이며, 俗諦를 실상이 아니라고 말하는데 그것은 假和合이기 때문이며, 진제와 속제가 서로 원융하여 잡됨이 없음을 究竟解라고 말한다.

대개 실상을 본 자는 오히려 실상을 보지 못하는 것인데, 하물며 실상이 아닌 것이야. 실상이 아닌 것을 본 자는 곧 실상임을 안 것이다. 이 때문에 중론에 이르기를 "모든 법이 진실이며, 모든 법이 진실이 아니며, 또한 진실이요 또한 진실이 아니며, 진실도 아니요 진실이 아닌 것도 아니다. 그 이름을 모든 불법이라 한다."고 하였다. 【초_ "대개 실상을 본 자"란 곧 정명경 入不二法門品에서 樂實菩薩이 말하였다.

"진실과 진실이 아닌 것이 둘로 구분된다. 실상을 본 자는 오히려 실상을 보지 못하는 것인데, 하물며 실상이 아닌 것이야. 이는 무엇 때문인가. 육안으로 볼 수 있는 대상이 아니며, 지혜의 눈만이 이를 볼 수 있지만 지혜의 눈은 보는 것도 없고 보지 않음도 없다. 이를 不二法門에 들어감이라 한다."

여기에서 말한 실상이란 진실의 이치이며, 진실이 아닌 것은 인연으로 생겨나고 임시 화합한 것임을 밝힘이다. 여기에서는 오히려 증득의 대상이 되는 진여도 얻지 못하는데, 하물며 진여 밖의 假有의 법이야.

'見非實'이란 여러 경전에서 말한 뜻이다. 이르기를, 만일 실상이 아닌 것이 곧 진식임을 보면 그를 실상이 아닌 것을 보았다고 명명한다. 아래에서 중론을 인용한 것은 곧 法品이다. 앞의 세9 깅 명각품에서 자세히 인용한 바 있다. 그러나 실상에는 2가지의 뜻이 있다. 그러나 여기에서는 잠시 一相으로 말하였다. 진리의 실상 [理實]을 實이라 하고 事相은 실상이 아니다. 이는 곧 眞諦·俗諦이다. 속제로 말하면 일체가 모두 속제이다. 부처님 또한 속제를 따라 명제를 세운 것이다. 진제는 일체가 모두 진제이다. 幻妄이 본래 진제임을 알기 때문이다. 이처럼 진제와 속제를 모두 비춰 보면 모두 있다고 말하지만 진제와 속제가 서로 제압하면 곧 모두가 空寂이다.】

### 經

佛法不可覺이라　　　了此名覺法이니
諸佛如是修일세　　　一法不可得이로다

　부처님 법은 깨달을 수 없다
　이를 아는 것이 법을 깨달음이다
　모든 부처님 이와 같이 닦았기에
　그 어떤 법도 얻을 수 없다

### ● 疏 ●

後四는 非覺而覺者는 初偈는 正顯如智相離를 名不可覺이오 寂無遺照일세 故名了此오 要不可得이라야 方是眞修니라

　(3) 4수(제7~10) 게송은 깨달음이 없는 것으로 깨달음을 삼음을 말한다. 이는 제7게송에서 바로 진여와 지혜가 서로 여읨을 "깨달을 수 없다[不可覺]."고 말하고, 고요하면서도 관조를 잃음이 없기에 "이를 아는 것[了此]"이라 말하며, 반드시 얻음이 없어야 비로소 참다운 수행임을 밝혀주고 있다.

知以一故衆이며　　　　知以衆故一이니
諸法無所依하야　　　　但從和合起로다

　　하나가 모여 많은 것이 이뤄지고
　　많은 것이 하나에 근원함을 아나니
　　모든 법이란 의지한 데 없다
　　단 임시의 화합에서 생겨난 존재이다


無能作所作이라　　　　唯從業想生이니
云何知如是오　　　　　異此無有故로다

　　짓는 주체도 지을 대상도 없다
　　오직 지은 업의 생각에서 생겨나니
　　어떻게 그런 줄을 아는가
　　이와는 달리 없기 때문이다


◉ 疏 ◉

次二偈는 展轉釋成이라 初偈는 釋無一之義니 上半은 相待而有니 通同異體오 下半은 緣生故空이니 則一多相盡矣라 後偈上半은 釋前偈下半이니 無能所作이라 故無所依며 從業想生이라 故是和合이오 下半은 釋成上半이니 云何知無能所가 異業想外에 無我所故니라

　　다음 제8~9게송은 전전하여 해석하면서 끝맺음이다.
　　앞의 제8게송은 하나마저 없다는 의의를 해석하였다. 제1, 2구

는 相待의 입장으로 존재함이니 같음과 다름의 체성에 통하고, 제 3, 4구는 반연으로 생겨난 까닭에 쏲이니 곧 하나와 많음의 형상이 다한 것이다.

뒤의 제9게송의 제1, 2구는 앞 게송의 아래 제3, 4구를 해석한 것이다. 주관의 주체이든 객관의 대상이든 그 무엇이 그렇게 만들어주는 것이 아니다. 따라서 의지한 바 없다. 그 모든 것은 자신이 지은 업의 한 생각에서 생겨난 것이다. 따라서 많은 인연의 和合이다. 제3, 4구는 아래 제1, 2구를 해석하면서 끝맺음이다. 어떻게 주관의 주체이든 객관의 대상이든 그 무엇도 없음을 아는가. 내가 지은 業想과 달리 그 밖엔 나의 것[我所]이 없기 때문이다.

### 經

一切法無住리  定處不可得이니
諸佛住於此하사  究竟不動搖로다

　모든 법이란 머무는 데가 없다
　일정한 곳이 없다
　모든 부처님은 이런 자리에 머물러
　끝까지 흔들리지 않는다

### 疏

後有一偈는 結成妙義니 上半은 所住요 下半은 能住라 由無住故로 無所不住니 謂不住有니 以卽空故라 故能住有니 契有實故며 亦不住

無니 無卽有故며 不住俱有無니 無二體故며 不住雙非니 不壞二相故니라【鈔_由無住者는 卽般若中意니 彼前에 更反釋에 云若有所住면 則有所不住라하니라 謂不住有下는 疏釋上文에 由無住故로 無不住義니라】

맨 뒤의 제10게송은 미묘한 의의를 끝맺음이다.

제1, 2구는 머무는 곳이며, 제3, 4구는 머무는 주체이다. 머무는 곳이 없음을 연유한 까닭에 머물지 않는 바가 없다. "有에 머물지 않는다. 그것은 곧 공한 때문이다. 그러므로 유에 머물 수 있다. 이는 유의 실상에 하나가 된 때문이다. 또한 無에도 머물지 않는다. 무가 곧 유이기 때문이다. 이처럼 모두 유무에 머물지 않는다. 그것은 2가지의 근본 실체가 없기 때문이다. 모두 잘못되었다는 자리에도 머물지 않는다. 그것은 2가지의 현상을 무너뜨리지 않기 때문이다."고 말한다.【초_"머무는 곳이 없음을 연유"란 것은 반야경에서 말한 뜻이다. 그 부분 앞에 다시 반대로 해석하여 이르기를 "만일 머문 바가 있으면 곧 머물지 못한 바가 있다."고 하였다. "有에 머물지 않는다[謂不住有]." 이하는 위에서 말한 無住를 연유한 까닭에 머물지 않는 바가 없다는 義를 해석한 것이다.】

能住例知니 旣以無住爲住인댄 則心絕動搖하야 方契本覺하야 湛然常住니라

머무는 주체는 전례로 미뤄 알 수 있다. 이미 머무는 것이 없음으로 머무는 바를 삼으면 마음에 흔들림이 없어 바야흐로 本覺에 하나가 되어 담담하게 항상 머무는 것이다.

## 一

第九 下方 無上慧菩薩

제9 하방 무상혜보살

**經**

爾時에 無上慧菩薩이 承佛威力하사 普觀十方하고 而說頌言하사대

그때 무상혜보살이 부처님의 헤아릴 수 없는 영묘하고도 불가사의한 힘을 받들어 시방 중생을 살펴보고서 게송으로 말하였다.

無上摩訶薩이　　　遠離衆生想하야
無有能過者일세　　故號爲無上이로다

　무상혜보살마하실이
　중생의 생각을 멀리 여의어
　그보다 더 훌륭할 이 없기에
　그 명호, 위없는 보살이라네

● 疏 ●

無上慧는 名如初頌이라 又從法王教生으로 當紹佛位일세 故名無上이라 頌意는 爲顯欲令增進하야 心無障礙니 文云 '無著無念하며 不住法故'니라

十頌에 分三이니 初一은 釋已名義오 次八은 顯佛勝德이오 後一은 推功

結益이라

무상혜보살의 명호는 제1게송에서 말한 바와 같다. 또한 법왕의 가르침으로부터 이뤄져 마땅히 부처님의 지위를 뒤이을 수 있기에 무상혜보살이라 이름 붙인 것이다. 게송에서 말한 뜻은 한 걸음 더 나아가 마음에 장애가 없도록 하고자 밝히기 위해 쓴 것이다. 게송에서 "집착도 없고 생각도 없으며 법에 머물지도 않는다."고 말한 때문이다.

10수의 게송은 3단락으로 구분된다.

제1단락의 제1게송은 자기의 명호에 대한 의의를 해석함이며,

제2단락의 8수(제2~9) 게송은 부처님의 훌륭하신 공덕을 밝힘이며,

제3단락의 제10게송은 그 공덕을 미루어 양보하면서 이익을 끝맺고 있다.

## 經

諸佛所得處가　　　　無作無分別하시니
粗者無所有며　　　　微細亦復然이로다

　모든 부처님 얻은 곳은
　하신 일도 없고 분별도 없다
　거친 것[六粗]도 없고
　미세한 것[三細] 또한 그처럼 없다

● 疏 ●

次八中에 分二니 前六은 內證德이오 後二는 外化德이라
前中에 亦二니 前偈는 正明證入이오 後五는 照境顯理라 今初는 卽菩
提涅槃이니 以無所得으로 得菩提故오 處는 卽涅槃이라 本覺自然일새
故非造作이오 悟亦冥符라 則智無分別이니 三細已盡인댄 六粗亦然이
라 又不可以識識이라 故無粗者오 不可以智知일새 故無細者니라 又有
能所證을 名之爲粗라하고 無能所證을 目之爲細니 皆言語道일새 故並
無之니 菩提涅槃은 絶心行故니라

제2단락의 8수(제2~9) 게송은 다시 2부분으로 나뉜다. 앞의 6
수(제2~7) 게송은 內證의 공덕을, 뒤의 2수(제8~9) 게송은 外化의 공
덕을 말한다.

앞의 6수(제2~7) 게송은 또다시 2부분으로 나뉘는데, 앞의 1수,
제2게송은 바로 증득히여 들어감을 밝힘이며, 뒤의 5수(제3~7) 게
송은 경계를 관조함과 이치를 밝힘이다.

앞의 제2게송은 곧 보리열반이다. 얻은 바 없는 것으로 보리를
얻은 때문이며, '所得處'의 處란 곧 열반이다. 본각이란 자연한 것
이기에 조작이 아니요, 깨달음 또한 보이지 않게 부합하기에 곧 지
혜가 분별이 없다. 三細(業相, 能見相, 境界相)가 이미 다하면 六粗(①
智相, ② 相續相, ③ 執取相, ④ 計名字相, ⑤ 起業相, ⑥ 業繫苦相) 또한 그처럼
없어지는 것이다.

또한 識으로는 알 수 없는 것이기에 六粗가 없고, 智로는 알 수
없는 것이기에 三細가 없다. 또한 주체와 대상의 증득이 있는 것을

粗라 말하고, 주체와 대상의 증득이 없는 것을 가리켜 細라 말한다. 이는 모두 언어의 도이다. 이 때문에 모두 없다. 보리열반은 마음의 작용이 끊어진 때문이다.

### 經

**諸佛所行境**이여  **於中無有數**라
**正覺遠離數**하시니  **此是佛眞法**이로다

　　모든 부처님 행하시던 경계여
　　그 경계 무수하지만
　　바른 깨달음은 수효를 멀리 여의는 것
　　이것이 부처님의 진정한 법이다

 疏 ●

後五中에 初偈는 正明照境이라 境은 卽俗境이니 有能所故니라 卽俗而 眞일새 故云無數오 心同無爲일새 故云遠離라 是佛眞法은 雙結能所라

　　앞의 제2~7게송 가운데, 뒤의 제3~7게송에서 첫째 제3게송은 바로 경계를 관조함을 밝힌 것이다. 경계[境]는 곧 俗境이다. 이는 주체와 대상이 있기 때문이다. 세속의 경계와 하나가 된 진리이기에 無數라 말하고, 마음이 無爲와 같기에 수효를 멀리 여의는[遠離] 것이라 말한다. "이것이 부처님의 진정한 법"이란 주체와 대상을 모두 끝맺음이다.

627

### 經

如來光普照하사　　滅除衆闇冥하시니
是光非有照며　　　亦復非無照로다

여래의 광명 널리 비춰
모든 어둠 없애주시니
그 광명은 비춤이 있는 것도 아니요
또한 비춤이 없는 것도 아니다

### ● 疏 ●

後四는 遣相顯理니 皆躡迹遣滯라 初偈는 雙非顯中하야 照理滅障이니 菩提涅槃이 離有無故니라

뒤의 제3~7게송에서 둘째 4수(제4~7) 게송은 밖으로 나타난 모양을 떨쳐버림으로써 본체의 이치가 나타나는 것인바, 이는 모두 현상의 자취를 밟아가면서 걸림을 모두 떨쳐버린 것이다.

둘째 4수(제4~7) 게송 가운데, 첫 제4게송은 모두가 잘못되었다는 것으로 중도를 밝혀 진리를 관조하고 장애를 없애주는 것이다. 보리열반이란 有無를 모두 여읜 때문이다.

### 經

於法無所着하야　　無念亦無染하시며
無住無處所하사대　　不壞於法性이로다

법에 집착한 바도 없고

생각도 없고 물들지도 않으며

머무름도 없고 머문 장소도 없지만

법성을 깨뜨리지도 않는다

**此中無有二**며　　　　**亦復無有一**이니
**大智善見者**가　　　　**如理巧安住**로다

　그 가운데는 둘도 없고

　또한 하나도 없다

　큰 지혜로 잘 보는 이는

　진리대로 잘도 안주한다

◉ **疏** ◉

次二偈는 釋前雙非라 一偈半은 釋非照義이니 初句는 是總이오 次句는 能照無著이라 故云 無念이오 亦不染此無念이라하고 次句는 所照無著이니 以無處所로 爲所住故오 次句는 不壞能所오 次二句는 雙遣性相이오 後二句는 釋非無照니 稱理照故니라

　둘째 4수(제4~7) 게송 가운데, 다음 2수(제5~6) 게송은 앞의 제4 게송에서 말한 "모두가 잘못되었다."는 부분을 해석한 것이다.

　제5게송과 제6게송의 제1, 2구는 비춰 보지 않는다는 의의를 해석한 것이다. 제5게송의 제1구는 총체이며, 제2구는 비춰주는 주체의 인물에게 집착이 없는 까닭에 "생각도 없고, 또한 이처럼 생각이 없는 데에도 물들지도 않는다."고 말하였다. 제3구는 비춰주

는 대상에 집착함이 없다. 처소가 없는 것으로 안주한 바를 삼기 때문이다. 제4구는 주관의 주체와 객관의 대상을 깨뜨리지도 않는다.

제6게송의 제1, 2구는 근본의 성품과 밖으로 나타난 모양을 모두 떨쳐버림이며, 제3, 4구는 하지만 비춰지지 않음이 없다는 부분을 해석한 것이다. 진리에 맞게 비춰 보기 때문이다.

### 經

無中無有二며 無二亦復無라
三界一切空이 是則諸佛見이로다

없다는 가운데 둘도 없고
둘도 없다는 것마저도 또한 없다
삼계가 일체 공이니
이는 모든 부처님과 같은 견해이다

### ◉ 疏 ◉

後偈는 拂前無二之迹이라 言無二者는 但言無有二오 非謂有無二니 若存無二之見이면 則還成二니 以無二必對二故니라 遣之又遣之하야 以至於無遣이라 故云'三界一切空'이라하니 空은 謂第一義空이니 諸佛同見이라【鈔_ 遣之又遣之下는 拂迹이니 若不得意면 千重遣之라도 未免於二니 何者오 謂有人聞'無二亦無'하고 復謂'無無二爲是'라하면 亦有所著이라 故中論에 云諸佛說空法은 爲離諸有見이니 若復見有空이면 諸佛所不化라하니라 以楔出楔하며 以賊逐賊이면 無有已時니 心

無所著이라야 當法卽絶故니라 故至於無遣이어니와 若以無遣爲是면 亦有著矣니라】

뒤의 제7게송은 앞의 제6게송에서 말한 '둘이 없다.'는 자취를 말끔히 떨쳐버린 것이다. '둘이 없다.'고 말한 것은 단 둘이 없음을 말한 것이지, '둘이 없다.'는 게 있음을 말한 것이 아니다. 만일 '둘이 없다.'는 견해가 남아 있으면 그것은 곧 도리어 둘을 만들어낸 것이다. '둘이 없다.'는 것이 반드시 이런 의식을 상대로 하기 때문이다. 떨쳐버리고 또 떨쳐버리어 떨쳐버릴 것조차 없는 데 이르렀기에 '삼계가 일체 眞空'이라고 말한 것이다. 空은 第一義空을 말한다. 이는 모든 부처님과 같은 견해이다. 【초_ "떨쳐버리고 또 떨쳐버린다." 이하는 자취를 말끔히 없애버린 것이다. 만일 그런 뜻을 제대로 알지 못하면 천 번 만 번 떨쳐버려도 둘의 차별이 있음을 면할 수 없다.

이는 무슨 까닭일까? 어떤 사람이 "둘도 없다는 것마저도 또한 없다."는 말을 듣고서 또한 "둘도 없다는 것마저도 또한 없다는 것이 옳은 말이다."고 말하면 그것 또한 집착한 바가 있는 것이다. 이 때문에 중론에서 이르기를 "모든 부처님이 空法을 말한 것은 모든 이들의 '있다고 생각하는 견해[有見]'를 버리도록 이끌어주기 위함이다. 만일 다시 空이 있다는 인식을 가지면 그것은 여러 부처님이 교화할 수 없는 대상이다."고 하였다. 쐐기로 쐐기를 뽑고 도둑으로 도둑을 몰아내려면 그 언제 쉴 틈이 없는 법이다. 마음에 집착이 없어야 해당 법들이 곧 끊어지기 때문이다. 이 때문에 더 이상 떨쳐버릴 게 없는 자리에 이르러야 하겠지만, 만일 떨쳐버릴 게 없는 자리가 옳은 것이라는 의식이 남아 있으면 그것 또한 집착이다.】

**經**

凡夫無覺解일세　　　　佛令住正法하야
諸法無所住케하시니　　悟此見自身이로다

　범부는 깨달음의 이해 없기에
　부처님께서 정법에 머물러
　모든 법에 머무는 바 없도록 하시니
　이를 깨달으면 제 몸을 보리라

非身而說身하시며　　　非起而現起하시니
無身亦無見이　　　　　是佛無上身이로다

　몸 아닌 데서 몸을 말하고
　일어남 아닌 데서 일어남을 보여주니
　몸도 없고 보는 것도 없음이
　부처님의 위없는 몸이라네

◉ 疏 ◉

後二는 外化德中에 前偈正顯이니 令住無住之覺이오 後偈는 釋成이니 身卽非身일세 故無可悟오 悟身見起이면 此見如身이니 身見兩亡이 眞法身也라 觀身實相에 觀佛亦然이라 故就佛結이라

제2단락의 8수(제2~9) 게송 가운데, 뒤의 2수(제8~9) 게송은 밖으로 중생을 교화하는 공덕을 말한다. 이 가운데 앞의 제8게송은 바로 밝혀줌이니 중생으로 하여금 머무는 바가 없는 깨달음에 머물도록 함이며, 뒤의 제9게송은 이를 해석하여 끝맺음이다.

몸이 곧 몸이 아니기에 몸을 깨달을 게 없고, 몸을 깨달았다는 견해가 일어나면 이런 견해는 몸과 같다. 그러므로 몸과 견해를 모두 잊어야만 참다운 법신이다. 몸의 실상을 관조하면 부처님을 관조함 또한 그와 같기에 부처님으로 끝을 맺은 것이다.

### 經

**如是實慧說** **諸佛妙法性**하시니
**若聞此法者**는 **當得淸淨眼**이로다

이와 같이 진실혜보살이
모든 부처님의 미묘한 법성 말했나니
만약 이런 법문 듣는 이는
청정한 지혜의 눈 얻으리라

### 疏

推功可知라

공덕을 미루어 양보한 부분은 말하지 않아도 알 수 있다.

# 一

### 第十 上方 堅固慧菩薩
제10 상방 견고혜보살

**經**

爾時에 堅固慧菩薩이 承佛威力하사 普觀十方하고 而說頌言하사대

그때 견고혜보살이 부처님의 헤아릴 수 없는 영묘하고도 불가사의한 힘을 받들어 시방 중생을 살펴보고서 게송으로 말하였다.

偉哉大光明　　　　勇健無上士여
爲利群迷故로　　　而興於世間이로다

　거룩하다, 큰 광명 지닌 부처님이시여
　용맹하신 위없는 부처님이시여
　미혹한 중생에게 이익 주고자
　세간에 몸을 나투셨다

● **疏** ●

堅固慧者는 智力成就하야 不可壞故니라 頌意는 爲顯欲令增長一切種智이니 文云得淨慧眼하야 了佛境故니라 十頌은 分四니 初偈는 總歎爲物興世하야 智光徧照하고 大悲勇健이라

　견고혜보살은 지혜의 힘을 성취하여 무너지지 않는 까닭에 그

런 명호를 붙인 것이다. 게송에서 말한 뜻은 중생으로 하여금 一切種智를 더욱 키워나가게 하고자 함을 밝히기 위함이다. 경문에서 "정혜한 법안을 얻어서 부처님의 경계를 알았다."고 말한 때문이다.

10수의 게송은 4단락으로 구분된다.

제1단락의 제1게송은 총체로, 중생을 위하여 세간에 몸을 나투시어 지혜 광명이 시방세계에 널리 비치고, 대자비의 마음이 용맹스럽고 힘찬 것을 찬탄하였다.

經

佛以大悲心으로　　普觀諸衆生이
見在三有中하야　　輪廻受衆苦하시나니

　　부처님께서 큰 자비심으로
　　널리 살펴보니 모든 중생이
　　욕계·색계·무색계에 머물면서
　　윤회하며 온갖 고통받는 모습 보았네


唯除正等覺　　　具德尊導師하고
一切諸天人은　　無能救護者로다

　　오직 정등각을 이루시고
　　덕을 갖춰 이끌어주신 존귀한 스승이여
　　일체 모든 천상의 사람으로서
　　중생의 고통 구호할 자 아무도 없다

若佛菩薩等이　　　　　　不出於世間이면
無有一衆生도　　　　　　而能得安樂이로다

　　부처님과 보살님이
　　세간에 나오시지 않으셨다면
　　어느 한 중생도
　　안락을 얻을 자 없었으리

如來等正覺과　　　　　　及諸賢聖衆이
出現於世間하사　　　　　能與衆生樂이로다

　　여래 정등각이여
　　모든 현인 성인이여
　　세간에 몸을 나투시어
　　중생에게 즐거움 주셨네

● 疏 ●

次四는 別示悲相이니 初偈는 觀機오 次二는 反以釋成이오 後一은 正明이니 兼顯僧寶라

　　제2단락의 4수(제2~5) 게송은 부처님의 대자비의 모습을 개별로 보여주심이다.
　　제2~5게송 가운데, 첫 제2게송은 중생의 근기를 살펴봄이며,
　　다음 2수(제3~4) 게송은 반대로 해석함이며,
　　뒤의 제5게송은 바로 밝힘이니 겸하여 僧寶를 밝혀주었다.

若見如來者는　　　　　爲得大善利니
聞佛名生信하면　　　　則是世間塔이로다

　　여래를 친견한 모든 이들
　　크고 좋은 이익 얻나니
　　부처님 명호 듣고 신심을 내면
　　이는 세간의 보탑이다

我等見世尊은　　　　　爲得大利益이니
聞如是妙法하면　　　　悉當成佛道로다

　　우리들이 세존을 뵈오면
　　큰 이익을 얻게 되나니
　　이러한 미묘한 법을 들으면
　　모두가 부처님 도를 이루게 된다

諸菩薩過去에　　　　　以佛威神力으로
得淸淨慧眼하야　　　　了諸佛境界라

　　모든 보살의 과거 세상에
　　부처님의 위신력으로
　　청정한 지혜의 눈을 얻어
　　모든 부처님의 경계를 아셨다

今見盧舍那하야　　　　　重增淸淨信이로다

　　이제 비로자나부처님 뵙고서
　　청정한 신심 더욱 더하리

◉ 疏 ◉

次三頌半은 見聞利益이라

　　제3단락의 제6~8게송과 제9게송의 제1, 2구는 부처님을 친견하거나 법문을 들은 데에서 얻어지는 이익을 말해주고 있다.

經

佛智無邊際라　　　　　演說不可盡이니

　　부처님의 지혜, 끝이 없는 터라
　　법문 연설 다함이 없다

勝慧等菩薩과　　　　　及我堅固慧가
無數億劫中에　　　　　說亦不能盡이로다

　　승혜보살 등과
　　나와 견고혜보살이
　　무수한 억겁 동안
　　부처님 공덕을 말하려 해도 다할 수 없다

◉ 疏 ◉

後一頌半은 結德無盡이니 此爲終極일세 故總擧前十이라

　제4단락 제9게송의 제3, 4구와 제10게송은 부처님의 공덕이 그지없음을 끝맺은 것이다. 이는 본 품의 끝이기에 앞서 말한 10수 게송을 총체로 들어 말한 것이다.

◉ 論 ◉

已上十菩薩이 各說十行頌은 和會入位法하사 令身心諸計로 皆無所依하야 離於偏執하고 住佛所住니라

　이상 열 분의 보살이 각각 10가지 행을 들어 게송으로 말한 것은 보살들의 해당 지위에 법을 종합하여, 중생으로 하여금 그들의 몸과 마음에서 일어나는 모든 計較를 다 의지하는 바 없어 偏執을 여의고 부처님이 머무신 자리에 머물도록 주선한 것이다.

수미정상게찬품 제14 須彌頂上偈讚品 第十四
화엄경소론찬요 제30권 華嚴經疏論纂要 卷第三十

### 화엄경소론찬요 ⑥
### 華嚴經疏論纂要

2018년 5월 31일 초판 1쇄 발행

편저자 혜서
발행인 박상근(至弘) • 편집인 류지호 • 상무 이영철
책임편집 양동민 • 편집 김선경, 이상근, 주성원, 김재호, 김소영 • 디자인 쿠담디자인
제작 김명환 • 마케팅 허성국, 김대현, 최창호, 양민호 • 관리 윤정안
펴낸 곳 불광출판사 03150 서울시 종로구 우정국로 45-13, 3층
　　　　대표전화 02) 420-3200 편집부 02) 420-3300 팩시밀리 02) 420-3400
　　　　출판등록 1979. 10. 10 (제300-2009-130호)

ISBN 978-89-7479-409-5 04220
ISBN 978-89-7479-318-0 04220 (세트)

이 도서의 국립중앙도서관 출판예정도서목록(CIP)은
서지정보유통지원시스템 홈페이지(http://seoji.nl.go.kr)와
국가자료공동목록시스템(http://www.nl.go.kr/kolisnet)에서 이용하실 수 있습니다.
(CIP제어번호: 2018015070)

잘못된 책은 구입하신 서점에서 바꾸어 드립니다.
독자의 의견을 기다립니다. www.bulkwang.co.kr
불광출판사는 (주)불광미디어의 단행본 브랜드입니다.